教育公平研究译丛　丛书主编　袁振国

中国教育发展
出版工程

教育公平

范例与经验

［加］Jody Heymann　［加］Adèle Cassola ◎主编

陈　舒　袁文慧　王丽娜 ◎译

Lessons in Educational Equality

Successful Approaches to Intractable Problems Around the World

华东师范大学出版社

图书在版编目(CIP)数据

教育公平：范例与经验/(加)海曼等主编；陈舒等译.—上海：华东师范大学出版社，2018
（教育公平研究译丛）
ISBN 978-7-5675-7698-8

Ⅰ.①教… Ⅱ.①海…②陈… Ⅲ.①教育制度—研究—世界 Ⅳ.①G4

中国版本图书馆 CIP 数据核字(2018)第 238945 号

本书由上海文化发展基金会图书出版专项基金资助出版

教育公平研究译丛
教育公平：范例与经验

主　　编　[加]Jody Heymann　[加]Adèle Cassola
译　　者　陈　舒　袁文慧　王丽娜
策划编辑　彭呈军
特约编辑　徐思思
责任校对　时东明
装帧设计　卢晓红

出版发行　华东师范大学出版社
社　　址　上海市中山北路 3663 号　邮编 200062
网　　址　www.ecnupress.com.cn
电　　话　021-60821666　行政传真 021-62572105
客服电话　021-62865537　门市(邮购)电话 021-62869887
地　　址　上海市中山北路 3663 号华东师范大学校内先锋路口
网　　店　http://hdsdcbs.tmall.com

印刷者　上海景条印刷有限公司
开　本　787×1092　16 开
印　张　25
字　数　434 千字
版　次　2019 年 1 月第 1 版
印　次　2019 年 1 月第 1 次
书　号　ISBN 978-7-5675-7698-8/G·11109
定　价　78.00 元

出版人　王　焰

上海市版权局著作权合同登记　图字：09 - 2017 - 677 号

丛书序言

袁振国

　　教育公平是人类社会的共同追求,也是衡量一个国家文明水平的重要标志;教育公平涉及千家万户,影响个人的终身发展,是人民群众的重要关切;教育公平既与个人的利益、观念、背景有关,所以众说纷纭、莫衷一是,又取决于历史水平、文明程度,所以不断发展、渐成共识。

　　教育公平是一个需要不断努力无限接近的目标,在历史的进程中也许可以分为梯度推进的四个阶段:机会公平、条件公平、过程公平和结果公平。机会公平的本质是学校向每个人开门——有教无类;条件公平的本质是办好每一所学校——均衡发展;过程公平的本质是平等地对待每个学生——一视同仁;结果公平的本质是为每个学生提供适合的教育——因材施教。这四个阶段相互关联、相互促进、相辅相成。

机会公平:学校向每个人开门——有教无类

　　"有教无类"是 2500 年前孔夫子提出来的教育主张:不管什么人都可以受到教育,不因为贫富、贵贱、智愚、善恶等原因把一些人排除在教育对象之外。[①] 体现了深厚的人文情怀,颇有超越历史条件的先知先觉气概。有教无类的思想虽然早在 2500 年前就提出来了,但真正做到人人能上学却不是一件容易的事。30 多年前(1986 年)我国才以法律的形式提出普及 9 年制义务教育,经过不懈努力,到 2008 年才真正实现了全国城乡免费 9 年义务教育。

　　作为现代社会的普遍人权,教育公平体现了《世界人权宣言》(1948)的基本精神。《世界人权宣言》第二十六条第一款明确规定:"人人都有受教育的权利,教育应当免

[①] 也有一种说法,认为有教无类是有教则无类的简化,人原本是"有类"的,比如有的智有的愚,有的孝顺有的不肖,但通过教育可以消除这些差别——即便是按照这种说法,也还是强调教育的公平价值。

费，至少在初级和基本阶段应如此。初级教育应属义务性质。技术和职业教育应普遍设立。高等教育应根据成绩而对一切人平等开放。"《中华人民共和国教育法》规定："公民不分民族、种族、性别、职业、财产状况、宗教信仰等，依法享有平等的受教育机会。"但要做到这一点，需要艰苦的努力和斗争。

拦在有教无类征途上的第一道门槛是身份歧视。所谓身份歧视，就是将人分为高低贵贱的不同身份，赋予不同权利，剥夺多数人受教育的基本权利。古代印度有种姓制度，根据某种宗教体系，把人分成婆罗门、刹帝利、吠舍、首陀罗四个等级，权利和自由等级森严，在四个等级之外还有不入等的达利特，又称贱民，不能受教育、不可穿鞋，也几乎没有社会地位，只被允许从事非常卑贱的工作，例如清洁秽物或丧葬。根据人口普查数据，印度目前有 1.67 亿达利特人，其文盲率竟高达 60%。等级制在中国早已被废除，但身份歧视的阴影并没有完全消失。上个世纪的五六十年代，"地富反坏右分子"的子女被排除在大学录取对象之外，可以说是身份歧视在现代社会的反映。

拦在有教无类征途上的第二道门槛是智力歧视。所谓智力歧视，就是主张按"智力"赋予权利和资源，而智力被认为是遗传的结果，能人、名人的大脑里携带着聪明的基因，注定要成为卓越人士。英国遗传决定论者高尔顿认为，伟人或天才出身于名门世家，在有些家庭里出名人的概率是很高的。高尔顿汇集的材料"证明"，在每一个例证中这些人物不仅继承了天才，像他们一些先辈人物所表现的那样，而且他们还继承了先辈才华的特定形态。这种理论迎合了资产阶级的政治需要，成为能人治国、效率分配资源的根据。根据这种理论，有色人种、穷人、底层人士被认为是因为祖先的遗传基因不好，先天愚笨，所以活该不值得受到好的教育。当然这种理论早已被历史唾弃了。

条件公平：办好每一所学校——均衡发展

能不能上学是前提，是教育公平的起点，进不了学校的大门，什么机会、福利都无从谈起。但有学上与上什么学差别很大，同样是 9 年义务教育，在不同地方、不同学校可能有着完全不同的办学水平。为了加快工业化的进程，在很长时间里我们采取的是农业支持工业、农村支持城市的发展战略，实行的是"双轨制"，维持的是"剪刀差"，城市和农村的教育政策也是双轨的，具有不同的教育经费标准，不同的教师工资标准，不同的师生比标准，等等；与此同时，为了集中资源培养一批优秀人才，形成了重点学校或重点班制度，在同一座城市，在同一个街区，不同的学校可能有很大差别。

2002 年中国共产党第十六次全国代表大会首次把公平正义作为政治工作的重大主题，把促进公平正义作为政治工作的出发点和归属，教育公平被列为教育最核心的词汇。2004 年十六届四中全会提出了"工业反哺农业、城市支持农村"的时代要求。2007 年，时任中共中央总书记胡锦涛在当年庆祝教师节的讲话中第一次提出了"把促进教育公平作为国家基本教育政策"的要求，2010 年《国家中长期教育改革和发展规划纲要（2010－2020 年）》对此做了具体的政策阐释和工作部署，指出：教育公平的基本要求是保障每个公民依法享有公平接受教育的权利；促进教育公平的关键是机会公平，重点是义务教育的均衡发展和帮扶困难人群，主要措施是合理配置公共教育资源（在区域之间向西部倾斜，在城乡之间向农村倾斜，在学校之间向薄弱学校倾斜，在人群之间向困难人群倾斜）。2012 年党的十八大继续把促进教育公平作为教育工作的基本方针。"十二五"期间我国采取了一揽子的计划和措施，促进中国的教育公平水平迈出了重大步伐。我和很多外国朋友进行过交流，他们都充分认可中国在促进教育公平方面的巨大努力和明显进展。

过程公平：平等地对待每个学生——一视同仁

不同的学校受到的教育不同，在同一校园内甚至坐在同一个教室里也未必能受到同样的教育。这是更深层次的教育公平问题。从政府责任的角度说，促进教育公平的主要措施是合理配置公共教育资源，缩小城乡、区域、学校之间的差距，创造条件公平的环境；但是，对每个具体的学生来说，学校内、班级内的不公平对个体发展的影响更大、更直接，后果更严重。

关注一部分学生，忽视一部分学生，甚至只关注少部分学生，忽视大部分学生的现象并不在少数。只关注一部分学生，只关注成绩优秀的学生，而忽视成绩后进的学生，有人将其称为"厚待前 10 名现象"。同在一个学校里，同在一个课堂上，不同学生的学习机会和发展机会大相径庭。由于升学竞争的压力，由于人性自身的弱点，聪明伶俐的、长得漂亮的、家庭背景好的学生很容易受到更多关注，被寄予更大期望；相反，那些不那么"讨喜"的学生就经常会受到冷遇甚至嘲讽。早在上世纪 80 年代我就做过关于农村学生辍学情况的调查，发现辍学的学生 80％以上并不是因为经济原因，而是因为在班上经常受到忽视、批评甚至嘲讽。上学对他们来说没有丝毫的乐趣，而是经受煎熬，因此他们宁可逃离学校。针对期望效应的心理学研究表明，被寄予更高期望的学生会得到更多雨露阳光，性格会更加活泼可爱，学习成绩也会明显比其他同学提高得更快。优秀的学生、讨喜的学生通常会得到更多的教育资源，比如会得到更多的提问，会得到更多的鼓励，作业会得到更认真的批改，做错了事也会得到更多的原谅。有时候，课堂上的不公平可能比硬件设施上的不公平更严重，对学生成长的影响也更大。怎么把保障每个公民平等接受教育的权利这样一个现代教育的基本理念落到实处，怎样确保平等对待每个学生，保障每个学生得到平等的学习机会和发展机会，是过程公平的问题，需要更细心的维护，需要教育观念和教师素质的更大提升。

结果公平：为每个学生提供适合的教育——因材施教

说到结果公平，首先不得不申明的是，结果公平并不是让所有的人得到同样的成绩，获得同样的结果，这是不可能的，也是不应该的，事实上也从来没有一种公平理论提出过这样的主张，但是这种误解确实有一定的普遍性，所以不得不画蛇添足予以申明。教育公平并不是大家一样，更不是把高水平拉到低水平。所谓教育结果公平是指为每个人提供适合的教育，即因材施教，使每个人尽可能得到最好的发展，使不同家庭背景的学生受到同样的教育，缩小社会差距的影响，阻断贫困的代际传递。正因为如此，教育公平被称为社会公平的平衡器。

"最好"的发展其实也是一个相对的概念，随着社会文明水平和教育能力的提高，"最好"又会变得更好。这里的因材施教也已经不是局限于教育教学层面的概念，而是具有了更为广阔的社会含义。首先，社会发展到较高水平，形成了比较健全的人才观和就业观，形成了只有分工不同、没有贵贱之分的社会文化，人人都能有尊严地生活；其次，心理学的研究对人的身心发展规律有了更深刻的认识，对人的身心特点和个性特征可以有更为深刻和准确的认识，人的个性特点成为人的亮点，能够受到充分的尊重；第三，教育制度、教学制度、课程设计更加人性化，教师的教育教学水平得到很大的提高，信息化为个性化教育提供了极大的便利，社会各界都能自觉地围绕以人为本、以学生的发展为中心，给予更好的配合和支持；第四，教育的评价对促进学生的个性发展起到诊断、激励的作用,每个人的不可替代性能得到充分的展现,单一的评价标准、统一的选拔制度、恶性的竞争态势、僵化的课程和教学制度,自不待说大班额等得到根本性的扭转。

因材施教是为相同的人提供相同的教育,为不同的人提供不同的教育,就是在人人平等享有公共资源的前提下,为个性发展提供更好的条件。但区别对待不是等差对待,现在有些学校也在积极探索课程选修制、弹性教学制,试图增强学生的选择性,促进学生有特色的发展,这当然是值得鼓励的,但是有一种潜在的倾向值得注意,就是在分类、分层教学的时候,要防止和反对将优质资源、优秀教师集中在主课和高程度的教学班级,非主课和低程度的班级则安排相对较差的资源和较弱的师资,把分类、分层教学变成了差别教学。

机会公平、条件公平、过程公平、结果公平并不是简单的高低先后的线性关系,而是相互包含、相互影响、相辅相成的。目前机会公平在我国已经得到了相对充分的保障,也可以说有学上的问题已经基本解决,但部分进城务工人员子女、特殊儿童、家庭经济困难学生,地处边远、自然环境恶劣地区的孩子还未能平等地享有义务教育;随着大规模的学校危房和薄弱学校的改造,办学条件的标准化建设,我国的办学条件得到了大跨度的改善,但师资差距在城乡、区域、学校之间并没有得到有效缩小,在某些方面还有拉大的危险;过程公平正在受到越来越高的关注,但远远没有得到应有的重视;结果公平无疑是教育公平向纵深发展的新指向、价值引导的新路标。

在这个时候我们组织翻译《教育公平研究译丛》,就是为了进一步拓展国际视野,借鉴历史成果,也为更好地总结和提炼我们促进教育公平的理论和实践经验,促进世界不断向更高质量更加公平的教育迈进。译丛一共 10 册,其中既有专注的理论探讨,也有国际案例的比较研究,既有国家政策的大型调查,也有学校层面的微型访谈,在研究方法上也是多种多样,对我们深化教育公平研究无疑会有多方面的启示。这 10 册译著的内容摘要如下。

《教育公平:范例与经验》:本书探讨几个紧迫的问题:各国内部和国家之间差距有多大?是否有有效和负担得起的方式可以缩小这些差距?本书的作者是世界各地重要的教育创新者,他们报告了一系列独特的全球案例研究,重点了解世界各地哪些教育项目在解决不公平问题和改善教育成果方面特别有效。

《教育公平:基于学生视角的国际比较研究》:本书记录了学生在学校内外的

正义经历，并将这些经历与他们个人正义感的发展和对公平的判断标准联系起来。本书特别关注的一点是向读者呈现那些潜在弱势学生群体的看法和经历。这一小学生群体包括有学习困难或行为问题的学生，明显较不适合"学术轨道"的新移民学生，以及母语为非主流语言或是来自社会经济贫困阶层的学生。

《生活的交融：亚洲移民身份认同》：本书阐明了新的理论观点、提供新的实证依据，以了解亚洲一些国家和地区的某些移民群体在生活中如何以及为什么把文化、社会、政治和经济的特征与不同地区和聚居地的根本特点相结合。本书编著者共同推动了交叉性分析新方法的产生。交叉性分析考察大量的因素，如种族、性别、社会阶层、地理位置、技能、文化、网络位置和年龄是如何相互影响，从而进一步分析这些因素危害或改善人们获得所需资源的途径。

《教育、公正与人之善：教育系统中的教育公平与教育平等》：本书把对教育公正的思考与对人之善和教育目的的思考结合起来，揭示出：仅对某些分配模式作出评估还远远不够；还必须澄清分配物的价值。从这种意义上来说，对教育价值的深入思考也是解释教育公正的一部分。

《幻想公平》：本书作者探讨了平等和教育问题，特别是平等和质量之间的冲突，之后他转而探讨了诸如社会阶层之类的社会因素与教育公平之间的关系。同时，他还讨论了知识社会学的新支持者们的观点，这些人声称不平等的原因在于我们组织知识以及将知识合法化的传统方式。最后，他将注意力转向文化问题以及建立一个共同课程的愿望。在书的最后，作者犹犹豫豫地声明自己是个非平等主义者——并非因为他强烈反对平等，而是因为他热烈地相信质量之于教育的重要性。他无法理解在当前对平等主义政策趋之若鹜的情况下，教育的质量如何能够得到保证。这是一本极具争议的书，它既通俗易懂，又别出心裁，同时也不乏严厉的批评。

《科尔曼报告：教育机会公平》：该报告根据美国《1964年民权法案》的要求，经过广泛调查，以白人多数族群所获得的机会为参照，记录了公立学校向少数族裔的黑人、波多黎各人、墨西哥裔美国人、东亚裔美国人，以及美国印第安人提供公平教育机会的情况。该报告的比较评估建立在区域性及全国性的基础上。具体而言，该报告详细介绍了少数族裔学生和教师在学校里面临的种族隔离程度，以及这和学生成绩之间的关系，衡量因素包括测试成绩，以及他们所在的学校类型。调查结果中值得注意的是，黑人学生和教师在很大程度上被以不公平的方式与白人师生隔离,少数族裔学生的成绩普遍低于白人学生,并且更容易受到所在学校质量的影响。

《日趋加大的差距:世界各地的教育不平等》:经济增长究竟是造就了机会的开放(如社会民主国家),还是导致公众为公立教育机构的少数名额展开激烈竞争(如福利制度较薄弱的发达国家);民办高等教育的惊人增长,一方面弥补了高等教育机会的缺口,但另一方面也给部分家庭带来了严重的债务问题,因为这些家庭必须独自承担这种人力资本积累。在不平等日益扩大的背景下,世界各国展开了对教育优势的竞争。对于理解这个现象,比较研究是一种至关重要的方法。本书对该问题研究的贡献在于:在对不同教育体系进行描述之外,展开详细的国家案例研究。

《教育的社会公平手册》:作者指出教育的社会公平并不是什么新的理念,也不是又一个对现状修修补补的改革倡议,教育的社会公平是民主社会教育和教学的根基,是民主建设的基石。我们将迎来一个文明先进、充满希望的黄金时代,在这个时代,儿童会成为最受瞩目的社会成员,而教学将回归本真,被视为最重要、最高尚的事业。这一点虽然在政策和实践上会有分歧,但却很少被公开质疑。本书将作为教育改革斗争中的一件利器,提醒我们教育不可改变的核心地位。社会公平教育是建立在以下三大基石或原则之上的:1. 公平,即公平性原则;2. 行动主义,即主动性原则;3. 社会文化程度,即相关性原则。

《教育、平等和社会凝聚力:一种基于比较的分析》:本书采用不同的方法,主要关注两个问题,一是社会层面,而非个体、小群体及社区层面的社会凝聚力;二是教育如何影响以及在什么背景下影响这种社会凝聚力。因此,本书所探讨的是最广义上的社会凝聚力结果,作者们不仅从融入劳动力市场的角度,而且从可能与社会凝聚力相关的更广泛的社会属性角度对这个问题进行了探讨,后者包括收入不平等的结构性、社会性和经济性议题:收入低下,社会冲突,以及基于信任、容忍度、政治投入与公民自由的各种文化表现形式。

《学校与平等机会问题》:本书聚焦大众教育中的"平等—效率"困境。如今的很多教育研究者将目光投向教育改革,人们期待那些改革能关注平等机会这个问题。西方国家的学校也探索了许多替代方案,诸如去分层化、更灵活的课程、重视子女的自我观感胜过重视他们的学业成绩、通过测试来确保没有孩子掉队,以及为低收入家庭提供选择。本书研究者收集到的证据表明,尽管展现了一些进步的可能通道，他们仍然对于很多学校所采取的激进的改变机会结构政策的有效性提出了质疑。根据目前所知，人们不宜期望短期能出现奇迹。最好的方法就是通过一个高效的教育体系来挑战每位受教育者，让他们都实现自己的潜力。在那个意义上，一个高效的教育体系也有助于实现平等。

2018 年 5 月

目 录

第 1 部分　高等教育和过渡

第 2 部分　中等教育和过渡

第 5 部分　跨越地理的经验应用

教育公平：范例与经验

Lessons in Educational Equality:
Successful Approaches to Intractable Problems Around the World

致　谢

当 Jody 创立健康与社会政策研究院时，她希望该研究院将重点放在解决不平等 xi
问题上，并承诺致力于弥合研究与政策之间的差距，即证据和行动之间的差距。虽然
这是她从一开始就希望看到的，并反映在该研究院的成立使命声明中，但是如果没有
许许多多的人做出巨大的贡献，任何一个组织甚至都无法开始走向这样的目标。我们
感谢麦吉尔大学的学术领导，他们将学校发展成为一个支持这种全球性的循证研究并
将之转化为行动的地方。我们特别感谢 Heather Munroe-Blum、Anthony Masi、Denis
Therien、Rich Levin 和 Chris Manfredi 等人对研究院启动工作的支持。

在 Max Bell 基金会的慷慨资助下，同时在麦吉尔大学的配套经费支持下，研究院
启动了其第一个重大举措——从证据到有效公共政策的方案。这个项目具有三个核
心要素：(1)以会议形式召集来自世界各地的顶尖研究人员、决策者和项目工作人员，
设法解决看似难以解决的问题；(2)设立研究员岗位，鼓励来自不同学科的研究员到世
界各地深入研究成功的政策和方案；(3)努力把最优秀的专家集中在一起撰写如何将
研究所得的证据转化为有效的政策和方案。这一项目所要解决的问题包括改善贫困
工人的条件、增加边缘人群的公民参与、改善环境经济。在 2008 年和 2009 年，该项目
的重点是解决教育公平问题。

2008 年，共有八名政策研究员到世界各地研究促进边缘化群体的教育机会、教育
质量和教育公平的措施。他们的工作是在 Tinka Markham Piper、Magda Barrera 和
Jennifer Proudfoot 等人的卓越指导下完成的，同时还得到了世界各地的项目合作伙伴 xii
所慷慨分享的经验和智慧。这一研究团队帮助寻找有可能提升教育公平的项目，为研
究员的出行和研究这些项目提供便利，并帮助他们把研究成果转化为具体的建议，提
供给世界各地的政策制定者和从业人员。

从研究迈向建议的飞跃大大受益于一个团队的奉献，2009 年这个团队把世界各
地教育公平领域的一流专家聚集到了麦吉尔大学举办的全球大会上。Ceyda Turan，
Jennifer Proudfoot，Melanie Benard 和 Elisheva Bouskila 不辞辛劳地将一群杰出的国
际政策和学术界专家以及教育工作者聚集到一起，而他们通常是没有机会这样面对面
地表达各自关于公平问题的观点的。本书旨在将始于大会的辩论转变成为采取行动

的建议，如果没有 Parama Sigurdsen 和 Gonzalo Moreno 的宝贵贡献以及研究院其他工作人员提出的无数见解和发人深省的问题，这本书也不可能汇编成册。

同聪明而有创造力的同事和同学一起工作对于 Adèle 和 Jody 来说是获得快乐和知识的源泉。Adèle 特别感谢 Leanna Eaton、Anne Game 和 Maria Vamvalis，她们使她懂得只要有足够的决心、想象力和热情，世界性的不公平现象可以得到解决，并且第一次为她提供了这样的机会去解决这个问题。

如同我们许多人一样，Adèle 和 Jody 的生活被老师们所改变。如果 Jody 要讲述每一位老师的帮助，她的感谢之词恐怕会比这本书还要长，所以我们在此只向三位教师代表致谢。Cecile Brault 在马萨诸塞州奇科皮一个顽强的移民社区长大。她充满激情地向中学生，包括 Jody，教授自己的母语法语，但是她产生的更大影响在于她向学生展示了一种激情，他们不仅可以在世界上有所作为，而且也有责任这样做。Harvey Fineberg 和 Richard Zeckhauser 作为导师对她们同样产生了深远的影响。有些教授喜欢讲授比较容易解决的问题，而他们却愿意指导复杂而几乎不可能解决的重要问题。Jody 从中领悟到，可以接受而且值得接受这些挑战，这种精神始终激励着她。

Jody 的大儿子 Ben 去年开始在纽约南布朗克斯区一个特别贫困地区的特殊需要中学教书。学生们带来了创造力、问题和力量，他们也给学校带来了许多挑战，就像生活带给他们挑战一样。许多学生在进入中学之前几乎没有学会阅读。由于当地的毒品问题严重，帮派活动猖獗，学校在校门口进行安检，排查武器，走廊上也驻扎警戒人员。Ben 同那些忠心的老教师和其他教学人员一起，努力探索如何使学生取得最好的学习效果，他们日复一日在重重困难之中工作着。当我们写作和编辑本书时，Ben 的
xiii 工作以及他的幽默、洞察力、勇气和承诺鼓舞了 Jody。

Adèle 的祖母 Mary Ann 二战爆发后不久就开始担任小学教师，在随后几年的巨大困难中，她在教室和防空洞里继续给学生上课，为的是他们的教育不被战争打断。她和她的同事冒着正在摧毁其国家的猛烈空袭坚持教学，这种对教学的献身精神证明所有这些人都是勇敢地面对课堂内外的恶劣条件，为了使那些儿童获得教育而不致边缘化。本书献给 Ben 和 Mary Ann 以及所有在最艰苦的条件下将他们的部分生命奉献给教学的人们——没有他们的想象力、韧性、力量和非凡的努力，我们就无法真正有机会实现全民教育。

编者简介

Jody Heymann 是麦吉尔大学健康与社会政策研究院创院院长、世界著名健康与 xv
社会政策研究专家、加拿大全球健康与社会政策研究主席。她已出版 190 多部专著和
编著,包括《底层的利益》(哈佛商业出版社,2009 年)、《提升全球层次》(斯坦福大学出
版社,2009 年)、《贸易与健康》(牛津大学出版社,2006 年)、《更加健康的社会》(牛津大
学出版社,2006 年)、《未完成的工作》(新出版社,2005 年)。Heymann 致力于将研究
转化为政策和方案,以提高个体和群体的健康和福祉。为此她同北美、欧洲、非洲和拉
丁美洲国家的政府领导人,以及广泛的政府间组织,包括世界卫生组织、国际劳工组
织、联合国儿童基金会、联合国教科文组织进行了合作。

Heymann 建立并领导世界全球数据中心,第一次对联合国所有 193 个成员国的
社会政策进行审查。作为这项努力的一部分,"世界教育计划"将全球收集的有关儿童
教育成果的数据与各国相应的教育政策汇集在一起。通过运用联合国教科文组织和
联合国教育权特别报告员收集的全球数据以及各国对免费义务教育的有关法律保证,
世界教育计划提供了关于全球教育政策、实践和进展的综合数据源。从 2008 年到
2010 年,Heymann 主持了一项关于教育不平等的研究项目,汇聚了世界各地的学生和
专家、研究成功的项目,为从业者和决策者提供政策建议。作为该项目的一部分,政策
研究员在五大洲开展了实地调查。从 2011 年到 2012 年,Heymann 主持了"世界经济
论坛全球教育系统议程理事会"。

Adèle Cassola 在麦吉尔大学健康与社会政策研究院从事比较研究工作,主要研究
教育政策和法律权利如何影响边缘化人群的人生际遇问题。作为世界全球数据中心 xvi
研究团队的一部分,她所主持的一个项目,旨在分析所有联合国成员国在宪法中就可
能发生歧视的各个生活层面,包括教育、工作、健康、家庭以及政治和公民参与等所确
立的保护条款。她曾致力于寻找切实可行的策略来提高弱势群体的福祉,这使她得以
与温哥华的关心公民权利计划研究所和多伦多内城卫生研究中心进行合作研究。她
还花了几年时间与非政府组织"加拿大战争儿童"一起制定和实施青年教育计划。
Cassola 获多伦多大学和平与冲突研究学士学位和伦敦经济学院社会学硕士学位。

作者简介

Jessica Ball 是加拿大维多利亚大学儿童和青少年护理学院的教授,也是幼儿研究和政策中心主任,同时她还是跨学科的儿童与家庭发展文化性研究项目的首席调查员。Ball 为开放社会基金会、加拿大阿迦汗基金会和教科文组织开展研究,并进行项目评估以及项目开发。她在东南亚工作了十几年,与社区服务机构和政府部门就各级教育的研究和服务项目一起开展工作。她独立或与他人合作发表、出版了 100 多篇期刊文章和多部著作,包括《支持土著儿童发展:社区—大学合作伙伴关系》(不列颠哥伦比亚大学出版社,2006 年)。她在北美、亚洲、非洲和中东地区的大学设立并教授课程。Ball 获得了加州大学伯克利分校的发展心理学硕士学位、临床心理学博士学位和国际公共卫生学硕士学位。

Koli Banik 是全民教育快车道倡议秘书处的教育专家。Banik 协调秘书处有关教育包容和教育公平问题的工作,并与快车道倡议伙伴国家合作,确保残疾人问题在国家教育部门计划中得到解决。在加入快车道倡议秘书处之前,Banik 曾在人口理事会、世界银行、美国公谊服务委员会和印度地方非政府组织工作。Banik 在与印度和越南的残疾人群体合作方面有着丰富的实地经验,是联合国艾滋病联合规划署机构间工作组成员和联合国女童教育倡议工作组的成员。Banik 拥有马里兰大学帕克分校国际教育学博士学位以及宾夕法尼亚大学社会工作硕士学位。

Carol Benson 是一位教育发展方面经验丰富的教育家、研究员和顾问,其研究重点为多语言社会中的语言问题。Benson 在瑞典斯德哥尔摩大学教授高等教育学,她还对欧洲的地方和少数民族教育语言感兴趣。她曾作为正规教育方面的顾问,重点关注教师教育、课程开发问题,在非正式教育方面,她关注促进亚洲、拉丁美洲和非洲文化水平和性别平等问题的项目。她最近的工作包括担任越南教育培训部和联合国儿童基金会顾问,设计和试行三种少数民族语言和越南语的双语教学。Benson 获加州大学洛杉矶分校社会科学和比较教育学博士学位。 xvii

Ebony Bertorelli 是麦吉尔大学"全球卫生外交倡议"的研究助理,她主持有关贸易和卫生、卫生和外交政策、全球卫生治理以及全球化和卫生等领域全球决策和谈判过程的研究、培训和咨询等项目。Bertorelli 在健康与社会政策研究院获得研究员职位,在此期间她进行了本书撰写的研究工作,她在国际发展研究所也获得研究员职位。她拥有不列颠哥伦比亚大学政治学和电影学学士学位、麦吉尔大学发展中国家比较政治学硕士学位。

Aneel Brar 是一位国际发展研究者和实践者,他感兴趣的领域包括战后发展、能力建设、组织发展和教育。最近,Brar 获得了加拿大国际发展研究中心的研究奖,在此他帮助建立了一个加强非洲、亚洲和拉丁美洲研究机构能力建设的项目。Brar 作为麦吉尔大学健康与社会政策研究院的一名政策研究员参与了本书撰写的工作。他还曾在世界全球数据中心研究所的世界各地贫困相关法规数据库工作。他拥有麦吉尔大学政治学硕士学位、卡尔加里大学政治学学士学位和生物学学学士学位。

North Cooc 是哈佛大学教育研究生院的博士生,研究教育中的定量政策分析。他的研究探讨家庭和学校因素如何影响接受特殊教育的少数民族学生的入学率和经历。他尤其感兴趣的是父母期望、文化信仰和学校政策对于美国和日本有着特殊需要的儿童的父母做出决定会产生何种影响。在攻读博士学位前,Cooc 曾在首都华盛顿进行教育研究,包括对有关校外时间的项目、早期读写项目以及青年发展和艺术项目等进行评估和研究。他还在日本农村工作了 2 年,教授初中英语。Cooc 拥有哈佛大学国际教育政策教育学硕士和加州大学伯克利分校历史和日语文学学士学位。

Marie Duru-Bellat 是巴黎政治学院教育社会学教授、巴黎社会学变化研究所研究员。她领衔研究学校中的性别差异和社会不平等现象,评估其重要性和演变。她还分析学校的某些工作影响,如分班,以及不按社会背景和学习成绩分班和分校的影响。她曾担任策略分析中心、欧洲审计院和联合国教科文组织国际教育规划研究所等多家机构顾问,咨询教育和改革问题。Duru-Bellat 已出版了大量有关教育和不平等问题的著作,近期出版的有《教育和公平：国际视角理论与政策》(第三册;多德雷赫特,斯普林格出版社,2007 年)、《正义的价值》(巴黎政治学院出版社,2009 年)和《社会与学校》(塞耶,2010 年)。

Serge Ebersold 是特殊教育教师培训与研究高等教育研究院社会学教授和研究部主任。他协调一个经合组织项目,寻找残疾学生进入高等教育和就业的途径,曾担任经合组织教育理事会分析员。在加入经合组织之前,他是斯特拉斯堡大学的教授,在那里教授残疾社会学达 15 年之久,并进行残疾人教育和就业机会方面的研究。他还与欧盟委员会合作在欧盟范围内比较残疾政策,参加世界卫生组织《国际残疾分类法》的修订工作,积极参与由欧洲特殊教育发展署组织的分析研究工作。他已经出版了几本关于公民、教育和就业领域特殊需要人士及其家庭的发展机会的著作，包括《家长和专业人士共同面对残疾》（时代出版社，2007 年）、《残疾人的优先权：家庭的考验》（雷恩大学出版社，2003 年）和《高等教育中的残疾问题》（经合组织，2003 年）。

Peter Evans 从 1989 年起直到最近退休担任经合组织的高级分析师，负责关于有风险的儿童和有特殊教育需要者等方面的工作。此前他曾与伦敦大学教育学院的特殊教育系合作，开设学习困难儿童的教师培训课程。他在英国教育和科学部主持过一个学习困难儿童课程开发研究项目，之后成为伦敦大学教育学院儿童发展与教育心理学系主任。他已经出版了约 20 本有关残疾儿童教育问题的著作，涉及波罗的海国家、东南欧和马耳他的残疾儿童、有学习困难和不利因素的儿童等领域，如《教育政策和指标》（经合组织，2009 年）、《高等教育中的残疾问题》（经合组织，2003 年）和《"特殊照顾"：具有多重和深度学习困难的儿童教育》（国家教育研究基金会—纳尔逊出版公司，1987 年）。他到许多经合组织和非经合组织国家研究特殊教育制度。Evans 在伦敦大学学习心理学和人类学，并获得曼彻斯特大学心理障碍学专业博士学位。 xix

Merle Froschl 有超过 35 年的教育和出版经验。作为美国家庭健康国际组织教育公平中心的联合主任，她领导和监督包括课程开发、专业发展、家长教育、研究与评估以及联盟建设等项目。自 20 世纪 70 年代以来，她在教育公平领域开发了课程和教师培训模式。Froschl 是美国知名的关于性别平等和教育机会平等问题的演讲者，与他人合著了《支持男孩的学习：从学前班到三年级的教师实践策略》（师范学院出版社，2010 年）。从 1982 年到 2004 年，Froschl 是非政府组织"教育公平概念"的联合创始人兼联合主任，该组织提倡无偏见的学习，不论性别、种族/民族，是否残疾或家庭收入水平如何。她拥有雪城大学新闻学学士学位，同时毕业于哥伦比亚大学非营利机构管理学院。

Jodut Hashmi 是哈佛大学教育研究生院的博士生，研究方向是大学入学和成功政策。在就读研究生院之前，Hashmi 曾担任美国学生资助咨询委员会的助理主任。任职期间她与他人合作撰写了几份关于大学教科书负担能力、社区学院转学和向低收入家庭的学生提供早期资助信息的国会报告。Hashmi 曾作为密苏里州圣路易斯的"为美国而教"教师团成员，在一所国际研究中学担任七年级数学老师。Hashmi 拥有哈佛大学教育研究生院国际教育政策文学硕士学位和康乃尔大学政策分析与管理学学士学位。

Clyde Hertzman 是不列颠哥伦比亚大学人类早期学习伙伴关系研究所所长、加拿大人口健康与人类发展研究主席、人口与公共卫生学院教授。他担任省儿童发展图谱组、儿童与青少年发展轨迹研究组以及人口健康与学习观察站的首席调查员。Hertzman 是国家级的加拿大高级研究院基于经验的大脑和生物开发计划以及成功社团计划的研究员。Hertzman 在创建将人口健康与人类发展联系起来的框架方面发挥了核心作用，强调了幼儿发展作为健康的决定因素的特殊作用。他的研究为国际、国家、省和社区的健康儿童发展举措做出了贡献。Hertzman 是加拿大卫生研究院 2010年迈克尔·史密斯健康研究奖获得者、2010 年加拿大年度健康研究员、加拿大儿童健康研究所 2010 年度国家儿童日奖获得者。

Emily Hertzman 是多伦多大学人类学系博士研究生。Hertzman 目前正在印度尼西亚西加里曼丹进行关于流动、移民和种族的民族志研究。她曾在不列颠哥伦比亚大学人类早期学习伙伴关系研究所担任研究助理和国际项目协调员，在国际范围内进行研究和沟通，推广有关早期儿童发展测量和监测的知识。2005 年至 2008 年期间，她是早期儿童发展知识网络组织中心的成员，该组织中心是世界卫生组织卫生问题社会决定因素委员会的成员。她拥有不列颠哥伦比亚大学社会文化人类学学士和硕士学位。

Lori Irwin 是不列颠哥伦比亚大学人类早期学习伙伴关系研究所前副所长。作为副所长工作的一部分，Irwin 领导了早期儿童发展图谱团队的工作，该团队使用"早期发展评价工具"等收集数据。Irwin 在全国范围内为研究人员就使用"早期发展评价工具"进行人口健康测量提供咨询。她的研究兴趣包括调查影响儿童早期发展和学习的各种儿童、家庭和社区因素。她还在帮助制定联合国儿童权利委员会早期儿童发展的儿童权利监测框架。她获得不列颠哥伦比亚大学护理学博士学位，并完成了关于早期儿童发展、学习和人口健康方面的博士后研究。

Brittany Lambert 是麦吉尔大学健康与社会政策研究院的研究员，世界全球数据中心成员，参与了一些教育和儿童有关的项目。Lambert 在研究生期间参加了研究所的政策研究员计划，并前往玻利维亚研究跨文化双语教育如何减少土著儿童的教育不公平现象。此项研究后来也奠定了她参与编写此书的基础。Lambert 获得麦吉尔大学政治学硕士学位和渥太华大学国际研究和现代语言学学士学位。

Maureen Lewis 是世界银行非洲地区人类发展处的经济顾问，曾任人类发展首席经济学家、人类发展副总裁顾问、全球发展中心资深研究员等职。她曾担任世界银行东欧和中亚地区人类发展方面的政策分析师和项目经理。Lewis 在世界银行和城市研究所从事有关拉丁美洲和加勒比地区的工作 10 年。她在同行评议期刊上发表了数十篇有关教育和卫生政策的文章,特别关注教育中的性别问题。她在约翰·霍普金斯大学获得博士学位。

Marlaine Lockheed 是一名教育社会学家,为政府、捐助机构和民间机构提供有关教育质量、教育公平和学校效能等改革咨询长达 40 年之久。她在世界银行工作了 20年,其间担任过临时教育总监,领导过中东和北非地区人类发展方面的政策分析师和项目经理,并指导过一批世界银行学院的评估研究员。在加入世界银行之前,她在新泽西普林斯顿教育考试服务中心担任首席社会学研究员,指导有关性别平等的研究。她出版过几本著作,其中《改善发展中国家小学教育》(牛津大学出版社,1991 年)在国际上享有知名度,她还发表了 150 多篇期刊文章和研究报告。她担任过许多专业协会和科学期刊的董事会成员,并曾在哈佛大学、斯坦福大学、普林斯顿大学和得克萨斯大学任教。她拥有斯坦福大学国际发展教育博士学位。

Mokubung Nkomo 是南非比勒陀利亚大学教育学院多样性和社会凝聚力中心主任和教授。他曾担任南非高级证书委员会南非资格证书管理局局长,现任联合国教科文组织南非国家委员会教育部门委员会主席。在加入比勒陀利亚大学之前,他是人类科学研究委员会教育和培训部执行主任。他曾在北卡罗来纳大学夏洛特分校担任教授,之后曾担任纽约社会研究新学院南非合作关系项目主任。他著有《南非黑人高校的学生文化与行动》(格林伍德出版社,1984 年);编有《教育主导:走向民主的南非教育》(非洲世界出版社,1990 年);合编三部著作,如《在可能的范围内:从劣势到发展的北方大学和福特海尔大学》(人文科学研究理事会出版社,2006 年)。

Laura Pilozzi-Edmonds 目前在攻读麦吉尔大学医学学位。读本科时她参加了健康与社会政策研究院研究员岗位项目,到坦桑尼亚去研究教育系统中的性别平等问题。在这项研究中,她在达累斯萨拉姆大学接触到一个旨在提高工程专业性别平等的开拓性项目,这成为她的研究重点以及她对本书贡献的基础。Pilozzi-Edmonds 目前正专注于完成她的医学研究,并计划继续研究未来健康的社会决定因素。她已获得麦吉尔大学应用科学学士学位,主修生物医学,辅修非洲研究和社会医药研究。

Rob Prouty 是全民教育快车道倡议秘书处负责人。全民教育快车道倡议设在位于首都华盛顿的世界银行,是一家与捐赠者、发展中国家、多边机构和公民社会组织合作的全球伙伴关系组织。自 2002 年创建以来,全民教育快车道倡议稳步发展,目前支持 43 个发展中国家的教育部门计划。Prouty 是课堂问题和学习成果专家。他曾在刚

xxii

果民主共和国(原扎伊尔)和卢旺达的农村生活了 10 年，会讲三种非洲语言。他的大部分职业生涯一直专注于西非法语国家的教育问题。他拥有密歇根州立大学教育管理学非洲研究方向博士学位，并在小学、中学和大学任教。

Fernando Reimers 是福特基金会国际教育教授、哈佛大学教育研究生院国际教育政策计划主任。他教授关于教育政策、民主公民和教学改进之间关系的课程。他目前在巴西和墨西哥的研究重点是教育政策、教育领导力和教师专业发展对识字能力、公民身份和高级认知技能的影响。他还在评估一项跨国项目，以提升智利、哥伦比亚、危地马拉、多米尼加共和国、墨西哥和巴拉圭的民主公民技能和公民教育。他曾出版过许多关于国际教育与发展的书籍和文章，曾在亚洲、拉丁美洲和中东等几个国家的政府和国际发展机构担任顾问。他是外交关系委员会成员、国际教育学院研究员、世界经济论坛全球议程教育委员会主席、世界经济论坛中东与北非咨询小组成员以及美国联合国教科文组织全国委员会成员。

Arjumand Siddiqi 是多伦多大学公共卫生学院的助理教授、加拿大高级研究院成功社团计划的准成员。她的研究从跨国比较的视角来了解社会福利政策对健康和发展结果不平等的影响。Siddiqi 曾担任北卡罗来纳大学吉林斯全球公共卫生学院的助理教授和卡罗来纳人口中心的研究员。她曾是世界卫生组织儿童早期发展健康知识中心社会决定因素委员会的成员，并在包括世界银行和联合国儿童基金会在内的多个国际机构中担任顾问。Siddiqi 获哈佛大学社会流行病学博士学位。

Barbara Sprung 是美国家庭健康国际组织教育公平中心的联合主任。她在早期儿童教育方面有 40 多年的经验，从事教学以及项目和材料的创新，以促进儿童机会平等，不论其性别、种族/民族，是否残疾或家庭收入水平如何。从 1982 年到 2004 年，Sprung 是全国性非政府组织"教育公平概念"的联合创始人兼联合主任，该组织的任务是开发无偏见的早期儿童教育项目和材料。Sprung 撰写了大量关于教育公平的著作，包括最近出版的《支持男孩的学习：从学前班到三年级的教师实践策略》(师范学院出版社，2010 年)，并且是美国知名的关于性别平等、取笑和欺凌、早期科学公平以及包容等问题的演讲者。她获得 2011 年银行街学院校友会奖，拥有银行街教育学院儿童发展理学硕士学位，并毕业于哥伦比亚大学非营利机构管理学院。

Deepa Srikantaiah 是全民教育快车道倡议秘书处的顾问，秘书处设在位于首都华盛顿的世界银行。Srikantaiah 的博士论文研究的是土著知识或非西方知识体系如何融入教育与卫生发展。Srikantaiah 曾在首都华盛顿的教育政策中心担任高级研究员，

xxiii

主持一个研究问责政策对美国课程和教学的影响的项目。她曾在世界银行担任顾问，并曾在马里兰大学兼任教师。Srikantaiah 获得马里兰大学帕克分校国际教育政策研究方向博士学位。

Ziba Vaghri 是不列颠哥伦比亚大学人类早期学习伙伴关系研究所国际研究与倡议计划的主任。Vaghri 早年在世界各地担任儿科护士。她目前的兴趣是在人口总体水平上监测世界不同地区的早期儿童发展。Vaghri 也是为联合国儿童权利委员会制定监测早期儿童权利框架团队的成员。她获得不列颠哥伦比亚大学特别关注儿科营养的人类营养学博士学位。

xxiv

1

消除教育排斥

Jody Heymann 和 Adèle Cassola

Alicia 在洛杉矶中南区长大，附近一派城市衰败景象，没有多少发展前景。到 Alicia 上学时，这里已经改名为南洛杉矶，为的是抹去西班牙裔贫民聚居区的烙印，但这一地区的学校教育制度仍然远远落后于富人区。Alicia 遭受着穷人聚居区初中学生普遍遭受的困扰，她需要从帮派横行和校园暴力的肆虐中找到一条出路，克服教室拥挤破旧、日用物资奇缺、教材陈旧过时、教师不足且心灰意冷等困境。[1]洛杉矶联合学区与她境遇相同的拉美裔学生只有不到45％能够从中学毕业。[2]她的问题并不孤立，全美国只有55.5％的拉美裔学生能够从中学毕业，[3]但他们却是这个国家人口增长速度最快的儿童群体。[4]预计到2030年，美国30％的青年人将是拉美裔。[5]

差距在美国根深蒂固。尽管美国拥有许多世界一流大学，但美国年轻人在大学教育方面却落后了。2001年进入四年制本科教育的只有57％的人在入学6年后获得学位，而经济合作与发展组织（OECD）国家的可比人群中却平均有70％的人获得学位。考虑到美国学生有许多从未受过高等教育或没有完成高等教育，人们发现美国人中只有少数拥有大学学位。2008年，美国只有37％的大学年龄段的年轻人有希望从四年制本科专业毕业。而13个经合组织国家的大学生毕业率则比美国高，其中芬兰为63％，冰岛和斯洛伐克为57％。[6]

教育落后对于美国儿童和成人的生活乃至对整个国家所产生的后果日益严重。

3 在过去的30年里，随着通讯、交通和经济的迅速全球化，工作的变化越来越频繁。曾经让只受过中学教育的人能过上体面生活的制造业工作是第一批逐渐从美国消失的工作之一。[7]自2001年以来，制造业就业人数减少了33％，2001年1月至2010年1月减少了超过560万个就业机会。[8]那些只受过中学教育的人所能找到的工作，工资和福利已大幅下降。而对于整个国家而言，越来越明显的是，要具备能够维持生活质量的有效竞争力就必须保有一支能够争得高薪水的有技术有知识的劳动力大军。

Mahmood 出生在地球另一端的巴基斯坦，他们一家移居东伦敦。像数以百万计的移民一样，他们移居英国是渴望为孩子们寻找更好的机会。虽然 Mahmood 的父母要为他寻求机会，但英国的学校体制却使他们望而却步。与公立学校相比，所谓的"公共学校"（大多数国家都称这样的学校为私立学校，因为它们是收费学校）的学生达到顶尖大学录取成绩的可能性要高出40个百分点，[9,10]被录取的可能性高出6倍。[11]与公立学校中有资格享受免费午餐的学生相比，公共学校的学生取得最高成绩的可能性是其3.5倍，上顶尖大学的可能性则将近其22倍。[12]即使 Mahmood 成为少数考试成绩达标的学生,他也不太可能读得起这样的大学。2010 年,在全球经济衰退的情况下,英国政府宣布到 2012—2013 年将根据实际和通胀因素调整削减 30％的大学经费,此举预计将导致学费急剧上涨。[13]

　　Zitha 与新南非诞生于同一年,在后种族隔离时代长大的她将能够进入废除种族隔离的学校读书,而她的父母和祖父母们从来没有这样的机会。种族隔离时代的南非既没有提供给她的父母任何教育,也没有提供过任何能够使他们摆脱贫困的工作。他们对 Zitha 未来的希望完全与他们所想象的南非的未来景象交织在一起,他们想象着到那时,机会不再由种族来决定。但是,到 2008 年 Zitha 读高中的时候,只有 56.6％的南非黑人读完中学并通过毕业考试,[14]只有 12％的适龄学生进入大学。[15]学校制度仍然非常不平等,在以前的“白人”和“黑人”学校之间,每个学生的(私立和公立)总开支存在巨大差异。就高中毕业考试通过率而言,四分之三的顶尖学校过去是所谓“白人”学校或“印度”学校,而那些过去的“黑人”学校的通过率占垫底的五分之三,84％的“黑人”学校中仍然是 100％的纯南非黑人学生。[16]除了持续的教育问题,南非还面临着一系列其他问题,经济增长率落后于其他新兴中等收入国家,高通胀、汇率不稳定、熟练劳动力短缺等问题突出,而且南非是世界上收入不平等率最高的国家之一。[17]南非的最低工资高于中国,只能寄希望于通过提供受过良好教育的劳动力来吸引工作岗位。然而,南非只有 15％的适龄人口接受高等教育,而中国有 23％,[18]25 岁以上人口中不到 1％的人读完大学,而中国的同龄人群中是 4％。[19]这些情况使南非的失业率达到惊人的 23％,[20]非官方估计的失业率则更是高达 40％。[21]如同教育程度,失业率也不是均匀分布的:只有 5％的白人失业,而黑人却有 29％,且集中于种族隔离造成的低技能劳动力。[22]

　　《教育公平:范例与经验》探讨几个紧迫的问题:各国内部和国家之间差距有多大? 是否有有效和负担得起的方式可以缩短这些差距? 本书的读者对象是教师、家长、校长、致力于改善本国教育的政策制定者和倡导者,以及那些担心全球教育不公平问题并认识到解决教育不公平是关键所在的人士,本书的作者是世界各地重要的教育创新者。《教育公平:范例与经验》还报告了一系列独特的全球案例研究,重点了解世界各地哪些教育项目在解决不公平问题和改善教育成果方面特别有效。

全球努力下的教育

　　全球背景下的教育迄今为止喜忧参半。令人欣喜的是,在过去的 20 年里全世界不断致力于确保所有儿童都能接受教育。1990 年,国际社会聚集在泰国的宗滴恩,召开世界全民教育大会,确定全民教育六大目标,专注于提高从幼儿到成年的教育机会、教育质量和教育公平。[23] 十年后,164 个政府和合作组织在塞内加尔的达喀尔重申了它们对这些目标的承诺,并搭建起一个确保到 2015 年能够实现目标的体系。虽然从 1948 年的《世界人权宣言》到 1989 年的《儿童权利公约》,无数次国际会议都承诺过要实现普及的、公平的教育,但是全民教育的目标还是给教育带来了前所未有的关注和动力。

世界各国领导人在 2000 年召开会议宣布全球优先事项,教育仍是最重要的承诺之一。千年发展目标的第二个目标是要实现普及小学教育。此外,千年发展目标的第三个目标特别强调要取得更大的公平,消除男孩和女孩之间的差异。在国际和国内切实的承诺的支持下,目标的设定使得读小学的儿童数量明显增加。较之于 1999 年,2008 年就读小学的儿童增加了 5 200 万。1999 年至 2008 年,南亚和西亚未能接受小学教育的儿童数量降低一半,撒哈拉以南非洲地区的儿童入学率上升了三分之一。[24] 自从全民教育和千年发展目标实施以来,男孩和女孩之间的教育差距也缩小了。1999 年到 2008 年间,失学女童的比例从 58％下降到了 53％,近年来小学里每有 100 名男孩就有 97 名女孩。[25] 很显然,国内和国际的承诺起到了重要作用。这是可喜之处。

但是,各国在努力实现这些目标时仍然存在巨大差距：2008 年仍有 6 700 万儿童没能进小学,最近入学率增长速度变缓进一步威胁到全民教育和千年发展目标所设定的到 2015 年实现普及小学教育的目标。[26] 在全球范围内,低收入国家里有超过 30％的儿童没有读完小学。[27] 在撒哈拉以南的非洲地区,有近四分之一的小学适龄儿童失学,估计每年有 1 000 万小学生辍学。[28] 在发展中国家估计有 90％的残疾儿童不上学,全球范围内三分之一的失学儿童有残疾。[29] 原计划于 2005 年达到小学和中学教育的性别平等目标,但是在一些地区,失学儿童中男女比例仍然失衡,失学女孩入学的可能性比失学男孩更小。[30] 在撒哈拉以南的非洲地区和阿拉伯国家,小学里每有 100 个男孩只有不到 93 个女孩；在阿富汗、中非共和国和乍得,这个数字下降到小学里每有 100 个男孩只有不到 75 个女孩。[31] 在也门,仅有略超过 20％的失学女孩有可能入学,相比之下,男孩的比例是 64％；巴基斯坦也存在类似的差距,失学儿童中有 38％的女孩有可能入学,而男孩的比例为 73％。[32] 撒哈拉以南非洲地区有 1 200 万名女孩永远也不会踏进教室,而这样的男孩只有 700 万。[33]

严重的是,不仅全民教育和千年发展目标不能如期实现,而且这些目标一开始实施力度就不够大。不要说充分发挥孩子们的潜力,就是要真正能够摆脱贫困,他们需要的也不仅仅是小学教育。千年发展目标忽视了 7 400 万名未入学的中学适龄儿童和数百万没有获得任何有意义的教育就离开了学校的儿童。[34]在马拉维、纳米比亚和赞比亚只有 30% 的 6 年级学生获得了基本的数学技能,在多米尼加共和国、厄瓜多尔和危地马拉,只有不到 50% 的三年级学生能够阅读简单课文并找出意义明确的信息,全球还有千百万学生虽然读到小学毕业却没有获得基本的读写和算术技能,而在这种情况下教育质量问题仍然没有被优先考虑。[35]性别间不平等和社会经济群体间的不平等一样明显。然而,至今没有确立全球性的目标以确保所有的年轻人都能够完成中等教育,收入或残疾导致的差距能够消失,孩子们无论来自什么种族或民族、信仰什么宗教,或使用什么语言都能够获得平等的机会。

因此,差距令人震惊。在全球范围内,土著儿童和那些来自少数民族、种族和语言群体的儿童所受的教育机会就比其他人少。[36]在美国,非洲裔美国人的失学率是白种人的两倍。[37]许多国家,包括危地马拉、秘鲁、柬埔寨和老挝,土著和非土著儿童的受教育程度差异很显著,比如在危地马拉,在家讲土著凯克奇语的人成为所受教育年限最低的五分之一人口的可能性倍增。[38]在玻利维亚,在家里讲土著语言的儿童比讲西班牙语的同龄人所受教育要少 2 到 4 年。[39]在经合组织国家的小学和中学,家庭语言与教学语言不同的移民儿童成绩差于他们的同龄人。[40]

在教育参与方面,残疾儿童是最弱势的群体之一,在许多国家他们与非残疾同龄人之间的差距比其他方面的差距要大。[41]在 13 个发展中国家,残疾儿童与同龄人相比入学的可能性更低,即使考虑到个体、家庭和社区条件。[42]玻利维亚、柬埔寨、哥伦比亚、印度尼西亚、牙买加、蒙古、南非和赞比亚的残疾儿童入学率比非残疾儿童要低 20 到 50 个百分点。[43]摩尔多瓦和罗马尼亚 7 至 15 岁的残疾儿童入学率分别比非残疾儿童低 39 和 34 个百分点。[44]研究表明,在南非平均而言残疾儿童接受的教育不超过 4 年。[45]

各国有多少投入?

如果世界各国领导人仅仅承诺普及小学教育,那就有理由问各国对于确保所有公民获得小学以上教育到底有多少投入。衡量这种投入程度的方法有很多种,但基本的方法是考察一个国家是否足够重视受教育权而把它写入宪法。我们研究了 191 个联合国成员国宪法中有关受教育权的条款，其中 121 个国家的宪法保证所有公民享有受教育的权利。28 个国家保证所有公民享有高等教育的权利，其中 15 个国家保证所有居民享有这项权利。另外，有 18 个国家希望保护所有公民的高等教育权利。总之，虽然世界上大多数国家都希望达到向全民提供教育权的目标，但高等教育权的目标仍然非常落后。

而且，实际上，收入多少决定能否受教育使得各国内部和国家之间产生巨大的差距。德国儿童就读中学的可能性是尼日尔儿童的 10 倍。[46]这不是孤立的例子。11 个高收入国家的儿童读大学的概率比 15 个低收入国家的儿童读完小学的概率更大。[47]各国内部的差距也是同样惊人的。比较来自高收入国家和低收入国家的贫困家庭的同龄孩子，来自富裕家庭的孩子接受教育的机会更大。在美国，17% 的中学适龄低收入青年失学，相比之下，来自高收入家庭的失学青年只占 5%。[48]来自中东和北非最贫穷的五分之一人口的儿童与最富裕的五分之一人口的同龄儿童相比，其入学可能性要低 4 倍多；在玻利维亚、布基纳法索、埃塞俄比亚、乍得、马里和尼日尔，最穷的孩子上学的可能性比那些来自富裕家庭的孩子低 2 到 3 倍。[49]在 22 个低收入国家，最贫穷的五分之一人口比最富裕的五分之一人口平均少受 5 年教育。[50]

可行性解决方案

《教育公平：范例与经验》是多年努力的成果，旨在研究国内和国际教育不公平是否有可行的解决方案。为了回答这一根本问题，我们聚集了世界各地的学者、教育工作者、运作项目的个人、在校内外进行教育工作的教师以及其他相关人士。他们共同努力，试图找到解决从学龄前到研究生阶段教育不公的最佳途径。我们还实施过一项计划，研究了世界各地区有可能会找到解决教育不公问题的创新方法的项目。我们向这些项目派出政策研究员，他们采访相关教师、项目负责人、学生、政府官员和社区成员；观察课堂互动、课外活动、教师培训课程；分析政策文件；并检查学生的学习成果。

无论是专家会议，还是深入的案例研究，都得到一个明确的答案：解决教育不公的可行性方案是存在的。虽然毫无疑问各国面临不同的制约因素，但是同样明确的是，在一个国家行之有效的方法也可能适用于另一个国家。正如一些解决棘手医疗

问题的最好方法来自低收入国家且被应用于高收入国家一样，非洲国家显然也可以向　8
欧洲国家传授经验，北美国家也可以向亚洲国家教授方法。

　　《教育公平：范例与经验》报告了研究的成果。第一部分探讨提高大学阶段不同群体的入学及教育质量的方法。我们从教育的最高阶段开始，因为我们相信改变我们的所有愿望是至关重要的。即使到了 19 世纪以后，并不是所有的孩子都有希望能接受小学教育。但毫无疑问，到了 21 世纪所有的年轻人都需要得到大学教育，如果他们真的希望在劳动大军中获得平等的机会。虽然我们从大学教育开始，既强调提高这一阶段对教育公平的需求，又突出其成就，但是很显然，只有在中等教育中有更公平的结果，大学教育的平等结果才会实现。本书接着探讨如何提高中学阶段的教育公平。同样，中学教育的结果取决于小学，小学的结果取决于学前教育。本书以此顺序分成几部分逐一探讨。

　　为了研究这些主题，本书聚集了来自学术界、国家和全球的研究机构以及国际组织的权威，包括联合国教科文组织、世界卫生组织健康问题社会决定因素委员会、经合组织、世界银行和全民教育快车道倡议。他们具有在下列地区工作的经验和专长：南美、中美和北美洲，东南亚，西欧和东欧，北非，中东，以及撒哈拉以南非洲地区。他们设计、领导、实施和监控各个项目，向政府、非政府组织和国际机构提出建议，与社区合作或在社区工作，以增加女孩、男孩、残疾儿童、土著群体、少数语种和少数民族群体、贫困儿童以及其他边缘化人群的教育机会。

　　他们的研究结果着重于如何进行全球教育变革。例如数据表明，无论是在高收入国家或是在低收入国家的大学，不同研究领域存在的性别隔离对性别平等都是一个共同的挑战，对就业和收入公平具有重要影响。第 3 章详细介绍了坦桑尼亚达雷斯萨拉姆大学的特别预科项目如何提高妇女在工程和技术专业的数量和表现。自 2004 年以来，该项目向由于中学成绩原因未能直接进入工程技术院校的女生提供工程、数学、化学和通信等方面 8 周有补贴的辅助训练。该计划实施的第一年，女生就读工程技术院校的数量就增加了一倍以上（从 7.7％到 15.5％）。到了该计划的第四年，工程专业有近四分之一的学生是女性，特别预科项目学生的成绩达到同龄男生和女生的水平，教　9
师已无法区分特别预科项目学生和那些直接录取的学生。

　　在相隔一个大陆的芬兰，中学生在经合组织国家国际学生评估项目的学业成就测试中排名第二。该国占欧洲低水平小学生的比例最小，只有 1.7％的学生在阅读测试中表现最差，而经合组织的平均比例为 5.7％。并且，芬兰阅读分数的变化量最小，学生的成绩并没有显著地与他们的社会经济地位或学校相关。[51]第 5 章介绍了芬兰的教育系统如何通过介入来解决多层次的困难，从而使学生获得平等的机会。首先，教师或助教向在课堂上苦苦挣扎的学生提供个性化的帮助。如果有必要，会有特殊教育教师对学生进行一对一的辅导，以提供具体学科的支持。尽一切努力使遇到困难的学生不掉队，与同班的同学和老师在一起。虽然 20％的高中学生得到额外的帮助，但只有那些在学习上确实有复杂困难的学生，或者说不到 2％的学生转到了专门的学校。重要的是，对于因家庭原因而处于弱势的儿童实施第四层次的干预。学校的专业人士与社会工作者、心理学家、住房和医疗保健方面的代表进行合作，以解决可能会影响这些学生取得好成绩的问题。

虽然芬兰依靠强大的支持网络取得了最好的成果，但许多低收入国家仍在努力争取向所有的孩子提供最基本的优质教育的机会。印度是世界上小学适龄人口最多的国家之一，大约有 2 亿 1 千万名年龄在 6 岁到 14 岁之间的儿童。虽然该国在小学入学率上取得了巨大进步，但为所有孩子提供优质教育仍然是一个挑战。第 8 章介绍了非政府组织布拉罕如何与两个邦政府以及成千上万的社区成员进行合作，以边缘化学生为对象实施优质教育计划。2006 年到 2008 年之间，布拉罕培训了超过 14 万名教师，动员了 9 万 7 千多名社区志愿者，[52]涉及喜马偕尔邦和北方邦 55 613 所学校的 250 多万名学生。布拉罕强调参与式学习并监测学生的进步，此举产生了明显的效果。北方邦是印度最贫穷的邦之一，识字率低于全国平均水平，纳伊迪莎优质教育计划帮助该邦学习程度最低的儿童提高了学习成绩。在试点年份，参加计划的学校中不能识别字母和基本单词的一年级学生的百分比以及不能识别从 1 到 20 的数字的百分比均下降了近 50 个百分点。同样在试点年，该项目使能够阅读简单故事的二年级学生增加了将近 20 个百分点，能够在 1 到 100 数字范围之内进行加减法运算的学生增加了将近 30 个百分点。

儿童接受平等教育的机会可能会因家庭语言、家庭收入、民族以及其他因素而减少，而这些因素在公平社会是不会影响机会的。第 10 章介绍了南美洲最贫穷的国家之一玻利维亚通过加强家庭语言学习来增加弱势土著人口的教育机会。玻利维亚为期 5 年的跨文化双语教育试点项目覆盖 30 个学区，包括 14 个农村学区，涉及 400 名教师。在这个项目中，孩子们首先学习使用家庭语言进行阅读和写作，然后逐渐将西班牙语融入课程。1997 年至 2002 年间，以土著居民为主的地区的入学率上升了

13％,辍学率下降了 4％。35％的参加跨文化双语教育项目的土著学生在全国算术和读写评估中取得令人满意的成绩,而没有参加该项目的学校只有 19％的学生取得满意的成绩。根据这些结果,跨文化双语教育项目学校的土著儿童被归类为"有风险"的可能性比非跨文化双语教育项目学校的同类儿童小一半。重要的是,跨文化双语教育项目学生的西班牙语语法成绩比以西班牙语为教学语言的学校的学生要好。跨文化双语教育项目还缩短了性别间的成绩差距。该项目的成功促使政府在 1994 年将该项目采纳为国家的官方政策,从原来的三种最大的土著语言扩展到其他较小的语言群体。到 2002 年为止,该项目覆盖了 2 899 所学校,涉及 192 238 名学生,9 028 名教师。

在一年级学生中实施诸如布拉罕优质教育计划和玻利维亚小学创新计划等项目之前,入学准备上的差距已经显现。因此,普及幼儿教育是整个学校生活及以后生活中实现平等的关键因素之一。第 11 章介绍古巴关注早期儿童教育,取得了名列世界前茅的儿童发展和健康成果,小学和中学的保留率较高,与其他拉美国家相比三年级和四年级学生的测验分数高于平均水平。1983 年到 2003 年之间,古巴的"教育你的孩子"网络向 80 多万个家庭提供了早期儿童保育和教育服务。即使在 20 世纪 90 年代初该国正处于经济困难时期时,政府仍继续投资这项影响深远的项目。通过这个系统,儿童在 2 岁前就可以参加至少 104 次发展活动,3 到 5 岁之间参加 162 到 324 次活动。该计划的执行者包括 52 000 名教师、医生和其他专业人员,以及一支由 116 000 名额外的工作人员、学生和志愿者组成的支持团队,地方政府也密切参与。参加项目的学生中只有 13％入学时没有足够的活动技能、社会个人技能以及认知发展,比加拿大和澳大利亚儿童的入学准备更充分。

和世界上许多土著和少数民族一样,加拿大土著人历史上很少有机会获得优质的学前教育,这影响了他们的学业。第 13 章表明,通过与大学和政府合作,立足于社区的项目增加了这一群体从早期教育到高等教育的公平性。联邦政府资助的"土著开端计划"使土著人主办机构得以在社区实行早期儿童教育计划。主办社区有较大的自主权确定项目的特点,大部分的工作人员是土著人,大多数项目使用土著语言,或部分使用某种土著语言。目前,140 个土著开端项目已惠及城市中心和偏远地区大型社区的4 500 名土著儿童。另外还有 9 100 名居住在保护区的儿童参加了土著开端项目。参加土著开端项目至少 1 年的儿童上小学时不太可能留级,而更有可能在健康、识字、自尊和入学准备等方面得到提高。为了支持这些工作,维多利亚大学的"第一国家合作伙伴计划"由大学教师和土著长老教授大学和社区编写的课程内容,增强了土著人在早期儿童保育和教育方面的能力。该计划已使土著学生修读 1 年证书和 2 年文凭在全国达到最高的完成率。在这些教师培训课程里，151 名学生获得了早期儿童保育和教育证书；其中 95％的学员回到了自己的社区；65％的学员发起了儿童项目；21％加入了现有的项目；超过 11％的人继续攻读大学学位。

第 7 章描述低收入国家和中等收入国家的政府如何在全球激励的背景下为最大的辍学群体残疾儿童的进步作出努力。到 2005 年，向"全民教育快车道倡议"提交了"教育部门计划"的国家中有 50％已经开发或正在开发残疾儿童教育战略，而仅仅在 4 年前这样的国家只有 16％。这些国家能够持续努力是因为"教育部门计划"评估指南更加专注于残疾儿童，包括要求提供他们的参与度和教育成就数据。柬埔寨已将残疾儿童教育列为国家重点。该国的"教育部门计划"提出了一个详细的策略来提高小学入学率和教育质量，该计划得到"全民教育快车道倡议"的批准和资助。莱索托致力于建设 1 000 个具有残疾和性别敏感基础设施的新教室。政府将这一措施置于现有的促进公平措施的优先位置，现有措施还包括在 2008 年度向残疾儿童和其他弱势儿童颁发 19 200 项奖学金。

收获

如果我们能够以这些以及其他成功范例为基础，提高所有儿童和青少年的入学率和教育质量，对于想要完成更多的学校教育以及对于他们所居住的国家而言，收获将是巨大的。这些巨大的收益将对就业、收入、健康和生活的其他方面产生深远的影响。

在全球范围内，达到中等或高等教育的人的失业率要比接受较少教育的同龄人低。[53]经合组织国家完成中学教育的男性的失业率大约是教育水平较低的同龄人的一半，获得高等教育的人比那些只完成高中教育的平均就业率高 9 个百分点。[54]在巴西、马来西亚、巴拉圭以及其他国家，完成较高程度的教育显著增加了女性和男性就业的可能性。[55]教育也是就业公平的重要因素。在经合组织国家中，那些没有读完中学的女性比没有完成这一层次教育的男性就业率低 23 个百分点，而获得高等教育的妇女只比获得同等教育的男性就业率低 10 个百分点。[56]在 10 个低收入和中等收入国家中，平均而言受过小学或更低程度的教育的女性就业率比同等学历的男性低 40 个百分点。随着完成高中教育，这一差距下降到 28 个百分点；完成高等教育后，男性和女性之间的就业差距降低至 15 个百分点。[57]

教育程度的提高与个人收入的增加密切相关。13 个国家的一项研究发现，即使考虑到教育质量，每增加一年的教育，个人收入就会增加近 5％；[58]在菲律宾[59]和智利[60]，有数据表明教育年限对收入的影响甚至更大。即使同一对双胞胎在同一个家庭长大，双胞胎之一如果多接受一年教育，就会比另一个的工资增加 9％ 到 16％。[61]重要的是，与完成高中相比，完成高等教育会对收入有很大的影响；在印度尼西亚，完成高等教育的男性比高中学历的人收入高 82％；在巴拉圭，差距是近 300％。印度尼西亚和巴西的妇女也有类似的结果。[62]

教育的经济效益在全国范围内也得到提高。跨国研究表明，全国较高的平均教育水平与较高的经济总量增长有关。[63]一项对 50 个国家的研究估计，平均受教育程度提高 1 年可能促使国内生产总值每年增长 0.37％。[64]经合组织 2010 年的一项研究显示，到 2030 年国际学生评估项目分数提高 0.25 标准差，经合组织国内生产总值的总量就可能每年提高 1.4 万亿美元。[65]降低教育不平等也获得了可观的经济效益。来自 65 个低收入和中等收入国家以及转型期国家的数据表明，在高中教育阶段解决性别不平等问题可能会使国内生产总值每年增长 920 亿美元。[66]

随着教育程度的提高，个体的总体健康状况[67]、心理健康状况[68]、记忆能力[69]、健康预期寿命[70]都得到了提高，死亡率降低。[71]美国成年人的教育程度越高，其自评健康状况就越高；[72]一项对 22 个欧洲国家的研究发现，完成了高中或高等教育的男性和女性身体健康的可能性要比受教育程度较低的同龄人高 2 到 3 倍。[73]在瑞士[74]、英国[75]、奥地利[76]和韩国[77]，教育年限的增加与男性和女性死亡风险的下降相关；在孟加拉国，教育程度的增加和妇女死亡率之间也存在着类似的关联。[78]

教育的健康效益以及缺乏教育的不利会代代呈现。接受更多教育的父母比受教育较少的同龄人更有可能是健康的，而且他们的孩子也是健康的。[79]父母教育程度的提高会降低婴儿和 5 岁以下儿童的死亡率[80]，会提高其免疫接种率[81]，其年龄与身高和体重的比例更加协调[82]，营养不良的风险会降低[83]。母亲完成中学或更高学历似乎对孩子的健康和生存特别重要。[84]

受教育年限较多的人具有较高的公民和政治参与度，包括更有可能参加投票。[85]在东亚[86]和北美洲[87]，教育程度越高越有可能参与各种形式的选举。一个在加拿大完成了高等教育的 30 岁学生有 66％ 的投票可能性，而一个没有完成中学学业的人只有 37％ 的投票可能性。[88]美国一项选民参与度的研究也有类似的结果。[89]在阿根廷、智利、墨西哥、秘鲁[90]和印度[91],较高的教育率也会促使人们参加政治协会、公民组织、政党和其他形式的公民活动。来自 25 个国家的数据表明,完成较高程度的教育也会增加个人参与非正式政治活动的可能性。[92]

本书指明了具体的道路:我们可以走向这样一个世界,所有的孩子都可以获得优质教育的好处。各国政府和国际机构都把全民教育作为目标,许多例子表明政治意志与务实的大脑相结合可以取得显著的进步。但是,普及小学教育的目标没有达成全球经济所需要的教育质量和较高层次的教育程度,因而仍然显得太低了。本书聚集起了一些非凡的带头人,提出了广泛而创新的方法,以确保所有的孩子,无论他们是什么性别、什么种族、收入如何、是否残疾或学习能力有何差异,都能够接受他们需要的优质教育。

注释

1. Blume, H. (2010, April 5). A chance at redemption: Jefferson High hopes to turn things around. So does one of its students. *Los Angeles Times*. Retrieved January 5, 2011, http://articles. latimes. com/2010/apr/05/local/la-me-jefferson5-2010apr05; Landsberg, M. (2009, June 22). Two students, two schools-and a world of difference 20 miles apart. *Los Angeles Times*. Retrieved January 5, 2011, http://articles. latimes. com/2009/jun/22/local/me-11thgrade22/4.

2. The Education Trust West. (2008). *Raising the roof: Explore California public school data (Los Angeles Unified School District)*. Retrieved January 10, 2011, http://rtr. edtrustwest. org/grad_rates. php.

3. Editorial Projects in Education, Diplomas Count. (2010). Graduating by the number: Putting data to work for student success. Special issue. *Education Week*, 29(34), 24.

4. Population Division, U. S. Census Bureau. (2008, August 14). Table 7. *Projected change in population size by race and Hispanic origin for the United States: 2000 to 2050 (NP2008 – T7)*. Retrieved January 4, 2011, http://www. census. gov/population/www/projections/summarytables. html; Population Division, U. S. Census Bureau. (2008, August 14). Table 20. *Projections of the Hispanic population (any race) by age and sex for the United States: 2010 to 2050 (NP2008 – T20)*. Retrieved January 4, 2011, http://www. census. gov/population/www/projections/summarytables. html; Population Division, U. S. Census Bureau. (2008, August 14). Table 14. *Projections of the non-Hispanic white alone population by age and sex for the United States: 2010 to 2050 (NP2008 – T14)*. Retrieved January 4, 2011, http://www. census. gov/population/www/projections/summarytables. html; Population Division, U. S. Census Bureau. (2008, August 14). Table 15. *Projections of the black alone population by age and sex for the United States: 2010 to 2050 (NP2008 – T15)*. Retrieved January 4, 2011, http://www. census. gov/popu-

14

lation/www/projections/summarytables. html; Population Division, U. S. Census Bureau. (2008, August 14). Table 17. *Projections of the Asian alone population by age and sex for the United States: 2010 to 2050 (NP2008 - T17)*. Retrieved January 4, 2011, http://www. census. gov/population/www/projections/summarytables. html; Population Division, U. S. Census Bureau. (2008, August 14). Table 16. *Projections of the American Indian and Alaska Native alone population by age and sex for the United States: 2010 to 2050 (NP2008 - T16)*. Retrieved January 4, 2011, http: //www. census. gov/population/www/projections/summarytables. html; Population Division, U. S. Census Bureau. (2008, August 14). Table 18. *Projections of the Native Hawaiian and other Pacific Islander alone population by age and sex for the United States: 2010 to 2050 (NP2008 - T18)*. Retrieved January 4, 2011, http: //www. census. gov/population/www/projections/summarytables. html.

5. Population Division, U. S. Census Bureau. (2008, August 14). Table 12. *Projections of the population by age and sex for the United States: 2010 to 2050 (NP2008 - T12)*. Retrieved January 4, 2011, http: //www. census. gov/population/www/projections/summarytables. html; Population Division, U. S. Census Bureau. (2008, August 14). Table 20. *Projections of the Hispanic population (any race) by age and sex for the United States: 2010 to 2050 (NP2008 - T20)*. Retrieved January 4, 2011, http: //www. census. gov/population/www/projections/summarytables. html.

6. OECD. (2010). *Education at a Glance 2010: OECD Indicators* (pp. 58, 79). Paris: OECD Publications.

7. Bureau of Labor Statistics. (2011, January 7). Table B - 3. *Average hourly and weekly earnings of all employees on private nonfarm payrolls by industry sector, seasonally adjusted*. Retrieved January 12, 2011, http: //www. bls. gov/news. release/empsit. t19. htm; Helper, S. , & Wial, H. (September 2010). Strengthening American manufacturing: A new federal approach, Brookings Institute Metropolitan Policy Program, (pp. 1 - 3). Retrieved January 5, 2011, http://www. brookings. edu/—/media/Files/rc/papers/2010/0927_great_lakes/0927_great_lakes_papers/0927_great_lakes_manufacturing. pdf.

8. Bureau of Labor Statistics. (2011). *Employment, hours, and earnings from the current employment statistics survey (national): Manufacturing*. Retrieved January 5, 2011, http: //data. bls. gov/pdq/SurveyOutputServlet? series_id = CES3000000001&data_tool = XGtable.

9. When including public school students who took the General Certificate of Secondary Education (GCSE) exams as well as those who took the International GCSEs, the percentage of public school students obtaining top grades in 2010 registers at 93. 1%. Only 54. 8% of state school students obtained top grades in the GCSEs, indicating a gap of nearly 40 percentage points between state school and public school students. The International GCSE curriculum was not available in state schools before September 2010, so there is no comparable cohort of state school students who also took the International GCSE. In addition, 60% of public school students achieved scores of A or above on their GCSEs, compared to a national average of 22. 6%. In the school year 2005 - 2006, public school

students were 51 percentage points more likely to achieve top grades compared to state school students who qualified for a free meal. See Williams, R. (2010, September 4). One in three GCSEs taken at private schools earned an A or A +. *The Guardian*. Retrieved January 6, 2011, http：//www. guardian. co. uk/education/2010/sep/04/third-gcses-private-top-grades; The Sutton Trust. (December 2010). *Responding to the new landscape for university access*. Retrieved January 5, 2011, http：//www. sutton-trust. com/public/documents/access-proposals-report-final. pdf; University of Cambridge International Examinations. (2010, June 21). Cambridge welcomes IGCSE funding announcement for state schools. Retrieved January 31, 2011, http：//www. cie. org. uk/news/features/detail? feature_id = 31796).

10. Williams, R. (2010, October 21). State school pupils do better at GCSE. *The Guardian*. Retrieved January 6, 2011, http：//www. guardian. co. uk/education/2010/oct/21/state-pupils-do-better-at-gcse.

11. The Sutton Trust. (2010). *Responding to the new landscape*, p. 14.

12. Ibid.

13. Baker, S. , & Jump, P. (2010, December 20). Grant letter reveals extent of cuts. *Times Higher Education*. Retrieved January 10, 2011, http：//www. timeshighereducation. co. uk/story. asp? storycode = 414645; Vasagar, J. , Shepherd, J. , & Stratton, A. (2010, November 3). Elite universities welcome flexibility to triple students' fees. *The Guardian*. Retrieved January 12, 2011, http：//www. guardian. co. uk/education/2010/nov/03/univers-ities-welcome-flexbility-triple-fees.

14. Nkomo, M. , personal communication, February 2, 2011. Based on data drawn from the South African Department of Basic Education's *National Senior Certificate Database*, 2008 – 2009.

15. Department of Education. (2009). *Trends in education macro-indicators：South Africa* (p. 12). Retrieved January 10, 2011, http：//www. info. gov. za/view/DownloadFileAction? id = 114966.

16. OECD. (2008). *Reviews of national policies for education：South Africa* (p. 203). Paris：OECD Publications.

17. OECD. (2008). *OECD economic surveys：South Africa economic assessment*. Paris：OECD Publications.

18. UNESCO. (2010). *Education for all global monitoring report 2010：Reaching the marginalized* (pp. 374, 378). Oxford：Oxford University Press.

19. Barro, R. , & Lee, J. W. (2010). China：Educational attainment for total population; and South Africa：Educational attainment for total population. Barro-Lee Educational Attainment Dataset. Retrieved January 10, 2011, http：//www. barrolee. com/.

20. Statistics South Africa. (2009, July 28). *Quarterly labor force survey：Quarter 2 (April to June)*. Retrieved January 11, 2011, http：//www. statssa. gov. za/news_archive/press_statements/QLFS-Q2-2009%20Press%20Release. pdf.

21. IRIN News. (2009, January 21). South Africa：For richer or for poorer. *IRIN humanitarian news and analysis*. Retrieved January 12, 2011, http：//www. irinnews. org/

Report. aspx? ReportId = 82499.

22. OECD. (2008). *South Africa economic assessment*, p. 97.

23. UNESCO. (2008). *Education for all global monitoring report 2008*: *Education for all by 2015*: *Will we make it?* (p.13). Oxford: Oxford University Press.

24. UNESCO. (2011). *Global monitoring report 2011*: *The hidden crisis*, (p.1). Paris: UNESCO.

25. Ibid. , pp. 43, 73.

26. Ibid. , pp. 1, 6.

27. Ibid. , p. 40.

28. Ibid. , p. 47.

29. UNESCO. (2011). *Children with disabilities*. Retrieved January 13, 2011, portal. unesco. org/education/en/ev. phpURL_DO = DO_TOPIC&URL_SECTION = 201. html.

30. UNESCO. (2011). *Global monitoring report 2011*, p. 43.

31. Ibid. , pp. 73, 307.

32. UNESCO. (2010). *Global monitoring report 2010*, p. 60.

33. Ibid.

34. UNESCO. (2011). *Global monitoring report 2011*, p. 54.

35. UNESCO. (2010). *Global monitoring report 2010*, p. 106.

36. Ibid.

37. Ibid. , p. 10.

38. Ibid. , p. 151.

39. Ibid. , p. 146.

40. Christensen, G. , & Stanat, P. (2007). *Language policies and practices for helping immigrants and second-generation students succeed*. Washington, DC: Migration Policy Institute/Bertelsmann Stiftung; Schnepf, S. V. (2004). *How different are immigrants? A cross-country and cross-survey analysis of educational achievement*. Bonn/Southampton: University of Southampton, Southampton Statistical Sciences Research Institute (S3RI)/ Institute for the Study of Labor (IZA).

41. Filmer, D. (2008). Disability, poverty, and schooling in developing countries: Results from 14 household surveys. *World Bank Economic Review*, 22(1), 141 - 163.

42. Ibid.

43. Ibid.

44. Mete, C. ed. (2008). *Economic implications of chronic illness and disability in Eastern Europe and the former Soviet Union* (p. 21). Washington, DC: World Bank.

45. Loeb, M. , Eide, A. H. , et al. (2008). Poverty and disability in eastern and western Cape Provinces, South Africa. *Disability and Society*, 23(4), 311 - 321.

46. UNESCO. (2010). *Global monitoring report 2010*, pp. 368 - 370.

47. UNESCO. (2009). *Education for all global monitoring report 2009*: *Overcoming inequality*: *Why governance matters* (p. 73). Oxford: Oxford University Press.

48. UNESCO. (2010). *Global monitoring report 2010*, p. 155.

16

49. UNESCO Institute for Statistics. (2005). *Children out of school: Measuring exclusion from primary education* (pp. 84 – 86). Montreal: UNESCO Institute for Statistics.

50. Data drawn from Demographic and Health Surveys and Multiple Indicator Cluster surveys on eighty developing countries and analyzed in UNESCO. (2010). *Education for all global monitoring report 2010*.

51. OECD. (2010). *PISA 2009 results: What students know and can do*. Paris: OECD Publishing. Retrieved January 11, 2011, http://www. pisa. oecd. org/dataoecd/34/60/46619703. pdf.

52. Pratham. (2008). *Read India Annual Report 2007 – 2008* (p. 23). Retrieved July 18, 2011, http://pratham. org/images/Read％20India％20Annual％20Report％202007-2008％5B1％5D. pdf.

53. Hanushek, E. A., & Woessmann, L. (2007). The role of educational quality for economic growth. World Bank Policy Research Work Paper No. 4122. Washington, DC: World Bank; Hanushek, E. A., & Luque, J. A. (2002). Efficiency and equity in schools around the world. NBER Working Paper No. 8949. Cambridge, MA: National Bureau of Economic Research; Hanushek, E. A., & Woessmann, L. (2007). *Education quality and economic growth*. Washington DC: World Bank; UNESCO. (2004). *Education for all global monitoring report 2005: The quality imperative*. Paris: UNESCO.

54. OECD. (2008). *Education at a glance 2008: OECD Indicators* (pp. 144 – 148). Paris: OECD.

55. UNESCO Institute for Statistics & OECD. (2002). *Financing education: Investments and returns*. Paris: UIS/OECD.

56. OECD. (2008). *Education at a glance 2008*, p. 144.

57. UNESCO Institute for Statistics & OECD. (2002). *Financing education*, p. 178.

58. Hanushek, E. A. & Zhang, L. (2009). Quality-Consistent estimates of international schooling and skill gradients. *Journal of Human Capital, 3*(2), 107 – 143.

59. UNESCO Institute for Statistics & OECD. (2002). *Financing education*, p. 37.

60. Ibid. , p. 37.

61. Ashenfelter, O., & Krueger, A. B. (1994). Estimates of the economic return to schooling from a new sample of twins. *American Economic Review, 84* (5), 1157 – 1173; Ashenfelter, O., & Rouse, C. (1998). Income, schooling, and ability: evidence from a new sample of identical twins. *Quarterly Journal of Economics, 113*, 253 – 284.

62. UNESCO Institute for Statistics & OECD. (2002). *Financing education*, p. 37.

63. Ibid.

64. UNESCO. (2009). *Global Monitoring Report 2009*, p. 30.

65. The study estimated that the gains would amount to $115 trillion between 2010 and 2090, or approximately $1. 4 trillion per year. OECD. (2010). *The high cost of low educational performance* (p. 27). Paris: OECD Publishing.

66. Plan International. (2008). *Paying the price: The economic cost of failing to educate girls* (p. 8). Surrey: Plan Ltd.

67. Ross, C. E. , & Wu, C. L. (1995). The links between education and health. *American Sociological Review*, *60*(5), 719 - 745.

68. Feinstein, L. , Sabates, R. , et al. (2006). Measuring the effects of education on health and civic engagement: 4. What are the effects on health? In Desjardins, R. & Schuller, T. (eds). *Measuring the Social Outcomes of Learning*. Copenhagen: OECD.

69. Ramos, M. (2007). Impact of socioeconomic status on Brazilian elderly health. *Revista de Saude Publica*, *41*(4), 616 - 624.

70. Bossuyt, N. , Gadeyne, S. , et al. (2004). Socio-economic inequalities in health expectancy in Belgium. *Public Health*, 188(1), 3 - 10.

71. Feinstein, Sabates, et al. (2006). Measuring the effects.

72. Ross & Wu. (1995). The links between education and health.

73. von dem Knesebeck, O. , & Geyer, S. (2007). Emotional support, education and self-rated health in 22 European countries. *BMC Public Health*, 7, 272 - 278.

74. Feinstein, Sabates, et al. (2006). Measuring the effects.

75. Ibid.

76. Doblhammer, G. , Rau, R. , et al. (2005). Trends in educational and occupational differentials in all-cause mortality in Austria between 1981/82 and 1991/92. *Wiener Klinische Wochenschrift*, *117*(13 - 14), 468 - 479.

77. Khang, Y.-H. , Lynch, J. W. , et al. (2004). Health inequalities in Korea: Age-and - sex-specific educational differences in the 10 leading causes of death. *International Journal of Epidemiology*, *33*(2), 299 - 308.

78. Hurt, L. S. , Ronsmans, C. , et al. (2004). Effects of education and other socioeconomic factors on middle age mortality in rural Bangladesh. *Journal of Epidemiology and Community Health*, *58*(4), 315 - 320.

79. Heaton, T. B. , Forste, R. , Hoffmann, J. P. , & Flake, D. (2005). Cross-national variation in family influences on child health, *Social Science & Medicine*, *60*(1), 97 - 108; Kravdal, O. (2004). Child mortality in India: The community-level effect of education. *Population Studies*, *58*(2), 177 - 192; Lindelow, M. (2008). Health as a family matter: Do intra-household education externalities matter for maternal and child health? *Journal of Development Studies*, *44*(4), 562 - 585; Feinstein, Sabates, et al. (2006). Measuring the effects; Shehzad, S. (2006). The determinants of child health in Pakistan: An economic analysis. *Social Indicators Research*, *78*(3), 531 - 556; Mashal, T. , et al. (2008). Factors associated with the health and nutritional status of children under 5 years of age in Afghanistan: Family behaviour related to women and past experience of war-related hardships. *BMC Public Health*, 8, 13.

80. Agha, S. (2000). The determinants of infant mortality in Pakistan. *Social Science & Medicine*, 51(2), 199 - 208; Al-Mazrou, Y. Y. , Alhamdan, N. A. , Alkotobi, A. I. , Nour, O. E. M. , & Farag, M. A. (2008). Factors affecting child mortality in Saudi Arabia. *Saudi Medical Journal*, *29*(1), 102 - 106; Arntzen, A. , & Andersen, A. M. N. (2004). Social determinants for infant mortality in the Nordic countries, 1980 - 2001.

Scandinavian Journal of Public Health, 32(5), 381 – 389; Bhalotra, S. , & van Soest, A. (2008). Birth-spacing, fertility and neonatal mortality in India: Dynamics, frailty, and fecundity. *Journal of Econometrics*, 143(2), 274 – 290; Bhargava, A. (2003). Family planning, gender differences and infant mortality: Evidence from Uttar Pradesh, India. *Journal of Econometrics*, 112(1), 225 – 240; Burgard, S. A. , & Treiman, D. J. (2006). Trends and racial differences in infant mortality in South Africa. *Social Science & Medicine*, 62(5), 1126 – 1137; Demeer, K. , Bergman, R. , & Kusner, J. S. (1993). Sociocultural determinants of child-mortality in southern Peru-Including some methodological considerations. *Social Science & Medicine*, 36(3), 317 – 331; Fay, M. et al. (2005). Achieving child-health-related millennium development goals: The role of infrastructure. *World Development*, 33(8), 1267 – 1284; Fernandez, A. W. H. , Giusti, A. E. , & Sotelo, J. M. (2007). The Chilean infant mortality decline: Improvement for whom? Socioeconomic and geographic inequalities in infant mortality, 1990 – 2005. *Bulletin of the World Health Organization*, 85(10), 798 – 804; Frey, R. S. , & Field, C. (2000). The determinants of infant mortality in the less developed countries: A cross-national test of five theories. *Social Indicators Research*, 52(3), 215 – 234; Gokhale, M. K. , et al. (2004). Female literacy: The multifactorial influence on child health in India. *Ecology of Food and Nutrition*, 43(4), 257 – 278; Jahan, S. (2008). Poverty and infant mortality in the Eastern Mediterranean region: A meta-analysis. *Journal of Epidemiology and Community Health*, 62(8), 745 – 751; Kandala, N. B. , & Ghilagaber, G. (2006). A geo-additive Bayesian discrete-time survival model and its application to spatial analysis of childhood mortality in Malawi. *Quality & Quantity*, 40(6), 935 – 957; Kiros, G. E. , & Hogan, D. P. (2001). War, famine and excess child mortality in Africa: the role of parental education. *International Journal of Epidemiology*, 30(3), 447 – 455; Mogford, L. (2004). Structural determinants of child mortality in sub-Saharan Africa: A cross-national study of economic and social influences from 1970 to 1997. *Social Biology*, 51(3 – 4), 94 – 120; Pena, R. , Wall, S. , & Persson, L. A. (2000). The effect of poverty, social inequity, and maternal education on infant mortality in Nicaragua, 1988 – 1993. *American Journal of Public Health*, 90(1), 64 – 69; Sastry, N. (2004). Trends in socioeconomic inequalities in mortality in developing countries: The case of child survival in Sao Paulo, Brazil. *Demography*, 41(3), 443 – 464; Schell, C. O. , et al. (2007). Socioeconomic determinants of infant mortality: A worldwide study of 152 low-, middle-, and high-income countries. *Scandinavian Journal of Public Health*, 35(3), 288 – 297; Sharifzadeh, G. R. , Namakin, K. , & Mehrjoofard, H. (2008). An epidemiological study on infant mortality and factors affecting it in rural areas of Birjand, Iran. *Iranian Journal of Pediatrics*, 18(4), 335 – 342; Ssewanyana, S. , & Younger, S. D. (2008). Infant mortality in Uganda: Determinants, trends and the Millennium Development Goals. *Journal of African Economies*, 17(1), 34 – 61; Yassin, K. M. (2000). Indices and sociodemographic determinants of childhood mortality in rural upper Egypt. *Social Science & Medicine*, 51(2), 185 – 197.

81. Bondy, J. N. , Thind, A. , Koval, J. J. , & Speechley, K. N. (2009). Identifying the determinants of childhood immunization in the Philippines. *Vaccine, 27*(1), 169 – 175; Briscoe, J. (1991). Underlying and proximate determinants of child health — The Cebu Longitudinal Health and Nutrition Study. *American Journal of Epidemiology, 133*(2), 185 – 201; Desai, S. , & Alva, S. (1998). Maternal education and child health: Is there a strong causal relationship? *Demography, 35*(1), 71 – 81; Gyimah, S. O. (2006). Cultural background and infant survival in Ghana. *Ethnicity & Health, 11*(2), 101 – 120; Huq, M. N. , & Tasnim, T. (2008). Maternal education and child healthcare in Bangladesh. *Maternal and Child Health Journal, 12*(1), 43 – 51; Semba, R. D. , de Pee, S. , Sun, K. , Sari, M. , Akhter, N. , & Bloem, M. W. (2008). Effect of parental formal education on risk of child stunting in Indonesia and Bangladesh: A cross-sectional study. *Lancet, 371* (9609), 322 – 328.

82. Boyle, M. H. , Racine, Y. , Georgiades, K. , Snelling, D. , Hong, S. J. , Omariba, W. , et al. (2006). The influence of economic development level, household wealth and maternal education on child health in the developing world. *Social Science & Medicine, 63*(8), 2242 – 2254; Chen, Y. Y. , & Li, H. B. (2009). Mother's education and child health: Is there a nurturing effect? *Journal of Health Economics, 28*(2), 413 – 426; Fedorov, L. , & Sahn, D. E. (2005). Socioeconomic determinants of children's health in Russia: A longitudinal study. *Economic Development and Cultural Change, 53* (2), 479 – 500; Glewwe, P. (1999). Why does mother's schooling raise child health in developing countries? Evidence from Morocco. *Journal of Human Resources, 34*(1), 124 – 159; Gokhale, M. K. , et al. (2004). Female literacy: The multifactorial influence on child health in India. *Ecology of Food and Nutrition, 43*(4), 257 – 278; Female literacy; Rahman, A. , & Chowdhury, S. (2007). Determinants of chronic malnutrition among preschool children in Bangladesh. *Journal of Biosocial Science, 39*(2), 161 – 173; Semba et al. (2008). Effect of parental formal education on risk of child stunting in Indonesia and Bangladesh: A cross-sectional study. *Lancet, 371*(9606), 322 – 328.

83. Briscoe. (1991). Underlying and proximate determinants of child health; Guldan, G. S. , Zeitlin, M. F. , Beiser, A. S. , Super, C. M. , Gershoff, S. N. , & Datta, S. (1993). Maternal education and child feeding practices in rural Bangladesh. *Social Science & Medicine, 36*(7), 925 – 935.

84. Agha. (2000). The determinants of infant mortality in Pakistan; Bondy, Thind, Koval, & Speechley. (2009). Identifying the determinants of childhood immunization in the Philippines; Fedorov & Sahn. (2005). Socioeconomic determinants of children's health in Russia.

85. Dee, T. (2004). Are there civic returns to education? *Journal of Public Economics, 88* (9), 1697 – 1720.

86. Chu, Y. H. , & Huang, M. H. (2007). Partisanship and citizen politics in east Asia. *Journal of East Asian Studies, 7*(2), 295 – 321.

87. Ibid.

19

88. Blais, A. , Gidengil, E. , & Nevitte, N. (2004). Where does turnout decline come from? *European Journal of Political Research, 43*(2), 221 – 236.

89. Sondheimer, R. M. , & Green, D. P. (2010). Using experiments to estimate the effects of education on voter turnout. *American Journal of Political Science, 54*(1), 174 – 189.

90. Klesner, J. L. (2007). Social capital and political participation in Latin America: Evidence from Argentina, Chile, Mexico and Peru. *Latin American Research Review, 42*(2), 1 – 32; Klesner, J. L. (2009). Who participates? Determinants of political action in Mexico. *Latin American Politics and Society, 51*(2), 59 – 90.

91. Gleason, S. (2001). Female political participation and health in India. *Annals of the American Academy of Political and Social Science, 573*, 105 – 126; Krishna, A. (2006). Poverty and democratic participation reconsidered-Evidence from the local level in India. *Comparative Politics, 38*(4), 439.

92. Marien, S. , Hooghe, M. , & Quintelier, E. (2010). Inequalities in non-institutionalised forms of political participation: A multi-level analysis of 25 countries. *Political Studies, 58* (1), 187 – 213.

第1部分

高等教育和过渡

2

寻求种族、民族、性别间的高等教育公平

Mokubung Nkomo

在一个不断融合、相互依存的世界里，在一个知识和高技能成为社会繁荣昌盛的标志的时代，向所有公民——无论其具有什么属性——提供教育机会的需求已变得比以往任何时候都要紧迫。剥夺任何社会群体的知识和技能已成为一种负担，会产生严重的社会经济后果。因此，如同其他社会公正问题，教育公平问题在全球大部分的政策制定过程和实施中变得非常引人注目。

对几乎所有的现代国家，提供更多的教育机会不仅是一个道德问题，还是一个至关紧要的国家利益问题，以下将举几个例子。在谈到澳大利亚高等教育系统的进步时，Van Vught 指出："经济成功的国家一定有一个多样化的高等教育系统，因为这些国家重视促进社会流动性，重视培养更好地满足多样化的劳动力市场要求的能力，重视提高机构效力。"[1]作为博洛尼亚进程(1999)一部分的 2009 年《鲁汶公报》强调"社会维度"问题，比如公平问题以及由此产生的提供广阔的教育机会问题。[2]教育公平还被视为社会进步的关键，并在"印巴南对话论坛"宣言上占据优先位置。[3]联合国开发计划署 2004 年的报告《当今多元世界中的文化自由》就教育公平的好处提出了更为明确的观点。[4]所有这些发展和见解都是受到了精神和物质的驱使。

然而，尽管人们越来越认识到教育公平的好处，但许多社会中仍有无数的人陷于贫穷、文盲、科盲的恶性循环之中，处于包括教育在内的理应享受的社会商品的边缘。这种排斥损害了他们发展的潜力。被边缘化的总是少数民族、妇女、移民和残疾人。在《2010 年全球教育监测报告》前言《覆盖边缘人群》中，Bokova 承认在过去 20 年里学校取得了成就，但也感叹许多人"仅仅是因为他们的出生地或家庭背景而失去了受教育权"[5]。

众所周知，教育的顶层比底层要窄得多。在教育金字塔的底层存在的不平等到了高等教育阶段放大了几倍，此时的边缘化问题相当严重。社会以及全球社区的发展取决于大学产生知识的能力、发展高级技能的能力、形成科学创新和社会创新的能力，以及适应不可阻挡的变化的能力。为了应对本地和全球发展的挑战，关键是教育公平必须根植于招生政策和制度文化之中，以确保更大的人才储备。

本章的重点是南非在努力促进高等教育公平中所面临的挑战、出乎预料的转变和取得的成就，同时探讨南非可以向其他国家提供或向其他国家学习的经验教训。本章中"公平"是指公平原则的应用，这在南非的案例是基于对过去歧视的认识以及为了实现人人平等所要进行的矫正工作。

从全球到各地

下面记录的基本教育权利应该置于一个更广泛的全球背景下。自第二次世界大战结束以来,全球人权意识不断增强,并被应用到教育领域。《世界人权宣言》标志着联合国成员国开始同心协力灌输人权意识,宣言第 26 条要求如下:(1)"技术和职业教育应普遍设立。高等教育应根据品行而对所有人平等开放。"(2)"*教育的目的在于充分发展人的个性并加强对人权和基本自由的尊重。教育应促进各国、各种族或各宗教集团的了解、容忍和友谊,并应促进联合国维护和平的各项活动。*[斜体部分为重点]"[6]

1995 年 3 月 2 日—4 日,联合国教科文组织的"社会转型管理计划"在丹麦的罗斯基勒召开研讨会,其目的是"探索一条道路,从一个社会排斥不断增长的世界走向一个能够重新获得社会凝聚力的世界"[7]。紧接该研讨会之后,联合国世界社会发展高峰会议于 1995 年 3 月 5 日—12 日在哥本哈根举行。"社会峰会"将 120 个国家元首和政府首脑聚集在一起批准一项行动计划,旨在解决关键的社会问题,如失业、贫困和社会排斥。"从社会排斥到社会正义"主题小组指出:"实现社会公正是世界上一切需要做出变革的基础。我们需要把更加公正的社会、社会平等、公平和人权等视为重要的社会目标。"[8]10 年后发表的《当今多元世界中的文化自由》强调需要"多样性中的统一性"[9]。该报告借鉴许多不同国家的实证研究、反思和例子,为在多元文化社会中制定恰当的政策提供了有力的指导。

显然,随着时间的推移,国家的管理在人权、社会正义、民主实践以及包容性等方面的意识越来越强,决心越来越大。这种意识和决心也适用于高等教育。世界各地大量的研究突出强调,有必要在教育环境和课程上牢固地确立社会公平正义。其中一个例子是 Banks 等人发表的《民主和多样性》[10],该研究总结了一整套如何塑造共同的公民性的知识和技能,同时承认差异性,即 Nieto 所说的"多元文化教育"[11]。

在地球的大部分地方,人权话语无所不在。有不少因素影响着许多国家走上改善社会关系之路,包括教育环境,这个进程虽然缓慢,且存在争议,但却不可阻挡。这些具有历史意义的事件包括:二战结束时统治民族和法西斯意识形态的失败、《联合国宪章》的采用、美国和其他地方的民权运动以及国际妇女会议（墨西哥城，1975；哥本哈根，1980；内罗毕，1985；北京，1995）。在谈到关于性别平等问题的进展时，经济合作与发展组织表示："鉴于女性参与大学本科教育的上升趋势，我们可以期待无论是在研究生课程，还是将来在适当时候的学术界和社会中的领导岗位，妇女的代表性也都将会随着时间的推移而得到令人满意的改善。"[12]在许多国家，我们有理由且合乎逻辑地对其他边缘化或代表数不足的群体得出类似的结论。

欧洲、美国以及其他国家趋势一瞥

25 　　Breen、Luijkx、Müller 和 Pollack 进行了一项研究，分析了七个欧洲国家的发展趋势，重点探讨 20 世纪前 60 年里教育成就的阶级差异。他们发现"男女在教育程度上的不平等现象明显下降"。他们的数据表明，"男性和女性在教育程度上的不平等有所下降"，因此挑战了一些学者[13]提出的"持续不平等"这一普遍的概念，并且表明通往公平的道路是有可能取得进展的。

　　在许多方面，上述发展状况构成了过去 40 年来不同发展水平的国家中许多高等学府演变的背景。一些研究表明，美国大专院校中的女生人数显著增加。Goldin、Katz 和 Kuziemko 所做的一项关于美国大学中的女性的研究表明，美国在 1900 年到 1930 年之间已经实现了本科招生的男女平等。然而，20 世纪 30 年代男性入学人数开始增加，而由于支持二战老兵的《退伍军人权利法案》的颁布，男性入学人数更是在 40 年代后期达到高峰。60 年代时这一趋势发生逆转，并于 80 年代取得势头，2003 年本科生中女生和男生的比例达到了 1.3：1。[14]

　　据估计，目前就读于美国大专院校的学生约有 56% 是女性。[15]她们大都被录取在女性居多的领域，如社会科学和历史（52%）、生物学和生命科学（60%）、会计（61%）、教育（77%）、心理学（78%）以及卫生和相关服务（84%）。另一方面，男性往往在诸如工程、自然科学和科学技术等领域占主导地位[16]，这些领域的工作通常工资更高，更加体面，反映了劳动力市场歧视性的性别分割。然而，通过仔细比较传统上不属于妇女的一些领域的数据资料，可以发现阻碍妇女提升的无形障碍正在慢慢地打破。例如，1969—1970 年授予妇女的硕士学位为 9.3%，而 2000—2001 年占到 33.9%。1969—1970 年 1.1% 的妇女获得工程学位，而 2000—2001 年为 21.2%。1969—1970 年

14.2％的妇女获得自然科学学位，而 2000—2001 年为 36％。1969—1970 年，0.7％的妇女获得工程类博士学位，而 2000—2001 年为 16.5％。1969—1970 年 5.4％的妇女获得自然科学博士学位，而 2000—2001 年为 26.8％。[17]

虽然美国妇女在学术界的数量通过本科招生得到了实质性的增加，但妇女在教师和高级管理层所占比重仍然较小。获得终生职务的全职女教师占女教师人数的 52％，而男性则占 70％。[18]在所调查的 2 000 所学院和大学中，女性院长和校长占院长和校长总数的 22％。[19]

美国高等教育的种族构成也发生了类似的变化。非洲裔美国人在美国大专院校的入学人数从 1976 年的 943 400 人[20]上升到 2007 年的 2 383 400 人[21]——31 年中增加了 40％。然而，目前非洲裔美国教师在各大专院校中约占 6.1％(61 183)，其中大多数是在历史上非裔美国人为主的院校，包括两年制社区学院。[22]

总体上美国宪法和相关法律是这种社会态度和制度变化背后的推动力。最高法院 1954 年关于布朗诉教育委员会案[23]的判决宣布"分离但平等"的原则违宪，禁止教育隔离。该案引发了一系列的立法，被称为"布朗后裔"，并与更为广阔的民权运动一起导致《民权法案》(1964)、《残疾人教育法案》(1967)、《教育修正法案》(1972)第九条和《美国残疾人法》(1990)等的出台。

许多美国高等院校受到联邦法案的鼓舞并力争遵守这些法案(也是为了避免诉讼)，从而制定了改善其机构人口结构的计划。也许最能体现学校改善学生入学人数分布决心的例子，是 Anthony Marx 于 2003 年担任院长时的精英学校阿默斯特学院。他留出 25％的名额给低收入家庭的学生，建立了一个 5 亿美元的捐赠基金，派出招生人员到低收入中学招收学生，并定期举行非正式谈话，与学生讨论不平等问题。[24]美国军事学院(西点军校)也在陆军军官融合方面做出了类似的努力，为此建立了一所预备学校，旨在为需要者提供 9 个月的辅导培训。据报道，许多上过预备学校的人都发现培训有助于他们进行过渡，并增强了他们对学院严格的专业学习的信心。[25]其他机构也在运用许多类似的策略，但仍有许多大学和学院对于社会对公平的更大需求表现冷淡。

在 2004 年至 2008 年间，经合组织对 24 个国家的高等教育进行了审查，并编写了一份题为《经合组织高等教育专题审查》的报告。报告指出："高等教育的一个总的公平目标就是要形成一个能够准确反映整个社会人口结构的学生群体。"[26]报告发现，在过去的 40 年间高校学生结构"在社会经济背景、种族、教育经历等方面变得越来越混杂"。此外，研究发现"女性参与度的上升是最引人注目的趋势……"[27]然而报告也指出，虽然女性研究生人数从"1990 年的 18％上升到 2005 年的 40％"[28]，但与本科生相比却不那么显著。[29]像美国一样，妇女比例在技术和工程专业中过低，在教学和护理专业中过高。[30]

27   2003 年印度、巴西和南非在《巴西利亚宣言》中承诺成立一个三边联合委员会。宣言是综合性的，它确定了战略发展的诸多问题，宣言本身也是一项社会公平的成果。[31]这三个国家都制定了旨在增加高等院校目标群体入学率的政策工具，而且三个国家历史上被排斥的群体的入学情况都已经显著改善。用于促进扩招的关键操作概念包括：南非的"转型"，主要旨在提高高校黑人和女性的参与；"确定目标"，这是巴西的一个战略，认定并招收更多比例过低的群体，包括非裔巴西人；以及"坚定信心"，这在印度旨在结束基于性别、种姓和社会阶层的歧视。[32]

这些全球的进步是基于一种共识，即大学应尽可能多地招收有能力或有潜力的学生，以促进机构成就和社会贡献。依赖于某个特定的种族、阶级、宗教或文化的小团体将严重限制这种机会，而较为多样化的学生结构为促进个人和社会的成功提供了更大的可能性。[33]例如格鲁特诉博林杰案[34]，美国最高法院（2003）裁定密歇根大学法学院的政策有利于学生的多元化，因为这样的政策将有利于学生、学校以及整个社会。有趣的是，美国国防部支持密歇根大学法学院对维护平权运动政策的呼吁。

支持种族敏感招生政策的最重要的著作之一——Bowen 和 Bok 所著《河流的形状》提供了一个有力的论据和大量的数据，证明为什么这样的政策不仅能够提高个人效能，而且对整个社会具有长远的益处。[35]然而，有一些论点反对这一观点。首先，那种平权政策是一种"逆向种族歧视"（性别问题也会提得很高，伴随这一论点而生的将是"逆向性别歧视"），因此应该反对。其次，在像美国这样的国家，近几年的改革已经抵消了平权运动的必要性。第三，争论认为平权运动是不明智的，因为许多少数民族受益者都来自中产阶级。本章不打算在此讨论这些观点，但是认为必须改进这些政策中的稀奇古怪之处，因为它们不必要地损害了其他群体的利益，而且它们只向中产阶级和富裕阶层敞开大门。但是，这些政策使许多少数民族、妇女和残疾人的生活发生了巨大的变化，从而在整体上对社会福利做出了贡献，这是无可争辩的。

南非案例

随着纳尔逊·曼德拉以及其他政治犯和被拘留者的释放,随着 1990 年政治运动的解禁以及 1994 年的第一次民主选举,南非政治格局发生了重大变化,南非因而被戏称为"奇迹之国"。它还标榜为"彩虹国家",表明它有可能站到种族隔离所造成的分歧的对立面。人们对可怕的过去将变成光明的未来抱有很大的期望。但问题仍然存在:这些划时代的变化是短暂的和偶发的吗? 或者说,这些变化会持续下去吗? 本章将考虑这些问题,因为它们与南非高等教育及其他方面有关。

必须承认,自 1994 年以来,南非在改变教育的广泛结构和某些实质方面取得了重大成就[36],包括以下例子:建立了无种族歧视和性别歧视的统一制度,为寻求适合南非极端不平等条件下的现实课程模式而做出了种种的改变,建立了国家学历资格框架,推行了更加公平的拨款方式和教育机构管理模式,出现了教育管理发展的新形式,师范学院并入大学,以及大学更加合理化。

尽管有这些变化,严峻的挑战依然存在。由于这些内容太多,无法在一章中全部涉及,所以重点将放在与实现高等教育领域的种族和性别平等有关的措施上。在许多方面,南非的经验反映了上文所述美国、部分欧洲国家、印度和巴西等国家的发展情况。然而值得一提的是,南非的经验是由其自身的特殊情况和历史所决定的,其他国家也是如此。

历史背景简介

在殖民和种族隔离制度下,南非人口的很大一部分被系统地剥夺了平等教育机会以及其他许多基本人权。在三个半世纪里,这种对教育公平的忽视导致种族间巨大的教育差距,一位著名的教育家[37]在 20 世纪 60 年代写到黑人时预言,如果当时就采取纠正措施,至少也需要两代人来弥合差距。40 年后,那种亏空或知识差距似乎依然故我地张开大口。再拖延的话,20 世纪 60 年代提到的两代人可能会变成三代人或四代人。关键技能的短缺——一个严重拖累南非发展前景的沉重负担,在很大程度上是严重忽视教育公平的结果。

在种族隔离制度下，接受高等教育是按种族进行隔离的，黑人受到严格限制。黑
人大学的课程设置受到限制，例如，一般不开设理工科课程，更可怕的是，在黑人大学
29 不鼓励开展研究工作。这种限制性的教育政策背后是白人至上的观念，当时的总理
Hendrik Verwoerd 的话最有力地表达出这种思想："我们必须在各方面指导班图人为
自己的社区服务。在欧洲裔社区中，较高形式的劳动是没有他们的份儿的……因此，
他们接受训练是没有用的，因为训练的目的是融入欧裔社区，而他们不能也不会被同
化。"[38]这个声明为低劣的黑人教育结构和内容奠定了灾难性的基础，这种教育持续了
将近半个世纪，其可怕的后果影响至今，还会徘徊在可预见的将来。剥夺教育产生的
物质和心理代价将由包括白人在内的整个社会承担。

种族隔离初期的入学情况

南非目前所受的教育挑战发端于三个半世纪前。然而，为简洁明了起见，我们只
需要讨论过去的 75 年左右(1930—2007)。表 2.1 显示，1930 年大学招收的黑人学生估
计为 662 人，而黑人大约占人口总数的 88%。[39]同年，高等院校招收白人学生 7 118 人，而
白人只占总人口的 22%[原文如此]。在全部为白人的国家党赢得大选两年之后的 1950
年，黑人入学人数为 1 117，白人为 18 438。到 1974 年，黑人入学人数增加到 16 219，白
人增加到 95 589。[40]黑人入学人数的相对增加是因为建立了专收黑人的大学。

表 2.1　大学招收白人和黑人学生人数：1930—1975[41]

年份	白人学生总数， 包括南非大学	黑人学生总数， 包括南非大学	总数
1930	7 118	662	7 780
1935	8 045	645	8 690
1940	11 411	667	12 078
1945	14 190	765	14 955
1950	18 438	1 117	19 555
1955	25 896	2 869	28 765
1960	39 662	4 419	44 081
1965	53 576	6 437	60 013
1974	95 589	16 219	111 808

应该牢记的是，白人至上主义的意识形态只是种族隔离的一个方面，尽管是主要 30 的方面。另一个是父权制，其在高等教育中表现为女性入学率低，她们限修被认为是适合女性的特定课程，和上文提到的其他国家一样。

南非争取民主斗争的核心是对自由、平等和社会正义的渴望。公平过去是、现在仍然是深深扎根于这些价值观和原则的一个概念，《南非宪法》所规定的接受教育的观念被纳入了公平这一概念。为了阐明这个问题并提供相关背景，Sayed、Kanjee 和 Nkomo 指出："种族隔离教育制度导致根深蒂固的教育差距和不同种族群体之间的不平等。因此，必须在教育的各个方面进行纠偏并达到平等，这是新的民主教育制度的必然要求。对纠偏的需求体现在承诺将公平和补救作为所有教育政策的基础原则。"[42] 在历史上长期不平等的背景下，公平意味着致力于补偿特定群体的人为劣势，以谋求实现社会正义。[43] 因此，公平被视为后种族隔离时代转型工程的核心。

1994 年以后的入学情况

随着 1994 年民主的到来和 1997 年《高等教育法》的通过，高等教育的人口结构发生了巨大变化，如表 2.2 所示。从 2000 年到 2007 年的 8 年中，黑人的总入学人数占 69％（包括非洲人[44]、有色人种、印度人）。白人入学数从 2000 年的 35％降至 2007 年的 31％。同时期女性入学人数占总数的 55％——高于种族隔离时期。因此，民主引入后，黑人和女性的参与度相对而言有了实质性的上升。[45]

表 2.2　本科学位平等招生情况：2000—2007[46]

种族和性别	2000	%	2001	%	2002	%	2003	%	2004	%	2005	%	2006	%	2007	%
非洲人	144 776	51	162 424	52	175 194	52	178 615	51	169 742	49	170 772	49	181 265	50	194 144	52
有色人	14 137	5	16 090	5	18 730	6	21 527	6	23 086	7	24 042	7	25 438	7	26 405	7
印度人	26 102	9	28 279	9	31 332	9	34 457	10	36 500	11	37 358	11	36 960	10	35 177	10
白人	97 846	35	106 259	34	113 224	33	117 669	33	115 409	33	115 654	33	116 208	32	113 690	31
女性	151 067	53	166 165	53	181 016	53	188 989	54	188 246	55	190 791	55	198 983	55	204 321	55
男性	131 933	47	146 959	47	157 551	47	163 450	46	157 108	45	157 645	45	161 589	45	165 879	45

依据政府印刷版权局 2010 年 11 月 4 日许可证第 11514 号复制。

32

正如表 2.3 所示，硕士学位也有相似的趋势，到 2007 年黑人入学人数增加到

60％，"非洲人"增加最多，从 2000 年的 36％增加到 2007 年的 45％。同期白人入学人数从 49％下降到 38％。可惜没有硕士阶段的女生数据。

表 2.3　硕士学位平等招生情况：2000—2007[47]

种族	2000	%	2001	%	2002	%	2003	%	2004	%	2005	%	2006	%	2007	%
非洲人	11 552	36	13 652	39	16 259	41	19 397	44	21 004	46	20 317	46	19 645	46	19 100	45
有色人	1 892	6	2 106	6	2 394	6	2 546	6	2 641	6	2 560	6	2 601	6	2 496	6
印度人	2 609	8	3 061	9	3 518	9	3.918	9	4 036	9	3 844	9	4 039	9	3 803	9
白人	15 741	49	16 478	47	17 278	44	17 789	41	17 601	39	17 504	39	16 455	38	15 593	38

33　依据政府印刷版权局 2010 年 11 月 4 日许可证第 11514 号复制。

表 2.4 显示，博士阶段的入学情况也有相似的增长趋势，黑人总入学人数从 2000 年的 37％上升到 2007 年的 53％，而非洲人同期从 25％增至 39％。白人的博士入学数从 62％降至 47％。重要的是，这一时期所有族群的入学总数均有上升，表明各族群
31　实际上都是受益者。

表 2.4　博士学位平等招生情况：2000—2007[51]

种族	2000	%	2001	%	2002	%	2003	%	2004	%	2005	%	2006	%	2007	%
非洲人	1 610	25	1 869	27	2 236	29	2 531	30	2 932	32	3 275	35	3 583	36	3 889	39
有色人	327	5	367	5	419	5	450	5	529	6	572	6	565	6	565	6
印度人	464	7	533	8	619	8	696	8	768	8	754	8	813	8	797	8
白人	3 993	62	4 202	60	4 486	58	4 685	56	4 861	53	4 811	51	4 819	49	4 750	47

35　依据政府印刷版权局 2010 年 11 月 4 日许可证第 11514 号复制。

虽然学生入学公平性的增加显而易见，全日制教学和研究的人员结构却与表 2.2 至 2.4 所示学生入学情况相反。2007 年黑人占 39％，而白人占 59％。在这一层次，黑人教职员工增长率不显著，印度人是负增长。2003 年至 2007 年间，白人教学研究人员的数量大致保持稳定，约占总数的三分之二，平均微降 1.7％。印度人也有类似的下降趋势，平均降幅为 4％。另一方面，非洲人和有色人的比例同期平均分别增加了 2％和 3.6％。表 2.5 表明女性人数略有增加，从 2003 年的 42％增加到 2007 年的

43%,而男性的比例则在同一时期略有下降,从 58%降至 57%。

表 2.5　专职(长期和临时)教学/科研人员按种族和性别的人数统计:2003—2007[52]

种族和性别	2003		2004		2005		2006		2007		实际平均增加
非洲人	4 476	23%	4 378	23%	4 188	24%	4 832	24%	4 854	25%	2.00%
有色人	1 011	5%	1 018	5%	1 003	6%	1 077	5%	1 163	6%	3.60%
印度人	1 642	8%	1 658	9%	1 355	8%	1 790	9%	1 614	8%	−0.40%
白人	12 371	62%	12 047	63%	10 911	62%	11999	60%	11 535	59%	−1.70%
不明确	343	2%	145	1%	105	1%	161	1%	318	2%	−1.90%
总数	**19 843**	**100%**	**19 246**	**100%**	**17 562**	**100%**	**19 859**	**100%**	**19 484**	**100%**	**−0.50%**
女性	8 261	42%	8 000	42%	7 376	42%	8 540	43%	8 392	43%	0.40%
男性	11 581	58%	11 245	58%	10 186	58%	11 319	57%	11 092	57%	−1.10%

说明:百分比相加不一定都等于 100,因有舍入和/或种族/性别不明。依据政府印刷版权局 2010 年 11 月 4 日许可证第 11514 号复制。

36

　　表 2.6 表明,1995 年至 2007 年间,女性的学术职位集中在初级讲师和讲师,2007 年的比例明显下降。教授和副教授中的女性人数从 1995 年的 13%稳步上升到 2007 年的 24%。女性人数在低级职位上的下降很大程度上转化成教授职位数的增加,尽管可以预计未来的增长速度将会减缓,因为需要相当长的时间来积累晋升教授必需的条件,而且教授职位的空缺也有限。

表 2.6　大学女教师职位比例变化:1995—2002[53](%)

年份	教授和副教授	高级讲师	讲师	初级讲师
1995	13	28	46	53
2002	18	38	53	55
2005	18.5	39.5	51	56.3
2006	19.1	40.6	50.9	54.7
2007*	24	40	48	47

　　* 2007 年的数据源自 http://www. southafricaweb. co. za/page/higher-education-south-africa. 2010 年 2 月 25 日检索。

大学校长结构分布

南非目前共有 23 所综合性大学和科技大学,其中只有 5 所(UL, UV, UZ,

UFH，UWC)[48]主要招收黑人学生，其副校长也是黑人，与 1994 年之前一样。南非专为讲英语的学生开设了 4 所大学，其中 3 所的副校长是黑人(开普敦大学是例外，1994 年后有过 2 位黑人副校长，其中一位是女性，目前是白人担任副校长)。种族隔离时期 6 所南非荷兰语大学(SU，UP，NMMU，UFS，UNW，UJ)[49]中的 4 所目前由黑人担任副校长，包括比勒陀利亚大学的一位黑人女副校长，这是史无前例的。剩下的 8 所大学(CPUT，CUT，DUT，TUT，UNISA，VUT，WSUT，UJ)[50]由于 2004 年后进行的合并而具备了新的特性。23 位副校长中的 3 位是白人男性，4 位是黑人女性，其余是黑人男性。尽管女性比例(17％)和白人男性比例(13％)相对较低，但很显然这些高校最高层的人员结构发生了重大变化。

34

变革背后的动力

1994 年之前，南非经历了将近三个世纪的殖民统治，最终演变成半个世纪的极端种族霸权，称为种族隔离。这段完全剥夺有色人种(政治、社会、经济、教育)权利的历史具有深远的影响。然而，正如人们所预料，这种状况不可避免地会产生抵抗。除了多年来的政治抗议外，人们还努力展望后种族隔离时期公正而平等的社会愿景。抵抗组织的出现，如非洲人国民大会、国会运动、泛非主义者大会、黑人意识运动，以及其他许多政治组织，为表达新的选项提供了空间。可以说，替代种族隔离制度的一个最有力的表述就是《自由宪章》，它设想了一个"属于所有人"的南非，并规定了民主分配的条款。

这段历史为一部非常进步的宪法奠定了基础。1994 年前不久，在第一次民主选举之后，人们进行了一些关键的筹备活动。在教育方面，国家教育危机委员会(后来成为国家教育协调委员会，1990—1992)从 20 世纪 70 年代中期到 90 年代末主导着教育抗议运动。国家教育危机委员会设立了国家教育政策倡议项目，旨在研究"源自广泛民主运动理想的价值框架下所有教育领域的政策选择"。[54]价值框架是由五个交叉原则所驱动，即**非性别歧视、非种族歧视、矫正、民主和统一的教育体系**。在高等教育方面，国家高等教育委员会(1995—1996)实施过一个广泛的咨询项目，研究如何在民主南非扩大高等教育，该项目就明显包含上述价值框架。随着这一项目的展开，来自学生和劳工运动以及其他方面的压力不断增加。

37

教育公平：南非理念的演变

在南非追求包容的民主是漫长而痛苦的。它不仅是一种政治权利的要求，而且也是经济权益的斗争，以及是为了占人口多数的黑人乃至妇女的社会、文化、教育的解放。在研究促进教育公平的项目之前，有必要简要地检视一下关于教育民主化斗争的历史记载。

基于种族压迫的殖民和种族隔离制度本质上是不公正的，而意识到或感觉到这种不公正性可以追溯到 17 世纪。各种相互竞争的政治组织联合起来，抵抗隔离教育的有害影响，就像抵抗这种压迫制度的其他方面一样，只是在"如何"实现民主，包括实现教育平等方面有所不同。到了 20 世纪初，反对基于种族和性别的教育歧视的人使用了一套不同的词汇，如下文所示。

非洲人国民大会（非国大）是近代南非历史上最悠久的解放运动组织，也是目前的执政党。因此，作为一个例子，有必要考虑近一个世纪里非国大发表的关于大多数人口的教育机会问题的文字。非国大最早的有关教育的书面声明（1919）指出其目标之一是："在所有的学校、学院创立和阐述教育权制度，并主张国家和教会以及其他一切相关的独立机构接受这一制度。"[55] 几乎四分之一个世纪之后，非国大为驳斥《大西洋宪章》而发表《南非非洲人的主张》（1943），详细阐述了那一目标，并坚持"每个孩子都享有免费义务教育权，有权进入技术学校、大学和其他高等院校"[56]。

六年后（1949），非国大在《行动纲领》中进一步明确希望通过以下途径实现公平教育：（一）通过提供一个知识分子、农民、工人可以为共同的利益而参与的公共教育论坛，提高商业、工业和其他企业中非洲人的水平以及工人组织里工人的水平；（二）不仅在海外各国合理设立大量的奖学金，而且建立以训练和教育非洲青年为目的的国家教育中心。[57] 1955 年的《自由宪章》中的教育条款在如今已经有名的口号"学习和文化之门将被打开"之下提供了一个更为广阔的教育公平概念，并指出：

> 人类的一切文化财富都应该通过自由交换书籍、思想以及与其他国家接触而对所有人开放；教育的目的是教育青年热爱他们的人民和他们的文化，尊重人类的友爱、自由与和平。教育应是免费的、义务的、普遍的，对所有儿童都是平等的。高等教育和技术培训应当按照品行通过颁发国家津贴和奖学金对所有人开放。[58]

非洲人国民大会 1919 年至 1955 年间的历史记录表明，教育公平的缺乏问题极受关注，《行动计划》和《自由宪章》甚至为了表达愤怒而大力倡导出国学习，以提高大多数公民的教育水平。虽然 1919 年到 1955 年期间并没有明确地使用"公平"的概念，但毫无疑问，这些指责本质上是在公平概念的驱动下处理教育公平的缺失问题。

宣扬新秩序：《宪法》和《权利法案》

公平和包容性的概念第一次在南非宪法史上成为该国民主宪政的重要原则。《南非宪法》明确而全面地认定了一些不得引起歧视的方面，包括"种族、性别、性行为、怀孕、婚姻状况、民族或社会出身、肤色、性取向、年龄、残疾、宗教、良心、信仰、文化、语言和出生"[59]。

《权利法案》的平等条款首先宣布："法律面前人人平等，并享有平等保护和法律利益的权利"9(1)，第 9(3) 条进一步宣布："国家不得以任何理由直接或间接地歧视任何人，包括种族、性别、性行为、怀孕、婚姻状况、民族或社会出身、肤色、性取向、年龄、残疾、宗教、良心、信仰、文化、语言和出生。"[60]第 29(1) 条更加具体："人人有权：（a）接受基础教育，包括成人基础教育；（b）接受继续教育，国家必须通过合理的措施逐步使继续教育越来越易于获得。"[61]第 29(2)（a）款具体提到"公平"，由此引入了一个在教育话语中广为流传的概念。

39

聚焦南非实现高等教育公平的措施：1994 年之后

国家高等教育委员会

认识到种族隔离下的教育制度导致了知识和技能的严重赤字，新的民主政府当前的紧迫任务之一就是建立国家高等教育委员会（NCHE），负责审查高等教育改革并提出恰当的建议。国家高等教育委员会的报告于 1996 年公布。毫不奇怪，报告的序言宣称："该制度的历史和现有结构导致了不公平、不平衡和扭曲，具有根本的缺陷。"报告还乐观地指出："高等教育可以在南非的政治、经济和文化重建和发展中发挥关键作用。"[62]报告强调了五个缺陷，其中之一是"歧视性做法限制了黑人学生和女学生进入科学、工程、技术和商业等领域，这对经济和社会发展是不利的"[63]。因此，变革是必要的，所有的立法和政策声明都体现了这种逻辑。

一年后的 1997 年，议会通过了《高等教育法案》。法案的序言宣称其目的是"纠正过去的歧视，确保代表性和平等的机会……促进建立在人的尊严、平等和自由基础上的开放社会和民主社会的价值观"[64]。这同样反映了宪法中对歧视性做法的反感。在《高等教育法案》通过后不久，由于人们对缓慢的变革步伐越来越不满，因此再一次开始了对高等教育形势的评估。《国家高等教育计划》（2001）充满了对黑人和女学生获得高等教育机会（重要的是包括"成果公平"）、工作人员就业、项目组合或分化等方面的公平规定。[65]

在 1997 年《高等教育法案》通过之后以及政策在国家和机构层面公布之后，出现了一系列的评价、评论、批评和研究活动。这些研究的共同目的是要确定教育转型的成败程度。

制度方面的评估

第一次雄心勃勃地尝试全面评估南非高等教育情势的著作是 Cloete 等人编辑的综合论集《高等教育转型》（2002），该书宣称其目的是"研究变化与政策意图的契合度，尤其是关于公平、民主化、响应性和效率……"[66]该书介绍了全球改革对高等教育机构的影响，作为一个有价值的比较。虽然该研究涵盖的时段极短，即 1997 年《高等教育法案》通过后短短的 5 年时间，但总的结论之一是，"自 1994 年以来，机构面貌在一些重要方面发生了很大变化"[67]。但该书也建议谨慎行事，尤其是在研究和课程上，因为"越是变化的事物，越是要保持不变"[68]。

40

机构文化

大学和所有其他机构一样，都有各自的文化，这些文化即使没有几百年，也已经培育了几十年。由于根深蒂固的价值观，如学术自由和机构自治，人们相信大学不会受外部压力的影响。多数学校具有几乎本能的倾向保护自己免受任何潜在或实际的外部威胁。政治变革并不一定意味着公平的教育变革将随之而来。因此，尽管有证据表明现在比过去约 15 年黑人和女学生人数有明显增长，而且有大量的机构进行了合并，但机构文化并没有发生根本的改变。[69]而且，在这种情况下，公平问题成为核心问题——关键不在于数字表示，重要的在于从文化上、教学上、认识论上所经历的内容。由于察觉到这些差异，因而南非大学中针对民主实践在机构中的应用的研究有所增加。在这方面，Higgins 在对"机构文化"概念进行分析评价时得出结论："如果要解决机构文化的真正问题，大学就需要建立一套更为自觉的教学法。"[70]

实证研究的例子

自 20 世纪 90 年代末以来，越来越多的实证研究探讨了在实施新宪法、1994 年民主选举和 1997 年颁布《高等教育法案》之后一些大学的性质。这里仅列举两项研究作为例子。Mabokela 的研究[71]探讨白人校园（即开普敦大学和斯泰伦博斯大学）里的黑人学生问题，并得出一个总的结论：黑人学生被"疏远"，主要是由于过去的全白人学校里占主导地位的语言和文化。该研究是 20 世纪 90 年代后期进行的，自那时以来，这两个机构已经采取措施，力图消除因使用黑人学生能力不足的语言进行教学而带来的不利影响（尤其是斯泰伦博斯大学的南非荷兰语，该校现在实行双轨制，即用南非荷兰语和英语分班教学）。虽然有些黑人学生能流利地使用这两种语言，但他们往往来自中产阶级家庭，而来自贫穷家庭的学生仍然受到语言歧视。

Thaver 的研究[72]探讨了 5 所南非大学的教师的多样化实践，重点分析必须实行的公平做法，研究发现想要消除"学校根深蒂固的传统和保守的社会关系"，这样的挑战在"市场逻辑"面前相形见绌。[73]

更广泛的调查：《高等教育改革部长级委员会报告》(MCHET)

2008 年初，时任教育部长 Naledi Pandor 成立了一个委员会，其目的是"调查公立高等教育机构的歧视，重点是种族主义，并提出适当建议以遏制歧视，增强社会凝聚力"[74]。委员会花了大约 6 个月时间研究立法和政策性文件，回顾大学的书面报告，分析大学的问卷，并访问该国的 23 所公立高等教育机构，采访法定、劳工、学生代表团体的成员。虽然在公众的心目中这项调查是由自由州大学的赖茨事件（the Reitz incident）引发的[75]，但事实上是由一系列的报告引发的，那些报告表明学术界并不像表面上那样公平。相反，如同南非社会在这个过渡阶段经历着曲折一样，学术界也陷入了深深的困境。正像《高等教育改革部长级委员会报告》的结论所说："歧视，特别是种族歧视和性别歧视，普遍存在于我们的机构中。"[76]

对南非高等教育转型程度的公正评估应具备两个重要特征。第一个特征是黑人和女学生入学数量的显著提高——虽然黑人和女性学术人员人数增长稍慢——以及经常被忽视的非白人和女性担任副校长的情况。这些变化与种族隔离时代的现状相比是一个巨大的飞跃,尽管在某些领域仍有很大的改进空间,例如在科学、工程和技术领域的黑人和女性的人数。第二个特征涉及教学法、认识论和课程等核心的实质领域。关于这一点,记录似乎充其量只是零星的,而没有常规记录。各个高等教育机构都进行了改革,如福特海尔大学的"基础训练项目"和南非大学的"课程非洲化"项目,本章将做简要讨论。这些以及其他例子表明,更广泛的改革势在必行,尽管改革并不均衡。

42

还需要做什么?

现在普遍接受的事实是,高等院校黑人和女学生的招生取得了重大成就,课程的转变也得到了落实,各学科的招生情况证明了这一点。虽然入学人数确实有所增加,但高流失率、不及格率、学位攻读时间拉长等问题,尤其是黑人学生问题,也引起了人们的极大关注。尽管这些问题在全世界都存在,但南非还是可以借鉴巴西、印度、马来西亚、美国和澳大利亚等国机构的经验。

虽然黑人和女性学术人员的人数状况有所改善,但远远落后于学生的人数状况。黑人学术人员在教授中大多拥有较低的职位,出版成果少,在机构间频繁调动。[77]同样,女性学术人员也集中在较低的职位上,与黑人同行一样主要在社会科学和人文学科领域。在法律上种族隔离已结束了近二十年,但在许多以前的白人高等教育机构中仍然存在着打上了种族和性别歧视烙印的一些态度和做法。Duncan 在开明的威特沃特斯兰德大学做的一项研究捕捉到这方面的一个例子,黑人教职员工遭遇种种困难,受到白人工作人员甚至学生的羞辱。[78]这样的描述在高等教育改革部长级委员会项目团队所进行的采访中是常见的。

机构文化仍然主要是种族主义的或欧洲中心的,实质性的课程改革步伐缓慢便是证明。Mabokela 的研究记录了一个种族主义的机构文化的例子,斯泰伦博斯大学的一个管理人员提到白人学生时总是说"我们的"学生,而提到黑人学生时却不这么说。[79]根据 Thaver 等人的描述,许多学生很少有"家"的感觉或"归属感",虽然不是一点都没有。[80]《高等教育改革部长级委员会报告》也记录下了尤其是黑人学生的疏离感。

语言上的公平

联合国开发计划署的报告《当今多元世界的文化自由》指出，"语言往往是多元文化国家中最具争议的问题"[81]。事实上，语言在南非历来是最有争议的问题之一，尤其是作为教学语言时。虽然政治环境已发生了巨大变化，但对其他语言的尊重和空间（即多语制）仍然是靠宪法和《高等教育语言政策》（2002）来推动的。

越来越多的研究提供了令人信服的证据，证明用学生的语言授课他们能取得更好的成绩。[82]虽然一些高校原则上确实不再使用单语制，但是一般情况下实际上仍然使用单语制。一些大学，特别是历史上的白人大学，会提供如下选择：提供英语基础课程或额外语言辅导；提供一种非洲语言作为交流、行政、营销语言；或者提供一种非洲语言课程以使员工和学生能够彼此交流。[83]

尽管有这些支持机制，南非所有大学中特别是黑人学生仍然面临巨大的挑战，因为英语和南非荷兰语都不是他们的母语，这给大学生的学习带来了可怕的后果。下列示例是在威特沃特斯兰德大学的采访中黑人和白人学生的回答，显示出了存在的问题。采访的问题是："语言影响你的学习吗？是如何影响的？"

受访者1："我来自讲英语的背景，在大学里要吸收这么多的信息，学习这么多的新词汇，即使对我也有难度。如果你来自非英语背景，是很难的。"

受访者2："我觉得有影响，因为所有的课都用英语，如果你有很好的英语背景，就比较容易，但别人可能要花两倍的时间去理解。"

受访者3："显然，英语是我的母语，我认为这很重要，因为即使我不知道一篇文章怎么写，或者不知道我在写些什么，但我可以坐下来想想，把似乎有说服力的想法写下来，有时候文章也就侥幸写出来了。如果一篇文章读起来比较顺畅，人们不会仔细研究它是不是言之有理，所以语言有助于把你的想法捏在一起，使你的文章流畅，所以我觉得语言连贯很有用。"

受访者4："语言肯定有影响，因为比方说构建句子，怎样来表达你自己，有时我为那些来自班图教育学校的学生难过[84]，因为他们可能有一个很好的论点，但因为他们没有恰当的词语来表达，最后分数都比较低。所以你读过什么样的学校真的很重要。"[85]

从这些回答中可以清楚看出，许多学生认为以第二或第三语言学习是成功学习的严重障碍。有理由推断，黑人学生的高失败率或高流失率[86]主要应归因于语言问题。可以肯定的是，相当多的黑人学生表现出色，这很好。但令人关切的应该是大量的人力资源的浪费，这是许多大学实际上仍然存在的普遍僵化的语言系统所造成的，尽管语言政策是恰当的。[87]

44

公平的认识论

学术环境中最顽固和最不易改变的状况之一是种族优越感和父权意识。由于公开地认同这样的意识形态已经为人所不齿，因此它们就以相当微妙的方式呈现，并通过强大的隐性课程来传达，很难找到确凿的证据。在部长级委员会进行的采访中，部分黑人学生提到一些例子，例如白人教师/教授暗示过他们可能通不过会计课程，或者为他们没有将黑人哲学家收入教学大纲而辩解，说根本就没有黑人哲学家。

1998年开普敦大学卷入了后来所谓的曼达尼辩论，其核心是关于课程改革及其权力归属的争论。[88]总之，辩论变成了"旧"知识与"新"知识的斗争。在对自主权与责任进行总体反思时，Van Vught[89]嘲讽地建议大学可以把这些原本被珍视的价值观当作盾牌抵挡知识的变化。Cloete等人进一步评论道，新知识"是很少受高等教育机构欢迎的，它们通过许多化身小心翼翼地保护它们对教学和研究内容的控制权"[90]。在评述南非大学的一般立场时，Higgs和van Wyk指出："在那些抵制外部干预的大学里，学术知识占有特殊的、几乎不可触碰的地位。"[91]自由州大学首位黑人副校长Jansen在就职演说中对这种状况发出哀叹：

> 最重要的挑战是知识问题。学生带进大学的常常令人困扰的知识是他们对过去的知识、对黑人和白人的知识，尤其是对未来的知识。本校或其他大学的课程还没有开始面对一个关键的问题，即在一个危险和分裂的世界，一个学生需要知道什么。[92]

他进一步指出，为了完成这一使命，他将寻求学校理事会的支持以实施"重大的课程修订，这样这所大学的所有毕业生都将考虑过人类的一些基本问题，比如我们是谁，我们

45 从哪里来；都学习过如何在一起生活和学习，为我们的年轻人将来能够走上领导岗位做准备"[93]。这确实是一个很高的要求。人们一定会想，如果那些负责知识产出的人自身没有经历一种根本的认识论和教学法的变革，那么这些根本的、必要的变化到底能不能够实现？这实际上将是个人世界观的重大调整。

民族优越感：无形的木马？

至关重要的是，南非教育环境中关于多样性和社会凝聚力的研究大多是透过黑白镜头进行的。这在很大程度上是由于在反种族隔离斗争中采取的政治战略，其首要任务是推翻白人统治或种族霸权。因此，种族问题占据了首要地位，而其他问题，如社会阶层、性别和民族等问题，则处于次要地位。种族隔离制度消亡后，民主斗争的范围和态势发生了戏剧性的变化。性别、社会阶层和其他偏见越来越受到公众的关注。但民族问题似乎远远落后。重要的是要认识到，民族问题应该是要放进公平篮子里的问题。

以上所述涉及今天南非仍然面临的"知识民主化"的一些关键问题：从"归属感和自在感"、机构文化和语言到认识论和民族性。这些关键问题也属于社会公正、人权和公平的范畴，因此值得关注。

变化一瞥：南非部分高等院校的发展前景

当我们回首过去的 15 年时，我们可以看到旧秩序在 1997 年《高等教育法案》颁布后受到巨大破坏，为拆除施行种族隔离的南非高等教育的法律架构奠定了基础。尽管拆除过程缓慢且有争议，但大量证据表明，在实现教育公平方面还是取得了一些势不可挡的进展。《高等教育改革部长级委员会报告》提到以下证据：

- 南非大学宣布打算将 50% 的课程"非洲化"；福特海尔大学正在开设一年级必修课程"基础训练项目"，旨在广泛促进批判性思维技能，加深理解"社团关爱精神"和民主，增强自信，以及支持多样性、人性化的教学方法，支持阅读和写作文化——所有这些都在去殖民化框架下进行。

46

- 开普半岛科技大学开发了旨在促进社会发展和社会变革的社区服务项目。
- 开普敦大学开展了"尊重项目"，通过鼓励进行有关种族和性别问题的对话，促进"个人尊严、关心他人和欣赏多样性"。学校还赞助库鲁玛和马美拉项目，目的是要解决对白人员工的恐惧和黑人员工的疏离感。

- 西开普大学开设了一个含开放研讨班、工作坊、讲座等的项目,讨论诸如种族主义、同性恋恐惧症、骚扰、仇外心理等问题。但这些干预措施没有纳入课程,不考勤,有时出勤率不高。
- 斯泰伦博斯大学有一个"多元文化周"和"宗教对话"项目,并计划举办一个"勇敢的对话"项目来促进复杂社会问题的讨论。
- 德班理工大学在课表中安排了　小时的"大学论坛",以促进在校园中进行关于重要社会问题的对话。[94]

除了福特海尔大学的"基础训练项目"和南非大学所表达的课程"非洲化"的愿望之外,这些例子中的大部分并没有纳入大学的课程。其他大学的基本上支离破碎的项目并不代表种族隔离认识论的根本转变。然而,这些项目确实使基于公平、多样性和社会正义的知识建构成为可能。

南非有几所高等教育机构有类似于上述项目的部门,这表明人们越来越认识到社会公正的重要性。福特海尔大学的"基础训练项目"似乎是迄今为止最先进和最全面的举措,值得其他机构仿效。越来越多的迹象表明有几个机构将要成立教育转型办公室(例如,开普敦大学、威特沃特斯兰德大学、夸祖鲁纳塔尔大学),最近饱受非议的自由州大学正在筹建种族与和解研究院。这些项目都是可以在其他高等院校复制的例子。

在南非的历史背景下,这些都是需要进一步推动和扩大的重要成果。鉴于上述全球公平意识的日益增强,南非似乎极有可能在所有其他事物达到平等的情况下朝着同一方向努力,并超越其在这方面已经取得的令人称道的成就。持久发展的民主文化滋养了公平意识,而上述成就表明,某些扶持工具在培育这种民主文化方面发挥了重要作用。这些工具就是进步的宪法以及与宪法所体现的基本价值观一致的立法和法律框架,辅之以警觉的公民社会和奉行民主价值观和管理方式的改革型领导者。

47

结论

本章首先举例说明了某些国家日益增长的公平意识和取得的进展,如美国、澳大利亚和欧盟国家,然后在概述中详细分析了南非的成功和局限性。大多数在实现高等教育公平方面取得一定进展的国家主要是依靠民主宪法的力量,以及庄严的人权观念和社会正义价值观。南非拥有进步的宪法和政策，这是其取得成就的支柱。但真正的棘手方面是在大学内部。在这一点上，南非和其他国家可以学习具体和有效的机构战略，如阿默斯特学院实施的战略——坚持向低收入学校拓展项目和建立面向这些学校的学生的巨额捐赠基金。南非以及其他一些国家有着大量的边缘化人口和占人口少数的族群，这些国家应该仿效阿默斯特学院的做法。巴西的"确定目标"和印度的"坚定信心"战略也值得注意，因为它们证明能够增进多样性。更重要的是要确保有效的方案到位，确保来自人数比例低的族群和低收入背景的学生能够进入高等院校。

南非面临严峻的发展挑战，需要采取新的方式确保政策的执行，确保有效地培养管理人员、教师和后勤人员的能力。除了获得促进教学的知识和技能外，迫切需要在所有学科中树立公平意识的概念。如果这种意识在国民意识中没有深厚的基础，南非社会结构仍将极度脆弱，稍受刺激就可能瓦解。为了子孙后代，为了繁荣和社会稳定，巩固民主文化或思维方式——不只是单纯地去种族化——是最具有说服力的途径。南非所珍视的民主仍然非常脆弱，各种相互矛盾的倾向可能会破坏维护民主计划的工作。公平意识扎根于牢固的民主文化之中，而要使公平意识达到理想的高度，就好像是在追求一种渐行渐远的幻象；只有实施一个全面的、坚定的和持续的干预计划，才有可能维护民主的发展，不致反弹。但这个干预计划不能是短暂的或断断续续的。值得一提的是，南非的民主只有不超过二十年的历史，因此是不完善的，需要一代人左右的时间才能变得成熟和可持续。如果经合组织对于不可扭转的变化所持的乐观态度是恰当的，正如南非自种族隔离时期至今所走过的旅程，那么我们就有理由对未来充满
48 希望。

注释

1. Higher education: World's most effective? (2010, March 14). *World Higher Education News*, No. 115.
2. Zgaga, P. (2010). *The making of Bologna 1999 - 2010: Achievements, challenges and perspectives*. Retrieved from http: //www. duz. de/docs/downloads/duz _ spec _ Bologna. pdf.
3. See Akoojee, S. , & Nkomo, M. (in press). Widening equity and retaining efficiency: Considerations from the IBSA southern coalface. *International Journal of Education Development*.
4. United Nations Development Programme (UNDP). (2004). *Human development report 2004: Cultural liberty in today's diverse world*. New York: UNDP. Retrieved from http:

//hdr. undp. org/en/media/hdr04_complete. pdf.

5. UNESCO. (2010). *Education for all: Global monitoring report 2010: Reaching the marginalized*. Paris: Oxford University Press.

6. United Nations. (1948). *Universal declaration of human rights*. Retrieved December 15, 2009, http: //www. un. org/en/documents/undhr.

7. Bessis, S. (March 1995). *From social exclusion to social cohesion: Towards a policy agenda*. UNESCO Management of Social Transformations, International Symposium, Roskilde University, Denmark. Retrieved January 12, 2010, http: //www. unesco. org/ most/besseng. htm # overview.

8. UNESCO. (1995). *From social exclusion to social cohesion: Towards a policy agenda*. UNESCO, Management of Social Transformations, Policy Paper No. 2. Retrieved January 12, 2010, http: //www. unesco. org/most/roskilde. htm.

9. UNDP. (2004). *Human development report 2004*.

10. Banks, J. , et al. (2005, April). *Democracy and diversity: Principles and concepts for educating citizens in a global world*. Invitational conference, Center for Multicultural Education, College of Education, University of Washington, Seattle.

11. Nieto, S. (2009). Diversity education: Lessons for a just world. In M. Nkomo, & S. Vandeyar (Eds.), *Thinking diversity while building cohesion: A transnational dialogue on education* (pp. 17 – 40). Amsterdam/Pretoria: Rozenberg/UNISA Press.

12. OECD. (2008). *Tertiary education for the knowledge society* Vol. 2: *Special features: Equity, innovation, labour market, internationalisation* (p. 88). Paris: OECD.

13. Breen, R. , Luijkx, R. , Müller, W. , & Pollack, R. (2010). Long-term trends in educational inequality in Europe: Class inequalities and gender differences. *European Sociological Review, 26*(1), 31 – 48. For arguments of persistent inequality see, for example, Miriam, D. (2009, March). Social diversity and democracy in higher education in the 21st century: Towards a feminist critique. *Higher Education Policy, 22*(1), 61 – 79; and Mickelson, R. A. (2009). Race, ethnicity, and education. In D. Plank, B. Schneider, & G. Sykes (Eds.), *Handbook of education policy research* (pp. 240 – 257). Washington, DC: American Educational Research Association.

14. Goldin, C. , Katz, L. F. , & Kuziemko, I. (2006). The homecoming of American college women: The reversal of the college gender gap. *Journal of Economic Perspectives, 20*(4), 134.

15. Marable, M. (2002). *Blacks in higher education: An endangered species*. Retrieved February 14, 2010, http: //nathanielturner. com/blacksinhighereducation. htm.

16. Freeman, C. E. (2004). *Trends in educational equity of girls and women: 2004* (p. 82). Washington, DC: US Department of Education, National Center for Education Statistics.

17. Freeman. (2004). *Trends in educational equity*, p. 82.

18. Marable. (2002). *Blacks in higher education*, p. 1.

19. Ibid.

20. Kaba, A. J. (2005). Progress of African Americans in higher education attainment: The

49

widening gender gap and its current and future implications. *Education Policy Analysis Archives, 13*(25), 2.

21. Vital Statistics: Statistics that Measure the State of Racial Inequality (2009). *Journal of Blacks in Higher Education*, 63. Retrieved from http://www. jbhe. com/vital/63_index. html.

22. Marable. (2002). *Blacks in higher education*, p. 2.

23. *Brown v. Board of Education*. (1954). 374 U. S. 483.

24. Griffin, R. W. (2008). *Management* (9th ed. , p. 167). New York: Houghton Mifflin Company.

25. Ibid.

26. OECD. (2008). *Tertiary education for the knowledge society*, p. 74.

27. Ibid. , p. 3.

28. Ibid. , p. 88.

29. Ibid. , p. 87.

30. Ibid. , p. 89.

31. For an analysis of initiatives in India, Brazil and South Africa in addressing racial, gender, caste and social class inequalities, see Akoojee, S. , &. Nkomo, M. (2011, forthcoming). Widening equity and retaining efficiency, 118 – 125.

32. Akoojee &. Nkomo. (2011). Widening equity and retaining efficiency.

33. KPMG Econtech. (March 2009). *Economic modeling of improved funding and reform arrangements for Australian universities*. A commissioned study by Universities Australia.

34. Bollinger, G. V. (2003). *Certiorari to the United States court of appeals for the sixth circuit, No. 02 – 241. Argued April 1, 2003 — Decided June 23, 2003*. Retrieved January 10, 2010, http://www. law. cornell. edu/supct/html/02-241. ZS. html.

35. Bowen, W. G. , &. Bok, D. (1998). *The shape of the river*. Princeton, NJ: Princeton University Press. For some reviews that disagree with Bowen's &. Bok's analysis, see http://www. ceousa. org/content/view/290/99/.

36. See Cloete, N. , Fehnel, R. , Maasen, P. , Moja, T. , Perold, H. , &. Gibbon, T. (Eds.). (2002). *Transformation in higher education: Global pressures and local realities* (p. 268). Cape Town: Juta and Company; OECD. (2008). *Reviews of national policies for education: South Africa* (p. 21). Paris: OECD Publications; Council on Higher Education. (2009). *Higher Education Monitor: Postgraduate Studies in South Africa*. HE Monitor No. 7. Center for Research on Science and Technology.

37. Malherbe, E. G. (1977). *Education in South Africa*, Vol. II: *1923 – 1975*(p. 617). Cape Town: Juta &. Company.

38. Pelzer, A. N. (Ed.). (1966). *Verwoerd speaks: Speeches 1948 – 1966* (p. 83). Johannesburg: APB Publishers.

39. Malherbe. (1977). *Education in South Africa*, p. 700; *Official year book of the Union and of Basutoland, Bechuanaland Protectorate, and Swaziland*, No. 12, 1929 – 1930 (p. 861). Pretoria: The Government Printing and Stationery Office. (Note that the 88% black

population comprises what the government referred to as "Bantu, Asiatic and Mixed and Other").

40. Malherbe. (1977). *Education in South Africa*, p. 731.

41. Ibid.

42. Sayed, Y., Kanjee, A., & Nkomo, M. (2010). *Educational quality in South Africa* (p. 6). Cape Town: HSRC.

43. Akoojee & Nkomo. (Forthcoming). Widening equity and retaining efficiency.

44. The designation "African" is fraught with misunderstandings and distortions. It is appropriated, for example, by narrow nationalists in an essentialist sense to exclude others, even when they are entitled to be regarded as African under international law with reference to birth right and citizenship. It was adopted by the Afrikaners in South Africa in an act of self-legitimization and, at the same time, stripping the majority of the black population of the right to call themselves "African." As used currently, it also suggests total disregard for current archeological, paleontological, and biological findings about the origins of homo sapiens in Africa, which would entitle all humanity to be called "African." For a more insightful critique of the concept "African," see Zeleza, P. T. (2006). The invention of African identities and languages: The discursive and developmental implications. In O. F. Arasanyin, & M. Pemberton (Eds.), *Selected proceedings of the 36ᵗʰ annual conference on African linguistics: Shifting the center of Africanism in language politics and economic globalization*. Somerville, MA: Cascadilla Proceedings Project.

45. Department of Education (MCHET). (2008, November 30). *Report of the ministerial committee on transformation and social cohesion and the elimination of discrimination in public higher education institutions* (p. 124). Pretoria: Government Press.

46. Ibid. Reproduced under Government Printer's Copyright Authority No. 11514 dated 04 November 2010.

47. Ibid., p. 125. Reproduced under Government Printer's Copyright Authority No. 11514 dated 04 November 2010.

48. UL, University of Limpopo; UV, University of Venda; UZ, University of Zululand; UFH, University of Fort Hare; UWC, University of the Western Cape.

49. SU, Stellenbosch University; UP, University of Pretoria; NMMU, Nelson Mandela Metropolitan University; UFS, University of Free State; UNW, University of the North West; UJ, University of Johannesburg.

50. CPUT, Cape Peninsula University of Technology; DUT, Durban University of Technology; TUT, Tshwane University of Technology; UNISA, University of South Africa; VUT, Vaal University of Technology; WSUT, Walter Sisulu University of Technology; UJ, University of Johannesburg.

51. MCHET. (2008). *Report of the ministerial committee*, p. 125. Reproduced under Government Printer's Copyright Authority No. 11514 dated 04 November 2010.

52. Ibid., p. 126. Reproduced under Government Printer's Copyright Authority No. 11514 dated 04 November 2010.

53. OECD. (2008). *Reviews of national policies for education：South Africa*. Paris：OECD.

54. National Education Policy Investigation. (1993). *The framework report and final report summaries* (p. vii). Cape Town：Oxford University Press.

55. African National Congress (ANC). (2007) *Constitution of the South African Native Congress*. Retrieved December 15, 2009, http：//www. anc. org. za/show. php? id = 207.

56. ANC. (1943). *Bill of rights：Full citizenship rights and demands*. Retrieved from http：//www. anc. org. za/ancdocs/history/claims. html.

57. ANC. (December 1949). *Programme of action：Statement of policy adopted at the ANC annual conference 17 December 1949*. Retrieved January 2, 2010, http：//www. anc. org. za/ancdocs/history/progact. htm.

58. ANC. (1955). *The freedom charter*. Retrieved November 15, 2010, http：//www. anc. org. za/show. php? include = docs/misc/1955/charter. html.

59. Constitution of the Republic of South Africa. (1996). *Bill of rights*.

60. Ibid.

61. Ibid.

62. National Commission on Higher Education, 1996.

63. Ibid.

64. Higher Education Act, 1997.

65. The National Plan for Higher Education, 2001.

66. Cloete et al. (2002). *Transformation in higher education*, p. 1.

67. Ibid.

68. Ibid. , p. 268.

69. See, for example, Cross, M. , Jansen, J. , Ravjee, N. , Shalem, Y. , Backhouse, J. , & Adam, F. (Forthcoming). *Higher education monitor：Access and retention in South African higher education-three case studies*. Pretori：Council on Higher Education.

70. Higgins, J. (2007). Institutional cultures as keyword. In *CHE review of higher education in South Africa：Selected themes* (p. 116). Pretoria：CHE. The MCHET report also dwells extensively on the alienation endured by black students at historically advantaged higher education institutions.

71. Mabokela, R. (1998). Black students on white campuses：Responses to increasing black enrollments at two South African universities. Ph. D. dissertation, University of Illinois at Urbana-Champaign.

72. Thaver, B. (2009). Diversity and research practices among academics in South African universities. *Perspectives in Education, 27*(27), 406 – 414.

73. Ibid. , p. 406.

74. MCHET. (2008). *Report of the ministerial committee on transformation and social cohesion*.

75. For the Free State University Reitz incident, see http：//toomuchcoffee. co. za/2008/02/27/free-state-university-racist-video/(Retrieved 13 January 2010)；also see Northwest University acts on Facebook racists. (2008, October 13). *Daily Higher Education News*；

51

Thompson, C. (2008, October 9). University identifies 13 students in racist group. *Daily Higher Education News*.

76. MCHET. (2008). *Report of the ministerial committee*, p. 42.

77. Potgieter, C. (2002). *Academics on the move*. Pretoria: Centre for Higher Education Transformation.

78. Duncan, N. (2005, October 18). *"Race," racism and the university*. Inaugural lecture delivered at the University of the Witwatersrand, Johannesburg.

79. Mabokela. (1998). Black students on white campuses.

80. Thaver, L. (2006). "At home," institutional culture in higher education: Methodological considerations. *Perspectives in Education, 24*(1), 15 - 26; also see Tabane, R. (2010). *African and Indian learners' understandings of "at home" in a desegregated former house of delegates school: A case study*. Ph. D. dissertation, University of Pretoria.

81. UNDP. (2004). *Human development report 2004*.

82. See, for example, Galabawa, J. C. J. , & Lwaitama, A. F. (2005). A comparative analysis of performance in Kiswahili and English as language of instruction at the secondary level in selected Tanzania schools. In B. Brock-Utne, Z. Desai, & M. Qorro (eds.), *LOITASSA research in progress* (pp. 139 - 159). Dar-es-Salaam: KAD Associates; Langehoven, K. R. (2005). Can mother tongue instruction contribute to enhancing scientific literacy? A look at grade 4 natural science classrooms in two projects schools in the Western Cape. In B. Brock-Utne, Z. Desai, & M. Qorro (Eds.), *LOITASSA research in progress* (pp. 282 - 292). Dare-es-Salaam, TZ: KAD Associates; Senkoro, F. E. (2005). Teaching in Kiswahili at university level: The case of Kiswahili Department at the University of Dar es Salaam. In B. Brock-Utne, Z. Desai, & M. Qorro (Eds.), *LOITASSA research in progress* (pp. 212 - 223). Dare-es-Salaam, TZ: KAD Associates; Brock-Utne, B. (2006). Learning through a familiar language versus learning through a foreign language: A look at some secondary school classrooms in Tanzania. In B. Brock-Utne, Z. Zubeida, & M. Qorro (Eds.), *Focus on fresh data on the language of instruction debate in Tanzania and South Africa* (pp. 19 - 40). Cape Town: African Minds; UNDP. (2004). *Human development report 2004*. Retrieved from http://hdr. undp. org/reports/global/2004/.

83. MCHET (2008). *Report of the ministerial committee*, p. 96.

84. Bantu Education is the inferior form of education that designed for blacks from 1953 to 1994. Many believe that nearly six decades later, changes in black education, even after the demise of apartheid, have not improved sufficiently.

85. Council on Higher Education. (2006). *Student access, successes and institutional cultures*. Interviews with students at the University of the Witwatersrand, Johannesburg.

86. A recent study by the Human Sciences Research Council found that in 2004 the failure rate in South African tertiary institutions was 30% among first-year students, the majority of whom are black and the first generation to attend university. See Letseka, M. , & Maile, S. (2008). *High university drop-out rates: A threat to South Africa's future*. HSRC Policy Brief. The study attributes the high attrition rate mainly to poverty. However, the

52

  data from the University of the Witwatersrand's curriculum study suggest that language is a significant variable that should be taken into account.

87. For a comprehensive treatment of the significance and complexity of language in multicultural societies, see UNDP. (2004). *Human development report 2004*.

88. A whole issue of *Social Dynamics* (Vol. 24, No. 2, 1998) was devoted to the debate.

89. Vught, V. (1991). *Autonomy and accountability in government/university relationships*. Washington, DC: World Bank.

90. Cloete et al. (2002). *Transformation in higher education*, p. 266.

91. Higgs P. , van Wyk, B. (2008). The curriculum in an African context. Paper presented at 52nd annual conference of the Comparative and International Education Society, Teachers College, Colombia University, March 17 – 21, p. 5.

92. J. Jansen. (2009, October 16). *Inaugural speech of the 13th rector and vice-chancellor of the University of the Free State*. Bloemfontein, South Africa.

93. Ibid.

53 94. MCHET. (2008). *Report of the ministerial committee*, p. 51.

3
增进高校理工科性别公平

Laura Pilozzi-Edmonds

增进教育性别公平已成为国际发展界极其令人关切的问题。联合国"千年发展目标"的第三个目标是"促进两性平等并赋予妇女权利"，相关目标 3a 是"最好到 2005 年在小学教育和中学教育中消除两性差距，至迟于 2015 年在各级教育中消除此种差距"[1]。为达到这一目标而做出的努力取得了巨大成功，截至 2006 年，发达地区中小学女童入学登记的性别平等率相较于男童为 100%，发展中地区为 94%。[2]

但是，无论是大学教育还是高等职业培训，高等教育的性别平等都显示出更大的变量分布。一些发达国家如加拿大、丹麦、法国以及其他国家女性接受高等教育的比男性多，但这远远不是普遍现象。事实上，只有 60% 的发达国家在高等教育中实现了性别平等，而据教科文组织掌握的数据，38 个发展中国家中只有 4 个国家在高等教育中实现了性别平等。[3]

许多研究表明，鼓励年轻妇女尽可能长时间地上学不仅会有个人利益，如较高的工资和较高的家庭收入，而且也有公共利益，如改善健康、生活质量和社会状况。[4]研究发现，与受教育程度较低的妇女相比，受教育程度高的妇女结婚较晚，生育率较低，更多地采取避孕措施，首次生育较晚，后代幼年死亡率较低，更喜欢小家庭，较多使用健康服务。[5—7]

54 　　增进高等教育中的性别平等特别对加强妇女赋权有很大的好处。研究表明，增加女教师的人数与课堂上表现出色的女学生人数密切相关。[8]增加妇女获得高等教育的机会有利于提高妇女在社会中的地位，形成年轻一代妇女的榜样，造就妇女权利保护者，从而改善整个社会性别平等状况。[9]

妇女在高等教育中读理科的机会尤其有问题，因为女性读理科的人数少，即使在女性大学生总体上比男性多的高收入国家也是如此。例如在加拿大，2004 年高校女毕业生占毕业生总数的 60%，但这一年毕业于数学、计算机和信息科学专业的学生中只有 30% 为女性，毕业于建筑、工程及相关技术专业的学生中只有 25% 为女性。[10]

对于为什么发展中国家高等教育中理工科的女性人数低于平等水平，有许多理由被提出来进行解释，包括中等教育中男性和女性之间在科学和数学上的差异、不同的职业取向选择、中等教育中较多的女生流失、父母的影响、社会和经济支持不足以及由于诸如性别定型的职业期望和性别定型的科学和数学能力所产生的心理障碍。[11—13]

下面一节详细讨论阻碍坦桑尼亚联合共和国妇女获得高校理科教育的因素，然后描述一个在大学工程专业实施的旨在提高女性入学率和成就的项目。

坦桑尼亚情境

坦桑尼亚的教育在过去十年中有了显著的改善,特别是在中小学入学率方面。2002 年,教育和职业培训部实施了《小学教育发展计划》,旨在提高小学(一至七年级)入学率,使学生人数从 2001 年的 4 875 764 人增加到 2007 年的 8 316 925 人。[14]接着又于 2004 年实施了《中等教育发展计划》,使中学(一至六年级)入学人数从 2001 年的 289 699 人上升到 2007 年的 1 020 510 人。[15]值得关注的是,表 3.1 显示,在入学率急剧上升的情况下性别平等似乎得以保持,特别是小学教育。

表 3.1 坦桑尼亚小学净入学率百分点[16]

	年份		
	1999	2002	2006
女	50	73	97
男	49	75	98
总计	50	74	98

女孩和男孩在小学和中学早期的入学状况并无差异,但在中学阶段男孩和女孩的入学率差异则变得较为重要。在中学二、三年级之间和四、五年级之间(普通课程之后、高级课程之前)性别平等差距扩大。[17]在二年级结束和四年级结束时需要通过全国统考升入下一个教育层次。表 3.2 比较了全国中学 2006 年和 2007 年学年度不同年级的入学人数,该表显示从二年级升入三年级以及从四年级升入五年级的学生比例低于其他学年,不管是男生还是女生。

在这些关键时期,女孩通过率和男孩通过率的差别更大。事实上,2007 年只有68%的女孩从二年级升入三年级,而男孩有 79%通过;只有 45%的女孩从四年级升入五年级,而男孩有 47%通过。表 3.2 右边的最后一栏显示了这一差异降低了各年级的入学性别平等。

甚至那些完成中等教育的女孩也难以进入高等教育,因此而扩大了性别差异。事实上,高等教育入学是以考试为基础的,女生在国家考试中表现不如男生。例如,2006

55

年六年级国家考试成绩是一等和二等的学生[18]中男生分别占 68% 和 70%。[19] 因此，在大学录取中低于录取分数线的女生通常比男生多。2002—2003 学年，录取达累斯萨拉姆大学的学生中有 24% 是女生。这种情况在理科专业更加突出，比如 2002—2003 学年工程与技术学院各专业中只有 7.3% 的学生是女生（见表 3.5）。

表 3.2　坦桑尼亚所有中学（公立或私立）入学率[20]

		学生人数		
	From	男生	女生	女生比例%
高级课程	Ⅰ（2006）	126 650	116 709	48%
	Ⅱ（2007）	137 921	127 066	48%
	通过率%	>100%	>100%	
	Ⅱ（2006）	101 745	97 716	49%
	Ⅲ（2007）	80 403	66 707	45%
	通过率%	79%	68%	
	Ⅲ（2006）	60 846	54 199	47%
	Ⅳ（2007）	57 553	48 989	46%
	通过率%	95%	90%	
普通课程	Ⅳ（2006）	41 651	30 729	42%
	Ⅴ（2007）	19 778	13 778	41%
	通过率%	47%	45%	
	Ⅴ（2006）	16 288	11 492	41%
	Ⅵ（2007）	12002	8 333	41%
	通过率%	74%	73%	

项目概况

本案例介绍的项目试图解决上述高等教育中坦桑尼亚年轻妇女在获得高质量理科教育时所遭遇的不公平现象。达累斯萨拉姆大学工程与技术学院的特别预科项目 2004 年开始运作，目的是要帮助中学国家考试理科成绩较差的年轻女性进入该大学的工程学院。

特别预科项目描述

达累斯萨拉姆大学的特别预科项目目前受坦桑尼亚教育部资助,此前由卡耐基基金会资助,2004 年开始运作;其目的是帮助希望进入工程与技术学院本科但成绩达不到录取标准的女性。读完六年级并通过了高级课程国家考试的学生必须达到 5.5 分才有资格申请该大学的许多院系。[21]但可以预料,有资格申请的学生人数会远远多于学位课程的招生人数,既然录取是依照考试分数的,因此就人为划定一条较高的分数线,通常是 10 分或以上。

为了增进工程与技术学院的性别公平,达累斯萨拉姆大学的性别中心于 2004 年开始运作特别预科项目。该项目立竿见影,使 2004—2005 学年女学生的比例增加到 15.5%。该项目向读完六年级的低分女生提供 8 周的针对性强化训练,内容是工程科学、数学、化学和沟通技能,使得这些女生有机会进入工程与技术学院,从而实现女生入学人数的增长。工程与技术学院在各学位课程保留一定量的招生名额[22],根据当年情况名额在 59 名到 95 名之间,留给那些训练结束后考试合格的女生。[23]

该项目的基本假设是,一些女孩中学六年级时可能由于教育机会有限而表现不佳。因此项目旨在让女孩接受对获取工程学位必须研修的最重要的科目进行的有针对性的高质量训练。据受益者描述,这个项目本质上为那些由于种种原因在六年级国家考试中成绩较差的女孩提供了一个机会,来证明她们在适当的环境中可以有很好的表现。

女孩六年级的总分必须达到 4.5 分并且已经完成某一组合的高级课程——物理、化学、数学,或物理、地理、数学,或物理、化学、生物,才有资格申请参加特别预科项目。这样,该项目不仅给分数低于工程与技术学院录取分数线(根据每年实际情况各学位课程从 6 分到 13 分不等)且低于学校申请分数线(5.5 分)的女孩第二次机会,而且也给了读完其他组合的高级课程的女孩机会,因为工程与技术学院通常只接受物理、化学、数学组合的申请者。该项目也对另一种女孩开放,即她们中学四年级后没有进入高级课程,而是选择读技术学院的工程方面的课程,所获技术员证书平均等级为 C 或以上。申请时这些女孩必须在 6 月份的指定日期前提交一份简短的介绍信,说明她们选择的学位课程、六年级的最终成绩(或技术员证书等级),以及出生证明。

特别预科项目预录取工作是由性别中心完成的,而且是根据申请人的考试成绩决定的。女孩的成绩如果高于 7.5 分或 8 分通常被认为是超过标准,她们的申请将被送

57

58

到工程与技术学院，建议直接录取。性别中心收到申请书并做初步选择，然后提交大学理事会批准。人数每年有所不同，申请人数在 217 人到 223 人之间，录取人数在 59 人到 108 人之间（见表 3.3）。

表 3.3　工程与技术学院特别预科项目申请数据[24]

学年	申请人数	预科训练录取人数	预科训练后录取工程与技术学院人数
2004—2005	217	59	59
2005—2006	214	73	70
2006—2007	210	98	98
2007—2008	207	108	95
2008—2009	223	67	未知

女孩一旦被预科项目录取，所有的培训费用，包括学费和住宿费，以及 50% 的餐费都由卡耐基基金会通过性别中心支付。而且，为了保证女孩得到学业辅助支持，性别中心还在每学期结束时提供额外辅导课，帮助该项目女生复习较难的课程。

全面的途径

特别预科项目很独特，因为它综合性地努力创造恰当的环境，使参加项目的女孩进入工程与技术学院后能够充分地表现。性别中心的主任 Mukangara 博士谈到了一些阻碍女孩在大学获得成功的重要障碍，如"大学里持久存在的性骚扰、员工对性别问题的不敏感、校园里男性和女性的不平衡，尤其是教师中"[25]。除了向女孩提供录取前的训练并录取工程与技术学院，性别中心还提供一些手段使她们在学院能够表现好，如教材和辅导课。中心还努力制定综合方案和措施，通过在大学创造一个性别敏感的环境，直接和间接地为预科项目的女孩提供支持。图 3.1 展现了性别中心组织的各种活动和项目及其对特别预科项目的影响。

特别预科项目是性别中心的肯定行动计划的一部分，以增进该校性别公平。肯定行动计划的另一组成部分是全校范围的女本科生奖学金计划，始于 2001 年，由卡耐基基金会资助。这个项目每年根据当年情况帮助 46 到 70 名女孩（见表 3.4）进入她们所选专业，主要是通过游说各系为来自社会经济背景较差的分数较低的女生保留入学名额，并为她们提供全额奖学金和每学期三本书。

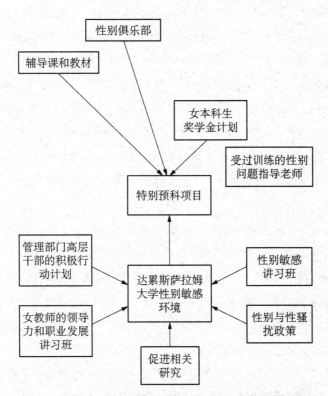

图 3.1　性别中心的活动和项目及其与特别预科项目的关系

表 3.4　获女本科生奖学金录取达累斯萨拉姆大学学生人数[28]

学年	获奖学金录取人数	学年	获奖学金录取人数
2001—2002	50	2004—2005	65
2002—2003	46	2005—2006	70
2003—2004	56	2006—2007	56

　　自从 2004 年特别预科项目开始以来,平均每年有 62% 的女本科生奖学金是发给预科项目学生的。[26]这是因为政府给高等教育的贷款分配是基于考试成绩的,而特别预科项目中的大部分女生都没有资格获得贷款。坦桑尼亚高等教育学生贷款委员会统计表明,2006—2007 学年度高等教育贷款的 71% 都给了男性,只有 29% 给了女性。[27]将女本科生奖学金的大部分用于帮助特别预科项目的女孩是基于一个考虑,即那些通过预科项目入学的学生通常社会经济条件较差,保证她们的学费和伙食费极其

59

60

重要，这样才能确保她们进入工程与技术学院后能够充分发挥她们的潜能。

达累斯萨拉姆大学的积极行动计划还有一个措施，目的是要增加高级管理岗位上的女性人数，这一措施最终有可能影响特别预科项目女孩。这项措施始于 2006 年，规定当一个学部的主任或一个学院的院长必须换人时，如果前三位人选中有一位女性，则她将担任此职。性别中心主任在一次采访中指出，目前的商学院、理学院和教育学院的院长就是以这种方式聘任的。这一举措可能有助于鼓励年轻女性留在学术界，这位主任认为："在这所大学积存起来的性别问题首先是由于学术人员晋升无望。"[29]性别中心还于去年举办了一次领导人员和女教师职业发展的讲习班，有 25 名教职员工参加了讲习班。

性别中心已经开始实施其他一些举措，旨在为女本科生奖学金获得者和特别预科项目的女生提供支持，并在校园内所有学生中建立性别意识。这些措施包括培训性别问题专业指导老师，并创建一个性别俱乐部，现有 2 600 名男女成员，成员之间相互支持，设计促进性别公平的活动，例如学生们创作了两部戏剧，描写女学生在校园里所面临的真实挑战。俱乐部的另一个主要活动是访问农村中学，向女学生宣讲达累斯萨拉姆大学的女本科生奖学金计划和特别预科项目。

总的来说，性别中心的主要任务是要把性别问题纳入达累斯萨拉姆大学管理的主流之中，包括其政策、课程和程序以及组织文化。最终，将性别问题纳入主流将为女性与男性同等参与大学事务提供有利环境。为了实现性别问题主流化，性别中心从性别视角参与审核达累斯萨拉姆大学当前的主要政策和课程。2005 年，他们协助制定大学的反性骚扰政策，2006 年协助制定性别政策。性别中心还参与了促进大学性别问题研究的工作，即通过帮助女性获得经费来增加研究项目中的女性人数，并确保所进行的研究可以使男性和女性同等获益。最后，性别中心致力于加强学校理事会成员、高层领导、院长和系主任等对性别问题的意识。用性别中心代理主任的话来说："当你实施积极行动计划时，你必须同时使那些反对者，特别是男性，产生意识，领会这个问题，从而赋予他们权利。"[30]

成功的证据

在本文的分析中，衡量特别预科项目的成功是从定性和定量数据看它如何在工程与技术学院提高性别公平和减少性别歧视。定性的结果是基于半结构化面试,考察不同的参与者对以下情形的看法:预科项目的女孩与直接录取的学生在学院表现的比较,项目中歧视女性状况改善情况,项目对受益者有何影响。定量结果来自2007—2008年度学院学生的考勤和表现的原始数据,其分析是从招生和表现两方面进行的。

定性结果

表现

所有接受采访的受益者都是目前正在进行8周预科训练的学生或者是正在工程与技术学院攻读学位的学生。她们声称她们中学时理科成绩很好,但六年级结束时考试成绩不佳。因此,在申请预科项目之前大多数已经申请过大学但未被录取。一些女生解释说,她们在四年级的国家考试中表现很差,因为她们的老师没有完成高级课程教学大纲。所有接受采访的特别预科项目受益者还表示,8周的预科培训有助于她们进入工程与技术学院后更好地表现,因为项目给予她们必要的学术背景知识,而且培训起到进入新环境前的调整期的作用。

所有接受采访的并已是该学院三四年级学位生的受益者以及大多数接受采访的教师都认为他们无法从学习表现上区分预科学生和直接录取的学生。正如一个学生所说:"大多数人对我们有成见。但他们后来发现我们表现很好,比男孩们好,所以他们说,噢,原来这样可以的。"[31]事实上,大多数受访教师声称他们的一些最优秀的学生是通过特别预科项目录取的。工程与技术学院代理院长指出,来自该项目的一些女生表现非常好,她们目前还担任了学院的助教或实验室助理。据一位当过中学老师、现在预科项目和学位课程任教的化学工程教授说,大部分预科项目的女孩进入学院的学位课程后非常用功,因为她们非常珍惜进大学的这次机会。在一次采访中他评论道:"我们看到一群抱负不凡的女孩。"[32]

然而,学院管理人员、教职员工和性别中心工作人员承认,总的来说他们不能肯定预科项目的女孩作为一个整体是否与直接录取的学生表现一样好,因为没有对她们的表现进行过分析。性别中心承认,经常有大学管理人员提出疑问:通过特别预科项目进入学院的女孩能否跟上通过正常择优程序录取的男同学和女同学。

大部分接受采访的现在就读工程与技术学院的受益者来自化学和工艺学专业,该专业女生数量很多,其中许多人是通过预科项目录取的。这些女孩认为她们在项目中表现不错,部分原因是因为女生间的相互支持;一位三年级的女生说:"我们有读书小组，互相帮助很大……我们每个人都有自己的解题方案，然后我们把大家的方案结合起来，互相帮助。所以，就像是给了自己希望。"[33] 她们补充说，一些和她们一起通过预科项目进入学院但读的是男生占绝大多数的专业的女孩往往表现不那么好，这可能表明，需要有一定数量的女生在一起才能够创造出有利于实现在学习表现方面的性别公平的环境。

歧视

特别预科项目最引人注目的结果之一是受访者所说的学院里文化观念的改变。可以理解，第一批预科项目女孩面临了最大的挑战。由于学术环境极端重视成绩，她们承认一年级时她们的一些男同学和老师对她们的存在产生了消极的反应。总的来说，大家感觉这些女孩是走"后门"进的大学，她们会降低工程教育的水准。男同学甚至用斯瓦希里语骂她们"低劣"。但是，据受访者说，到第二年时项目受益者的表现和男同学一样好，大部分的负面反应也就消失了。

学院的教师和行政人员也描述了类似的变化，访谈表明，工程与技术学院所有人都已接受这个项目，并给予好评。事实上几乎听不到什么批评。特别预科项目能够成功地融入这个历来以男性为主的学院，关键因素之一是学院管理层一开始就重视这个项目。性别中心主任 Mukangara 博士表示，学院院长非常乐于接受这个项目，事实上，近几年学院完全承担起了项目的运行。代理院长 Katima 博士解释了他们为什么实施该项目："我们相信工程应该解决社会问题，而坦桑尼亚有近一半人是女性，你不能假装男人总能理解女性的问题，所以我们觉得有必要增加我们学院各专业女学生的比例。"[34]

对管理人员、教师和男学生的采访给人留下一个印象：工程与技术学院对女孩在中学学习期间以及考大学时所面临的障碍非常敏感，同时对于特别预科项目对增进性别公平、减少歧视的重要性也很敏感。一位受访者认为，学院通过特别预科项目增加了女生入学人数以及学院里对妇女歧视的减少也许使得不经过该项目而是靠考试成绩录取的女生人数也有所上升，从而进一步促进招生中的性别公平。

对受益者的影响

特别预科项目的另一个更微妙的影响是，"它赋予女孩权利，给予她们机会"[35]，学院一个来自预科项目的三年级学生这样说。一些正在接受预科培训的女孩受访时认为，如果没有这个项目，她们也许无法进入大学。虽然工程专业不是所有通过预科项目入学的受访女生的首选志愿，但她们都表示对自己攻读的学位感到自豪。许多人都觉得自己的自信心提高了，许多四年级受访的项目受益者都表示想进一步攻读硕士学位。

定量结果
入学人数

如上文所述,特别预科项目自 2004 年运作以来显著增加了工程与技术学院女生人数。从表 3.5 中可以看出,项目实施后的 4 年里学院的女性人数从 7.7% 上升到 24.5%,对于一个传统上以女生人数很少著称的学院来说,这是性别公平方面不可否认的改进。

表 3.5　工程与技术学院录取的学生[36]

学年	学生人数		
	女生	男生	女生百分比
2002—2003	86	1 099	7.3
2003—2004	95	1 142	7.7
2004—2005	198	1 172	15.5
2005—2006	276	1 165	19.1
2006—2007	383	1 316	22.5
2007—2008	386	1 187	24.5

64

表 3.6 数据来自 2007—2008 学年在校学生名单,显示四个年级学位生中女生的百分比、(来自高级课程和技术学院的)预科项目女生的百分比。由于项目总共才实施了 4 年,查看过去一个学年学位生每个年级的数据可以得到一个很好的概观,了解项目至今整体的完成情况。

表 3.6　工程与技术学院 2007—2008 学年学位课程四个年级在校预科项目女生(来自高级课程和技术学院)的百分比、直接录取的女生的百分比

年级	预科项目的女生%	直接录取的女生%	女生%
一年级	19	8	27
二年级	13	12	25
三年级	11	10	21
四年级	11	15	26

该表的结果与表 3.5 一致(尽管表 3.6 给出了一个学年学院四个年级女生的百分比)，女生的比例从 2004 年项目开始以来稳步增加(注意：四年级对应 2004—2005 学年入学的年级)。表 3.6 也显示，女生比例的增加大多数是由于从预科项目录取的人数增加了。事实上，凭成绩直接录取的女生百分比有所下降。然而，这种下降是因为学院学生人数的增加，而不是因为直接录取的女生绝对人数的减少。

的确，从表 3.5 可以看出，2003—2004 学年有 1 142 名男生和 95 名女生被学院录取(全部为直接录取，因为当时还没有特别预科项目)，而 2007—2008 学年有 1 187 名男生和 386 名女生直接录取。此处令人想起一些受访者的说法：特别预科项目可能使未参加该项目、凭考试成绩直接录取的女生人数上升，从而进一步促进招生上的性别公平。通过在报纸登广告为学院宣传该项目以及通过性别俱乐部进行外展服务项目，特别预科项目增强了人们对工程学位的意识，也许正是这样，该项目才取得了上述成绩。预科项目还推荐所有申请该项目但成绩已经达标的女孩直接被录取，这样也增加了直接申请该学院的女生人数。特别预科项目不只是增加了工程专业女生的人数，最重要的是，它也许还通过改变潜在申请者所持有的工程是男性学科的看法，而增加了直接录取该专业的女生人数。

但是，过去四年女性入学率的增加在工程与技术学院各学位课程之间并不平衡。有些学位课程，如化学与工艺工程、工业工程与管理，几乎实现了性别公平，2007 学年招收 44% 的女生，2008 年招收 45%(来自预科项目的分别为 28% 和 36%)。学位课程食品与生化工程 2007—2008 学年招收 59% 的女生(50% 来自预科项目)。另一方面，土木与结构工程、采矿工程、机械工程和电气工程学院的女生入学率最低，分别为11%、11%、13% 和 13%。采矿工程一年级学生中只有 5% 是女生。

表现

正如在定性部分的讨论一样，对于通过特别预科项目进入学院的女孩能否跟上通过正常择优程序录取的男同学和女同学，大学的管理层是有疑问的。图 3.2 通过比较预科项目女生和直接录取的男生和女生之间的表现(按平均绩点)解答了这个问题。预科项目女生进一步分为来自高级课程和来自技术学院相关领域等两类，她们和直接录取的男生和女生来自同一学位课程、同一年级，是 2007—2008 学年工程专业所有四个年级的在校生。

图 3.2 显示，在学院的第一年，特别预科项目女生(F A-Level 和 F FTC)的平均绩点低于直接录取的女生(F DE)和男生(M)，预科项目中来自技术学院的女生(F FTC)

最低,学院一些受访的教师也这样说过。令人感兴趣的是,学习表现的差异逐年缩小。这一图表显示了 2007—2008 学年 4 个年级所有 1 683 名工程学位在读学生的成绩分布,笔者认为该图表可以用来表示那些通过预科项目录取的女孩在学院的发展变化情况。

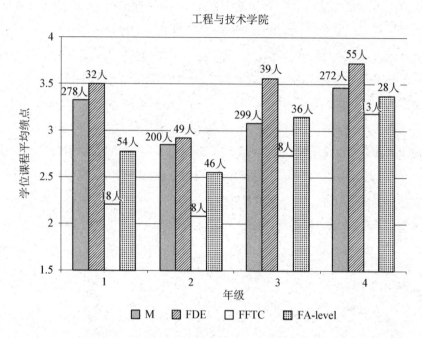

图 3.2　工程与技术学院 2007—2008 学年学位课程平均绩点(GPA)逐年应变量

(M,男学生;F DE,直接录取的女学生;F FTC,来自技术学院经过预科项目录取的女生;F A-Level,来自高级课程经过预科项目录取的女生)

预科项目女生和其他学生 4 年平均绩点差异逐年缩小,到第四年差异已经很不显著(所有平均值标准偏差相似,平均为 0.6),表明预科项目女生可以与凭考试成绩直接录取的学生有相同的表现。因此,这些女孩在申请时表现不佳,是因为她们在之前的教育中面临不利的环境。如果给她们提供了合适的环境,她们可以和同龄人做得一样好。

重要的是,这说明该项目不仅增进了学院在招生上的性别公平,而且也提高了学生的学术表现。通过特别预科项目这个"后门"录取的女生并没有降低学院的水准。

当然,每一个学位课程的情况并不一定反映出整个学院的趋势。有意思的是,在

66

那些预科项目女生比例一向较高的课程里——如食品与生化工程、化学与工艺工程、土木工程与水利资源工程、工业工程管理等，预科项目的学生在整个学位课程学习过程中的表现与男生不相上下，并在最后一年超过了他们。这可能是由于大量预科项目女孩集中在一个课程里学习非常有必要，因为这样可以增加她们在该课程内的被接受度，同时也可以加强她们之间学习上的相互合作。这一倾向也可能是由于在其他课程学习的预科项目女生太少，而难以清晰展现这些课程的趋势。

图3.3比较了来自高级课程的预科项目女生中受女本科生奖学金计划资助的和不受资助的学生之间的平均绩点。该图表似乎表明受到或不受到女本科生奖学金计划的资助可能对那些女生没有很大影响。这可能是因为，根据女本科生奖学金资格要求，只有那些来自贫困的社会经济背景的学生才能获得该奖学金。因此，可以推测，非奖学金获得者来自社会经济背景较好的家庭，学习中没有受到经济问题的困扰。当然，那些辍学的女孩没有出现在这个数据中，这是因为没有她们的成绩，所以那些有经济困难的学生可能学习上也很困难。[37]另一个重要的考虑因素是，一年级预科项目学生中没有女本科生奖学金获得者，因为该计划因资金不足而停止运作。这可能是预科项目女生与其

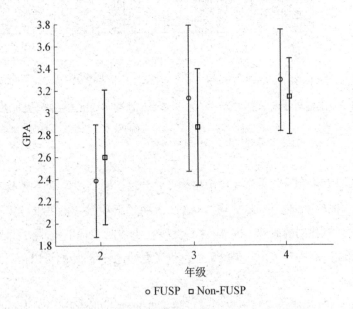

图3.3　工程与技术学院 2007—2008 学年学位课程平均绩点 (GPA)逐年应变量,带标准偏差误差条形图

(FUSP,通过预科项目录取并受女本科生奖学金计划资助的女生; Non-FUSP,通过预科项目录取未受女本科生奖学金计划资助的女生。)

他女性相比一年级时表现不佳(如图 3.2 所示)的原因之一。当然,另一个原因也可能是该项目需要一定的时间才会对受益者的成绩产生影响,正如我们前面所见。

剩余的问题

特别预科项目并没有平均提高工程学院所有学位课程的女生入学率。在上一节中我们看到,从特别预科项目实施开始,某些学位课程,比如化学与工艺工程、工业工程与管理,几乎已经实现了性别公平,而其他如土木与结构工程、采矿工程、机械工程、电气工程,女性入学率却特别低,每年只招收很少的预科项目女生。我们还看到,在入学率接近公平的课程中,女生往往表现得和男生一样好;而在那些女生人数少的学位课程中,她们的表现就不够好。这可能说明,一个课程需要有一定数量的女生才能营造一个有利于形成在学习表现方面实现性别公平的环境。工程与技术学院还需要从少数学位课程向整个学院拓展那样的有利环境。

此外,工程与技术学院部分在读的预科项目女生认为该项目的一个主要缺点是,这样的项目在达累斯萨拉姆大学目前只有这一个,因此有些女生申请了工程与技术学院的预科项目是因为她们没有其他选择。工程也许不是她们的第一选择。也许正因为如此或因为其他原因,不是所有录取该学院学位课程的女生都能学得很好,而且有些人中途辍学了。

事实上,预科项目面临的另一个挑战是,那些通过该项目进入工程专业的女生的辍学率比直接录取的男生和女生的更高(分别为 8%、3%、4%)。学院的一些教授认为,对一些参加项目的女孩来说 8 周训练不足以使她们掌握学好工程专业所需要的基本科学知识,所以这些女孩到了二年级就辍学了。同样地,所有受访的来自预科项目且在攻读学位的三四年级女生都声称,为了完成学业她们非常用功,并且她们知道有些预科项目的女生由于学习跟不上而辍学了。

最后,特别预科项目面临的一个重要挑战是,女本科生奖学金计划随着 2007 年卡耐基基金会的资助结束而终止了。本研究结束时工程与技术学院和性别中心尚未找到新的赞助人。虽然上一节中的数据并不能证明预科项目中享受奖学金的女生表现明显优于不享受奖学金的女生,但它仍然被认为是项目成功的一个重要元素,因为如果没有奖学金,许多社会经济背景较差的女孩就无法参与该项目。

69

结论

这一案例研究的主要发现是，年轻女性中学毕业考试成绩不好并不能反映她们在高等教育中表现的好坏。在她们最后一年的工程专业学习中，来自预科项目的女生（其高级课程的成绩比正常择优录取的同学差得多），在成绩上与班上其他同学不相上下。因此，政策应确保女生中学阶段接受优质教育，并提供给她们性别敏感的环境，以使她们能够充分发挥潜力。

提供优质的中等教育

千年发展目标的第三个目标是"促进两性平等和赋予妇女权利"，该目标建议制定相关政策减少女孩的家庭责任，减少早婚早孕，增加女性教师数量并作为女孩的榜样，提供性别敏感的课程，为教师和学校管理人员开设性别敏感课程，确保女孩上学的交通安全，学校为男孩和女孩提供单独的卫生设施。[38]

联合国教科文组织的"全民教育"全球监测报告建议，促进优质教育的政策应该注重"建立恰当的课程目标、开发相关的教学内容、合理使用时间、确保教学方式有效、仔细考虑教学语言、开发完善的评价政策……以及能够输入间接支持优质教学的资源：学习材料的供应、分配和使用，以及有适当设施的安全、开放的物质环境。"[39]

女生的高级课程国家考试表现不佳可能是因为未能获得优质中等教育，这些建议就是明确针对这些问题的。还应该加上一条建议：应该增强学校和社区的公众意识，以鼓励年轻妇女学习科学，并学好科学。

为高校学生的表现创造有利的环境

70 旨在提高高校女性入学率的政策，特别是理科专业，应包括相应规定以确保这些妇女入学后拥有发挥她们的全部潜力的有利环境，比如本案例的项目中提供的那些条件。特别预科项目的一些主要措施包括：预科培训使申请的女生能够补习中学里漏学的内容，而且每学期末有补习课程；那些来自社会经济条件较差的家庭的学生可以享受奖学金；通过将性别问题融入大学管理的主流意识，努力提供性别敏感的环境。

本案例的发现还表明，创造高校学习表现的有利环境包括录取一定数量的女生。

我们发现女生最多的工程课程也是女生表现最佳的课程。而且,该项目应该向其他院系推广,避免女生因没有其他选择而申请工程与技术学院的特别预科项目。

致谢

我要感谢麦吉尔大学健康与社会政策研究院的 Jody Heymann 博士、Katharine Markham Piper 和 Magdalena Barrera 为本案例的研究提供了机会。我非常感谢你们无私的奉献和工作上的灵活性。我还要感谢达累斯萨拉姆大学性别中心的 Fanella Mukangara 博士和 Ave-Maria Semakafu,你们付出了大量的时间,我非常钦佩你们的奉献精神。我还要感谢工程与技术学院的 Katima 博士和 Nalitolela 博士所付出的时间和给予我的宝贵帮助。最后,我要感谢我的母亲 Hélène、我的父亲 Frank、我的伴侣 Martin,他们始终不懈地全力支持我的工作。

注释

1. UN. (2008). *The millennium development goals report*. New York: UN. Retrieved July 2008, http://www. un. org/millenniumgoals/pdf/The％20Millennium％20Development％20Goals％20Report％202008. pdf.
2. UN. (2008). *Millennium development goals*.
3. UNESCO. (2005). *Education for all global monitoring report 2005*. Paris: UNESCO. Retrieved July 2008, http://unesdoc. unesco. org/images/0013/001373/137333e. pdf.
4. Jacobs, J. A. (1996). Gender inequality and higher education. *Annual Review of Sociology, 22*, 153 – 185.
5. Jacobs. (1996). Gender inequality.
6. Cleland, J., & van Ginneken, J. (1998). Maternal education and child survival in developing countries: The search for pathways of influence. *Social Science and Medicine, 27*, 1357 – 1368.
7. Schultz, T. P. (1993). Returns to women's education. In E. M. King, & M. A. Hill (Eds.), *Women's education in developing countries: Barriers, benefits and policies* (p. 352). Baltimore: Johns Hopkins University Press.
8. Tidball, M. E. (1986). Baccalaureate origins of recent natural science doctorates. *Journal of Higher Education, 57*(6), 606 – 620.
9. Jacobs. (1996). Gender inequality.
10. Council of Ministers of Education, Canada & Statistics Canada. (2007). *Education indicators in Canada: Report of the Pan-Canadian education indicators program 2007*. Ottawa: Canadian Education Statistics Council.
11. Jacobs. (1996). Gender inequality.

71

12. Ethington, C. A., & Wolfle, L. M. (1998). Women's selection of quantitative undergraduate fields of study: Direct and indirect influences. *American Educational Research Journal, 25*, 157 – 175.

13. Ware, N. C., & Lee, V. E. (1988). Sex differences in choice of college science majors. *American Educational Research Journal, 25*(4), 593 – 614.

14. The Ministry of Education and Vocational Training. (2007). *Basic education statistics in Tanzania (2006 – 2007)* (p. 93). Dar es Salaam, TZ: Ministry of Education and Vocational Training.

15. Ministry of Education. (2007). *Basic education*.

16. UNESCO Institute for Statistics. (n. d.). *Education in United Republic of Tanzania*. Paris: UNESCO. Retrieved July 2008, http://stats. uis. unesco. org/unesco/TableViewer/document. aspx? ReportId = 121&IF_Language = eng&BR_Country = 7620&BR_Region = 40540.

17. The structure of the Tanzanian education system is based on the British model. Primary education is a compulsory 7-year cycle that runs from Standard I to Standard VII and begins at age 7. At the end of Standard VII there is a national exam, the results of which are used for selection of students into secondary education. Secondary education consists of two consecutive cycles, the Ordinary level (O-level) consisting of Form I to IV and the Advanced level (A-level) consisting of Form V and VI. At the end of Form IV and Form VI there are national examinations, the results of which are used to select students to advance to the next educational level. Some of the A-level institutions are segregated by sex, others are not. Out of 24,813 students taking the form VI exam in 2007, 7,127 were from boys-only schools, 4,382 were from girls-only schools and 13,304 were from co-ed schools. Among these, the male students had a failure rate of 4. 14% failure from boys-only schools and 3. 87% from co-ed schools. On the other hand, the female students had a failure rate of 1. 29% in girl-only schools and 2. 47% in co-ed schools. The data for Form IV national examinations follow the same trend. From The Ministry of Education and Vocational Training. (2007). *Basic education statistics in Tanzania (2003 – 2007)* (p. 63). Dar-es-Salaam, TZ: Ministry of Education.

18. In Tanzania, the scores obtained by students in national examinations are divided into five categories, divisions I, II, III, IV and failed, in decreasing order of performance. As a general rule, students must aim to be in division I or II in order to be competitive when applying to a tertiary education program.

19. The Ministry of Education and Vocational Training. (2007). *Basic education statistics in Tanzania (2002 – 2006)*.

20. Ibid.

21. The score is calculated by adding the grades the student got in each principal subject, usually three, taken during A-levels. An A in a subject contributes 5 points to the total score, a B contributes 4 points, a C contributes 3 points, a D contributes 2 points, an E contributes 1 point, an F contributes no points, and supplementary subjects, which are pass or fail, contribute 0. 5 point. For example, a girl who took a PCB (Physics, Chemistry, and

Biology) combination in A-level with a general studies course as a supplemental who got a D in each of her subjects would end up with a grade of 6. 5.

22. The 15 degree programs of the CoET are Computer Engineering and Information Technology (CI), Telecommunication Engineering, Electrical Engineering (TE), Electrical Power Engineering (EP), Civil and Structural Engineering (ST), Civil and Transportation Engineering (CT), Civil and Water Resource Engineering (CW), Mechanical Engineering (ME), Electromechanical Engineering (EM), Industrial Engineering and Management (IM), Production Engineering (PD), Food and Biochemical Engineering (FB), Mining Engineering (MN), Mineral Processing (MP), Electrical Engineering (EE), and Chemical and Process Engineering (CP).

72

23. Actually, the Gender Center submits the results of all of the girls at the end of the training and the top three program choices of the girls. This is technically a recommendation for admis-sion, and the CoET is free to choose whom it admits, but it usually admits all girls who pass. The likelihood that a girl will get her first choice of degree program depends on her grades since admission is merit-based. The number of places in each degree program allocated to pre-entry girls varies widely since it depends on the number of vacant places it has in each degree program following the normal admission process.

24. University of Dar-es-Salaam Gender Center. (n. d.). *Details of special pre-entry programme for female students in faculty of Science and College of Engineering and Technology (CoET), from 1997/1998 – 2005/2006 academic years* (p. 6). Dar-es-Salaam, TZ: University of Dar-es-Salaam Gender Center.

25. Fanella Mukangara (Director of Gender Center of the University of Dar-es-Salaam, TZ). Interview, August 1, 2008.

26. For 2007/2008, no FUSP scholarships were distributed and there were none in the year in which this report was written either, because of lack of funding.

27. Higher Education Student Loans Board. (2008). *Table of number of students given loans and amount loaned from 2005/06 to 2006/2007* (p. 1). Dar-es-Salaam, TZ: Higher Education Student Loans Board.

28. University of Dar-es-Salaam Gender Center. (n. d.). *Details of special pre-entry programme for female students*, p. 6.

29. Mukangara, Interview, August 1, 2008.

30. Dr. Katima (acting Director of the CoET). Interview, July 17, 2008.

31. Female pre-entry student in her fourth year. Interview, July 31, 2008.

32. Dr. Akwilapo (Professor of chemical engineering, CoET). Interview, July 23, 2008.

33. Female pre-entry student in her fourth year. Interview, July 28, 2008.

34. Katima, Interview July 17, 2008.

35. Female pre-entry student in her third year. Interview, August 5, 2008.

36. University of Dar-es-Salaam Gender Center. (n. d.). *Details of special pre-entry programme for female students*, p. 6.

37. It is important to note that pre-entry girls have a higher dropout percentage over all four

levels of the 2007/2008 academic year than the male and female students who have entered directly into the College. In this analysis, a dropout student is a student who in the final grading sheet for the academic year 2007/2008 had the mention of discontinued studies or postponed studies, either due to insufficient grades, sickness, or other. However, as indicated in the description of the research methodology, there are no grades or remarks due to unpaid fees for 16. 5％of the males and 8％of the females.

38. UN. *Millennium development goals：Goal 3 fact sheet：Promote gender equity and empower women*. New York：United Nations. Retrieved July 2008, http://www. un. org/ millenniumgoals/2008highlevel/pdf/newsroom/Goal％203％20FINAL. pdf.

39. UNESCO. (2005). *Education for all global monitoring report*.

73

附录 1：研究方法

案例研究方法

本案例是从麦吉尔大学健康与社会政策研究院的研究基金项目中选定的，该基金项目的个案必须是研究有关增进公平或减少歧视的政策或项目。坦桑尼亚联合共和国被选为性别公平政策成功案例研究的地点，因为该国在过去 10 年中入学人数急剧增加（见表 3. 1），同时保持了教室中的性别公平。本案例首先分析了该国的基础状况，然后着重研究一个在高校获得优质理科教育中成功提高了性别公平、减少了歧视的具体项目。

资料收集

定性资料

在坦桑尼亚达累斯萨拉姆市以长达 8 周的半结构化采访方式收集关于坦桑尼亚教育体系、达累斯萨拉姆大学特别预科项目的定性资料。半结构化采访使用开放式问题，与受访者灵活探索不同的问题。面谈时间从 5 分钟到 1 小时 30 分钟不等，平均采访时间约 40 分钟。

共采访了 58 人,其中 19 名男性和 39 名女性,他们与该项目有不同的关系。关于坦桑尼亚的教育和性别问题的背景,采访了以下人员:在国内和国际非政府组织从事教育和/或性别公平领域工作的具有代表性的个人,在国内和国际政府组织的性别和/或教育部门工作的个人,以及达累斯萨拉姆大学教育领域和性别领域的学者。关于特别预科项目的信息,采访了教师、项目的女性受益者、男学生、项目协调员、行政人员、教育领域和性别领域的学者中具有代表性的个人。没有采访从预科项目培训或从工程与技术学院辍学的项目受益人,因为无法联系到她们。

所有的参与者都在 18 岁以上,被单独采访,并被告知他们的采访内容将被用来撰写一个案例研究。所有的采访都是用英语进行的,不需要翻译。大多数采访都记录在数字录音机上,录音都是事先征得参与者同意的。所有的采访录音都被转写成文字,所有采访中都有调查员做笔记。

74

定量资料

定量资料与半结构化采访中收集到的信息互为补充。定量资料以统计数据形式展示坦桑尼亚教育中的性别公平和达累斯萨拉姆大学的招生情况。此外,原始数据的收集包括以下形式:2004—2005 学年、2005—2006 学年、2006—2007 学年、2007—2008 学年女生名单;女本科生奖学金获得者名单;2004—2005 学年、2005—2006 学年、2006—2007 学年、2007—2008 学年预科项目女生申请大学的成绩和直接录取的男生和女生申请大学的平均成绩;2007—2008 学年工程与技术学院所有 1 683 名学生的成绩。保证个人成绩保密。

资料分析

定性资料分析

半结构化采访笔记中包含的信息按主题分析提取出来,这些信息在被纳入个案研究报告前将用采访录音的文字稿对其进行核实,采访录音的文字稿还用于摘录相关引文。

定量资料分析

对 2007—2008 学年工程与技术学院所有 1 683 名学生成绩的原始数据使用矩阵

实验室编程软件生成图表。这些数据被用来对不同学位课程层面和学院层面的男性、直接录取的女性以及预科项目录取的女性在招生、入学成绩、学习表现和辍学率等方面进行比较。

值得注意的是，有 16.5％的男学生和 8％的女学生因未交学费而没有成绩。这影响到学习表现结果的有效性，因为这些学生可能是因为他们知道自己不合格，或因为辍学了，或因为遇到了经济困难才不交学费的。还需要注意的是，辍学的学生还是有成绩的，但会加上评语"停学"或"休学"。

75

附录 2：受访者名单

坦桑尼亚教育部(政策和计划局)

- 政策和计划局代理局长
- 一位性别问题代表

达累斯萨拉姆大学

达累斯萨拉姆大学性别中心
- 性别中心主任
- 性别中心代理主任
- 两位性别中心协调员

达累斯萨拉姆大学工程与技术学院
- 工程与技术学院代理院长
- 一位高级行政官员
- 一位本科工作协调员
- 一位预科项目协调员
- 机械工程系系主任

- 一位化学工程高级讲师
- 一位数学教授
- 一位未参与预科培训的教授

达累斯萨拉姆大学其他教学与行政人员

- 一位前副校长
- 政策与计划主任
- 发展研究主任
- 一位原理科预科项目协调员

达累斯萨拉姆大学学生

- 三名享受过性别中心奖学金的毕业生(非预科项目学生)
- 十一名目前正在接受预科项目培训的学生
- 五名通过预科项目录取的工程与技术学院在读生(有些享受性别中心奖学金,有些没有)
- 两名工程与技术学院男生
- 一名性别俱乐部领导和一名性别俱乐部成员(均未享受女本科生奖学金或预科培训,均为男性)
- 两名经过预科培训的工程与技术学院毕业的校友(2008年预科项目第一批毕业生)
- 两名理科预科项目校友

76

苏可因大学预科项目

- 预科项目协调员

非政府组织

志愿服务组织—坦桑尼亚
- 一名教师志愿者

- 一名教育项目高级经理

哈基艾利姆

- 两名研究员

坦桑尼亚教育网络

- 一名协调员

阿迦汗基金会

- 一名教育协调员

教育部附设 SESS 项目

- 一名协调员

加拿大国际开发署和加拿大合作办公室

- 一名教育顾问

- 一名性别平等顾问

77 - 一名高级发展官员

4

实现中学和高校对残疾学生
和学习困难学生的教育公平

Peter Evans 和 Serge Ebersold

本章利用经济合作与发展组织成员国开发的国际数据库，以残疾儿童以及学习和行为困难儿童为重点讨论中等和高等教育的公平问题。[1]除了本研究，这一领域没有其他覆盖相关教育层次的国际可比数据集。[2]

大多数关于教育公平的讨论都不涉及与残疾学生和学习困难学生有关的问题，那些讨论的主要目标是找出导致教育条款修改的因素，以帮助经济困难群体的学生达到与经济上有优势的群体相同的水平。在此过程中，讨论主要集中在负担能力和质量问题上。[3]

把各种残疾和学习困难的学生纳入讨论范围增加了额外的问题。第一个问题是实现平等的修读课程，这需要对课程进行调整，因为许多残疾情况会影响课程的修读方式。例如，有视觉障碍的学生许多课程的学习方式将不同于视力相对正常的学生。目前，许多残疾学生没有机会与同学一起学习，因此，他们的正式和隐性课程与别人的是不同的。因而，残疾学生多大程度上能够充分利用各级主流教育设施是非常重要的，也是衡量公平的一个关键指标。

78　　　第二，有些学生，比如有严重智力障碍的学生，也许不可能在学业上达到没有这种障碍的同学的水平。因此，对这一群体的教育公平不应该理解为如何改变制度以实现成果的平等，而是如何建立一种能够最大限度地发挥所有学生潜能的制度，不论残疾的性质如何。

在增加机会和改善成果方面，必须认识到实现公平的主要政策手段之一是通过级差资源分配。因此，所有经合组织国家的政府对残疾学生和学习困难学生人均花费比其他学生更多。这种做法与罗尔斯的社会正义论[4]是一致的，该理论强调通过"差异原则"构建最有利于弱势群体的机构的重要性，这一逻辑已运用到残疾学生身上。[5,6]这样，国家为所有需要额外支持的学生提供额外的资源，帮助他们进入课程，从而促进"矫正正义"[7]。这是实现教育公平的一项关键原则，目的是增加机会和改善成果。

为残疾学生实现公平的进一步的必要因素包括考虑性别的影响，改善各级教育间的过渡过程，协调教育和其他服务，包括保健和家庭服务。

正如这个简介所述，如果将残疾学生和学习困难学生纳入分析范围的话，很显然就必须重新对教育公平进行考虑。因此，本章将从国际政策角度阐述实现对所有学生教育公平的五个重要方面，它们是：资源分配、性别、机会、成果和过程。但是首先必须描述本章在特殊教育需要领域进行国际比较所用的方法。

残疾和困难的操作性定义

在比较语境中，将残疾和学习困难与教育联系起来的任何讨论都必须与"残疾"和"学习困难"两种术语的当前用法有关，因为这两个术语还没有国际统一的定义。此外，在教育背景下，它们与常用的"特殊教育需要"概念相混淆。为了进行国际比较，经合组织国家努力克服这些困难，同意以简单的框架重新解释各国使用的与特殊教育需要学生相关的各类术语的定义。[8]与被认定有残疾的学生相比，被认定有困难的学生的特征在各国之间的差异要大得多，因此本章将两组分开讨论，并且采用经合组织对"残疾"和"困难"这两大类的区分方法。前者包括在所有环境下通常都可见困难的学生，如有物理和严重认知障碍者；后者包括往往有无形困难的学生，包括那些有学习障碍以及有行为或情绪障碍的学生。[9]

讨论中等教育和高等教育会带来额外挑战。例如，高等教育的学生与通常是义务的中等教育的学生不属于相同的法律框架，比如高等教育的学生是按照卫生部使用的定义，而不是教育部。

79

资源分配

初中和高中教育

从公共政策的角度来看，资源如何分配是实现公平供应的关键问题。在教育方面，有特殊教育需要的学生应获得补充资源，提高师生比和增加物质资源，例如，帮助他们进入课程，并尽可能与其他同学平等地学习。在经合组织国家，一般都实施这一规则。然而，接受额外资源的学生所占比例因国家而异，如图 4.1、4.2、4.3 和4.4 所示，这些图表提供了 2003 年初中和高中残疾学生和学习困难学生的数据。[10]

80

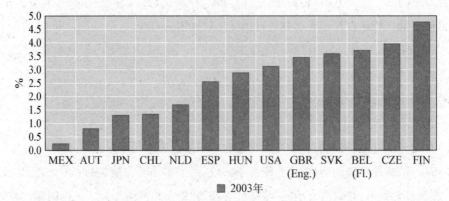

图 4.1　初中残疾学生所享资源。享受额外资源的初中残疾学生在所有初中生中所占
比例。AUT,奥地利;BEL(Fl.),比利时(佛兰芒语区);CHL,智利;CZE,捷克共
和国;ESP,西班牙;FIN,芬兰;GBR(Eng.),英国(英格兰);HUN,匈牙利;JPN,日
本;MEX,墨西哥;NLD,荷兰;SVK,斯洛伐克;USA,美国。OECD.（2008）.
Students with Disabilities, Learning Difficulties and Disadvantages：Policies,
Statistics and Indicators-2007 Edition（p. 101）. OECD Publishing, http://dx.
doi. org/10. 1787/9789264027619-en.

80

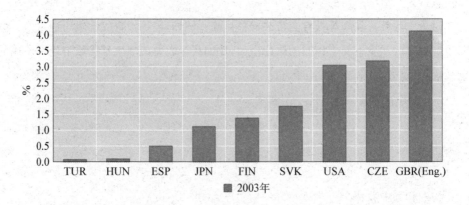

图 4.2　高中残疾学生所享资源。享受额外资源的高中残疾学生在所有高中生中所占
比例。CZE,捷克共和国;ESP,西班牙;FIN,芬兰;GBR(Eng.),英国(英格兰);
HUN,匈牙利;JPN,日本;SVK,斯洛伐克;TUR,土耳其;USA,美国。OECD.
（2008）.
Students with Disabilities, Learning Difficulties and Disadvantages：Policies,
Statistics and Indicators-2007 Edition（p. 102）. OECD Publishing, http://dx.
doi. org/10. 1787/9789264027619-en.

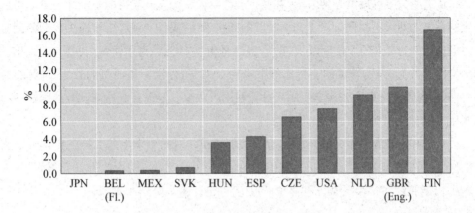

图 4.3 初中学习困难学生所享资源。享受额外资源的初中学习困难学生在所有初中生中所占比例。BEL(Fl.)，比利时(佛兰芒语区)；CZE，捷克共和国；ESP，西班牙；FIN，芬兰；GBR(Eng.)，英国(英格兰)；HUN，匈牙利；JPN，日本；MEX，墨西哥；NLD，荷兰；SVK，斯洛伐克；USA，美国。OECD.（2008）. Students with Disabilities, Learning Difficulties and Disadvantages：Policies, Statistics and Indicators-2007 Edition（p. 110）. OECD Publishing, http://dx. doi. org/10. 1787/9789264027619-en.

81

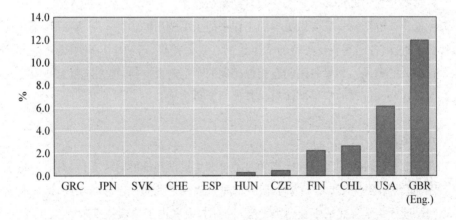

图 4.4 高中学习困难学生所享资源。享受额外资源的高中学习困难学生在所有高中生中所占比例。CHE，瑞士；CHL，智利；CZE，捷克共和国；ESP，西班牙；FIN，芬兰；GBR(Eng.)，英国(英格兰)；GRC，希腊；HUN，匈牙利；JPN，日本；SVK，斯洛伐克；USA，美国。OECD.（2008）. Students with Disabilities, Learning Difficulties and Disadvantages：Policies, Statistics and Indicators-2007 Edition（p. 111）. OECD Publishing, http://dx. doi. org/10. 1787/9789264027619-en.

从这些数字可以清楚地看出，在两个教育阶段享受额外支持的残疾和困难学生的比例各国之间大不相同。对于初中阶段的残疾学生（见图 4.1），能够提供数据的国家的平均比例为 2.87％，芬兰为 4.76％，墨西哥为 0.26％。高中阶段（见图 4.2），相应平均比例为 1.37％，芬兰的支持比例下降到 1.37％，但没有墨西哥的数据。因此，总的来说，各国支持高中残疾学生的人数比初中人数少。但也有例外，例如，英国这一比例从 3.45％上升到 4.12％。

对于有困难的学生（见图 4.3），存在相同情况。对初中学生的支持的比例大于高中学生（初中平均比例＝4.24％；高中平均比例＝0.37％）。初中比例差异很大，从日本的 0％到芬兰的 16.58％。在高中阶段，芬兰的比例下降到 2.21％，但与残疾学生一样，英国的比例从 9.96％上升到 11.95％。

这些国家之间存在差异的根本原因还不完全清楚，但还是能提供一些解释。各国享受资源的残疾和困难学生的比例存在差异可能是由于：

- 学校制度能在多大程度上处理学生之间的个体差异；
- 卫生和教育服务发展起来的评估文化；
- 各国对教育这些学生的重视程度，这可能会导致有的国家提供非常有限的支持和早期分流进入职业培训；
- 这些学生中的许多人在初中教育结束后辍学，减少了上高中的人数。

无论什么解释——需要做更多的工作来提供更全面的解释——很明显，按照这一教育公平指标，各国间获得支持的学生比例有很大差异，跨初中和高中支持的连续性也存在很大的差异。如果各国间有相似比例的学生需要支持，那么这就意味着有些制度在对待这两种特殊的学生群体时比其他制度更公平。

高等教育

高等教育阶段各国也为残疾和学习困难学生提供额外的财政支持，有时还提供优惠条件，如无需偿还贷款。[11,12] 然而，研究的重点放在了资助程序的局限性，即没有充分考虑到一些残疾学生完成学业所需的额外时间，或者由于残疾或疾病，他们可能不得不在学习过程中改变学习方向。[13] 例如在美国，这些学生获得的平均财政支持比健康人少（分别为每年 7 200 美元和 7 400 美元）。虽然这种差异并不大，但必须记住，有残疾的学生平均生活成本比没有残疾的高，而且，许多人的基本经济来源往往低于非残疾学生。在美国，残疾学生中有 46.7％的人每年的经济来源低于 20 000 美元，而非残疾学生中只有 39.8％。[14] 在德国，2006 年残疾学生得到的资源和非残疾的同龄人一样，尽管残疾或疾病可能需要额外的费用。在这些资金安排中，似乎没有什么证据表明已经通过提供额外资源而实现了矫正正义。

　　关于高等教育阶段残疾学生和困难学生的资料很少，现有数据显示，各国之间的差异很大，与初中和高中情况一致。根据经合组织开展的工作[15]，显然有些残疾学生确实得到了额外的资源，但这取决于学生是否愿意透露自己的残疾或困难的性质。基于上述情况，英国高等教育中接受支持的残疾学生和困难学生的比例为 6.5%（2007年）；德国为 18.9%（2006 年）；法国为 0.4%（2006 年）；美国为 11.3%（2003）。

性别

　　在经合组织国家，按目前的教育方式，义务教育阶段接受支持的残疾和困难学生中男孩比女孩多得多。[16]图 4.5 显示，接受支持的残疾人当中，大约有 60%是男孩——大多数国家都是这样。图 4.6 显示有学习困难的学生的数据，这里男孩的比例更大，有的国家达到 70%或以上。这些图表还显示，1999 年至 2003 年之间比例一直保持稳定。

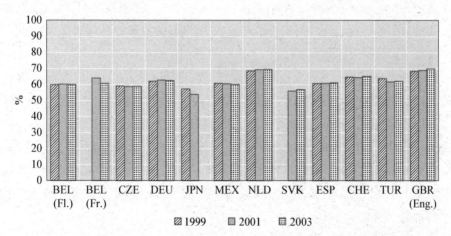

图 4.5　义务教育阶段接受支持的残疾学生的性别。义务教育阶段接受支持的男性残疾学生的比例（1999 年、2001 年、2003 年）。BEL（Fl.），比利时（佛兰芒语区）；BEL（Fr.），比利时（法语区）；CHE，瑞士；CZE，捷克共和国；DEU，德国；ESP，西班牙；GBR（Eng.），英国（英格兰）；JPN，日本；MEX，墨西哥；NLD，荷兰；SVK，斯洛伐克；TUR，土耳其。OECD.（2008）. Students with Disabilities, Learning Difficulties and Disadvantages: Policies, Statistics and Indicators-2007 Edition（p.175）. OECD Publishing, http://dx.doi.org/10.1787/9789264027619-en.

83

84

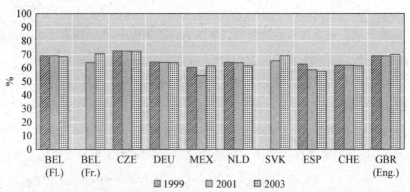

图 4.6　义务教育阶段接受支持的困难学生的性别。义务教育阶段接受支持的男性困难学生的比例(1999 年、2001 年、2003 年)。BEL(F1.)，比利时(佛兰芒语区)；BEL(Fr.)，比利时(法语区)；CHE，瑞士；CZE，捷克共和国；DEU，德国；ESP，西班牙；GBR(Eng.)，英国(英格兰)；JPN，日本；MEX，墨西哥；NLD，荷兰；SVK，斯洛伐克；TUR，土耳其。OECD.（2008）. Students with Disabilities, Learning Difficulties and Disadvantages: Policies, Statistics and Indicators-2007 Edition（p. 175）. OECD Publishing, http://dx. doi. org/10. 1787/9789264027619-en.

　　很明显，男孩比女孩获得更多的可用资源。这种情况公平吗？一种可能的解释是，男孩真的比女孩更需要额外的支持。由此看来，在当前的教育体系中有更多的资源才是公平的。对于残疾学生来说，有充分的证据表明男孩比女孩更脆弱，残疾率的增加可能具有生物根源。[17,18] 关于有困难的学生，同样的解释并不那么令人信服[19]，但是需要做更多的研究。[20]

　　另一种解释是，男孩的教育被认为比女孩的教育更重要。在这种情况下，比起相应的女孩，更愿意支持那些成绩较差的男孩是不公平的。然而，识别出更多这样的男孩也可能会因为与各种特殊干预措施有关而导致标签化，比如与特殊学校相联系，这可能会导致更坏的结果，那些男孩今后生活中的机会可能会更少。这样的结果也是不公平的。

　　这些数据提供了关于性别差异的一些事实，但没有回答资源分配不均衡对男性和女性是否公平的问题。同样，这里需要更多的数据。此外，收集不到关于高校学生中这些群体的性别差异的数据。

教育机会

初中和高中义务教育

除了提供额外的资源来促进公平，还需要有一套并行的政策着重于实现社会包容。然而,在普通学校为残疾学生提供教育多年来一直是一个持续的挑战,有些国家能够有效地提供一个融合的场所,但有些国家效果不那么好。[21]如果学生在义务教育期间没有实际获得教育设施的权利,就无法实现公平。几乎所有教育制度成熟的国家都使用特殊学校、特殊班和普通学校的设施对不同比例的残疾学生和困难学生进行教育。[22]

经合组织定期报告过去十年中的教育场所等融合情况——特殊学校、特殊班或普通学校。图4.7,4.8,4.9和4.10显示初中和高中残疾学生和困难学生接受教育的场所。[23]

很明显,这些学生受教育的场所在各国之间存在着很大的差异。图4.7显示,对于初中的残疾学生,所有能够提供数据的国家都使用了某些特殊学校的设施。有一个国家(智利)所有这样的学生都在特殊学校。而在西班牙,几乎所有这样的学生都在普通学校。其他国家,如日本和美国,大量使用特殊班。图4.8显示,在高中阶段,有些国家,如匈牙利和西班牙,相对较少使用特殊学校,而日本只使用特殊学校。

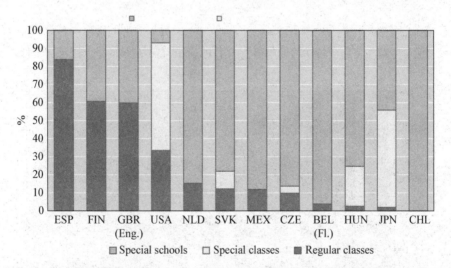

图4.7　残疾学生的初中学校教育。2003年各场所(特殊学校、特殊班、普通班)初中残疾学生比例。BEL(Fl.),比利时(佛兰芒语区);CHL,智利;CZE,捷克共和国;ESP,西班牙;FIN,芬兰;GBR(Eng.),英国(英格兰);HUN,匈牙利;JPN,日本;MEX,墨西哥;NLD,荷兰;SVK,斯洛伐克;USA,美国。OECD. (2008). Students with Disabilities, Learning Difficulties and Disadvantages: Policies, Statistics and Indicators-2007 Edition (p. 102). OECD Publishing, http://dx. doi.org/10.1787/9789264027619-en.

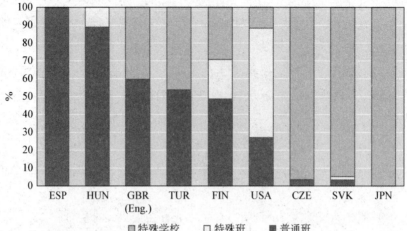

图 4.8　残疾学生的高中学校教育。2003 年各场所（特殊学校、特殊班、普通班）高中残疾学生比例。CZE, 捷克共和国；ESP, 西班牙；FIN, 芬兰；GBR（Eng. ），英国（英格兰）；HUN, 匈牙利；JPN, 日本；SVK, 斯洛伐克；TUR, 土耳其；USA, 美国。OECD. （2008）. Students with Disabilities, Learning Difficulties and Disadvantages：Policies, Statistics and Indicators-2007 Edition (p.103). OECD Publishing, http://dx. doi. org/10. 1787/9789264027619-en.

　　图 4.9 显示初中困难学生接受教育的场所，同样，三种类型的场所都有使用，但是存在较多的学生留在普通学校学习的趋势。图 4.10 显示，高中更多的是使用普通学校。

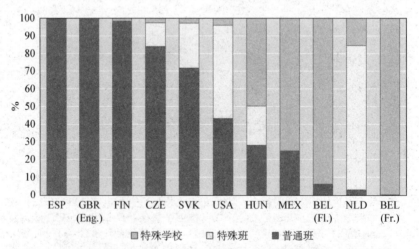

图 4.9　困难学生的初中学校教育。2003 年各场所（特殊学校、特殊班、普通班）初中困难学生比例。BEL(Fl.)，比利时（佛兰芒语区）；BEL(Fr.)，比利时（法语区）；CZE, 捷克共和国；ESP, 西班牙；FIN, 芬兰；GBR(Eng.)，英国（英格兰）；HUN, 匈牙利；MEX, 墨西哥；NLD, 荷兰；SVK, 斯洛伐克；USA, 美国。OECD. (2008). Students with Disabilities, Learning Difficulties and Disadvantages：Policies, Statistics and Indicators-2007 Edition (p. 110). OECD Publishing, http://dx. doi. org/10. 1787/9789264027619-en.

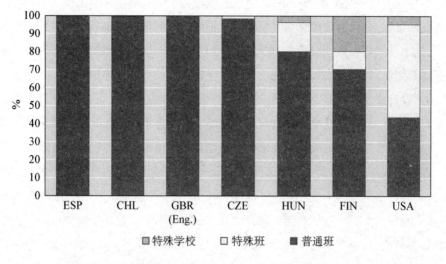

图4.10　困难学生的高中学校教育。2003年各场所(特殊学校、特殊班、普通班)高中　　88
困难学生比例。CHL,智利;CZE,捷克共和国;ESP,西班牙;FIN,芬兰;GBR
(Eng.),英国(英格兰);HUN,匈牙利;USA,美国。OECD. (2008). Students
with Disabilities, Learning Difficulties and Disadvantages: Policies, Statistics
and Indicators-2007 Edition (p. 111). OECD Publishing, http://dx. doi. org/
10.1787/9789264027619-en.

　　这些数据显示各国之间在这些学生的教育场所上存在差异,可能存在潜在的不公
平现象。关于特殊学校为残疾学生和困难学生提供高质量教育的价值存在着广泛的
争议。在国际上,没有任何数据可以帮助进一步阐明这个问题,如果基于定量证据的
辩论要能继续朝前推进,还需要进行进一步的研究。

成果

　　前面的章节中的数据仅仅代表了更加充分理解公平的一个必要的开端。目前需　　86
要的——几乎也是目前完全缺乏的——是残疾学生和困难学生的成果数据,这将使支
出和教育场所与一系列的结果变量挂钩,例如学业成功和社会融合。这将揭示额外的
资源是否为"矫正正义"做出了贡献,以及做出了多大贡献。
　　此外,许多残疾学生是在某种形式的特殊条件下接受教育的。关于融合的问题以

及是否应该关闭特殊学校进行了大量讨论，因为特殊学校可能会向某种学生群体提供边缘化的教育，其社会化和课程经验都与众不同。这些教育经验与普通学校的有本质差别，这本身就会导致社会孤立，并使特殊学校学生获得高等教育机会和进入劳动力市场受到限制，如果因为教育系统不提供平等的机会而导致这种情况是不公平的。同时，如果设计好并利用好资源的话，对于某些难以处理的残疾问题，特殊学校可能会提供更好的服务，对非特殊学校少量残疾学生也是这样。同样，由于没有关于结果的信息，是否关闭特殊学校的决策只能依赖往往是某些有压力的群体提供的有限的信息。

教育系统的成果主要是以学业测试结果的形式体现的，对政策制定产生巨大的影响，正如经合组织"国际学生评估项目"那样。[24] 然而，有特殊需要的学生根本没有成绩，要么是因为他们不包括在测试安排之内，要么数据没有进行分类处理。似乎国际国内都是如此，但也开始出现例外，比如英国是通过国家课程评估程序，还有美国。

本章的一个基本前提是，公平应该理解为通过找到资源分配与获取之间的最有效平衡，使所有学生，包括残疾学生和学习困难的学生的教育成果最大化。

获得高等教育机会

从原则上讲，一种有用的成果衡量办法是统计出通过了各级教育并进入高等教育的学生人数。由于高等教育对经合组织国家的经济发展非常重要，这些国家越来越多地以这种方式评价教育系统。[25] 例如英国，高等教育统计局记录进入高等教育的残疾学生人数、他们的背景、他们修学的课程、残疾类型等等。现有的数据显示各国之间差异显著，随着时间的推移变化明显。英国 2002 年至 2007 年间这一比例从 4.6％上升到 6.5％，德国 2003 年至 2006 年间从 12.5％上升到 18.9％，法国 2001 年至 2006 年间从 0.3％上升到 0.4％，而美国 1987 年至 2003 年间从 5.6％上升到 11.3％。

然而，对这些数据的进一步分析表明，这些国家进入高等教育的学生类型是不一样的。在英国，入学人数中大量增加的是有阅读困难（学习困难）的学生。在德国，主要增加的是有健康问题的学生。而在法国，主要是身体和感官残疾的学生，因此增加的人数较少。此外，在大多数国家，许多残疾学生在获得高等教育机会上遇到困难。例如美国，2001—2002 学年只有 14％有残疾的高中毕业生参加高等教育入学考试，虽然有 47％的希望读大学。[26] 尽管上述方法上有相当大的问题，这些数据还表明各国之间有特殊教育需要的学生进入高等教育的比例相差很大。同样，这意味着在公共资源的使用方面，尤其是在从初中升入高中（见图 4.1—4.4）继而进入高校时，存在着严重的不公平现象。

对于数据的可靠性以及对于学生本身重要的一个问题是,残疾学生是否愿意透露他们的残疾状况。如果透露残疾情况后他们被歧视了或被边缘化了,这个问题就特别麻烦。在英国,进入高等教育的残疾人大量增加,这与甄别哪些人需要额外资源来完成学业的方法得到改进有关。英国被认为有残疾但没有明确认定的学生在已入学残疾学生中所占比例从 1995 年的 33.9％下降到 2004 年的 2.2％。[27]

然而,正如我们所见,从初中升到高中的残疾学生和困难学生的数量已经减少,而从高中升大学时似乎也延续了这种趋势。然而,统计数字令人困惑,因为当残疾学生从童年进入成年时,他们的服务提供部门往往从教育部转变为卫生部,残疾的定义也随之而变。例如,在英国,中学教育阶段与"特殊教育需要"概念有关的定义就不同于继续教育阶段[28],后者是基于残疾和学习困难的概念。[29]

只有当有特殊教育需要的学生能够接受高等教育时,就教育成果而言才算是实现了公平。这一点特别重要,因为高等教育与收入密切相关。[30]高等教育还提供了接触宽广的文化和科学发展的机会,为社会包容创造了更加有利的条件。

90

所有的年轻人必须学会应对社会对他们的新期望,而且要越来越独立自主,这个过程对有特殊需要的学生来说是更大的挑战。接受高等教育为残疾人提供了与非残疾人相同的职业机会。例如英国 2004 年获得学士学位后就业的残疾学生的比例接近非残疾学生,分别为 57.4％和 61.2％。

残疾学生不仅要有机会进入高等教育,而且学业要取得成功,这一点非常重要。在大学里亲身进课堂听讲对残疾学生来说比较困难。比如在奥地利,这些学生里 40％的人对考试程序感到无能为力,34％的人感到做作业有困难,43％的人感到研究书面文献有困难。他们还把困难归因于他们参与课程和会议所受的条件限制,25％的人认为缺乏实习机会,10％的人认为进入相关场所以及交通很不方便。[31,32]在荷兰,这些学生中的大多数都不知道提供给他们的支持和设施,而且几乎一半人认为缺乏合适的教材以及考试没有做特殊安排使他们处于劣势。[33]

平均而言,残疾学生在高等教育中的成绩也不如同龄人,那些有学习、行为或情感困难的学生可能无法完成学业。[34,35]在法国,硕士研究生课程中残疾学生的相对比例要远远低于残疾学生在所有学生中的比例(19.6％比 32.4％)。[36]据估计,荷兰录取高等专业教育的残疾学生中有 50％学习跟不上,他们更可能辍学,中断本科学习的可能性是那些非残疾同龄人的两倍。[37]

政策的一致性：跨部门协调服务

　　残疾学生的有效教育不仅取决于资源的可用性、课程和教学问题，还取决于其他支持体系的可用性，如保健和社会服务。这种跨部门协调的需要通常被称为"政策的一致性"。这种需要适用于各级教育。例如，残疾学生可能需要获得常规药物治疗、物理治疗或言语治疗，年纪较大者需要其他的特殊支持。在高等教育中，学生可能需要类似的支持以及资金支持，例如手语翻译。这些服务的资金及其发放通常来自教育预算和服务之外。因此，从学生的角度来看，提供给他们的支持未必总是及时的，结果可能会影响教育成果的质量。在判断提供支持的公平性方面，政策一致性成为关键因素之一。目前还不清楚各国在多大程度上综合处理了残疾学生和困难学生的有效教育方面的问题，或整个教育系统的相关问题，例如，处于危险中的儿童的问题[38]，或评价全纳教育的问题。[39]这些都是需要进一步研究和发展的领域。

从高中教育过渡到高等教育过程中的问题

　　经合组织对奥地利、英格兰、法国、德国、荷兰、挪威、瑞士和美国从高中向大学教育的过渡进行了评估，发现了一些阻碍残疾和困难学生在高等教育里充分受益的关键问题之所在。值得注意的是，这一时期也相当于从童年到成年的过渡，如上所述，这与各国政府看待他们的方式的变化相吻合。例如在英国，16 岁以上的年轻人有资格自主获得帮助，而不用通过父母，并且有权获得为成人提供的支持。

　　应该认识到行政类别的变化对相关年轻人的影响。由于儿童和成人福利机构之间缺乏合作，残疾学生之前所受的支持可能会停止，因此，残疾青年可能面临不明确或未安排好的程序。[40]在德国，中学教育结束后"教育需要"就不再是一个正式的行政类别，所以有学习困难、行为障碍或语言问题的年轻人无法获得相关法律特别为残疾人所提供的支持，除非他们参加了为离开特殊学校的学生开设的教育或培训项目。

　　此外，高等院校对学生的正式责任与中等教育机构不同。例如在美国，高等教育机构从法律上讲只有义务确保那些表明自己有某种残疾和/或有什么具体要求的男性和女性获得支持。[41—43]那些有隐性残疾的学生，例如有学习困难或有疾病，如果他们因为害怕可能造成后果而不愿意公开病情的话，就不能得到必要的支持，因此实际上就被剥夺了权利。[44]

这些安排可能会导致青年人在从中等教育过渡到高等教育时的经历不公平,结果会使他们的就业能力得不到提高。政策的一致性和服务机构间的协调以及它们提供的支持可能是残疾和困难青年的教育经历成功的核心所在。

显而易见,与义务教育阶段一样,如果残疾学生要在高等教育中获得成功,他们需要额外的支持和资源。[45]

92

数据的局限性

虽然各国为初中和高中教育提供的数据可能是可靠的,但许多国家无法提供这些教育阶段全面的数据。此外,残疾和学习困难学生离校后的情况还没有统计数据。

现有的数据也很难提供残疾学生所经历的全部情况。各地数据收集方法有很大的不同,这取决于特定的行政机关或部门的做法,也取决于教育系统各组成部分的基本原理,这样对于获得教育或就业机会并取得成功的条件就会产生不完整的甚至相互矛盾的观点。例如,挪威负责收集和分析残疾学生和青少年信息的县对这项工作没有共同的办法,因此,他们之间无法进行任何比较,也得不出对全国情况的有意义的描述。[46]在英国,残疾学生的数据与进入高等教育的学生有关,通常不考虑继续教育中的残疾学生,因为继续教育和高等教育是分开管理的。美国教育部向国会做的第 25 次年度报告[47]指出,由美国人口普查局提供的数据只包括居家人员,而不包括住在大学宿舍的学生,从而忽略了估计有 50 万的残疾学生。在法国,特殊教育和主流教育归不同部委管,其结果是数据不易比较。

这些数据也可能妨碍对政策影响的准确分析,因为所采用的评价标准并不总是符合所追求的目标。美国教育部向国会做的第 25 次年度报告[48]还指出,用于计算初中和高中教育的残疾学生成功率的标准以及计算成功率是如何随时间变化的方法,与非残疾学生的不同。在法国,很少有关于残疾学生上学和随后的职业道路的详细信息。这与整个学校人口的现有信息形成对比。

所收集的数据也几乎没有提供残疾人学习困难者随时间而经历的变化。例如在德国,国家数据库几乎没有关于从中等教育过渡到高等教育的关键指标:既没有残疾人接受教育的比例,也没有残疾人接受职业培训的比例,而且也缺乏关于职业培训市

93

场残疾人的状况、参与率、位置等情况的报告。在连续调查中用来描述残疾人的定义不同也会阻碍时间数据分析，从而无法得出随时间变化的真正可靠的比较分析。

结论

本章围绕为残疾学生、学习和行为困难的学生在中等和高等教育中实现公平的问题讨论了五个与政策有关的主题，讨论主要基于经合组织收集的在国家间可比较的定量和定性数据。讨论的主题包括额外资源、性别差异、机会、成果和过程。所有这些领域都需要从政策和实践两方面加以解决，以便为这些学生提供最有效的小学、中学和大学教育。

评估的国家在初中、高中和高等教育阶段为残疾学生和学习困难学生提供额外的资源，因为他们在获取课程方面遇到额外困难。然而，各国在提供资源方面差异显著。这就对依据社会正义提供教育的公平性提出了问题，特别是在那些提供较少资源的国家。

在性别方面，为男孩和女孩提供的支持数额存在巨大差异，这也是一个特殊的难题。在适应学校教育方面，男孩似乎比女孩面临更多的挑战，也就更容易被甄别而获得额外的资源。这样也许是公平的，如果这个问题是真实的，而不是因为，比方说，社会上认为男孩的教育比女孩的教育更重要。然而，甄别接受对象以及提供额外资源可能会导致不公平的结果，例如，被安排到特殊学校学习，而其后又经历教育质量和社会生活质量下降。在普通学校接受面向所有人的高质量教育可能是一个解决办法。

上述数据表明，各国残疾学生和困难学生通过特殊学校、特殊班或普通学校获得教育（及其课程）的方式各不相同。各国之间在使用特殊设施方面存在着很大的差异，这一因素进一步支持了一个结论，即一些国家在为残疾学生和学习困难学生提供教育方面出现严重不公平。

94　　就结果而言，本章提供的证据很清楚地表明，严重的数据不足妨碍对各国向残疾学生、学习困难学生和行为障碍学生提供的额外资源做出评价，即额外资源对学生获得教育机会和教育结果产生了积极的还是消极的影响。数据质量和覆盖范围需要大幅度提高，分析才能取得进一步的进展。此外，在中等教育和高等教育之间做基于数据的比较也存在着实际困难，因为数据最好的情况下也是不完整的，而最糟糕的情况则是因各部委之间的相关定义不同而变得很复杂。如果能够对数据收集框架和衡量结果进行一致性改革,那么就可以得到相关证据,用于帮助大幅改善为残疾和学习困难学生实现公平而提供的条件。

在残疾和学习困难学生的整个教育过程中,为他们提供支持的过程也极为重要,教育、卫生和社会部门缺乏政策连贯性,这可能是实现他们全部潜力的障碍。很显然,各国一直关注提供给高中毕业的年轻残障人广泛的教育和培训机会。一些国家对高校施加压力,要求高校做出必要的改变,以确保合理提供资源和机会均等。然而,有些国家对教育部门没有施加足够的压力以使它们对中学到高等教育之间的过渡给予足够的重视,其结果是所采取的措施并没有期望的那样有效。

虽然本章主要讨论的是经合组织成员国这样的高收入国家,但所研究的政策范围和得出的结论与所有国家相关。如果要实现"全民教育",就必须认真考虑那些有残疾、学习困难和行为障碍的儿童和学生的需求,并给予他们必要的支持。因此,在全球实现教育公平显然是一项正在进行中的工作。

注释

1. The Organisation for Economic Co-operation and Development (OECD) is an independent government funded organization with 32 member countries. It works on all levels of government policy and, based on international comparisons, makes recommendations to its member countries. It also has a substantial commitment to improving policy-making in and strengthening the economies of developing countries. The OECD member countries are: Australia, Austria, Belgium, Canada, Chile, the Czech Republic, Denmark, Finland, France, Germany, Greece, Hungary, Iceland, Ireland, Italy, Japan, Korea, Luxembourg, Mexico, the Netherlands, New Zealand, Norway, Poland, Portugal, the Slovak Republic, Slovenia, Spain, Sweden, Switzerland, Turkey, the United Kingdom and the United States. The Commission of the European Communities takes part in the work of the OECD.

2. OECD. (2007). *Students with disabilities, learning difficulties and disadvantages — Statistics and indicators of OAS countries*. Paris/Mexico City: OECD/Edebé.

3. Hutmacher, W., Cochrane, D., & Bottani, N. (Eds.). (2001). *In pursuit of equity in education-Using international indicators to compare equity policies*. Dordrecht/Boston/London: Kluwer Academic Publishers.

4. Rawls, J. (1971). *A theory of justice*. Cambridge, MA: Harvard University Press.

5. Brighouse, M. H. (2000). *School choice and social justice*. Oxford, UK: Oxford University Press.

6. Evans, P. (2002). Equity indicators based on the provision of supplementary resources for disabled and disadvantaged students. In W. Hutmacher, D. Cochrane, & N. Bottani

(Eds.), *In pursuit of equity in education-Using international indicators to compare equity policies.* Dordrecht/Boston/London: Kluwer Academic Publishers.

7. Crahay, M. (2000). *L'école peut-elle être juste et efficace?* Bruxelles: De Boeck.

8. OECD. (2000). *Special needs education-Statistics and indicators.* Paris: OECD.

9. OECD. (2007). *Students with disabilities.*

10. The most recent data validated by the countries and available from the OECD are presented.

11. Department of Health (DH) and Department for Education and Skills (DfES). (2007). *A transition guide for all services. Key information for professionals about the transition process for disabled young people.* London: Council for Disabled Children, Department for Children, Schools and Families, Department of Health, and National Children's Bureau.

12. OECD. (2003). *Disability in higher education.* Paris: OECD.

13. Sociaal Economische Raad. (2007). *Meedoen zonder beperkingen. Meer participatiemogelijkheden voor jonggehandicapten.* Sociaal Economische Raad, Advies raport nr. 6. Den Haag: Sociaal Economische Raad.

14. OECD. (2011). Inclusion of Students with Disabilities in Tertiary Education and Employment. Paris: OECD.

15. Ibid.

16. Data on the compulsory period is provided since the data on lower secondary and upper secondary are available separately for only a very few countries.

17. Skårbrevik, K. L. (2002). Gender differences among students found eligible for special education. *European Journal of Special Needs Education, 17*(2), 97 – 107.

18. Yeargin-Allsop, M. (2003). Prevalence of autism in a US metropolitan area. *Journal of the American Medical Association, 289*, 49 – 55.

19. Reschly, S. J. (1996). Identification and assessment of students with disabilities. *The Future of Children, Special Education for Students with Disabilities, 6*(1).

20. OECD. (2007). *Students with disabilities.*

21. The factors that lead countries to create inclusive education are not well known but any explanation will inevitably be complex and depend on the particular country's culture, history, political persuasion, and extant educational philosophy and practices.

22. Whether it is inequitable for students to be educated outside of mainstream schools is an important question but, in the absence of data on outcomes, the question cannot be satisfactorily addressed.

23. OECD. (2007). *Students with disabilities.*

24. OECD/Programme for International Student Assessment (PISA). (2009). *Assessment framework-Key competencies in reading, mathematics and science.* Paris: OECD/PISA.

25. OECD. (2008). *Pathways for People with Disabilities — Towards Tertiary Education and Employment: Preliminary Findings from a Literature Review Covering Selected OECD Countries.* Paris: OECD.

26. Ibid.

27. Higher Education Statistics Agency (HESA). Retrieved from http://www. hesa. ac. uk/

index. php/component/option. com_datatables/Itemid, 121/.

28. In the United Kingdom, higher education refers to the University sector, whereas further education offers courses in vocational education and academic subjects necessary for university entrance.

29. Pricewaterhouse Coopers. (2007). *Review of further education provision for learners (16 – 25 year olds) with learning difficulties and/or disabilities in the NorthWest.* Retrieved from http://readingroom. lsc. gov. uk/lsc/NorthWest/LLDD_Report_Finalweb_1. pdf.

30. OECD. (2008). *Education at a glance 2009-OECD indicators.* Paris: OECD.

31. OECD. (2008). *Pathways for people with disabilities.*

32. Wroblewski, A. , & Unger, M. (2003). *Studierenden-Sozialerhebung 2002. Bericht zur sozialen Lage der Studierenden.* Vienna: Bundesministerium für Bildung, Wissenschaft und Kultur.

33. Sociaal Economische Raad. (2007). *Meedoen zonder beperkingen.*

34. Berthoud, R. (2006). *The employment rates of disabled people.* HMSO Research report No. 298. London: Her Majesty's Stationery Office (HMSO).

35. OECD. (2003). *Disability in higher education.*

36. Ebersold, S. (2007). Être étudiant et présenter une déficience, Ministère de la santé et des solidarités, Ministère de l'emploi, de la cohésion sociale et du logement, *Quelles trajectoires d'insertion pour les personnes handicapées?* Rennes: Ê changes sociales et santé, ENSP.

37. Sociaal Economische Raad. (2007). *Meedoen zonder beperkingen.*

38. OECD. (1998). *Coordinating services for children and youth at risk. A world view.* Paris: OECD.

39. OECD. (1999). *Inclusive education at work: Including children with disabilities into mainstream schools.* Paris: OECD.

40. Prime Minister's Strategy Unit. (2005). *Improving the life chances of disabled people. Final report.* London: Prime Minister's Strategy Unit.

41. Izzo, M. , & Lamb, M. (2006). *Self-determination and career development: Skills for successful transitions to postsecondary education and employment.* A white paper written in collaboration with Ohio State University, the Center on Disability Studies at the University of Hawaii at Manoa, and the Ministry of Education (France). Circular No. 2006 – 126, August 17, 2006, Official Bulletin, September 7, 2006.

42. Lamb, M. (2002). *Preliminary findings on a college success class for students with disabilities.* National Center for the Study of Postsecondary Educational Supports (NCSPES), University of Hawaii at Manoa, Honolulu.

43. Stodden, R. , Jones, M. A. , & Chang, K. B. T. (2002). *Services, supports and accommodations for individuals with disabilities: An analysis across secondary education, postsecondary education and employment.* Unpublished manuscript, Honolulu.

44. Wagner, M. , Newman, L. Cameto, R. , Levine, P. , & Garza, N. (2006). *An overview of findings from wave 2 of the National Longitudinal Transition Study-2, (NLTS2).* Menlo Park, CA: SRI International. Retrieved from www. nlts2. org/reports/2006_08/

96

nlts2_report_2006_08_complete. pdf.

45. OECD. (2008). *Pathways for people with disabilities.*

46. Hvinden, B., Borg, E., Lindblad, S., & Grue, L. (2008). *Thematic review of the transition of people with disabilities beyond secondary education.* Background paper for the OECD. Oslo: *Nova*/OECD.

47. U. S. Department of Education. (2003). *Twenty-fifth annual report to Congress on the implementation of the Individuals with Disabilities Education Act.* Washington, DC: U. S. Department of Education.

97   48. Ibid.

第 2 部分

中等教育和过渡

5

打破中学阶段阻碍学习的社会阶层藩篱

Marie Duru-Bellat

让更多的人有学可上是全世界所有国家的头等大事。然而各个国家的现状差别颇大，小学入学率从最高收入国家的约 100％ 到最低收入国家的不到 50％[1]。中学教育这种差距更大，在瑞典、法国等高收入国家，中学入学率接近 100％，而非洲有几个国家不足 25％，其中布基纳法索仅为 14％，尼日尔仅为 9％[2]。入学率还不是问题的全部，国家之间在教育公平和教育成果方面差别更大。本章主要研究世界上最富裕国家的教育公平问题，在这些国家小学教育已经普及，而发展平等的中学教育和大学教育是问题所在。

教育提高竞争力和社会凝聚力

提升教育公平是促进经济增长和社会凝聚力的关键。欧盟领导人认识到了这一点，于 2000 年提出了里斯本战略。里斯本战略目标是将欧洲建设成为"以知识为基础的、世界上最有竞争力和活力的经济体"。随后设定了一系列具体目标，这些目标将教育作为"以更多更好就业机会、更强社会凝聚力为特征的可持续经济增长"的源泉。除欧盟外，经济合作与发展组织也强调，解决教育排斥问题能够为经济和社会发展带来益处。

尤其是关于社会凝聚力问题，近年来的研究证明，在国家层面进行教育力量分配可能比提高教育平均水平更加重要[3]。因此，欧盟目前将提高教育平均水平和提高教育公平水平两者都作为首要之事，并设定了一系列有精确量化指标的目标[4]。这些目标包括减少低年级学生辍学率、减少阅读水平低的 15 岁学生占比、增加大学教育机会、提高成人终身学习参与度、提高全部人口的受教育程度。

中学教育在实现教育公平方面具有重要的战略地位。小学教育主要打好学习基础，大学教育则培养学生更加高级、更加专业化的技能，然而教育的核心成果主要是在中学阶段获得的。虽然学生在进入中学阶段学习时水平各有差异，中学教育具有让学生掌握所有核心课程以及保障其中一些学生在今后的大学学习中仍具有良好表现的双重作用。要做到这一点难上加难，因为帮助学生做好上大学的准备就需要将学习强度加大、学习进度加快，这样才能保证最好的那部分学生学习成就最大化，但这也就意味着那些学习基础不好的学生可能会掉队。

一些政策和项目旨在缩小中学生学业成绩的差距,减轻相应的社会不平等现象。本章首先讨论起始水平不同的学生在接受中学教育后能否取得相同的学习成绩,其主要影响因素是什么。本章接着阐明早期遭受的教育不公平对学生在中学阶段的表现会产生越来越大的影响,并简要说明哪些干预手段可以在中学早期阶段影响教育公平。然后,本章将分析实行促进教育公平的政策的主要障碍,最后将探究从欧洲实践中总结出的教训。

区分和隔离带来的影响

国际学生评估项目中的调查[5]可以有效说明学生在中学阶段早期究竟学到了哪些知识。通过国际学生评估项目,人们还能够评估各国不同的学校结构对学生在中学阶段的表现会有何种影响[6]。国际学生评估项目的数据表明,同等发展水平的国家学生的平均表现和差异各不相同。这就说明,一个国家是否能够确保所有学生在中学阶段取得成功并不一定与该国的经济发展水平有关,而更有可能受到政策选择的影响。

国际学生评估项目的结果还说明,在国家内部,在不降低整体学习水平的前提下,仍然可以实现学习水平的高度公平(即平均值左右少许偏差)[7]。人们普遍认为,学校系统平等化,教育质量也会受到影响,事实正相反,教学效果和教育公平之间并不存在交换关系:学生的学校表现平均水平高的国家就是那些学生差异最小的国家。国际学生评估项目中的数据确实说明大多数平均学习成绩高的国家和地区(比如一些北欧国家、韩国、中国香港)其教育公平程度也更高,而很少有学生成绩高于平均水平、学生之间却差异巨大的国家。

在学生差异小的国家,不同学校之间的学生表现也几乎没有差异。确保每个在不同学校上学的学生接受同等质量的教育是促进教育公平、提高社会凝聚力的重要方面。如果学校不能为学生提供公平的教育环境,那么学生上学时拥有的不同社会优势将对学生在校表现具有较大的影响。

比较研究,尤其是国际学生评估项目的数据表明,在学校内以及不同学校之间如何划分学生直接影响到学生的学习成绩情况[8,9]。大量数据表明这一方面有两个重要因素。

102

第一个因素与学校的区分有关,可以通过学生分数方差估算出来,这种分数差距由不同的学校或者学生所处的社会环境决定。研究表明,在国家层面,社会对学校进行区分既与一个国家的学生平均水平较低有关,也与学生间学业和社会差距较大有关。这种现象在德国、比利时等国都存在[10]。

除了社区对学校区分的影响,如果学校挑选学生,也会发生学校的区分现象。学校挑选学生的主要依据是学生的成绩,而学生成绩本身就与其社会背景有关,弱势群体从一开始上学就面临诸多困难。一进入中学,只要学校系统不同,就势必会造成这种挑选。拥有不同学校、对学生区别对待,或进行早期分班的系统会按照学生的学习程度,并且常常按照他们相应的社会背景将他们分流到特定的学习环境中。学校挑选学生成为一种普遍现象,这也解释了为什么德语国家的社会区分现象会如此普遍。

早期分班与学生表现差异有关。另一方面,所有的学生学习相同课程的时间越长,学生间差距越小[11]。根据国际学生评估项目对 15 岁学生的评估,同质学校和班级的学习成绩差距和社会不公现象最弱。同质学校和班级是指核心课程一致、学生挑选和课程分科延后并且拥有各种各样社会背景的学生。区分现象严重的国家学生间社会不公平的情况也更为严重,这也就说明学生背景影响学生在校表现的一部分原因是学校造成的,而不全是特定的社会文化劣势造成的。重要的是,相比于后者,前者更容易通过政策干预产生影响。

学校的区分现象对教育公平的不良影响的机制非常多样化。第一个机制与现在流行的同伴效应有关。同伴效应是指学生的组成会通过学生各自代表的资源、班级气氛、能够实施的教学等来影响学习环境的质量。许多研究表明,来自工薪阶层的学生在招收不同能力学生的学校上学,不会产生厌学的情绪,而有好好学习的欲望[12]。学校招收来自不同社会阶层的学生能够改善学生的学习成绩、学习态度,而不会影响到平均成绩,因为这样做会激发那些学习基础薄弱的学生的斗志,而只会对那些尖子生产生些微影响。

混合趋势与学校中移民学生越来越多有关。在一些国家,如果大部分移民在移民学生密集的学校上学(像德国和荷兰等学校系统不同的国家就是如此),那么移民学生和其他学生的成绩差距就比在混合型的学校中更大。因此,混合招收这些学生对于推动社会公平具有非常重要的作用。

区分现象影响学习成绩的第二个机制与这种环境中教学资源质量不一有关。通常,享有最多特权的班级或学校会吸引更多资源,吸引更多有资质、有经验、教学效果好的教师。此外,如果学生更优秀,教师干劲也会更足,学生能够学到更多知识,从而对所有的学生来说,学习的机会也会更大。

减少社会经济及学业上的区分

社会对学校进行区分的问题也影响了教学效果和教育公平。如果不同背景的学生在同一所学校上学,这些学生不但会有更加公平的机会取得学习上的成功,而且会对同种文化、同个身份产生一种归属感。

为了使区分现象最小化,将这种区分对教学效果和教育公平造成的影响降到最低,一些政府采取了一种综合型模式。有的北欧国家采取了这种综合模式的最简形式,即一种不分流的街区式综合学校,从小学一直到初中,没有留级,不把学生按能力分班。同时,学生从小学升入初中时,也不能选择学校,因为学校既有小学部,也有初中部。

然而,即使在这种综合型学校普遍存在的国家,也可能因为学校按区域招生而产生区分现象。居住区对这一点影响最大,因为在大多数国家,学生通常在离家最近的学校上学。为了减少教育上的区分现象,一些国家进行严格的区域划分,比如法国的"学校地图"(当地称"carte scolaire"),然而,只要地理分隔存在,分区就不能保证学校中学生社会层次的多样性,甚至会减少社会层次。

即使国家强制要求学校按区域招生,一些家长还是会设法让自己的孩子成为例外,能够进入更有名望的学校。在欧洲,让家长有权利选择自己的孩子进入哪所学校,这种现象越来越普遍。之所以这样,是因为选择促进效率,因为教学效果好的学校会吸引更多的学生,大多数人不会选择教学效果差的学校。然而,让家长选择学校并不意味着学生的平均成绩会更好,至少在欧洲是这样[13]。事实上,如果家长完全拥有选择学校的自由,比如在比利时,就会导致学校排名更加分明,学习环境的区分现象也会更加严重。

这样做并不排除某些形式的招生调控会降低社会不公的可能性。可以要求一些过于热门的学校接受一定比例的弱势群体或少数群体的学生,实行诸如美国一些学区使用的摇号系统或者按家长的教育背景平衡择校。一些允许跨区上学的国家会向贫困街区的学生提供校车,方便他们在更加富足的街区上学。其中一个例子是法国进行

104

的一个试验，让处于隔离区域的学生乘坐校车到其他区域上学。尽管这次试验的评估不够完整，但是效果看来更加均衡[14]。尽管作为试验对象的学生的学习成绩有所提高，但是这些学生总是生活在那些拥有更好条件的同学的阴影下，并可能产生自卑感。

从社会经济角度考虑减少教育隔离可能会受到个人利益竞争的阻碍。研究证明[15]，这关系到家长对于将学生按能力划分一事的看法。学习成绩好的学生的家长往往在学校也有一定影响力，对于这些家长来说，他们希望学校能够按能力划分班级（按学生的学习成绩分班），因为有研究证明，成绩好的班学生的学习成绩会更上一层楼。学习成绩较差的学生的家长更希望学校能够采取平行班，这样对学习成绩差的学生更有益，因为如果他们被分到差班学习效果可能会更差。当家长拥有自主选择学校的权利时，情况也是这样。如果学校对学生不加以区分，学习成绩好的学生的家长会将孩子送往对学生区别对待的学校（往往是私立学校）。另一方面，不分班的学校能够让那些最弱势学生感到更加有动力。

必须强调的是，家庭直接参与创造学生的上学环境，往往是通过参加家长委员会或者直接施压的形式。这样做非常有效却很不公平，因为家长的社会地位和资源本来就不平等。资源占有的不平等也会影响到选择，因为选择既需要获取信息也需要一定的财力。显然，只要有不平等的优势家庭想尽一切办法让自己的孩子处于优势环境中，机会平等就永远不会实现。

努力在招生方面达到学生多样化，至少保证在义务教育阶段做到这一点，这虽然与优势家庭的喜好和策略相违背，但是对于促进教育公平、增强社会凝聚力却非常重要。为了实现对每位学生教育质量的公平化，现在普遍认为要实行一定程度的"积极歧视"，可以采取的方法包括关注个人、关注学校、关注一些重点区域。

提供个人化帮助

一些国家越来越倾向于向有困难的学生提供个人化的帮助，特别是斯堪的纳维亚国家。这种办法原本用于减少小学阶段留级现象，但是这种个人化帮助适用于包括初中阶段在内的所有年级。

芬兰是欧洲国家中成绩差的学生所占比例最低的国家，国际学生评估项目的数据显示，芬兰成绩最差的学生仅占 1.1%，而经合组织的平均值是 6.7%。在芬兰，一旦学生的学习遇到困难就能得到帮助，得到不同层次的辅导。首先，教师会对遇到困难的学生进行一对一辅导（有时也进行小组辅导）。教师还可以指定一个助手在其指导下帮助学生。助手也会一对一辅导遇到困难的学生，并且是按照教师的要求在学生需要帮助的时候进行辅导。第三，学生还可以寻求合格的特殊需要教师的帮助，主要辅导比如语言或者数学等基础学科。能力最差的学生，比如严重残疾的学生，会单独去特殊学校，但是这种学生数量很少，所有学生中只有 2% 的属于这一类，但是却有 20% 的学生从这种额外帮助中获得了益处。

有时候还需要进行第四种干预，解决学生面临的家庭问题和社会问题。这种情况下，学校会让校外人员参与进来，包括心理学家、社工、健康卫生领域甚至是住房领域的相关人员，这些人会和校内专家一起合作，帮助学生解决问题。方方面面的人员都参与进来，这种方法可以更加广泛、更加多样化，视学生所面临的困难的具体情况而定。但是，学生的任课教师始终都会参与其中，并且尽可能地不把学生与他们所在的班级和同学隔离开。实践证明，这两个规则对于确保为学生提供有效帮助非常重要。

106

在一些国家，比如法国，一小部分学生在正常上学时间之外，甚至是节假日也需要额外辅导。研究发现这种帮助并没有产生巨大效果，但是如果由有经验的教师进行这种额外辅导比各种组织中的志愿者效果更佳。其他一些实验性的项目似乎可以使学生学习成绩提高，更加有学习动力，比如英国的"学习支持项目"，该项目在校外时间组织一系列学习活动[16]。如果这种额外的帮助没有效果，也是因为没有将足够的精力放在找出哪些学生能够从这种帮助中获益最多。如果没有严格的筛选规则，一些成绩较好的学生也会申请额外帮助，而一些成绩较差的学生却不会申请，这样一来，额外帮助所带来的进步率就变小了。

应对低年级和高年级学生成绩差的更加有效的方法是更加严格地监控课堂。英国已经采取了这种方法。为了提高学生英语和数学水平，英国自 1998 年以来采取了国家识字和算术战略，先是在小学阶段进行，目前也扩展到中学低年级。文学和数学课采用了非常精确的教学安排，建议各教学步骤应花费的时间（比如文学课，X 分钟用于班级阅读，X 分钟用于小组阅读等）。政府为各关键阶段设定了精确的目标，评估工作由教育标准局实施。这种管理策略从一开始就遭到教师的批评，但是之后学生取得显著进步也证明了这种策略效果明显且成本不大。这一策略还缩小了男女生学习成绩之间的差距以及成绩好的学生和成绩差的学生之间的差距[17]。

总之，刚开始，旨在缩小成绩差距、减少由此带来的教育不公的政策主要关注课堂情况,尤其关注课堂上教师和学生的互动。然而,越来越多的旨在消除成绩差距的项目都将关注点放在更大的学校环境中。

学校资源平均化

越来越多的研究表明[18],如果其他条件(学生的性格和所在国家)一样,那么学校(或班级)不同,学生的成功失败情况也会不同。实现教育公平的一个途径是向不发达区域的学校投入更多资金,使得不同教育环境中的学校资源分布更加公平。在荷兰就是这样[19],不同类型的弱势学生被区别对待,并得到一个学校资源分配系数。比如,少数民族学生的系数是1.90,荷兰工人家庭的孩子系数是1.25,非弱势学生系数是1.00。学校可以根据优先顺序自由使用分配的资源,可以进行额外的教学或者补课,可以加强教师和家长之间的联系,而更常见的方法是缩小班级规模,这样教师可以更多地关注每个学生,还可以根据全校学生的社会经济构成和民族构成,增加学校的教师。值得一提的是,这既让那些处于劣势的学生受益,还鼓励一些有优势的学校接受来自不同背景的学生。

划分优先区域

一些国家将关注点从单个学校扩展到更大的地理区域上。法国受到早前英国教育优先举措的启发,采用了这种策略,称为教育优先区。教育区域是根据人口的社会经济特性来划分的,其依据是,由于来自弱势群体的儿童或者移民儿童会面临各种问题,需要调动各方力量(包括社区教育专家、社会工作者,甚至是警察)来解决这些问题。如果客观地评价着重于整体区域的举措的效果,其结果是令人失望的:尽管学习成绩和学生的学习态度产生了一些积极变化,但是都被学校和区域的这种名声带来的负面影响所抵消。但是有些人说,如果没有这些策略,效果会更差,这是因为中产阶级逃离这些区域,常常会造成这些地方的社会隔离越来越严重。还有些人说,公共基金使用对象的筛选太随意,比如在法国,每四所初中就有一所被归入教育优先区。为了消除这些疑虑,2006年,法国推出了一个名叫"重要成就"的新项目。这个项目对地区进行了更加严格的筛选和评估,并试图吸引更多有经验的教师到这些区域,为学生提供更多个性化帮助。除此之外,这个项目的目标是帮助学习成绩好的学生升到最好的高中或者高等学校,录取条件特别,且提供额外助学金。这种做法旨在提高初中学生的积极性。

在荷兰,自 1985 年起就有教育优先区,即那些有各种各样不利条件的区域。在这些区域,小学、中学、图书馆和日托中心等其他教育机构共同合作,以减轻处于劣势的学生的困难状况。这些机构实施了各种各样的项目,比如幼儿园活动、读书推广会、作业帮助、早期辍学儿童关爱等。很难评估每个项目的具体影响,即使进行评估,每个项目的效果也常常令人失望[20]。但是,将这些项目结合到一起效果也许非常好。

108

创立教育优先区的理念是,消除教育障碍的学校政策必须与一系列提高劣势区域家庭福利的措施相配套。重要的是,如果单独实施,其成功的概率就小于力图使学校不被隔离的成功率。

限制早已存在的社会不平等的影响

尽管上述项目对于缩小中学生成绩差距非常重要,但是也要认识到儿童的早期经历对于后来的教育公平问题会产生影响。众所周知,社会不平等对教育产生的不良影响从一开始就存在,而小学和中学的干预太迟,已经来不及提供公平的竞争环境[21]。如果不进行干预,之前的问题在学校进一步累积,之后再想解决这些问题,势必会更加消耗财力。本节选取三种旨在减少正式上学前的教育劣势的项目,简要讨论其所起的平等化作用。

一般认为,早期儿童保育和教育项目带来的回报最多,不仅学生在学校表现好,还使学生之后在更多方面获得更多机会。换而言之,该项目既提高了学生的学习成绩,又提高了就业率和收入,减少了犯罪,改善了家庭关系,甚至改善了健康状况。诺贝尔经济学奖得主 Heckman[22] 也支持这一观点,他最近指出优质早期教育项目能够使学生终生获益。

有些人则认为,优质早期教育项目的效果尚不确定,消除目标儿童家庭贫困和提高他们的技能将更有成本效益[23]。消除学生早年劣势的第二个方法是比利时[24]、英国[25]、美国[26]等国先后推出的针对孩子早期抚养问题的父母教育项目。这些项目旨在发展具体技能，比如语言互动、学习积极性和朗读能力。

学前教育提供了第三种方法，从一开始——儿童幼年的后期——就致力于减少社会不公。尽管很多国家的学前教育在学习方面的效果不太显著，但近期国际调查结果显示，学前教育能够对之后学生的学习成绩带来好处，能让学生有好的开端。大多数国家的学前教育并非强制性的，因此，要有效地减少社会不平等，就不能让学前教育成为高收入、信息渠道多的家长的专利，而现实却往往就是那样的[27]。

追求公平过程中遗留的差距和矛盾

中学阶段所采取的一些措施除了面临干预较晚所受的挑战外，还面临一系列的矛盾。一方面，努力让学生所在的学校能够招收更多来自不同背景的学生，另一方面要重点关注那些最弱势的学生——这一点在隔离环境中更容易达成，对于这一对不可避免的矛盾本节暂时不予讨论。

寻求自治与责任之间的平衡点

当地理位置成为教育干预的基础，地方政府（而不是中央政府）就被推到了第一线。这无意中会导致学生之间因所处的城市不同而差异加大。不管城市财力是否雄厚、有没有关注学校教育问题，城市都是影响学校教育的重要因素。此外，特别关注某些学校会导致一些非弱势学生逃避这些学校，因为家长可能不愿意子女就读的学校被贴上那样的标签。这是从法国教育优先区项目上观察到的结果。

城市与城市之间的这种不平等会带来另外一个问题，这个问题关系到对变化乃至对教育系统的监督。如今，大多数欧洲国家已经实行了某种程度的权力下放政策。权力下放能够通过限制官僚作风、改进财务控制来提高效率，并且能够提高学校对社区的响应程度，这样能够激励学校改善自身工作。然而，学校自治的各个方面和学生平均成绩之间的关系不大[28]，人们普遍猜想学校自治和决策权力下放具有积极效果，但这种猜想并未得到证实。此外更重要的是，其他研究[29]证明，和选择性招生政策一样，权力下放对于学校（或地区）内学生表现的一致性不利，因此会造成更加不公平的状况。

人们普遍承认[30]，没有一个中央政府的监控系统和控制标准，权力下放以及学校为顺应学生群体所做的改变一定会扩大学习成绩的差距和不同形式的社会不平等,进而不利于教育公平和社会凝聚力。在不损害公平和社会凝聚力的前提下,提高效率的最好办法似乎是国家要明确对制定标准和管理评估进行一定的控制。例如,英国的学校和地方政府都有很大的自主权,自 20 世纪 90 年代以来促成了一种新的平衡。学校始终要负责教学,而中央政府负责制定国家课程标准,包括详细的目标和定期评估测试内容。教育标准局每隔 6 年访问一次学校,根据给定的一系列标准评估学生的成绩,然后写两份报告,其中一份是开放的,另一份专门提供给学校。针对检查发现的问题,提供给学校的报告解释了寻找解决问题的方案的策略。[31]然而,要达到这种国家管理和地方自治的平衡非常困难,权力下放仍然困难重重。

110

解决矛盾的私人利益

使学校更贴合其"客户",顺应他们的需求,也给私人利益提供了更多自由发挥的空间。换句话说,响应当地需求的刺激有时可能会引发选择机制,或者被迫支持已经处于优势的群体。

在给定的学校模式下,家庭的私人利益与教师的利益交互作用,因为权力集中可能影响后者的自主权,使更高层影响力更大。此外,即使大多数教师都致力于教育公平,但他们都是专业人员,他们的工作条件非常重要,而这两者有时候会发生冲突。例如在法国,尽管人们普遍承认,最弱的学生比表现较好的同学需要更多在学校的时间,法国教育部最近却缩短教学周,取消了星期六上午的课程,毫不意外教师参与了促成此事。

任何改革想要取得成功,都应该真正得到教师和家长的共同支持,这是一个摆脱不了的困境。那样的成功并不总是能够实现,因为鉴于利益的分歧,不平等的各种群体想方设法地为自己的孩子获取稀缺的教育资源,尤其是在这样一个环境下:接受教育是社会经济地位上升的有效手段,而专业人士也努力地维护自己的工作条件。例如,这会导致教师喜欢同等水平班级,因为这种班级易于管理。即使最差的班级教学更具挑战性、对学生更不利,但是为处于同一水平的学生专门定制适合他们的教学计划比管理不同水平和能力的学生更加容易。在这种竞争下,私人利益至上,而全球目标(比如均衡学生的平均水平或社会凝聚力)仅仅成为抽象的概念。

111

和教师一样,家长也不会被动地旁观当地通过政策来重新分配资源。每当一些措施或项目向所有人开放或目标尚不确定的时候,最有特权的父母往往会为自己的孩子而垄断这些资源。尤其是每当进行分班时更是如此。即使他们的儿子或女儿成绩平平，有最佳信息渠道和最有特权的家庭通常将自己的孩子送进最有挑战性（但也最有益的）班级。与那些孩子成绩不相上下的来自工薪阶层的学生，他们的家长则更多的是让他们做自主选择[32]。

同时，往往很难干预家庭，说服父母让孩子参加某个项目。这就是为什么在一些国家，项目要涵盖更大的范围，包括社区和资源。这也就是为什么会出现"学习社区"的概念。例如，巴塞罗那的"城市教育项目"旨在形成一个综合的教育网络，能够将公共机构和公民社会代表整合到一起。公民社会代表提供各种各样的活动，如音乐或艺术，而公共机构负责发展公共交通和翻新学校设备[33]。

尽管这些项目在某些方面是有效的，但促进教育平等的主要困难是父母想要为他们的孩子获取不平等的资源，让他们的孩子取得最大可能的成功，这样他们才能在今后的人生中处于最优位置。在社会和文化方面与学校最贴合的家庭也最清楚学校之间、学科之间、班级之间的些微不同。

法国经验中的教训

为了平衡学生、家长、教师、学校和各级政府之间的利益冲突，决策者以民主方式针对现状制定了教育优先和相关政策。这些决策者必须摒弃简单的教育政策方向，即使这种方式很受欢迎。最常见的也是最受欢迎的方式是依赖于开放的教育制度以减少社会不平等。自 20 世纪 60 年代以来教育面临着急剧扩张的法国就是这种情况。高中毕业会考合格，才能取得高等教育机会。从 20 世纪 50 年代到 80 年代，在一代人时间内获得高中毕业文凭的比例平缓上升，从 50 年代的大约 5％上升到 80 年代初的28％。随后法国在 1981 年设定政治目标——"在一代人时间内让 80％的学生拿到中学文凭"，这一目标使得拿到中学文凭的学生人数迅速上升，1993 年升至 55％，2005年升至 63％，大概自 2000 年起，维持在 63％到 66％之间。这种教育体系的扩张是法国社会党政府自 1981 年上任后的主要目标之一。此后各届政府，无论其政治倾向如何，均重申坚持这一目标，法国在政治议题上很少能达到如此的一致，其原因是这些政策的目的是要使学习成绩趋于平均化，同时减少法国学生之间的差距。教育扩张也开始被当成一种目的进行提倡。

相较于其他政策,比如择校政策,增加上学机会似乎是一个不那么明显具有阶级偏见的政策。然而,仅仅增加上学机会并不是一个有效的策略。在法国,纯量化目标使得教育质量的问题遭到忽视,像是要实行什么样的教育,教育对象是谁,教育目标是什么之类问题。研究表明[34],更多的教育机会并没有带来更大的社会流动性,随之而来的是获得学位的人在就业市场得到的机会却有所恶化,而且,社会不平等现象非但没有减少,反而转移到一个更高的层次。法国的实践表明,教育决策者不能仅仅设定具体目标,并用纯量化的方式评估这些目标的实现情况。尽管有争议的目标也能对教育目标产生重要的动力,但是是否能够评估这样的目标并对数据所反映出的问题做出回应却是另一回事。虽然一些研究者认为责任制是改善教育体系的关键[35],其他人则担心过分依赖于严格的责任制和循证实践可能会以牺牲家长、教师以及所有与教育相关的人之间的民主辩论为代价[36]。

结论

在国家层面上,教育是一个重要问题,也是敏感的政治问题,公共利益会获得普遍认可。然而,正如本章所述,要明白什么是公共利益非常具有挑战性,必须在追求公平和社会凝聚力方面作出权衡。例如,究竟是选择推进学前教育或终身学习,还是推进高等教育,需要决定是优先考虑当前最弱势群体还是优先考虑最优势群体,最优势群体往往是最具有社会影响力的。

国家的工作重点也很重要:如果将社会凝聚力而不是经济创新作为首要目标,一个国家将制定不同的教育政策。在第一种情况下,针对社区每一个成员的学前或共同核心课程优先,而在第二种情况下,为取得最高成就的竞争性强的高等教育占据上风。此外,从社会凝聚力的角度来看,教育不应该只关注学习成绩,社会技能的发展和身心健康的提升同样重要。因此,尽管"相同的多来一点"是容易达到也是各方达成一致的目标,但是教学内容、教育质量和教育分布比数量更重要。

这种权衡是不可避免的,因为没有一个国家有无限的资源分配给教育。如果社会凝聚力才是真正的目标,应优先考虑高质量的学前、小学、中学教育,即使这必须以更多地限制高等教育的发展为代价。做出选择将会引起一些争论,因为教育像其他领域一样,不只通过科学研究决定,而社会冲突、政治优先事项和不同政策的权衡等因素也

113

很重要。

　　教育不是万能药，教育根植于整个社会。研究表明，儿童之间的差异出现在他们进入学校之前，是由校外不平等的环境造成的。现在大多数欧洲国家普遍关注学生生活和学习的当地环境，将更多的注意力放在住房条件、城市改造、家庭收入支持和当地就业等方面。从这个角度看，成人培训至关重要。它带来了双重效益：向成年人投资不仅可以改变他们抚养孩子的方式，而且可以改变他们的工作方式。提供成人培训、终身学习和提供二次机会对经济利益、社会公平和社会福利都非常重要。

　　总之，在不公平的社会实现真正的机会均等是不可能的，因此，仅仅通过教育就想达到令人满意的社会凝聚力水平也是不可能的。然而，教育仍然是促进社会公平的一个重要方面。

注释

1. UNESCO. （2010）. *Education for all global monitoring report* 2010：*Reaching the marginalized*. Oxford/Paris：Oxford University Press and UNESCO.
2. Ibid.
3. Green, A. , Preston, J. , & Janmaat, G. （2006）. *Education, equality and social cohesion*. London：Palgrave.
4. European Commission. （2007）. *Progress towards the Lisbon Objectives in education and training*, （SEC 2007,1284）. Brussels：European Commission.
5. PISA (Programme for International Student Achievement) assesses 15 year olds' skills in literacy, numeracy and basic science, relying on comparable exercises. See OECD. （2001）. *Knowledge and skills for life. First results from PISA 2000*. Paris：OECD; OECD. （2003）. *Literacy skills for the world of tomorrow. Further results from PISA 2000*. Paris：OECD.
6. OECD. （2003）. *Literacy skills for the world of tomorrow*.
7. Danish Technological Institute. （2005）. *Explaining student performance. Evidence from the international PISA, TIMSS and PIRLS surveys*. Paris：OECD.
8. OECD. （2004）. *What makes school systems perform?* Paris：OECD.
9. Duru-Bellat, M. , & Suchaut, B. （2005）. Organization and context, efficiency and equity of Educational system. *European Educational Research Journal*, 4(3),181 - 194.
10. Danish Technological Institute. （2005）. *Explaining student performance*.
11. Hanushek, E. A. , & Wössmann, L. （2006）. Does educational tracking affect performance and inequality? Differences-in-differences evidence across countries. *The Economic Journal*, 11,63 - 76.
12. Duru-Bellat, M. （2007）. Social inequality in French education. In R. Tesse, S. Lamb, & M. Duru-Bellat (Eds.), *International studies in educational inequality, theory and policy*

2 (pp. 1 – 20). Dordrecht, DR: Springer.

13. Mons, N. (2007). *Les nouvelles politiques éducatives*. Paris: PUF.   114

14. Duru-Bellat, M. (2007). Quelle marge de manœuvre pour l'école, dans un environnement d'inégalités ? In S. Paugam (Ed.), *Repenser la solidarité* (pp. 669 – 685). Paris: PUF.

15. Duru-Bellat. (2007). Social inequality in French education.

16. MacBeath, J. , et al. (2001). *The impact of study support*. DfEE, Research Brief No 273, Londres.

17. Machin, S. , & Mac Nelly, S. (2004). *The literacy hour*. Discussion paper. Bonn: Institute for the Study of Labor (IZA).

18. For a synthesis of research on teacher and school effectiveness, see Scheerens, J. (2000). *Improving school effectiveness*. Paris: UNESCO, Fundamentals of Educational Planning; for a discussion, see Lupton, R. , & Thrupp, M. (2007). Taking local contexts more seriously. In Tesse, Lamb, & Duru-Bellat (Eds.), *International studies in educational inequality, theory and policy*.

19. Driessen, G. , & Dekkers, H. (2007). Educational inequality in the Netherlands: Policy, practice and effects. In Tesse, Lamb, & Duru-Bellat (Eds.), *International studies in educational inequality, theory and policy*.

20. Ibid.

21. Feinstein, L. , & Duckworth, K. (2006). *Development in the early years : Its importance for school performance and adult outcomes*. London: Centre for Research on the Wider Benefits of Learning.

22. Heckman, J. (2006). Skill formation and the economics of investing in disadvantaged children. *Science, 312*, 1900 – 1902.

23. Glass, N. (1999). Sure start: The development of an early intervention program for young children in the United Kingdom. *Children and Society, 13*, 257 – 264.

24. Pourtois, J. P. , & Desmet, H. (1991). L'éducation parentale. *Revue Française de pédagogie, 96*, 87 – 112.

25. Glass. (1999). Sure start.

26. Rumberger, R. , & Arellano, B. (2007). Understanding and addressing achievement gaps during the first four years of school in the United States. In Tesse, Lamb, & Duru-Bellat (Eds.), *International studies in educational inequality, theory and policy*.

27. Danish Technological Institute. (2005). *Explaining student performance*.

28. OECD. (2005). *School factors related to quality and equity. Results from PISA 2000*. Paris: OECD.

29. Mons. (2007). *Les nouvelles politiques éducatives*.

30. At least among American researchers. See Harris, D. , & Herrington, C. (2006). Accountability, standards and the growing achievement gap: Lessons from the past half century. *American Journal of Education, 112*(2), 209 – 238. Even if this issue is less dealt with in Europe, some comparisons between countries support this thesis. See Duru-Bellat, M. , & Meuret, D. (2003). English and French modes of regulation of the education

system: A comparison. *Comparative Education, 39*(4),463 - 477.

31. It is difficult to assess the specific impact of this mode of regulation; however, a comparison between England and France (with no regulation of this kind in the latter country) suggests that it may be partly responsible for the reinforcement of equity observed in the former country. See Duru-Bellat, M., & Meuret, D. (2003). English and French modes of regulation of the education system.

32. Duru-Bellat. (2007). Social inequality in French education.

33. Institut d'Educacio Ayuntament de Barcelona. (2005). *Schools and civic entities: Networking schools.* (PEC 2004 - 2007). Barcelona: Barcelona Educational Coordination Board.

34. Duru-Bellat, M. (2008). Recent trends in social reproduction in France: Should the political promises of education be revisited? *Journal of Education Policy, 23*(1),81 - 95.

35. Wossman, L. International evidence on school competition, autonomy and accountability. *Peabody Journal of Education, 82*(2 - 3),473 - 497.

36. Hammersley, M. (2005). Is the evidence-based practice movement doing more good than harm? *Evidence and Policy, 1*(1),85 - 100.

6

解决社会排斥群体中女孩的小学教育和中学教育问题[1]

Marlaine Lockheed 和 Maureen Lewis

面临的挑战：来自社会排斥群体的女孩

女童教育是一项人权，女童教育可以带来经济和社会效益，教育中实现性别平等是一个国际的目标。[2]这些责任和效益激励了全世界很多国家和财团，并取得了积极的成果。自 1960 年以来，发展中国家的小学男孩和女孩的入学率大幅上升，女孩的入学率逐渐与男孩的入学率持平。[3]在大多数地区，中学也呈现出这种趋势。然而，最近的研究估计，发展中国家大约有 6 400 万小学适龄儿童和 7 100 万中学低年级适龄青少年仍然无学可上。[4]这些失学儿童中多数是女孩——2008 年为 7 400 万，其中大约 70％来自"社会排斥群体"。[5]本章主要讨论这些处于双重弱势的女孩所面临的具体问题。[6]

社会排斥群体是指在他们自己的国家被边缘化的人口亚群，他们由于受到歧视和冷漠对待而无法获得所有公民都应该享受的社会权利和应受到的保护。[7]社会排斥群体包括少数民族、孤立的家族和使用非主要语言或非主导语言的群体。而且这种群体不仅仅是与多数人不同，他们的这种不同是被多数人看不起的。Loury 解释说，他们被边缘化是由于以下一个或多个现象：

116

- 遭受由多数族群或主体族群造成的近期历史创伤的影响。例如奴隶制的历史（如在巴西、美国、古巴的非洲裔）或被夺去故土的人（如加拿大或美国的土著人）。

- 不同于主体族群，包括不同民族、语言和宗教——如老挝的非泰老族，拉丁美洲的土著人，或撒哈拉以南非洲地区非主体部落。

- 地位低下，即被排斥群体的社会等级低于或从属于多数或主体人群，如欧洲的罗姆人、印度或尼泊尔种姓低的人。

- 非自愿少数民族地位（相对于自愿的少数民族移民群体），如被迫穿过边界的群体。

各地区的社会排斥群体各不相同。种族多、语言多的国家尤其面临风险。社会排斥对教育所产生的后果可能仅仅是令人不快，如教师在课堂上忽视某些学生，但也可能极其严重，如学校遭到破坏、教师和社区受到暴力威胁。被主流人口歧视使得社会排斥群体儿童无法参与教育。然而,在某些社会排斥群体,女孩的情势更为严峻,与儿子相比,家长送女儿上学的可能性更小,让她们早早辍学的可能性更大。

虽然与其他地区相比,失学的学龄女孩主要在非洲,但是女孩处于双重劣势的问题在拉丁美洲、亚洲和东欧最突出。[8]在这些地区的国家中,失学女孩通常来自社会排斥群体。她们上小学或读完小学再继续读中学的可能性比社会排斥群体中的男孩更小,也比主流群体女孩的可能性小,因此处于双重弱势,从而造成这些社会排斥群体中的性别差距大于主流群体中的性别差距。例如:

- 拉丁美洲:在危地马拉,26%的不说西班牙语的土著女孩读完小学,相比之下,不说西班牙语的土著男孩的比例为45%,说西班牙语的女孩的比例为62%。[9]在厄瓜多尔,15—17岁的土著女孩中的20%进入学校,相比之下,同一年龄段的土著男孩的比例是40%,非土著女孩的比例是54%。[10]
- 亚洲:在老挝,农村地区的非泰老族女孩只上不到两年的学,而非泰老族男孩上四年学,城市社区泰老族女孩则上8年的学。[11]在印度,15岁的部落女孩中大约有35%上学,相比之下,同龄的部落男孩和非部落女孩的比例约为60%。[12]在越南,学龄苗族女孩上小学的约为31%,相比之下,同龄苗族男孩的比例为51%,京族女孩和男孩的比例约为65%。[13]

117

- 东欧:在斯洛伐克共和国,9%的少数民族女孩上了中学,相比之下,斯洛伐克族女孩有54%上了中学。[14]在罗马尼亚,10岁以上罗姆族女性中读完中学的有25%,罗姆族男性的比例为34%,而非罗姆族女性的比例为62%。[15]在土耳其,8—15岁的库尔德女孩中有48%有学可上,相比之下,同龄库尔德男孩的比例是71%,而土耳其女孩的比例是75%。[16]

这些例子让我们对双重劣势的范围和程度有了一些了解,但是对文献的全面搜索发现,有确凿证据的这样的国家不足15个(有关上学的双重劣势的详细信息,请参阅表6.1)。在这些国家,"双重劣势"与下列几个方面有关:

- 曾经上过学(玻利维亚[17]、危地马拉[18]、中国[19])
- 目前在读(厄瓜多尔[20]、危地马拉[21]、印度[22]、尼日利亚[23]、土耳其[24]、越南[25])
- 读完的年数或年级(玻利维亚[26]、厄瓜多尔[27]、危地马拉[28]、印度[29]、老挝[30]、墨西哥[31]、秘鲁[32]、罗马尼亚[33])

● 通过测试掌握的学生成绩（厄瓜多尔[34]、埃塞俄比亚[35]、印度[36]、老挝[37]、秘鲁[38]）

表6.1　中低收入国家族群内部性别间入学差异

国家	研究[40]	研 究 发 现
玻利维亚	Jimenez, 2004	● 讲盖丘亚语和艾马拉语的土著女孩上学的概率比非土著女孩更小。 ● 讲盖丘亚语和艾马拉语的土著女孩提早辍学的概率比非土著女孩更大。
玻利维亚	Jimenez Pozo, Landa Casazola, & Yanez Aguilar, 2006	● 15岁及以上没有上学的土著女性占26%；同龄土著男性则为8%。 ● 7—14岁土著女孩上学的概率为39%；同龄土著男孩上学的概率为64%。
厄瓜多尔	Larrea & Montenegro Torres, 2006	15岁及以上土著女性有33%没有上学；而同龄土著男性只有14%没有上学。
厄瓜多尔	Garcia Aracil & Winkler, 2004	● 在厄瓜多尔，土著女孩完成学业率只有非土著女孩的一半，只有所有男孩的三分之一（以居住地和社会经济地位作为控制变量）。 ● 乡村地区小学辍学率高于城市地区，乡村地区学生辍学的一大因素是民族问题，城市地区没有这个问题。住在城市地区的女孩，不管是不是土著人，比男孩的保留率高34%，而住在乡村地区的女孩比男孩的保留率低35%。
厄瓜多尔	Garcia Aracil & Winter, 2006	● 12—14岁上学的土著女孩占62%；而同龄土著男孩有73%；非土著女孩有82%。 ● 15—17岁上学的土著女孩占20%；而土著男孩有40%；非土著女孩有65%。
危地马拉	Hallman & Peracca, 2007	● 15—19岁完成小学学业的土著女孩占25%；而同龄土著男孩有45%。上过学的土著男孩比土著女孩所占比例大。 ● 土著身份使农村地区儿童辍学的可能性上升30%。

续　表

国家	研究	研究发现
印度	Wu, Goldschm dt Boscardin Boscardin & Azamm, 2007	● 表列部落中 15 岁的女孩有 35% 在上学；同龄种姓部落男孩有 60% 在上学。
印度	Census of India, 2001	● 表列种姓和表列部落 7—14 岁女孩上学的有 63%，而同一族群男孩上学的有 74%。
印度	Asadullah Khambampati, & Boo, 2009	● 表列部落中 6—18 岁女孩上学的有 52%，而表列部落中男孩为 60%，印度族女孩为 58%。
印度	Bhalotra, 2009	● 官方数据称，表列种姓中 12—14 岁乡村女孩上学率为 66%；而同龄乡村表列种姓男孩为 82%；高种姓的乡村女孩为 76%。 ● 官方数据称，表列部落中 12—14 岁乡村女孩上学率为 57%；而同龄乡村表列种姓男孩为 73%；高种姓的乡村女孩为 76%。
印度	UNESCO Institute for Statistics, 2005	● 以家庭背景（父母教育背景、家庭规模、家庭财产、宗教和种姓）和社会因素（宗教、乡村还是城市）为控制变量，6—10 岁女孩上学的可能性与同龄男孩相比低 5.9%，部落儿童比非部落儿童上学的可能性低了 3.5%。 ● 因此，部落女孩上学的可能性较非部落男孩低 9.4%。
老挝	King & van de Walle, 2007	● 6—12 岁农村苗-瑶女孩有 48% 在上学；而农村苗-瑶男孩为 66%；同龄泰老族女孩为 81%。 ● 6—12 岁农村汉藏语系的女孩有 33% 在上学；同龄汉藏语系的男孩为 39%。 ● 12—15 岁非泰老族女孩中仅有 6.5% 上学；同龄农村非泰老族男孩为 12%；同龄泰老族女孩为 32%。
墨西哥	Ramirez, 2006	● 15 岁及以上的土著女性中 27% 没有上过学；土著男性则为 17%。 ● 15—21 岁土著女性平均上了 6.5 年学；而土著男性平均上了 7 年学。
尼泊尔	Stash & Hannum, 2001	● 男孩上学的可能性比女孩高 7 倍（以种姓和社会经济地位为控制变量）。 ● 高种姓儿童和尼瓦尔族儿童上学的可能性比低种姓儿童高 4—5 倍（以性别和社会经济地位为控制变量）。 ● 高种姓男孩上学的可能性比高种姓女孩上学的可能性高 1.5 倍（以种姓、性别和社会经济地位为控制变量）。 ● 尼瓦尔族男孩上学的可能性只有尼瓦尔族女孩的一半（以种姓、性别和社会经济地位为控制变量）。

120

续　表

国家	研究	研 究 发 现
121 尼日利亚	UNESCO Institute for Statistics, 2005	● 6—10岁女孩上学的可能性比同龄男孩低12％，以豪萨语为母语的儿童上学的可能性比以约鲁巴为母语的儿童上学的可能性低24％（以居住地和社会经济地位为控制变量）。 ● 因此，以豪萨语为母语的6—10岁女孩上学的可能性比以约鲁巴语为母语的男孩上学的可能性低36％。
巴基斯坦	Lloyd, Mete, & Grant, 2007	● 在农村，最低收入群族中女孩的上学率比男孩低45个百分点，最高收入群族中女孩的上学率比男孩低15个百分点。
秘鲁	Trivelli, 2006	● 15岁及以上土著女性平均上了5.6年学，而同龄土著男性平均上了7.6年学。 ● 7—14岁土著女孩平均上了3.5年学，而同龄土著男孩平均上了3.6年学。
罗马尼亚	Open Society Institute, 2007	● 农村罗姆族女孩有25％读到中学，而农村罗姆族男孩为34％，农村地区女孩为男女孩总体的62％。
南非	Lam, Ardington, & Leibbrandt, 2007	● 以社会经济地位和过去在校成绩为控制变量，非洲女孩比非洲男孩入学的可能性大。 ● 有色人种儿童不存在性别差异。
斯里兰卡	Arunatilake, 2006	● 9—11岁女孩比同龄男孩上学的可能性小3％，泰米尔儿童比僧伽罗儿童上学的可能性小7％（以社会经济地位和地方为控制变量）。 ● 因此，9—11岁的泰米尔女孩比同龄僧伽罗男孩上学的可能性小10％。
122 土耳其	Kirdar, 2007	● 6—15岁讲土耳其语的女孩不上学的可能性是讲土耳其语的男孩的1.98倍（以地区和家庭特征为控制变量）。 ● 讲库尔德语的女孩不上学的可能性是讲库尔德语的男孩的3.21倍（以地区和家庭特征为控制变量）。 ● 讲阿拉伯语的女孩不上学的可能性是讲阿拉伯语的男孩的2.29倍（以地区和家庭为控制变量）。
越南	Chi, 2009	● 在富安省，12岁的赫雷占族女孩上学的有57％；赫雷占族男孩为82％。在老街省，12岁苗族女孩上学的有72％，苗族男孩为81％；同龄京族女孩上学的有98％。

续 表

国家	研究	研究发现
越南	DeJaeghere & Miske, 2009	● 31％的小学适龄苗族女孩都有学可上,苗族男孩为51％;主体民族京族的同龄男孩和女孩为93％。 ● 在中学阶段,苗族女孩上学的为2％,苗族男孩为7％;而主体民族京族同龄男孩和女孩上学的占65％。
越南	Nguyen, 2006	● 以社会经济地位和地区为控制变量,6—18岁女孩上学的可能性是男孩的55％,非京族(少数民族)儿童比京族(主体民族)儿童上学的可能性大33％。 ● 因此,以地区和其他变量为控制变量,非京族女孩上学的可能性比同龄京族男孩小22％。

是什么让处于双重劣势的女孩失学?

有关导致受社会排斥的女孩失学的因素,文献中找到了四条主要证据,即法律或行政壁垒、学校质量低数量少、学校内的歧视、家庭对女孩教育的低需求,包括歧视。

法律法规

首先,法律和政府最大的障碍在于缺乏面向所有儿童的义务教育法律。然而,在过去的十年中缺乏这些法律的国家数量已大幅下降。一般而言,缺乏成文法律在大多数国家不构成重大障碍。[39]但一些教育政策和行政法规都不经意地对社会排斥群体中的女孩产生歧视。特别重要的障碍在于有关教学语言、性别隔离的学校、按课程和能力分班。

如果国家规定在小学使用统一的教学语言,而女孩说的却是与之不同的家庭语言,这时女孩就处于非常不利的地位。在一些将女童和妇女与外界隔离的国家尤为麻烦,这些国家中女童和妇女在上学前被剥夺了学习第二语言(国家官方语言)的机会[41]。例如,摩洛哥讲柏柏尔语的女孩和土耳其讲库尔德语的女孩在上学前很少有机会去学习阿拉伯语或土耳其语。相比之下,柏柏尔和库尔德男孩则有机会从"街上"或从他们的父亲(其工作语言为官方语言)那里学习到阿拉伯语和土耳其语[42]。

一些国家要求男孩和女孩分别上男校和女校,比如巴基斯坦[43]。如果一个村庄能够建一个学校,这通常意味着女孩比男孩学习的机会更少。由于很多社会排斥群体都生活在又小又偏远的村庄,这些村庄实际上只有一个学校,因此实行性别隔离可能会对社会排斥群体中的女孩产生更大影响。有趣的是,在公立学校提供男女分开教育的巴基斯坦,农村的父母愿意送他们的儿子和女儿去私立男女混合学校,送他们的年幼儿子到女儿所在的女子学校,这表明父母可能并不像教育部门那么担心男女合校。[44]

　　一些国家会在小学阶段或初中阶段结束后举行"选择性"或"指导性"考试,将女孩和社会排斥群体的孩子进行分流,以使其获得不同的中学教育机会。[45]许多国家在中学阶段为男生和女生分别设置职业课程;通常,女孩的职业课程更易使她们将来从事较低收入的职业。由于社会排斥群体中的孩子更有可能选择职业课程而非学术性课程,因此这些社会排斥群体中的女孩更加处于不利地位。但也有例外。在印度,低种姓的男孩倾向于选择以马拉地语为教学语言的培训"符合种姓"传统职业的学校,而低种姓女孩却不能这样选择。相反,女孩进入以英语为教学语言的学校,这使她们今后在劳动力市场和婚恋市场都受益颇多,拥有更好的就业选择、更高的工资,并通过婚姻向上层流动进入更高的种姓。[46]很多国家都有行政法规,规定女孩能否在怀孕期间继续上学或者在生产后重返学校。通常,这些法规都规定女孩不能继续上学,这意味着女孩被剥夺了所有继续接受教育的机会,而涉事男孩并不会受到处罚。因为社会排斥群体中的女孩往往比主流群体的女孩结婚早,所以这一政策对她们的影响可能非常大。

学校的配备和质量

　　第二,社会排斥儿童更有可能住在农村,远离学校。比如在越南,主体民族儿童离最近的初级中学平均只有0.2公里,但是少数民族儿童所住地方离学校的距离却是他们的十倍多,平均为2.4公里。[47]在老挝乡村,主体民族泰老族孩子所住地方离学校平均距离为7公里,而非泰老族的少数民族儿童所住地方离最近学校的距离却是20公里。[48]在埃塞俄比亚的一些乡村地区,离最近学校的平均距离超过8公里。[49]

　　农村学校比城镇学校的条件差。在撒哈拉以南非洲地区的14个国家,乡村学校的建筑没有城镇学校好,供电供水更差,厕所、教学设施和设备也更少。[50]此外,社会排斥群体所读的学校教育教学质量更差:教学材料匮乏,教师经常缺勤,学生不懂教学所使用的国家或者地区官方语言,仍然采用以教师为中心的教学法。例如,在非洲的14个国家,相比于城镇学校,农村学校用于阅读的教学材料更少,教师在阅读测试中成绩更差。[51]在老挝,讲少数民族语言的学生所读的农村学校比主体民族泰老族学生

所读的农村学校物资更少。[52]农村学校教师的缺勤率比城镇学校更高；在六个国家，研 124
究者首次到访时有 20％至 50％的教师缺勤。[53]这种现象对男女学生都有影响，但是一
些研究证明，学校距离远、教育质量差的问题对女生造成的影响比男生更大，因此，对
社会排斥女生的影响比社会排斥男生的影响更大。[54]

歧视

第三，如果学校和教师对学生有歧视、不公平待遇，家长可能会选择不让孩子上
学。[55]社会排斥群体的女孩所坐位子通常远离教师，课本等学习材料较少，而且没有人
会欢迎她们参与课堂讨论。

教师对社会排斥群体女孩的表现的评价没有对男孩或主流群体的孩子的评价那
么正面。最近在印度进行的一项实验发现，种姓低的教师在给种姓低的女孩考试评分
时，往往充满歧视，而种姓高的教师则不会。[56]有关课堂上这种双重劣势的研究不多，
也很少有关于发展中国家课堂观察的研究，但是少量关于课堂性别歧视或种族歧视的
研究表明，这种双重劣势可能是一个问题。比如在也门的小学中，女孩通常坐在教室
的后面，距离黑板和老师较远[57]；在印度，低种姓达利特儿童在课堂上会遭到教师和非
达利特同学的忽视甚至不公平对待[58]。

另一种歧视来自教科书的内容，教科书上的内容往往会忽视妇女和少数民族的贡
献，会增强人们对他们的刻板印象。"在各种经济发展层次和各种性别公平层次的国
家"，女性出现在教科书上的概率都低于男性。[59]例如科威特、秘鲁、新加坡和赞比亚等
国家的教科书上的插图，女性的仅为四分之一，剩下的四分之三都是男性。在土耳其
新修订的教科书上男孩和女孩同样多，但是男人和女人的插图比例为二比一。[60]当女
孩和妇女出现在教科书中时，通常是传统的、家庭的、顺从的形象。例如，在西非中学
课本上，有关现代职业的插图中男性出现的概率是女性的三倍。[61]在肯尼亚，家庭活动
全是女性的形象；在坦桑尼亚，小学生所用的教科书上职业都是刻板印象，教科书上的
插画中男性是女性的两倍，从事的职业种类也是女性的两倍。[62]在中国，小学阶段的所 125
有学科、所有年级的课本中都有关于职业和性格的性别定型。[63]在某些情况下，教科书
中少数民族的形象不好，导致少数民族遭到更加严重的社会排斥。[64]农村儿童可能会
觉得教科书中的内容很陌生，比如在孟加拉国，国家教科书"主要讲述城市中的生活、
人物和例子，使农村人口更加边缘化，也加深了性别定型"[65]。在土耳其，少数民族在
教科书中是被忽视的，这不利于加强社会凝聚力和民族团结。[66]

教育的直接成本和机会成本

第四，考虑到教育的直接成本和机会成本，同时家长可能会认为让女童接受教育的投资回报率很低，因此选择不让孩子上学。[67]对童工的经济需要是农村地区家长不送孩子上学的重要原因之一。[68]大多数社会排斥群体都很贫穷，教育的直接成本占家庭收入一大部分。这些成本包括校服、课本、交通，即使免除学生学费或者给予补贴，家长也有可能不让孩子上学。[69]

在很多国家，与社会排斥群体中的男性和社会主流群体中的女性相比，社会排斥群体中的女性的教育所带来的经济回报更低，部分原因是劳动市场对她们有歧视，家长因此不愿意对女孩进行教育投资。[70]最后，对女孩安全方面的担忧也是重要方面，尤其少女是虐待、强奸、绑架的主要目标[71]，一些事故就发生在女孩上学途中。为了避免这些风险，父母可能会让女孩待在家里。在很多国家，距离学校远是一个重要的限制因素，因为上学距离远就意味着女生遇到危险的概率也更大。然而，上文提到过，处于双重劣势的女孩往往家离学校距离较远。

为社会排斥群体中的女孩谋求公平的项目

在一些社会排斥群体多以及民族、语言、经济和社会多元化程度高的国家，来自社会排斥群体的女孩在教育上处于双重劣势地位。提高这些国家所有处于社会劣势地位的儿童的上学机会和教育质量能够大大缩小这种性别差距，但是还需要有专门针对社会排斥群体中女孩教育的弥补性项目。

然而，为促进女童和社会排斥群体的教育所实施的干预项目的效果如何，大多数的相关研究只关注一个方面——要么是性别方面，要么是社会排斥方面，而不是二者兼有；极少有研究关注那些项目对社会排斥群体中女孩的教育结果有什么影响。[72]然而，我们可以推断，要让社会排斥群体中女孩有学可上需要不同的途径，成本也十分高昂。文化差异、语言差异和女孩的特殊需要提高了成本，因为每个群体都需要量身定制一套新方法。在增加上学机会和增加教育需求两方面的投资对社会排斥群体尤其是女孩的入学率和保留率至关重要。但专门针对社会排斥群体中女孩的项目效果究竟如何，还没有确凿的证据，多边机构和非政府组织的工作很少进行实证评估。[73]虽然仍存在许多问题,但是对于双重劣势的女孩来说,有几种项目还是值得期待的,一些证据证明了其有效性。

让孩子做好上学准备,让学校更适合孩子学习

能够帮助新手妈妈并为孩子提供健康和营养干预的学前教育项目可以让孩子做好上学准备。由于女生营养不良通常与社会上的性别歧视密切相关[74,75],这样的项目可以特别有效地增加社会排斥群体的教育和生活机会。能够加强儿童营养并和处于劣势的母亲紧密合作的项目比只提供儿童看护的项目成功得多。这些项目可以在教育中心,也可以在家里进行,提供日托、营养和教育服务的家庭项目能够加强弱势儿童的入学准备。在印度,针对贫困女孩的儿童早期教育中心能够帮助提高这些女孩之后在小学的保留率。在巴西、土耳其、玻利维亚和印度,来自社会排斥群体的母亲和孩子共同参与的学前教育项目有效地降低了孩子之后在小学的辍学率,提高了她们的学习成绩。[76]

一些国家在小学用当地语言教学,比如许多土著人口众多的拉丁美洲国家、将使用母语教学作为教育政策的印度和埃塞俄比亚,以及最近的摩洛哥,那里的柏柏尔人社区的孩子刚刚获得用母语学习的权利。在小学用当地语言教学可能会增加女孩的机会,然而证据极为有限。Benson为联合国教科文组织所做的文献综述认为,引入母语阅读、写作和思维能力对于提高社会排斥群体中女孩的入学率和保留率非常有意义。[77]但她也指出:"使用母语教学和学习本身并不能为女性提供平等的学习机会,但显然,使用母语教学能够改善所有学生的学习条件,尤其是女孩。"[78]另一项研究指出,关于撒哈拉以南非洲地区来自少数语言群体的女孩所遭受的双重劣势问题,"似乎还没有一项深入的研究可以证明使用母语的小学教育或含母语的双语教育与女孩的上学及学业的成功密切相关"[79]。通过双语或多语教育使学校适应语言异质性,能够为本地语言教学到官方语言教学架起桥梁。[80]但专家警告说,这些项目的成功很大程度上是取决于许多不同的因素。

127

确保学校有最基本的教学和学习条件

由于家离学校距离远在很多国家都是社会排斥群体女孩上学的主要障碍之一,所以增加学校数量非常关键。[81]在巴基斯坦,村里有一所学校就会增加10到14岁女孩上学的概率,在该国的农村地区,如果家离学校的距离小于2公里,女孩辍学的概率也会降低。[82]在老挝,女孩就近选择社区学校的概率远远高于选择离家远的学校。[83]在阿富

汗的两个农村地区,村庄里建立的社区学校将6—11岁女孩的入学率从18%提高到了68%,并且大大降低了早期辍学率。[84]

要确保每个村庄都有一所学校通常意味着需要建设新的学校。尽管建设新学校不仅仅针对遭受社会排斥的女孩或者社区,但是她们却能从学校建设中受益,比如在印度尼西亚,大规模的学校建设使教育程度上的性别差距缩小一半,并且显著缩小了农村和城市差距。[85]在印度,15年的学校建设和扩张(地区小学教育计划之后又实施了国家小学教育项目——the Sarva Shiksha Abhiyan),最初是针对地区女性识字率的,但是对大龄女童的入学率产生了积极影响,也明显提高了部落女孩的入学率,从1983年的17%提高到2004年的52%。[86]

学校的质量也很重要,因为学校质量影响到女孩是否上学,以及上多长时间。学校设施的质量和课程的质量也很重要。质量差的学校会出现屋顶漏水、墙壁破损、卫生设施不完善,以及教师缺勤、课本和教学材料总是不到位的问题。

女孩比男孩对学校的设施更加敏感,质量的差异会影响社会排斥群体中女孩的入学率和保留率。King和van de Walle在老挝的研究以及Lloyd和她的同事们在埃及的研究都发现,与男孩相比,女孩们进质量差的学校的可能性更小,辍学的可能性更大。[87]在巴基斯坦,较之于资源缺乏的单性别公立学校,女孩更有可能留在水、电、厕所、家具等设施较好的混合性别的私立学校。[88]在老挝,女孩们更愿意选择年级齐全、有电、屋顶不漏水的学校。[89]在莫桑比克,女孩更可能会选择有水泥教室的学校,男孩却不会。[90]在印度尼西亚,学校是否有厕所关系到女孩数学成绩的好坏,而不是男孩,这表明如果学校有厕所,就能保护女孩的隐私,女孩也会更愿意选择这种学校。[91]

学生成绩差也能反映出学校质量差的问题,在质量差的学校实施提高质量的项目能够使社会排斥群体的孩子获益。举一个智利的例子,20世纪90年代智利实施了三个教育项目,为教育质量最差的学校提供额外支持,帮助其提高质量。McEwan对将近20万名8年级学生的成绩分析后发现,这些项目不仅促进了学习,还极大地缩小了土著和非土著学生之间的成绩差距——缩小了30%。[92]

教学时间增加、教学质量提高对于女孩的益处也大于男孩。在巴基斯坦,如果教师在学校,又住在本社区,而且班级规模较小的话,女孩辍学的概率会降低。[93]在埃及,如果学校的教学日时间较长、教师固定,而不是有多个班次、教师不固定,女孩辍学的概率也会降低。[94]成功提高乡村学校教师出勤率的项目包括印度采取的对出勤教师直接进行奖励加上摄像验证的做法,和肯尼亚采取的由社区聘用和监管合同制教师的做法,但是这两个项目对女孩的影响都不如对男孩的影响大。[95]在肯尼亚,学校质量对男女混合学校女孩的辍学率的影响是矛盾的:如果学校的教学材料较为丰富,教师认为数学对女孩很重要的话,女孩辍学的概率会降低,但如果学校里有较多具有资格证书的教师,女孩的辍学率则会上升;男孩则不受这些因素的影响。[96]

在某些情况下,单性别学校以及女教师较多可以提供更安全、更可靠的选择,尤其是对中学里的女孩,尽管女子学校的资源可能不如男子学校。例如在巴基斯坦农村,女子学校与男子学校相比水、电或家具更加缺乏,女子学校的教师受教育程度也比男子学校教师低,缺勤率却更高。[97]单性别学校的影响在不同的国家各不相同。比如在肯尼亚,单性别学校的女孩被男老师和男同学骚扰的概率更低,因此比男女混合学校女孩留在学校的可能性大。相比之下,在巴基斯坦女孩常常没有上学机会,因为巴基斯坦的法律强制要求学校必须是单性别,而社区往往又会选择建立男子学校。[98]

129

在发展中国家消除课堂歧视的措施发展很慢。大多数这样的措施都致力于消除教科书上的偏见和刻板印象,但是进展非常缓慢,而且往往只是应对来自外部的影响。[99]然而,建立识别教科书上性别和种族偏见的标准以及选择代表委员会来审查教科书插图和内容,都可以提高对这些问题的认识。

让家长和社区参与其中

以社区为基础的学校,或位于单独的村庄或社区的学校都提高了阿富汗[100]、布基纳法索[101]、印度[102]等国女孩的入学率。在阿富汗,17 个省的乡村地区实行 PACE-A 项目来支持以社区为基础的学校;社区提供场地给学校,而项目为学生提供教育材料,为教师提供教材和培训,并为教师提供持续的支持。对古尔省的两个区实行项目的效果进行评估发现,这一项目将 6—11 岁女孩的入学率提高了 50 个百分点,而同龄男孩的入学率增加了 35 个百分点。[103]在布基纳法索,BRIGHT 项目在女孩入学率最低的 10 个省建造学校;该项目还提供了互补性干预措施,包括日常学校膳食,对正常出勤的女孩提供饮食补贴、动员活动及成人扫盲培训。项目的影响评估发现,6—12 岁女孩的入学率从 34% 上升到 56%;相比之下,同龄男孩的入学率从 36% 上升到 54%。[104]在印度拉贾斯坦邦,以社区为基础的学校聘用业余教师,允许社区选择和监督教师,聘请兼职人员护送社会排斥群体的女孩上学。世界银行 1999 年的一项研究发现,这些学校儿童的入学率、出勤率、考试成绩都比公立学校高。[105]

非正式学校往往专门针对农村地区的女孩和孩子,由非政府组织运作,非正式学校一直非常有效地为社会排斥群体的孩子提供教育。如果这些学校提供高质量的教育,以帮助学生融入正式教育系统中,而不是作为正规学校系统之外的低质量选择,那么这些学校就可以对女童教育产生积极的影响。一个广为人知的例子来自孟加拉国,孟加拉国乡村进步委员会创办的学校运转了 30 年。乡村委员会学校提供 2—3 年儿童母语教育,以使孩子们能够转入正式的学校系统;乡村委员会学校中 70％ 的学生是女生,大多数学生都能够成功转入正式系统。[106]孟加拉国是为数不多的能够在小学和中学教育中达到性别平等的低收入国家,但它以民族成分相对单一著称。[107]还有很多类似项目,但是这些项目对于处于双重劣势的女孩有什么影响几乎没有正式评估。例如,一份关于在撒哈拉以南非洲地区 39 个国家实施的"互补性教育项目"的审核报告称,总共有 152 个类似项目,造福数百万的孩子,但大多数项目没有对影响进行正式评估,而且数据没有按性别或民族进行分类。[108]

130

通过远程教育和扩展课程提供学校替代选择

远程教育是又一种增加社会排斥群体的女孩上学途径的选择。互动式广播教学提供数学、国语和科学的系统课程,已经在 20 多个国家的小学成功实行。因为教学是通过广播传播的,偏远农村的社会排斥群体的儿童也能够接收到。研究表明,接受广播教学的学生甚至比在学校由正规教师教授的学生学到的知识还多,即使在艰难的情况下也是如此。[109]在中学阶段,墨西哥 40 多年前建立的"电视中学"项目每年通过电视和网络惠及 100 多万名七至九年级的学生,使缺少初级中学的农村地区的孩子有了上学机会。七年级学生中有四分之三的学生一直读到九年级。[110]这个项目已经扩展到该地区的其他国家,危地马拉对这个项目进行了大幅调整,危地马拉许多土著女孩都缺乏教育机会。[111]解决中学教育的距离问题对于人烟稀少的地区尤为重要,这些地区的女孩可能需要走很多公里才能到达一个正规学校,这就使得上学途中遇险概率升高。然而,社会排斥社区的儿童能够接受远程教育却会阻碍父母送女孩去正规学校,以及阻碍政府在更加靠近那些社区的地方建立正规学校。

提供弥补性项目

家长对教育的支持有助于学生更好地学习,贫困家庭经常无法提供所需的支持:家里的书、学生所用的书桌等教育辅助设备以及字母玩具、给孩子朗读等早期家庭教育活动。为了弥补贫困造成的家庭学习资源缺乏的影响，许多国家为社会排斥群体儿童设立了量身定制的项目，以提高学习成果。

为落后学生提供的校内辅导项目提高了学习成绩，让他们赶上其他学生。巴西、印度和西班牙都提供有针对性的校内或课外弥补项目，旨在提高弱势群体学生的成绩。评估发现这些项目有助于社会排斥群体孩子留在学校，并提高他们的成绩。例如，Banerjee 和他的同事随机评估了印度实施的一个教育补救项目，该项目雇用高中毕业女生辅导学习成绩落后的小学学龄儿童，他们发现该项目显著提高了目标儿童的学习成绩，成绩提高最显著的是家庭贫困的儿童，并且没有显现出性别差异。[112] 印度的另一个项目是以软件为基础帮助二、三年级学生学习英语的校内教育辅导项目，对该项目进行的随机评估发现，表列部落女孩的学习成绩提高了 0.62 个标准差，表列部落男孩的学习成绩提高了 0.67 个标准差。[113] 虽然没有发现这些项目对女孩过分有利，但它们对目标人群的男孩和女孩均有好处，这表明针对社会排斥女孩的教育补救项目可以提高她们的成绩。

对弱势儿童进行的课后辅导也提高了入学率，降低留级率和辍学率，提高考试成绩。然而，课后辅导会成为一大问题，因为教师可能为了经济利益而在正常上课时间不好好教学——减少教学时间和教学内容，而且也会给低收入家庭带来沉重的经济负担。[114] 女孩的家庭责任也可能限制她们参加课后辅导。课后辅导项目需要谨慎实施，以避免这些负面影响。

女孩上学的资金激励

社会排斥群体基本上是一个国家最贫困的群体。这些家庭不太可能将一个受过教育的女儿看作一种资产，而她们受教育所需的直接和间接成本也可能成为另一个阻碍她们上学的因素。[115] 因此，激励女童上学可能是必要的。研究表明，有条件的现金调拨、奖学金，甚至仅仅是有机会获得奖学金都能促进女孩的学习，并使贫困家庭的孩子能够留在学校。

有条件的现金调拨将资源扩展到家庭中，支付这些家庭送孩子上学的部分费用，使社会救济与良好品行紧紧相连。虽然其实施在很多情况下有一定困难，但有条件现金调拨项目还是能够激励家庭送孩子去学校。[116] 在孟加拉国、巴西、厄瓜多尔和墨西哥等一些国家实施的现金调拨项目成功地提高了入学率和出勤率，但还没有研究专门关注到这些项目对社会排斥群体女孩是否成功。巴西的"学校奖学金"项目为最贫穷的

132　家庭提供拨款,条件是他们的孩子必须按时上学,该项目提高了这些儿童的出勤率,降低了辍学率。厄瓜多尔的有条件现金调拨项目是基于巴西项目的激励机制,对该项目的一项随机评估显示,儿童总体入学率提高了3.7个百分点,女孩的入学率提高更多。[117]在孟加拉国,教育不公的改善取决于学校的参与度,为贫困家庭提供的教育食物项目提高了女生的入学率和出勤率。有一个项目对土著男孩的益处大于女孩,即墨西哥的"机会/进步"项目,该项目为继续送女儿上学的家庭提供资助。尽管该项目成功地让很多辍学的女孩重返学校,但是对土著女孩的效果却不如预期。确切地说,土著男孩在这个项目中获得的益处大于土著女孩。[118]如果目标定位不准确,花费在有条件现金调拨项目上的资源就可能达不到预期效果。此外,在社会排斥群体女孩相对较少的国家,如墨西哥,激励系统的增量成本可能是负担得起的,但在辍学女孩多的国家,有条件现金调拨项目也许并不可行。

　　奖学金和助学金也负担了一部分上学成本。中学的奖学金项目为女孩提供资助和鼓励,让女孩待在学校。奖学金能够补偿有关家庭教育的直接和间接成本,对于将成本看作女孩上学一大障碍的家庭是非常有效的。在一些国家奖学金项目非常有效,尤其是孟加拉国,奖学金使女童入学率提高到全国平均水平的两倍。[119]助学金项目也为教育成本提供补偿,但还与校服、书籍、材料和交通等投入有关。甚至仅仅是有机会获得奖学金也能够提高学生的成绩。在肯尼亚,Kremer和他的同事们进行了一项随机评估,评估女生奖学金激励(即有机会获得奖学金)对女孩学习成绩的影响。此次实验涉及127所学校,实验发现设立女生奖学金的学校的男孩和女孩比对照组学校的学习成绩更好。[120]但是,没有单独研究该奖学金项目对社会排斥群体中女孩的影响。

不足的证据

　　到目前为止,很少有关于项目影响的评估能够提供实验证据证明项目对社会排斥群体女孩有明显效果。要识别出哪些项目对社会排斥群体女孩是有用的,并对这些项目做出评估,需要有关于社会排斥和性别的数据,但是各国关于双重劣势的发生并没有详细的记载。

　　根据联合国教科文组织统计,14个2015年之前可能无法实现全民教育的大国中的失学儿童占据了全球失学儿童的80%,这些国家中,除了四个国家之外,其他国家

都有很多社会排斥群体。[121] 然而,大多数国际原始资料和发展中国家的数据都没有将
教育数据按性别和社会群体的类型进行分解。相比之下,几个经合组织国家将教育程
度数据分解为男性多数群体和女性多数群体数据以及男性少数群体和女性少数群体
数据。例如,澳大利亚、加拿大、新西兰和美国等国将高中毕业率分为男性土著人和女
性土著人数据、男性非土著人和女性非土著人数据。在一些国家,家庭调查和普查中
也涉及此类信息的问题,但均未对数据进行分析;研究中显著的例外总结在表 6.1 中。

　　有关社会排斥群体的女孩(而不是所有女孩)项目的信息更为有限。一些项目依
靠地理位置确定对象,适用于孤立的独自生活的社会排斥群体社区,可以通过语言识
别,在柬埔寨、危地马拉、老挝和越南就是这样。针对贫穷的农村少数民族聚居区女孩
的项目可以提高她们的学校参与度。然而,针对城市社会排斥群体女孩的项目可能更
加困难,因为会出现民族识别的敏感问题。此外,还有很多没有解决的问题,其中
包括:

- 问题到底有多大? 即,各国究竟有多少失学女孩是社会排斥群体中的女孩?
- 在什么条件下项目才能有效地解决这些社会排斥群体女孩的上学问题? 才能
  让她们留在学校并接受教育?
- 实施这些项目需要多大成本?

结论

　　要普及小学教育和中学教育,剩下的最大挑战就是如何解决社会排斥群体中女孩
的问题。能够有效地吸引并留住女孩继续上学的项目的共同特征是:这些项目都在
社区内或者村内建校,并为学生和教师提供优质教学材料(通常用当地语言编写),通
过培训和其他常规职业发展对老师提供支持,还可能有鼓励女孩上学的特殊激励机
制。当然,这样的项目可能使社会排斥群体中的所有孩子都受益。

　　针对社会排斥群体中的女孩的优质项目尤其难以开展,原因至少有三个。这种社
区学校中每个学生的花费可能高于全国平均水平,国家向社会排斥群体提供和改善教
育机会的动力可能不大,外部资源也可能有限。此外,可用的有效项目的实验证据只
基于少数国家的研究,因此难以归纳有效项目的普遍性。

　　积极的一方面是,发展中国家教育机会的持续增长无疑将继续提高社会排斥群体

134　　中女孩的学校参与度，正如以前那样，尽管差距仍然存在。

推荐的做法

加快教育发展需要在三方面共同努力。

第一步需要更好地理解国家和国家的地区内存在的社会排斥的本质。这将确保所采取的措施更加具有针对性。沿着这条线，联合国教科文组织统计研究所应该要求各国尽可能地提供学生的学校参与度和成绩等数据，各社会群体的数据应按性别分类。将国际的入学率数据按性别分类对于监督性别公平的进展尤为重要，监督社会排斥群体中女孩教育的改善情况同样如此。

第二，捐助者应该支持已经有实验证明能够对社会排斥群体女孩产生积极影响的项目。此篇综述着重描述了这样的一些项目，但大部分的研究对于哪些项目适合社会排斥群体的女孩却基本没有涉及。可以建立一个信托基金，为凡是惠及社会排斥群体女孩并能够让她们留在学校接受教育的项目提供资金支持。

第三，由于旨在提高社会排斥群体女孩的学校参与度的项目尚缺乏严格而独立的研究来评估其影响，因此双边、多边和私人捐助者有必要通过支持研究和评估来帮助扩大关于那些项目有效的知识库。需要采取两种项目策略。第一种策略是专注于那些针对失学儿童相对较少的国家的项目，且这些国家的失学儿童中占比例最高的是社会排斥群体的女孩，比如拉丁美洲。在这些国家，广泛的干预措施可能是可行的，因为排斥的规模不大，所以能够负担得起大多数的方法，而研究和评估可以将选择范围缩小到成本效益最高的项目上。第二种策略是专注于在非洲和南亚的项目，这些地区相关研究的证据很少，社会排斥群体女孩占比最大，成本约束可能会使得一些方法不可行。在这里，可选择的低成本项目可能会较少。

近年来，在发展中国家进行项目影响评价已经取得了重大进展，但正如本章所指出的那样，仍然任重道远。尽管目前人们还不够了解特定干预措施的影响难以获得更广泛的捐助来支持这类干预措施，但是近来以证据为基础的政策引起了关注，这表明没有证据，很少会有捐助者愿意提供资源。[122] 如果有证据在手，就有可能加快缩小社会排斥群体女孩教育差距的进程。

注释

1. This chapter is based on Lewis, M. A. , & Lockheed, M. E. (2006). *Inexcusable absence*：

Why 60 million girls still aren't in school and what to do about it. Washington, DC: Center 　135
for Global Development; and Lewis, M. A. , & Lockheed, M. E. (Eds.). (2007).
Exclusion, gender and education: Case studies from the developing world. Washington,
DC: Center for Global Development.

2. Birdsall, N. , Levine, R. , & Ibrahim, A. (Eds.). (2005). *Towards universal primary
education: Investments, incentives and institutions*. Sterling, VA: Stylus Publishing;
Schultz, T. P. (2002). Why governments should invest more to educate girls. *World
Development, 30*, 207–25; UNESCO. (2010). *EFA global monitoring report 2011: The
hidden crisis*. Paris: UNESCO; Baker, D. , & Wiseman, A. (Eds.). (2009). *Gender,
equality and education from international and comparative perspectives*. Bingley: Emerald
Group Publishing.

3. Baker, D. , & LeTendre, G. (2005). *National differences, global similarities: World
culture and the future of schooling*. Palo Alto, CA: Stanford University Press.

4. UNESCO. (2010). *EFA global monitoring report 2011*.

5. Lewis & Lockheed. (2006). *Inexcusable absence*; Lewis & Lockheed (Eds.) (2007).
Exclusion, gender and education.

6. Much has been written on the general topic of girls' education in developing countries. See,
for example: Birdsall, Levine, & Ibrahim (2005). *Towards universal primary education*;
King, E. , & Hill, A. M. (Eds.). (1993). *Women's education in developing countries:
Barriers, benefits and policies*. Baltimore: Johns Hopkins University Press; Lloyd, C.
(Ed.). (2004). *Growing up global: The changing transitions to adulthood in developing
countries*. Washington, DC: National Academies Press.

7. Loury, G. C. Social exclusion and ethnic groups: The challenge to economics. In B.
Pleskovic, & J. Stiglitz (Eds.), *Annual World Bank conference on development
economics*. Washington, DC: The World Bank; Meerman, J. (2005). Oppressed people:
Economic mobility of the socially excluded. *Journal of Socioeconomics, 34*, 543–567.

8. Lewis & Lockheed. (2006). *Inexcusable absence*.

9. Hallman, K. , & Peracca, S. (2007). Indigenous girls in Guatemala: Poverty and location.
In Lewis & Lockheed (Eds.), *Exclusion, gender and education*. Washington, DC: Center
for Global Development.

10. Garcia-Aracil, A. , & Winter, C. (2004). Gender and ethnicity differentials in school
attainment and labor market earnings in Ecuador. *World Development, 34*, 289–307.

11. King, E. , & van der Walle, D. (2007). Girls in Lao PDR: Ethnic affiliation, poverty and
location. In Lewis & Lockheed (Eds.), *Exclusion, gender and education*. Washington,
DC: Center for Global Development.

12. Wu, K. B. , Goldschmidt, P. , Boscardin, C. K. , & Azam, M. (2007). Caste and tribal
girls in India: Residuals of historic discrimination. In Lewis & Lockheed (Eds.),
Exclusion, gender and education. Washington, DC: Center for Global Development.

13. DeJaeghere, J. , & Miske, S. (2009). Limits of and possibilities for equality: An analysis
of discourses and practices of gendered relations, ethnic traditions, and poverty among non-

majority ethnic girls in Vietnam. In Baker & Wiseman (Eds.), *Gender, equality and education*. Bingley: Emerald Group Publishing.

14. Ringold, D., Orenstein, M., & Wilkens, E. (2005). *Roma in an expanding Europe: Breaking the poverty cycle*. Washington, DC: The World Bank.

15. Open Society Institute. (2007). *Equal access to quality education for Roma, Vol. 1*. Budapest: Open Society Institute.

16. Kirdar, M. (2007, November 7). *Explaining ethnic disparities in school enrollment in Turkey*. Middle East Technical University, Personal RePEc Archive Paper No. 2649, Munich.

17. Jimenez, W. (2004). Diferencias de acceso a la educación primarios según condición étnica en Bolivia. In D. Winkler, & S. Cueto (Eds.), *Etnicidad, raza, genero y educación en América Latina*. Washington, DC: Inter-American Dialogue, Partnership for Educational Revitalization in the Americas.

18. Hallman & Perraca. (2007). Indigenous girls in Guatemala.

19. Hannum, E. (2002). Educational stratification by ethnicity in China: Enrollment and attainment in the early reform years. *Demography, 39*, 95 – 117.

20. Garcia-Aracil & Winkler. (2004). Gender and ethnicity differentials.

21. Hallman & Perraca. (2007). Indigenous girls in Guatemala.

22. Census of India 2001; Asadullah, M. N., Kambhampati, U., & Lopez Boo, F. (2009). *Social divisions in school participation and attainment in India: 1983 – 2004*, Inter-American Development Bank Research Department Working Paper 4637. Washington, DC: Inter-American Development Bank.

23. UNESCO Institute for Statistics (UIS). (2005). *Children out of school: Measuring exclusion from primary education*. Montreal: UNESCO.

24. Kirdar. (2007). *Explaining ethnic disparities*.

25. Nguyen, P. (2006). Effects of social class and school conditions on educational enrollment and achievement of boys and girls in rural Vietnam. *International Journal of Educational Research, 45*, 153 – 175; Chi, T. H. (2009). *Schooling as lived and told: Contrasting impacts of education policies for ethnic minority children in Vietnam seen from Young Lives Surveys*. Paper commissioned for the *Education for all global monitoring report 2010: Reaching the marginalized*. Paris: UNESCO.

26. Jimenez. (2004). Diferencias de acceso a la educación primarios.

27. Garcia-Aracil & Winkler. (2004). Gender and ethnicity differentials.

28. Hallman & Perraca. (2007). Indigenous girls in Guatemala

29. Asadullah and others. (2009). Social divisions in school participation and attainment in India.

30. King & van der Walle. (2007). Girls in Lao PDR.

31. Ramirez, A. (2006). Mexico. In G. Hall, & H. A. Patrinos (Eds.), *Indigenous peoples, poverty and human development in Latin America*. New York: Palgrave.

32. Trivelli, C. (2006). Peru. In Hall & Patrinos (Eds.), *Indigenous peoples, poverty and*

136

human development in Latin America.

33. Open Society Institute. (2007). *Equal access to quality education for Roma.*

34. Garcia-Aracil & Winkler. (2004). Gender and ethnicity differentials.

35. Woldehanna, T. , Jones, N. , & Tefera, B. (2005 January 1). Children's educational completion rates and achievement: Implications for Ethiopia's second poverty reduction strategy, 2006 - 2010. (Young Lives Working Paper 18). London: Young Lives.

36. Wu, K. , Goldschmidt, P. , Boscardin, C. K. , & Azam, M. (2007). Girls in India: Poverty, location and social disparities. In Lewis & Lockheed (Eds.), *Exclusion, gender and education.* Washington, DC: Center for Global Development.

37. Postlethwaite, N. , personal communication to Marlaine Lockheed, 2006.

38. Cueto, S. , & Secada, W. (2004). Oportunidades de aprendizaje y rendimiento en matemática de niños y niñas aymará, quechua y castellano hablantes en escuelas bilingües y monolingües en Puno, Perú. In Winkler, & Cueto (Eds.), *Etnicidad, raza, genero y educación en América Latina.* Washington, DC: Inter-American Dialogue, Partnership for Educational Revitalization in the Americas.

39. Tomaschevski, K. (2001). *Annual report to the UN Commission on Human Rights by the Special Rapporteur on Education.* Geneva: Commission on Human Rights.

40. All studies in this table have been cited in this chapter, with the exception of the following: Arunatilake, N. (2006). Education participation in Sri Lanka-Why all are not in school. *International Journal of Educational Research, 445*, 137 - 151; Jimenez Pozo, W. , Landa Casazola, F. , & Yanez Aguilar, E. (2006). Bolivia. In G. Hall, & H. A. Patrinos (Eds.), *Indigenous peoples, poverty and human development in Latin America.* New York: Palgrave; Hannum, E. and Adams, J. (2007). Girls in Gansu, China: Expectations and Aspirations for Secondary Schooling. In M. A. Lewis & M. E. Lockheed (Eds.). *Exclusion, Gender and Education: Case Studies from the Developing World.* Washington, D. C. : Center for Global Development; Larrea, C. , & Montenegro Torres, F. (2006). Ecuador. In G. Hall, & H. A. Patrinos (Eds.), *Indigenous peoples, poverty and human development in Latin America.* New York: Palgrave; Stash, S. , & Hannum, E. (2001). Who goes to school? Educational stratification by gender, caste and ethnicity in Nepal. *Comparative Education Review, 45*, 354 - 378; Lam, C. , Ardington, C. , & Leibbrandt, M. (2007, April). *Schooling as a lottery: Racial differences in school advancement in urban South Africa.* University of Michigan Department of Economics, Ann Arbor; Bhalotra, S. (2009). Educational deficits and social identity in India. Paper commissioned for the *EFA global monitoring report 2010: Reaching the marginalized.* Paris: UNESCO.

41. Benson, C. (2005). *Mother tongue-based teaching and education for girls.* Bangkok: UNESCO.

42. This would not affect girls from cultures where the seclusion of women is not practiced, as in the case of the relatively egalitarian Meitei of Bangladesh. A study of Meitei speakers found no gender differences in comprehension of Bangla, the national language. Kim, A. , & Kim, S.

137

(2008). *Meitei (Manipuri) speakers in Bangladesh: A sociolinguistic survey*. SIL Electronic Survey report 2008 – 002 (February), SIL International. Retrieved from http://www.sil.org/silesr/abstract.asp?ref=2008-002.

43. Greg Mortenson has brought widespread attention to this issue in his books *Three Cups of Tea* and *Stones into Schools*, but it has also been well documented in the scholarly literature on girls' education in Arab and Arab-influenced countries; see, for example, Kirk, D., & Napier, D. (2009). Issues of gender, equality, education and national development in the United Arab Emirates. In Baker & Wiseman (Eds.), *Gender, equality and education*. Bingley: Emerald Group Publishing.

44. Lewis & Lockheed. (2007). *Exclusion, gender and education*.

45. Mete, C. (2004). The inequality implications of highly selective promotion practices. *Economics of Education Review, 23*, 301 – 314; Lockheed, M., & Mete, C. (2007). Tunisia: Strong central policies for gender equity. In Lewis & Lockheed (Eds.). (2007). *Exclusion, gender and education*. Washington, DC: Center for Global Development.

46. Munshi, K., & Rosenzweig, M. (2006). Traditional institutions meet the modern world: Caste, gender and schooling choice in a globalizing economy. *American Economic Review, 96*, 1225 – 1252.

47. van de Walle, D., & Gunewardena, D. (2001). Sources of ethnic inequality in Vietnam. *Journal of Development Economics, 65*, 177 – 207.

48. King & van der Walle. (2007). Girls in Lao PDR.

49. Woldehanna, Jones, & Tefera. (2005). *Children's educational completion rates and achievement*.

50. Zhang, Y. (2006). Urban-rural literacy gaps in sub-Saharan Africa: The roles of socioeconomic status and school quality. *Comparative Education Review, 50*, 581 – 602.

51. Ibid.

52. King & van der Walle. (2007). Girls in Lao PDR.

53. Chaudhury, N., Hammer, J., Kremer, M., Muralidharan, K., & Rogers, F. (2005). Missing in action: Teacher and health worker absence in developing countries. *Journal of Economic Perspectives, 19*, 91 – 116.

54. Lewis & Lockheed. (2006). *Inexcusable absence*.

55. Ringold, Orenstein, & Wilkens. (2003). *Roma in an expanding Europe*; Narayan, D. (2000). *Voices of the poor*. New York: Oxford University Press.

56. Hanna, R., & Linden, L. (2009). *Measuring discrimination in education* (NBER working paper 15057). Cambridge, MA: National Bureau of Economic Research.

57. Worth, R. F. (2008, February 27). Despite caste-less society in Yemen, generations languish at bottom of ladder. *New York Times*, p. A14.

58. World Bank. (2003). *World development report 2004: Making services work for poor people*. Washington, DC: World Bank. (1996). *India: Primary education achievement and challenges*. South Asia Country Department Report No. 15756-IN. Washington, DC: World Bank.

59. Blumberg, R. (2007). *Gender bias in textbooks: A hidden obstacle on the road to gender*

equality in education. Background paper for the 2008 Education for All Global Monitoring Report, Education for all by *2015-Will we make it?* (p. 33). Paris: UNESCO.

60. Esen, Y. (2007). Sexism in school textbooks prepared under education reform in Turkey. *Journal for Critical Education Policy Studies, 5*(2); Mkuchu, S. (2004). *Gender roles in textbooks as a function of hidden curriculum in Tanzania primary schools.* Unpublished doctoral dissertation, University of South Africa.

61. Biraimah, K. *Gender division of labor in West African secondary school textbooks.* Unpublished doctoral dissertation. As cited in Mkuchu, 2004.

62. Mkuchu. (2004). *Gender roles in textbooks.*

63. Blumberg. (2007). *Gender bias in textbooks.*

64. Heyneman, S., & Todoric-Bebic, S. (2000). A renewed sense for the purposes of schooling: The challenges of education and social cohesion in Asia, Africa, Latin America, Europe and Central Asia. *Prospects, 30*, 145 – 166.

65. Banu, L. F. A. (2009). Problems and misconceptions facing the primary language education in Bangladesh: An analysis of curricular and pedagogic practices. *BRAC University Journal, 6*(1 – 10),6.

66. Esen. (2007). Sexism in school textbooks.

67. Alderman, H., & King, E. (1998). Gender differences in parental investment in education. *Structural Changes and Economic Dynamics, 9*, 453 – 468.

68. Basu, K., & Tzannatos, Z. (2003). The global child labor problem: What do we know and what can we do? *World Bank Economic Review, 17*, 147 – 174.

69. Kattan, R., & Burnett, N. (2004). *User fees in primary education.* Washington, DC: World Bank, Human Development Network.

70. Nopo, H., Saavedera, J., & Torero, M. (2004). *Ethnicity and earnings in urban Peru.* Discussion paper 980, Institute for the Study of Labor, Bonn, Germany; Hall & Patrinos (Eds.). (2006). *Indigenous peoples, poverty and human development in Latin America*; Mario, E. G., & Wolcock, M. (2007). *Assessing social exclusion and mobility in Brazil.* Brasilia: Instituto de Pesquisa Economica Applicada and World Bank.

71. Kim, J. H., & Bailey, S. (2003). *Unsafe schools: A literature review of school-related gender-based violence in developing countries.* Arlington, VA: Development and Training Services, Inc.; Mbassa Menick, D. (2001, September 28). *Les abus sexuels en milieu scolaire au Cameroun.* Paper presented at the Committee on the Rights of the Child Day of General Discussion on Violence against Children within the Family and in Schools, Geneva; Ohsako, T. (Ed.). (1997). *Violence at school: Global issues and interventions.* Paris: UNESCO; Mgalla, Z., Boerma, J. T., & Schapink, D. (1998). Protecting school girls against sexual exploitation: A guardian program in Mwanza, Tanzania. *Reproductive Health Matters, 7*,19.

72. For example, the Abdul Latif Jameel Poverty Action Lab (J-PAL) of MIT carries out regular impact evaluations of important education interventions for poor children, but to date the studies have not examined program impacts on socially excluded girls.

138

73. A recent scan of the *Best Evidence Encyclopedia* found only one review of effective education programs in developing countries, all of which focused on CCTs: Slavin, R. (2009 February). *Can financial incentives enhance educational outcomes? Evidence from international experiments.* Baltimore, MD: Johns Hopkins University School of Education Center for Data-Driven Reform in Education (CDDRE).

74. UNICEF. (2009). *State of the world's children 2009.* New York: UNICEF.

75. UNICEF. (2009). *Tracking progress on child and maternal health and nutrition: A survival and development priority.* New York: UNICEF.

76. Paes de Barros, R. , & Mendonça, R. (1999). *Costs and benefits of pre-school education in Brazil.* Rio de Janeiro: Institute of Applied Economic Research; Kaul, V. , Ramachandran, C. , & Upadhyaya, G. C. (1993). *Import of early childhood education on retention in primary grades: A longitudinal study.* New Delhi: The National Council of Educational Research and Training, New Delhi; Kagitcibasi, C. (1996). *Family and human development across cultures: A view from the other side.* Mahwah, NJ: Lawrence Erlbaum; Behrman, J. R. , Cheng, Y. , & Todd, P. (2004). Evaluating preschool programs when length of exposure to the program varies: A nonparametric approach. *Review of Economics and Statistics, 86,* 108 - 132.

77. Benson. (2005). *Mother tongue-based teaching and education for girls.*

78. Ibid. , p. 6.

79. Alidou, H. , Boly, A. , Brock-Utne, B. , Diallo, Y. S. , Heugh, K. , & Wolff, H. E. (2006). *Optimizing learning and education in Africa — The language factor* (p. 45). Paper prepared for the Association for the Development of Education in Africa 2006 biennial meeting. Libreville, Gabon.

80. Kosonen, K. , Young, C. , & Malone, S. (2006). *Promoting literacy in multilingual settings.* Bangkok: UNESCO.

81. Filmer, D. (2004). *If you build it, will they come? School availability and school enrollment in 21 poor countries* (World Bank Policy Research Working Paper 3340). Washington, DC: World Bank.

82. Bilquees, F. , & Saqib, N. (2004). *Dropout rates and inter-school movements: Evidence from panel data in Pakistan.* Islamabad: Pakistan Institute of Development Economics; Lloyd, C. B. , Mete, C. , & Grant, M. (2007). Rural girls in Pakistan: Constraints of policy and culture. In Lewis & Lockheed (Eds.), *Exclusion, gender and education.* Washington, DC: Center for Global Development.

83. King & van de Walle. (2007). Girls in Lao PDR.

84. Burde, D. , & Linden, L. (2009). *The effect of proximity on school enrollment: Evidence from a controlled randomized trial in Afghanistan.* New York: Columbia University and New York University.

85. Duflo, E. (2000). Schooling and labor market consequences of school construction in Indonesia: Evidence from an unusual policy experiment. *American Economic Review, 91* (4), 795 - 813; Jayasundera, T. (2005, November). *Who benefits most from public*

investment in education：*Evidence from Indonesia*．Paper presented at the 75th Annual Southern Economic Association Conference, Washington, DC.

86. Jalan, J., & Glinskaya, E. (2003). *Improving primary school education in India*：*An impact assessment of DPEP-Phase 1*. Washington, DC：World Bank; Asadullah, Kambhampati, & Boo. (2009) *Social divisions in school participation and attainment in India*：*1983 - 2004*.

87. King & van de Walle (2007). Girls in Lao PDR; Lloyd, C. B. , El Tawila, S. , Clark, W. , & Mensch, B. (2003). The impact of educational quality on school exit in Egypt. *Comparative Education Review*, 47(4), 444 - 467.

88. Lloyd, Mete, & Grant. (2007). Rural girls in Pakistan.

89. King & van de Walle. (2007). Girls in Lao PDR.

90. Handa, S. (2002). Raising primary school enrolment in developing countries：The relative importance of supply and demand. *Journal of Development Economics*, 69, 103 - 128.

91. Suryadarma, D. , Suryahadi, A. , Sumarto, S. , & Rogers, F. H. (2004). *The determinants of student performance in Indonesian public primary schools*：*The role of teachers and schools* (Working Paper). Jakarta：Social Monitoring and Early Response Unit (SMERU) Research Institute.

92. McEwan, P. (2006). *The fortuitous decline of ethnic inequality in Chilean schools*. Wellesley, MA：Wellesley College.

93. Lloyd, Mete, & Grant. (2007). Rural girls in Pakistan.

94. Lloyd, El Tawila, Clark, & Mensch. (2003). The impact of educational quality on school exit in Egypt.

95. Banerjee, A. , Banerji, R. , Duflo, E. , Glennerster, R. , & Khemani, S. (2010). Pitfalls of participatory programs：Evidence from a randomized evaluation in education in India. *American Economic Journal*：*Economic Policy*, 2(1), 1 - 30; Duflo, E. , Dupas, P. , & Kremer, M. (2007). *Peer effects, pupil-teacher ratios and teacher incentives*：*Evidence from a randomized evaluation in Kenya* (Working Paper). Cambridge, MA：MIT/ Poverty Action Lab.

96. Lloyd, C. B. , Mensch, B. S. , & Clark, W. H. (2000). The effects of primary school quality on school dropout among Kenyan girls and boys. *Comparative Education Review*, 44(2), 113 - 147.

97. Lloyd, Mete, & Grant. (2007). Rural girls in Pakistan.

98. Ibid.

99. Blumberg. (2007). *Gender bias in textbooks*.

100. Burde & Linden. (2009). *The effect of proximity on school enrollment*.

101. Levy, D. , Sloan, M. , Linden, L. , & Kazianga, H. (2009). *Impact evaluation of Burkina Faso's BRIGHT program*. Princeton, NJ：Mathematica Policy Research.

102. Sipahimalani-Rao, V. , & Clarke, P. (2003). *A review of educational progress and reform in the District Primary Education Program* (*DPEP I and II*) (DPEP Evaluation Report 1). New Delhi：World Bank, Human Development Department of the South Asia

Region.

103. Burde & Linden. (2009). *The effect of proximity on school enrollment*.

104. Levy, Sloan, Linden, & Kazianga. (2009). *Impact evaluation of Burkina Faso's BRIGHT program*.

105. World Bank. (1999). *PAD for Rajasthan district primary education program*. Washington, DC：World Bank.

106. Rugh, A., & Bossert, H. (1998). *Involving communities：Participation in the delivery of education programs*. Washington, DC：United States Agency for International Development.

107. UNESCO. (2010). *EFA global monitoring report 2011*.

108. Balwanz, D., Moore, A. S., & DeStefano, J. (2006). *Complementary education programs in Association for the Development of Education in Africa (ADEA) countries*. Paper prepared for the ADEA Biennial on Education in Africa, Libreville, Gabon.

109. Bosch, A. (1997). *Interactive radio instruction：Twenty-three years of improving educational quality*. Washington, DC：World Bank, Human Development Network; Ho, J., & Thrukal, H. (2009). *Tuned in to student success：Assessing the impact of interactive radio instruction for the hardest-to-reach*. Washington, DC：Education Development Center, Inc.

110. Calderoni, J. (1998). *Telesecundaria：Using TV to bring education to rural Mexico*. In Education and Technology Technical Notes Series, *3*(2). Washington, DC：World Bank.

111. Hall & Patrinos (Eds.). (2006). *Indigenous peoples, poverty and human development in Latin America*.

112. Banerjee, A., Cole, S., Duflo, E., & Linden, L. (2006). Remedying education：Evidence from two randomized experiments in India. *Quarterly Journal of Economics*, *122*,1235 – 1264; Banerjee, Banerji, Duflo, Glennerster, & Khemani. (2009). *Pitfalls of participatory programs*.

113. He, F., Linden, L., & MacLeod, M. (2007). *Teaching what teachers don't know：An assessment of the Pratham English language program* (draft). New York：Columbia University.

114. Bray, M. (1996). *Counting the full cost：Parental and community financing of education in East Asia*. Washington, DC：World Bank; Bray, M. (2007). Governance and free education：Directions, mechanisms and policy tensions. *Prospects*, *37*,23 – 36.

115. Much has been written on why parents may not view girls' education as an asset：a girl may be married out of the family and community, taking her "asset" to the new family; educated girls may have difficulty finding a comparably educated husband; the opportunity cost of girls' time in terms of household work may be higher than boys.

116. Morley, S., & Coady, D. (2003). *From social assistance to social development*. Washington, DC：Center for Global Development; Schady, N., & Araujo, M. C. (2006). *Cash transfers, conditions, school enrollment and child work：Evidence from a randomized experiment in Ecuador* (Policy Research Working Paper 3930). Washington, DC：World Bank.

140

117. Schady & Araujo. (2006). *Cash transfers, conditions, school enrollment and child work.*

118. De Janvry, A. , & Sadoulet, E. (2006). Making conditional cash transfer programs more efficient: Designing for maximum effect of the conditionality. *The World Bank Economic Review, 20*, 1 – 30.

119. Khandker, S. , Pitt M. M. , & Fuwa, N. (2003, March). *Promoting girls' secondary education: An evaluation of the female secondary school stipend programs of Bangladesh.* Paper presented at the annual meetings of the Population Association of America, Minneapolis.

120. Kremer, M. , Miguel, E. , & Thornton, R. (2004). *Incentives to learn.* Cambridge, MA: MIT/Poverty Action Lab.

121. UNESCO. (2010). *EFA global monitoring report 2011.* ; Lewis & Lockheed. (2006). *Inexcusable absence.*

122. See, for example, the International Institute for Impact Evaluation (3iE).   141

7

将全纳教育纳入全民教育的有效途径

Bob Prouty、Koli Banik 和
Deepa Srikantaiah

全民教育运动在全世界努力确保所有儿童获得优质教育的机会。[1]全民教育已取得重大进展，2000 年，未上小学的儿童人数从 1 亿人降至 7 200 万人。[2]尽管取得了这一进展，但身体和精神残疾的儿童是被排除在教育之外的最大儿童群体。[3]此外，一些国家的官方政策歧视残疾儿童，给他们贴上诸如"智力缺陷"和/或"遗传因素"等标签。[4]

本章讨论与增加残疾儿童获得教育机会相关的挑战，并介绍在国际上应对这些挑战所正在采取的行动。本章特别着眼于促进公平的计划以及在实施这些计划方面仍然存在的挑战。以下给出了一些国家的例子，这些国家开展了残疾人计划，通过"全民教育—快车道倡议"获得支持。[5]

残疾儿童接受公平教育所面临的挑战

获得公平教育上的差距程度

在世界各地估计 1.5 亿的残疾儿童中[6]，五分之四生活在低收入国家，获得服务的机会非常有限。残疾人中百分比最高的地区是撒哈拉以南的非洲地区。在这些国家中，残疾儿童很少能有效获得教育、保健、康复或支援服务。在一些贫困国家，5 岁以下残疾儿童的死亡率高达 80％，因为缺乏基本的卫生保健，患有严重残疾的儿童的生存率很低。[7]此外，相比于其他儿童，残疾儿童接受学校教育的机会更少，而即使对于那些上学的残疾儿童而言，他们也可能因为不合适的教学方法、评估工具和设施而被排除在真正的教育之外。

从低收入国家的小学入学率和毕业率上看，残疾与教育边缘化之间的联系是显而易见的。例如，2010 年《全民教育全球监测报告》指出，在马拉维和坦桑尼亚，残疾儿童无法上学的可能性加倍；在布基纳法索（图 7.1），这一可能性更大。[8,9]

国家数据通常根据残疾的性质揭示不同的教育后果。在布基纳法索，身体残疾儿童的入学率为 40％，仅略低于全国入学率，但患有聋、哑、失明或精神障碍的儿童的入学率远低于患有其他身体残疾、不需要调整教学方法的儿童。[10]聋哑或有听力障碍的儿童在历史上饱受歧视，在 1984 年联合国教科文组织才确认手语为有效的聋哑儿童

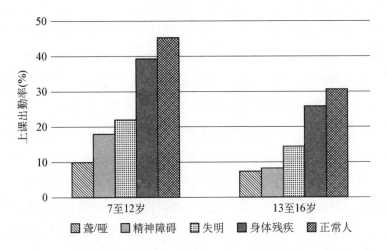

图 7.1　布基纳法索的残疾儿童面临着不同程度的深层次劣势。源自
UNESCO. (2010). *EFA Global Monitoring Report*，*Reaching the*
Marginalized. Paris：UNESCO.

143

教学语言。在世界各地使用的 100 多种不同手语中，只有少数几种实际上已在课堂中
使用。

获得公平教育的障碍

　　研究表明，教育部门的态度、家庭的恐惧、知识的缺乏、对身患残疾的耻辱感和脱
离社区是目前教育系统和服务不符合残疾儿童需要的主要原因。[11]特别是教育将残疾
儿童描述为无法取得智力成就这一点非常有问题。此外，经常与残疾挂钩的高度耻辱
感也许意味着父母和其他家庭成员不愿透露孩子的残疾情况。在许多情况下，残疾儿
童出生后甚至没有登记，因此他们不为社会服务部门或学校所知。[12]

　　获得公平教育的另一个障碍是缺乏提供专门的社会和技术支持的能力。许多失
学儿童数量最多的低收入国家缺乏技术来帮助残疾儿童或依靠不恰当的进口技术。
尽管 Metts 发现，许多国家"开始用更适合其社会和经济环境的方法来增加和替代其
进口的计划和项目"，但残酷的现实是，更多的国家极少给予支持。[13]此外，特别是在农
村地区，大多数儿童无法获得社会服务，而那些行动不便和/或有着多种残疾的儿童则
更加受到边缘化。与学校的物理距离、设施的布置和设计以及缺乏合格教师，这些都

是农村残疾儿童在入学和完成学业时所面临的障碍。[14]

受冲突影响的国家或出现人道主义紧急情况或自然灾害的国家在教育残疾儿童方面同样面临特别的挑战。这些国家残疾儿童人数通常会增加，为残疾儿童提供学校教育和其他服务的能力会下降。据联合国负责武装冲突儿童问题的秘书长办公室介绍，约有600万儿童因冲突而受伤或永久性残疾。这些孩子往往第一个被家庭所遗弃，同时也常常最后才获得紧急救济和支持。[15]此外，联合国儿童基金会报告称，人道主义工作人员并不总会去帮助残疾儿童或受害者。[16]

在许多低收入国家，由于教师培训与残疾儿童的主要教育模式之间的脱节，这些儿童获得教育机会的障碍更加严重。[17]这种不协调往往反映在教育提供的结构上。在许多国家，学龄残疾儿童的教育服务即使存在，也不是教育部门的职责，同时也没有计划将残疾儿童纳入更大的教育体制中。甚至对于捐赠人而言，残疾儿童的教育在国家或国际层面很少被认为是全民教育所面临的挑战的核心。这意味着目前支持和执行全球教育工作的方式几乎不能消除残疾儿童在获取教育上的障碍，因为没有一致的残疾人计划支持体系。

为学校提供使残疾儿童获得优质教育所需的工具是教育发展面临的最大挑战之一。然而，它也提供了一个重要的机会，因为增加获取教育机会实际上降低了整体包容的成本，并为所有儿童提供了诸多好处。高估获得教育机会的成本通常反映出知识和经验的缺乏。[18]新建校舍增加残疾儿童设施的花费一般不到建筑总费用的1％；然而，改造现有建筑物的成本要大得多。

定义残疾和包容性的挑战

改善残疾人受教育的机会，从而确保他们参与所在社区的权利，这是赋予他们与非残疾成员拥有相同的权利和选择的重要一步。然而，对残疾的定义、分类和特征国际上未达成一致，这使得关于何种计划能够促进这一群体的公平性的比较研究变得难以验证。[19]不同国家经常广泛地使用不同的分类、定义和临界值来区分"残疾"和"非残疾"人士。[20]2010年《全民教育全球监测报告》写道："残疾"是"涵盖多种情况的通用术语。例如患有自闭症的儿童可能与视力部分受损或失去一条胳膊的儿童面临的与教育相关的种种挑战迥然不同"。[21]

关于哪些内容组成了"包容性"，对此有很多争议。有些人质疑整体包容性的实用性,例如,聋人群体中的许多人把向其他失聪儿童和教师提供支持看作是人权问题。包容在这种情况下被理解为在相互理解、相互交流、分享经验的环境之下的包容。聋人群体以外的一些人同样也持有这一愿景,也可能与全纳教育的主旨相左。而这呈现出一些困境,例如,短期特殊需要教育课堂或学校的建立可能成为将学生纳入常规课堂的长远计划的障碍。制定更灵活和全面的战略,涵盖有用的短期和长期观点,这对于解决困境至关重要。

近年来,社会对残疾和包容性的整体认识从以医疗和慈善为基础的方式转变为以社会、人权为基础的方式,尽管这一认识差异很大。2010 年《全民教育全球监测报告》指出:

> 直到不久之前,"医学模式"还占主导地位:残疾人被认为因身患疾病而与社会上的其他人分隔开来。现在人们越来越多地认识到,虽然残疾包括不同程度和类型的损伤,但是社会、制度和态度的障碍限制了残疾人的充分参与。以这种方式理解残疾,突出了确定和消除障碍的重要性。教育在改变态度方面可以发挥关键作用。[22]

联合国教科文组织将包容性定义为"通过增加对学习、文化和社区的参与来应对和响应所有学习者的多样化需求,并减少教育内外的排斥现象"。[23]全纳教育意味着学校可以而且应该为所有人提供良好的教育,不论他们能力如何。这是一个比残疾问题更广泛的观点;这是对面向每个学习者的教育的理解。[24]本章将采用这一包容性的概念,评估有助于提高残疾儿童教育公平的战略。

政策制定与实施面临的挑战

尽管进行了数十年的研究、宣传和教育工作,如何最好地促进全纳教育的问题仍未得到解决。在全球范围内,残疾学生与非残疾同龄人同在一个课堂成为主流并被教育机构所接受的历史并不长,执行《联合国残疾人权利公约》倡导的以权利为基础的政策导致这样一些结果:部分成功,部分失败,以及彻底的立法和政策挫折。

即使在拥有雄厚的人力和物质资源基础的高收入和中等收入国家,成功增加包容性也需要政策制定、大力的宣传和与诸多利益相关者的不断接触。例如,《1990 年美国残疾人法》是美国关于包容性政策的最全面的声明。尽管事实上，约有百分之十九的美国人口受到某种类型的残疾的影响，这一法案的通过需要进行大量的立法和政策分析，而直到 2008 年，其中的一些规定才得到全面实施。[25]甚至在资源丰富的国家同样出现了斗争，2007 年，加拿大父母和倡导团体将自闭症儿童缺乏获得公平教育机会的问题提交至加拿大最高法院，而之前的裁定不利于他们且不加评论。[26]

146
  虽然政策和执行方面的缺陷在所有国家都很多，但在低收入国家尤其普遍。这可能部分地反映了全纳教育需要明确的政策方法以达到目标，但很少有低收入国家有教育残疾儿童的国家策略。[27]

提升教育包容性的全球努力

  尽管存在上述挑战，全球范围内正在取得进展，来改善残疾人的社会和教育的包容性。本节将重点介绍低收入国家的非政府组织、政府和国际行动者为增加这一群体获得优质教育的机会所正在进行的工作。

非政府组织致力于促进包容性

  有一些国际和国家的非政府组织致力于促进残疾人融入社会。这些非政府组织协助政府和其他合作伙伴制定政策和实施计划，以确保包容性和残疾问题得到讨论并得到解决。非政府组织在为残疾人士提供便利设施方面发挥着重要作用。非政府组织也可以管理政府资助的社会安全网计划。

  非政府组织也参与提供提高获得教育机会的服务。[28]其中，国际视力障碍教育理事会致力于促进有视力障碍的儿童和青少年获得平等的、适当的教育机会。他们的使命包括确保为视障者提供教育服务，为他们开发教材，确保教师和其他人得到适当培训，以便知道如何更好地与视障者共处，最终帮助儿童生活在不受歧视的环境之中。项目包括一个全球运动和计划，其名称为"视障儿童全民教育"，该计划与世界盲人联盟合作，旨在确保所有视力障碍的女孩和男孩都能受到教育。在另一个项目中，国际视力障碍教育理事会正在帮助支持在印度尼西亚上大学的盲人。国际助残组织同样致力于加强残疾人的融入，同时主要是在后冲突国家和低收入国家开展这方面的工作。该组织还开展了其他许多计划,例如支持肯尼亚残疾人媒体网络、加强对与残疾和艾滋病病毒/艾滋病有关的问题的报道。

增加政府在全纳教育上的行动

世界各国政府也正在采取行动来解决包容性问题。许多通过快车道倡议获得支持的国家越来越认识到,他们需要从制度上更加关注所有残疾儿童的教育问题。2007年,快车道倡议秘书处对 28 个受快车道倡议支持的国家教育部门计划以及国家评估和支持报告进行了材料审查。

从 2001 年到 2004 年,以及从 2005 年到 2006 年,涵盖学习成果、残疾儿童、女童教育和艾滋病毒/艾滋病的教育部门计划的数量都有所增加(图 7.2)。在 2001 年至 2004 年期间,12 个受支持的教育部门计划中只有两个描述了针对残疾儿童的战略。在 2005—2006 年期间,16 个教育部门计划中有 8 个包括了针对残疾儿童的讨论和/或战略。这种增加可归因于对更新的评估指南的准备和交流,更新的评估指南更加强调提高容纳残疾儿童的数量,并对残疾儿童的总入学率、净入学率和毕业率提出要求。遗憾的是,太多的计划继续忽视残疾问题,或只提供缺乏具体运作方法的笼统建议,同时很少有人提供系统的计划来满足残疾儿童的需求(表 7.1)。目前,只有 36% 的教育部门计划包括了针对残疾儿童的计划(图 7.3)。

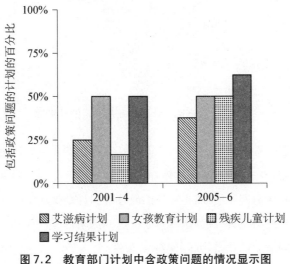

图 7.2 教育部门计划中含政策问题的情况显示图

表 7.1　教育部门计划中描述的残疾儿童战略

教育部门计划中描述的残疾儿童战略	制定策略	未确定的策略
圭亚那	阿尔巴尼亚	布基纳法索
埃塞俄比亚	柬埔寨	喀麦隆
肯尼亚	几内亚	加纳
莱索托	尼日尔	洪都拉斯
马里	卢旺达	马达加斯加
摩尔多瓦		毛里塔尼亚
蒙古		莫桑比克
冈比亚		尼加拉瓜
塞内加尔		尼日尔
		塔吉克斯坦
		东帝汶
		越南
		也门

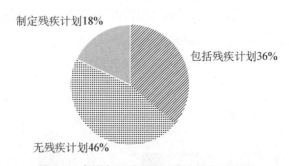

制定残疾计划18%
包括残疾计划36%
无残疾计划46%

图 7.3　教育部门计划中残疾儿童的计划率

149

那些确实有包容性战略的国家,对于有着特殊需要的儿童如何能够上学的描述和细节规定各不相同。一些计划非常具体,而其他计划则未详细说明需要何种战略以及未来战略制定的具体时间。例如,圭亚那的教育部门计划确认该国为身体和精神残疾的儿童提供的学校的数量,以及列出具体要进行的活动,如进行一项全国性研究,从而确定有特殊需要的学生的数量,并创建特殊资源中心。另一方面,摩尔多瓦的教育部门计划正文中并未讨论残疾儿童的问题,尽管在行动计划中有提及。这一行动计划的目标是为处境特别困难的儿童提供平等的受教育机会。列出的具体活动包括创立和发展一套可替代现有制度的系统方法，以及调整教育制度和建筑物的设施条件，从而满足处境特别困难的儿童的需要。更具体地来说，摩尔多瓦的教育部门计划概述了其对国家法规进行的一些调整，这些法规调整是为了符合现有国际文件，包括《达喀尔行动框架》、《联合国儿童权利公约》和《关于残疾人的世界行动纲领》。

国家例子

正如《教育缺失的千百万》报告所指出的那样，关于残疾和包容性的政策应包含几个关键组成部分，包括承诺和宣传平等权利；与残疾人和他们的代表人的伙伴关系；建立无障碍标准，以及对实施时的一致性和灵活性的承诺；数据收集和评估；计划交付的一系列选项准备；确定和支持计划交付点和促进创新；培养教育和更广泛社区的关键成员；扩大成功举措；促进不同服务提供者和政府部门之间的协调；分析和预测实施包容性政策的费用；并确保对计划进行一致和全面的监测和评估。[29]

本节将着眼于亚洲和撒哈拉以南的非洲国家，这些国家正开始将这些关键组成部分纳入其残疾儿童政策。虽然这些计划仍然处于非常早期的阶段，并且要在全国范围内全面运作还需多年，但它们表明，残疾儿童的包容性正在逐步取得重大进展。

柬埔寨

柬埔寨政府已将改善残疾儿童的受教育机会作为其主要的教育政策之一，柬埔寨计划被视为其他受快车道倡议支持的和未受支持的国家遵循的典范。柬埔寨教育部门计划明确规定了"残疾儿童全纳教育政策"，并包含一定的策略来提高弱势和处境不利群体接受小学教育的机会和质量，不管是在学科还是在生活技能上。教育部门计划特别关注弱势儿童，主要受益者将包括偏远地区的儿童、贫困家庭的儿童和残疾儿童，并注意性别平等。总的来说，柬埔寨的计划将力图优先针对女孩、少数民族地区、残疾儿童和高度贫困的公社，从而使处境最不利的儿童受益。

从长远来看，通过增强教育机构和技术在提高教育质量方面的规划和实施能力，这项投资将有利于柬埔寨全国小学儿童。最近采用的一项残疾人政策已经可以分配快车道倡议拨款，从而资助政府的政策，来发现、登记并适当服务于残疾儿童的需求。柬埔寨政府还将赞助一项残疾人普遍率调查，以判断身体和精神残疾如何影响上学和学校中的表现，从而吸取教训，更有针对性地改善学校的服务，由此可以估算柬埔寨的失学率。

莱索托

在莱索托政府最近修订的教育部门计划中，其主要目标之一是为小学和幼儿班创建耐用的适宜不同性别和残疾人的教室。这符合政府保障所有残疾儿童受教育的政策。政府将在必要处建设至少 1 000 个新教室和附加设施，尤其是厕所。在标准设计中，特别会考虑性别和残疾问题，同时也试图将福利传送到至少 300 所学校。政府还在其计划文件中指出要有能够反映针对残疾问题的教室家具。计划中提出的这些任务旨在提高小学生的入学率和在校率。

在莱索托，除了学校建设，教育和培训部还向最需要帮助的学生提供补助金和奖励。2008 年发放了 19 200 项奖金。这些奖励被赠与被遗弃的孩子、双亲中只有一位还在世且体弱多病的儿童、父母因残疾而无法谋生的孩子、父母年龄超过 55 岁的孩子。残疾儿童也会获得资助。儿童若要获得补助金或奖励，就必须已达到上学年龄，就读的学校必须是注册的政府、社区或教会学校。

其他撒哈拉以南的非洲国家

通过发展四项相辅相成的举措，全纳教育正在撒哈拉以南的非洲地区不断发展，这些举措具有影响教育改革和提供方式的潜力，它们包括：全民教育倡议、非洲发展新伙伴关系、非洲残疾人的十年（1999—2009 年）以及非洲教育发展协会的工作计划，这一工作计划通过促进政策对话、发展伙伴关系和建设国家能力来提供非洲的优质教育，从而支持一项区域性的教育运动。所有这三个举措都要求各国政府对教育进行新的投资，以确保所有儿童上小学，并最终能够毕业。此外，还有布基纳法索、南非、乌干达和马里等国家对全纳教育做出了承诺。

国际包容性行动

非政府组织和政府促进残疾儿童包容性的努力已经得到了国际行动的支持，包括改善的法律保护、政策一致性和筛选工具。

加强国际承诺

40 年来,联合国和其他国际机构为加强对残疾人的国际承诺而努力着。这些承诺包括 1971 年《精神障碍者权利宣言》、《国际残疾人十年》、1993 年《残疾人平等机会标准规则》和 1994 年《萨拉曼卡声明和行动框架》。在萨拉曼卡,92 个政府和 25 个国际组织举行了世界特殊需要教育大会。这次会议制定了一个行动框架,在这个框架下,普通学校将容纳所有儿童,不论其身体、智力、社会、情感、语言或其他条件如何。

2006 年签署了《联合国残疾人权利公约》,上述努力随之大大扩展。《联合国残疾人权利公约》通过详细说明国家和非国家行为者必须采取的行动,确保残疾人群体能够在与其他所有人平等的基础上,享有全面的权利,从而努力增加对残疾人人权问题的重视。该公约的三项指导原则包括:"尊重固有的尊严和个人自主权,包括自主选择的自由和人的独立性;充分有效地参与和融入社会;尊重差异,接受残疾人作为人类多样性和人性的一部分。"[30]

《联合国残疾人权利公约》现已获得一百多个国家的批准。各方第一次被要求定期审查其政策,以确保遵守该公约的文字和精神,并按照政府和非政府利益攸关方的报告或研究进行评估。[31]尽管《联合国残疾人权利公约》涵盖了一系列权利,但第二十四条要求缔约国确保:

> (a)残疾人不因残疾而被排拒于普通教育系统之外,残疾儿童不因残疾而被排拒于免费和义务初等教育或中等教育之外;(b)残疾人可以在自己生活的社区内,在与其他人平等的基础上,获得包容性的优质免费初等教育和中等教育;(c)提供合理便利以满足个人的需要;(d)残疾人在普通教育系统中获得必要的支助,便于他们切实获得教育;(e)按照有教无类的包容性目标,在最有利于发展学习和社交能力的环境中,提供适合个人情况的有效支助措施。[32]

尽管在实现权利方面取得进展,但在 2006 年,联合国残疾问题特别报告员办事处发现,对残疾人权利的更多承认尚未改善儿童服务。三十个国家报告说并未采取措施使残疾儿童能够接受综合教育。[33]

快车道倡议合作伙伴关系作为政策催化剂

认识到国际承诺不足以保证残疾儿童的平等权利,快车道倡议正在努力影响那些可以使这些承诺成为现实的政策。正如《教育缺失的千百万》报告指出:"快车道倡议的作用不仅在于支持和资助,而且作为政策催化剂和信息交流中心,快车道倡议成为改善残疾儿童政策、教育提供和实践的关键贡献者,并确保数百万仍然失学的残疾儿童成为到 2015 年之前实现小学教育普及这一挑战性目标的一部分。"[34]更具体地说,该报告建议快车道倡议合作伙伴关系发挥更大的作用,通过以下方式促进对残疾问题的更多回应:

> 与伙伴国家和捐助者一道在伙伴关系内促进政策对话和良好合作。
>
> 作为包容性的政策"捍卫者",宣扬残疾儿童参与实现普及小学教育的重要性,增加政治和资金承诺来确保残疾儿童的融入[35]。

快车道倡议合作伙伴关系继续推进《教育缺失的千百万》中的建议。2009 年,快车道倡议秘书处委托了一项研究,该研究标题为《触及失学儿童:将全纳教育置于快车道之上》,探讨全民教育快车道倡议合作伙伴关系如何制定有针对性的普及计划。在针对失学人口方面,总体方法需要:(a)使方法适合于特定边缘群体,(b)减少儿童上学的障碍,(c)采用包容性途径,(d)使用多部门方法。一系列审查该研究的机构代表建议,全民教育快车道倡议应聚焦于国家一级和国家以下地区,扩大在全球一级的合作努力,并确保将全纳教育纳入全民教育快车道倡议结构和流程中。因此,2010 年快车道倡议要求所有快车道倡议国家制定声明和区域行动计划,以提高边缘群体的教育质量和上学机会。

此外,快车道倡议将鼓励各国政府广泛使用"公平和包容性工具包"。该工具包由联合国女童教育倡议、联合国艾滋病联合规划署教育机构间工作组、童工和教育全球工作组、关于残疾人受教育权的全民教育旗舰(由教科文组织召集)、快车道倡议秘书处,以及包括世界宣明会在内的民间社会合作伙伴等机构共同开发。该工具包主要为以下对象设计:教育部——准备和修订教育部门计划;协调机构和地方教育团体——为准备教育部门计划的政府提供支持;以及捐助者——连同快车道倡议指示框架和评估指南为快车道倡议支持审查计划。该工具包于 2009 年在吉尔吉斯斯坦、莱索托和马拉维进行了试点。总体而言,"当地教育集团"成员在对边缘群体的关键问题进行评估上非常有效。最终的工具旨在成为全民教育快车道倡议背景下其他工具的辅助工具，同时该工具特别关注社会中处境最不利的儿童和他们受教育的权利。

尽管快车道倡议合作伙伴关系扮演着政策催化剂的重要角色，它尚未详细阐述关于残疾儿童包容性的明确政策。制定这样一项政策应该是快车道倡议合作伙伴关系所有成员国的当务之急。这将有助于展示和明确对残疾和包容性战略发展的支持，并可能成为宣传的坚实基础。合作伙伴关系还应在为教科书和贸易书籍提供资金时考虑开发系统的储备物资，为大字印刷和盲文材料预留一部分资金。

全球范围内扩大使用残疾筛选工具

多个国际组织还通过改进识别工具，努力提高残疾人的能见度，并让他们能够获得服务。"经济合作与发展组织/世界银行残疾儿童筛选倡议"是为确定和筛选发展中国家的残疾儿童而制定的。该方法是一个两阶段的过程，首先使用"十个问题筛选工具"，然后由医生和心理学家进行专业评估。

包容性的持续挑战

如果要实现残疾儿童这个群体的平等，未来几年必须持续和加速推动残疾儿童的教育融入。这包括处理供应中的剩余缺口，包括训练有素的教师的短缺、适应本地的教学法以及监测残疾儿童进展和差距的基础数据。

训练有素的教师和包容性教学法的缺乏

当今缺乏训练有素的教师教导残疾儿童。尽管在少数国家，教师在不受特殊训练的情况下进行包容性教学，但许多人缺乏对满足残疾学生需求的能力的信心。[36]研究表明，教师可以通过轻松提供的支持来克服这种缺乏信心的问题。[37]

虽然迫切需要广泛的培训，但是这种培训需要适应当地情况。长期以来，教育专家一直主张在课堂上使用更加文化敏感的教学模式。1973 年，Scribner 和 Cole 写到了风险，风险即创造一种"专业教育体验，这些教育体验与儿童日常生活中体验到的文化和当地环境是不连续的，并且促使产生通常与实际日常活动中培养的方式背道而驰的学习和思考方式。"[38]Balshaw 和 Lucas 在 2000 年进行的研究《马其顿和哈罗的"全民有效学校"：一项国际比较》发现，在为全纳教育制定教学策略时，以下问题是有帮助的：

> 我们的学校如何将"种种困难"转化为机会？
>
> 我们如何学会更有效地应对变化？
>
> 这些发展是否是更具包容性的方法的核心？
>
> 我们如何利用所有员工的发展，不仅是老师的发展，来帮助执行任务？
>
> 我们以哪些方式寻求"建设能力"，即不总是假定更多的资源是唯一的
>
> 答案？[39]

还有人指出，教育应当植根于当地，以防止儿童家庭和学校生活的不连续性。[40]

《萨拉曼卡行动框架》同样指出了将社区的观点纳入教育制度的重要性。Ogat 讨论了肯尼亚成功的例子，在肯尼亚，社区确保社区残疾人获得足够的资源。[41]例如，在学校的教学中使用当地语言很重要，可以帮助残疾儿童在当地环境和学校中将所学到的内容之间建立联系。此外，Ogat 认为口述文化对帮助教师提升残疾学生教育经历很重要。将讲故事、双关语、谜语、民间传说和其他形式的传统学习方法融入课堂教学，这带来了相关性，同时可以让社区参与到学校之中。

数据断开

低收入国家缺乏关于残疾的充分数据收集和监测，这是制定促进这一群体公平的计划的又一重大障碍。数据断开是任何企图向失学儿童伸出援手的倡议的根本障碍，并且导致许多国家未能制定适当的政策和战略来将残疾儿童纳入全民教育运动。许多全球性机构缺乏数据收集方法和数据库来存储关于残疾儿童的数据。其他数据薄弱环节包括缺乏地方信息、缺乏成本数据以及难以收集关于许多失学群体的数据。

联合国教科文组织统计研究所汇集了有关残疾人教育的现有最佳信息，并在2009 年《全民教育全球监测报告》中提供。然而，这些信息有几个值得注意的问题。该报告指出，一些人口众多的国家根本没有数据。该报告还提出了关于学龄人口规模和入学管理数据准确性的问题，并呼吁针对特定失学人群进行有针对性的调查，并且需要基于共享定义的纵向数据集和比较数据。

对于了解和获得成本参数的需要同样也要考虑。在低收入和高收入国家,残疾儿童未实现的潜力可能对国内生产总值产生巨大的影响。通过全纳教育途径,这个问题也可能会被扭转——政策制定者很可能被要求考虑不实行全纳教育的种种代价。Metts 是内华达大学的经济学副教授和残疾人政策与规划研究所的首席执行官,他已经计算出由于残疾而造成的国内生产总值的年度总值损失。他估计,全球每年 GDP 损失的总值在 13 740 亿美元到 19 620 亿美元之间。这包括在高收入国家中,损失为 9 000 亿美元到 13 000 亿美元;在中等收入国家,损失为 3 390 亿美元到 4 800 亿美元;在低收入国家,损失为 1 350 亿美元到 1 820 亿美元。[42]在过去十年中,其他研究人员依靠这些结果来估算高、中、低收入国家的成本。

收集、分析、综合,尤其是使用关于失学儿童的及时、最新和准确的数据,这是理解挑战的现实的基础,也是更全面地了解人们对教育机会和教育质量等教育需求的基础。关于损伤类型和受影响儿童人数的数据有助于服务部门提供适当的帮助。[43]《全纳学校教育索引》和《包容性清单》是确定差距和相应策略的有用工具,可以在向包容性教育迈进的过程中消除数据和监测的差距。[44]

最有用的统计数字是按性别、年龄、种族和城/乡居住地分列的统计数字。有关损伤程度、居住在家中或被安置在机构中的儿童人数以及特殊学校或全纳教育人数的数据也很重要。[45]

最近一些研究机构已经开展了系统化数据收集的工作。例如,2005 年,联合国统计司通过将残疾问题统计调查问卷引进现有数据收集系统,进行系统和定期的基本统计数据收集,这些基本统计数据有关于人类机能和残疾问题。[46]这些工具为数据收集策略中的系统使用提供了残疾的标准化定义。

156

结论

在本章中,我们概述了知识差距、能力发展倡议和国家一级的全纳教育经验。虽然微观层面的政策制定和教育成果方面出现了一些积极进展,但教育部门显然缺乏全纳教育的整体框架,这一点仍在构成严重障碍。很明显许多国家需要在几个方面支持该部门,包括:对分类标准达成一致意见,使决策者能够进行有意义的对话或开展比较研究;为在学校提供服务和提供适当的获取机会,以及为适当的教师专业发展和其他服务等制定连贯一致的策略；开发知识库，将吸取的教训扩大到国家一级。

在一些领域，教育部门很适合在改变态度和为残疾人提供服务方面发挥主导作用。这些领域包括培训一支能够提升现实社会全纳教育模式的骨干队伍，在教育部门内开发良好数据，以及承诺将这些数据与服务提供挂钩。

全民教育运动可以作为变革的催化剂。一个重要的步骤是要认识到，基于权利的教育方法意味着必须向所有儿童提供教育服务。服务的提供过分地遵循这样一条线性轨迹，即最容易接触服务的儿童已获得全方位服务，而更多边缘化的儿童却什么服务也没有获得。而如果要实现全民教育，这一点必须得到改变。

除非明确提供给所有残疾儿童，否则全民教育将会失败。全民意味着所有人。快车道倡议必须增强能力，激励国家政府和其他利益攸关方从设计到评估的各个阶段使用全纳教育视角。随着快车道倡议合作伙伴关系制定了一个以结果为导向的新框架来监测进展，制定和实施支持残疾儿童和教师的政策应成为确定和衡量成功的一个重要组成部分。

注释

1. This goal is also reflected in the second and third Millennium Development Goals.
2. UNESCO. (2010). *EFA global monitoring report*：*Reaching the marginalized*. Paris：UNESCO.
3. Just over half of children out of school live in countries affected by conflict; one-third are children with disabilities. UNESCO. (2009). *EFA global monitoring report*. Paris：UNESCO.
4. Blue, A. W. , Darou, W. G. , &. Ruano, C. (2002). Through silence we speak：Approaches to counseling and psychotherapy with Canadian First Nations clients. *Online Readings in Psychology and Culture*, unit 10, chapter 4. Retrieved December 13, 2009, http://orpc. iaccp. org/index. php? option = com_content&.view = article&.id = 105&.Itemid = 15; Darou, W. G. , Bernier, P. , &. Ruano, C. (2003). Sow's African personality and psychopathology model. *Cross-Cultural Psychology Bulletin*, 37 (March-June), 29–34. Retrieved December 13, 2009, http://www. iaccp. org/bulletin/PDF/web03％281-2％29. pdf; Ruano, C. R. (1996). *From Cholo to terrorist*：*Ethnicity as illness in Peruvian society*. Student Papers from the Sociology of Knowledge Doctoral Seminar (pp. 56–58), University of Toronto.
5. The Education for All-Fast Track Initiative (FTI) is a global partnership between developing countries and donors to accelerate progress toward the goal of universal completion of quality primary education by 2015. Each government within the partnership defines its education policies in an education sector plan or strategy. Currently the FTI Partnership has endorsed 40 country education sector plans.

157

6. According to the United Nations Convention on the Rights of Persons with Disabilities (2007), persons living with disabilities are those who have long-term physical, mental, intellectual, or sensory impairments, which in interaction with various attitudinal and environmental barriers, hinder their full and effective participation in society on an equal basis with others. Also, UNESCO's website (2011) notes that "inclusive education is based on the right of all learners to a quality education that meets basic learning needs and enriches lives." Retrieved from http://www. unesco. org/new/en/education/themes/strengthening-education-systems/inclusive-education/.

7. UNICEF. (2007). Promoting the rights of children with disabilities. *Innocenti Digest, 13*, 35 – 36.

8. Kobiané, J. F. , & Bougma, M. (2009). *Rapport d'analyse du thème IV. Instruction, alphabétisation et scolarisation* [*Analytical report on theme IV: Teaching, literacy training and schooling*] (p. 182). Ouagadougou, Burkina Faso: Institut National de la Statistique et de la Démographie; Eide, A. H. , & Loeb, M. (Eds.). (2006). *Living conditions among people with activity limitations in Zambia: A national representative study* (Report no. A262, 2006). Trondheim, NO: SINTEF Health Research. Retrieved from http://www. sintef. no/lc.

9. UNESCO. (2010). *EFA global monitoring report: Reaching the marginalized*.

10. Ibid. , p. 182.

11. Ibid. , p. 181; Yeo, R. , & Moore, K. (2003). Including disabled people in poverty reduction work: 'Nothing about us, without us.' *World Development, 31*(3),571 – 590.

12. UNICEF. (2007). Promoting the rights of children, pp. 35 – 36.

13. Metts, R. (2000). *Disability issues, trends and recommendations for the World Bank* (Social Protection Discussion Paper no. 7, p. 30). Washington, DC: World Bank.

14. UNESCO. (2010). *EFA global monitoring report: Reaching the marginalized*, p. 183.

15. Jones, H. (2000). Disabled children's rights. *Disability Studies Quarterly, 20*(4).

16. UNICEF. (2007). Promoting the rights of children, pp. 35 – 36.

17. Peters, S. (2004). *Inclusive education: An EFA strategy for all children* (p. 20). Washington, DC: World Bank.

18. Steinfeld, E. (2005). *Education for all: The cost of accessibility* (p. 4). Washington, DC: World Bank.

19. International Disability Rights. (2007). *International disability rights monitor: Europe 2007 report card*. Retrieved from http://www. idrmnet. org/pdfs/IDRM_Europe_2007. pdf.

20. UNICEF. (2007). Promoting the rights of children, pp. 35 – 36.

21. UNESCO. (2010). *EFA global monitoring report: Reaching the marginalized*, p. 182.

22. Ibid. , p. 18.

23. UNESCO. (2005). *Guidelines for inclusion: Ensuring access to education for all* (p. 13). Paris: UNESCO.

24. Ibid.

25. Arizona State University. (2009, October 9). Disability center comes to Cronkite school. 158

ASU News.

26. The Supreme Court of Canada. (2007). *Judgments of the supreme court of Canada 2007*. Retrieved January 2010, http://scc. lexum. umontreal. ca/en/news_release/2007/07-04-12. 3a/07-04-12. 3a. html.

27. UNICEF. (2007). Promoting the rights of children, pp. 35 – 36.

28. Ogat, O. (2006). *Transforming education systems to respond to all learners*: *Experience from Oriang Chesire inclusive education project*. Enabling Education Network. Retrieved January 2010, http://www. eenet. org. uk/resources/eenet _ newsletter/news8/transforming _ education_systems. php.

29. Bines, H. (2007). *Education's missing millions*: *Including disabled children in education through EFA FTI processes and national sector plans* (p. 11). Milton Keyes, UK: World Vision UK.

30. Office of the United Nations High Commissioner for Human Rights. (2007). *United Nations convention on the rights of persons with disabilities*. New York: United Nations. Retrieved December 13, 2010, http://www2. ohchr. org/english/law/disabilities-convention. htm.

31. International Disability Rights. (2007). *International disability rights monitor*.

32. Office of the United Nations High Commissioner for Human Rights. (2007). *United Nations convention on the rights of persons with disabilities*.

33. UNICEF. (2007). Promoting the rights of children, pp. 35 – 36.

34. Bines. (2007). *Education's missing millions*, p. 19.

35. Ibid. , p. 5.

36. UNICEF. (2007). Promoting the rights of children, pp. 35 – 36.

37. Peters, S. (2004). *Inclusive education*, p. 12.

38. Scribner, S. , & Cole, M. (1973). Cognitive consequences of formal and informal education. *Science, 182*, 553 – 559.

39. Balshaw, M, & Lucas, H. (2000, July). *Effective schools for all in Macedonia and Harrow*: *An international comparison*. Unpublished paper presented at ISEC 2000, Manchester, UK.

40. Armstrong, J. (2000). A holistic education, teachings from the Dance-House: "We cannot afford to lose one native child. " In M. K. P. A. Nee-Benham, & J. E. Cooper (Eds.), *Indigenous educational models for contemporary practice in our mother's voice* (pp. 35 – 44). Mahwah, NJ: Lawrence Erlbaum Associates; Easton, P. (1998). *Senegalese women remake their culture* (Indigenous Knowledge Note no. 3). Washington, DC: World Bank; Jegede, O. (1994). African cultural perspectives and the teaching of science. In J. Solomon, & G. Aikenhead (Eds.), *STS education*: *International perspectives on reform* (pp. 3 – 17). New York: Teachers College Press; Kawakami, A. J. (1999). Sense of place, community, and identity: Bridging the gap between home and school for Hawaiian students. *Education and Urban Society, 32* (1), 35 – 61; Srikantaiah, D. (2005). *Education*: *Building on Indigenous knowledge* (Indigenous Knowledge Note no. 87).

Washington, DC: World Bank.

41. Ogat. (2006). *Transforming education systems*.

42. Metts, R. (2000). *Disability issues, trends and recommendations for the World Bank*.

43. UNICEF. (2007). Promoting the rights of children, pp. 35 – 36.

44. These tools are available online from UNESCO at: http://unesdoc. unesco. org/images/ 0014/001402/140224e. pdf.

45. UNICEF. (2007). Promoting the rights of children, pp. 35 – 36.

46. Ibid.

159

第3部分

小学教育和过渡

8

通过政府与非政府组织合作实现贫困家庭孩子的优质小学教育

Ebony Bertorelli 和 Aneel Brar

世界各地的政策制定者和研究员都认识到，要普及小学教育，除了保证有学可上之外，要取得一些有意义的结果，提高教育质量[1]也极为重要。[2]确保学生有学可上，努力提高入学率都是实现普及教育最基本的举措。经研究证明，实现优质教育对于提高入学有困难的家庭的入学率以及提高保留率、增加这些孩子继续学习的机会都至关重要。[3]印度是全世界小学适龄儿童(6—14岁)人数最多的国家，人数高达2.1亿，印度也因此成为普及教育这场战役的最前线。尽管印度的总入学人口显著增多，但是提高教育质量依然困难重重。正如世界银行的一位高级教育家所说，"实现全球全民教育，就看印度了"。[4]

普及小学教育的目标与印度1950年宪法中规定的"所有小学适龄儿童的自由教育"这一预期吻合。普及小学教育的目标是在全民教育的目标基础上提出的，全民教育的概念则是1990年在泰国乔木提恩提出的。尽管印度信誓旦旦的宣言与20世纪后半期的教育结果并不相符，但是最近政策和政府工作重点的开创性变化对小学入学率和入学机会产生了积极影响。[5]近年来印度所取得的这些成功都要归功于其在2001年提出的首个"国家小学教育项目"。[6]

国家小学教育项目的措施与政策主要关注的群体是那些因各种社会经济不公平而在小学教育上被边缘化的儿童。该项目创立的目标是确保到2010年实现普及教育，同时也在一定程度上受到"千年发展目标"的激励。[7]国家小学教育项目是印度历史上最大的教育预算项目，主要资金来源是中央政府对税收收入征收的2%的教育税，同时还有一小部分资金来源于世界银行及英国国际发展部。这一计划促使印度的小学教育机构重建，更使印度联邦政府下定决心进行变革。[8]事实上，在许多邦实现全面入学的愿望不再遥不可及，甚至已在几个邦成功实现。根据最新调查数据显示，6—14岁农村儿童中上学儿童占95.7%，这也是印度有史以来的入学率之最。[9]（见表8.1）

尽管印度教育确实取得了一些成绩，但在教育质量问题上，印度教育仍然极度不公平。[10]保留率和辍学率本是教育系统中最重要的指标，却被入学人数掩饰。保留率是指五年级学生人数与五年前一年级总入学人数之比。据估计，2006—2007年，印度的学生保留率仅为70.26%，也就是说，完成小学学业前，有30%的学生留级或者辍学。[11]印度国家教育研究与培训委员会主席Kumar的一席话更是让人忧心忡忡。他说，这些数据事实上并不准确，现实只会更糟。[12]绝大多数失学儿童或辍学儿童都来自

表 8.1　根据布拉罕全国调查数据(ASER, 2008)，喜马偕尔邦、北方邦、印度 6—14 岁儿童的入学率(按学校类型划分)[19]

邦公立	私立	其他	总入学率	2008
喜马偕尔邦	75.1	24.3	0.1	99.5
北方邦	56.4	35.9	2.1	94.4
印度	71.9	22.5	1.3	95.7

"其他"学校包括伊斯兰宗教学校以及其他针对残障儿童、入学有困难儿童(即移民儿童)的非正式学校项目，所有数字都是基于抽样的百分比(喜马偕尔邦，n = 9 003；北方邦，n = 78 269；印度，n = 510 985)。

社会最边缘化、最贫穷的阶层，而这些儿童实际上是最需要接受教育的。[13]

令人遗憾的是，这些儿童及其家长做出不上学的决定是因为他们认为他们所接受的教育质量不高、毫无用处，相比而言，工作或者料理家务更有意义。[14]从学习成绩来看，他们的这些想法看起来大体上是正确的。教育性非政府组织布拉罕进行了一次国家级的大规模调查——名为"教育状况年度报告"，调查结果显示，2008 年三到五年级的学生中，能够读懂一年级及以上印度语课文的学生仅占 67%，掌握减法等运算的仅占 55%。[15]

尽管印度政府一直声称要提高教育质量，但是为普及教育所做的大多数工作都将重心放在招生之上，而不是为了将在校学生留住并确保他们学到知识。[16]印度教育系统保留率低迷，学习效果不佳，因此，在实施国家小学教育项目等小学教育改善计划时将重心放在提高教育质量上势在必行。[17]同时，国际上承诺全民教育的主要举措如达喀尔宣言、千年发展目标等也将确保教育质量作为一项重要目标，因为减少贫困人口和不平等、提高健康和营养状况、增加社会参与度和社会权利等都和优质教育的普及息息相关。[18]

国际社会针对小学教育问题做出了很多努力。越来越多的人呼吁通过建立政府与非政府组织的伙伴关系来增加管理和教育资源，从而更有效地解决地方教育质量问题[20]。下面的案例主要研究印度最大的非政府组织布拉罕协会和北方邦政府以及喜马偕尔邦政府之间的合作。布拉罕创立并实行了针对邦的改善教育质量项目，从而改善教育质量并提高公立学校中边缘化学生的学习效果。

了解布拉罕所面临的挑战，评定布拉罕项目在两个邦各自特定的条件下克服阻碍改善教育质量方面是否成功，这不仅仅对印度的教育计划意义深远，对世界上其他地方更是如此。研究的核心问题是：在印度，布拉罕的项目以及布拉罕与政府间合作对于改善教育质量、提供有意义的教育方面究竟效果如何？本文中分析的单元是纳伊迪莎（Nai Disha）和阿德哈尔（Adhaar）这两个布拉罕与邦政府的合作项目。阿德哈尔项目的主要目标是消除喜马偕尔邦最低学习能力学生中的文盲和数学盲，提高二至五年级学生的数学和阅读能力。纳伊迪莎项目主要是提高北方邦一年级、二年级学生的阅读理解水平和算术学习能力，尤其针对基础最薄弱的学生。这两个项目都极具创新性地将重心放在学生参与度极高的活动中，并进行持续监管和评估。

我们认为，这些项目的成功之处并不在于项目投入的直接影响，而是在于通过呼吁影响了教育政策，改变了邦政府在教育方面的表现，并提高了民众和政府对重大教育问题的意识。从印度的现状来看，我们还认为要实现非政府组织与邦政府之间积极有效的合作，政府必须承担起大部分公共利益输送的重任。

背景

非政府组织与邦政府间合作和优质教育

布拉罕和北方邦以及喜马偕尔邦政府间的合作反映了自 20 世纪 90 年代以来的一种全球趋势——越来越多的非政府组织参与到中低收入国家的发展战略中。这一战略通常需要非政府组织与国家协力推进公众服务。据估计，印度有超过 100 万家活跃的非营利性组织，因此印度素有"世界非政府组织之都"之称。[21]印度非政府组织数量攀升主要有几个原因，其中包括政府无力独自发展，财政责任缺失，以及越来越多的公债造成国内局势紧张，国家将经济发展放权给市场以及全球化使世界各地紧密联系起来。[22]

尤其是在教育界，一位很有威望的印度教育家说，"大众都不相信他们在这个国家能享受到教育这一公众服务"[23]。非政府组织和私立学校的出现正好填补了这一空白。有意思的一点是非政府组织参与其中的一大因素正是政府，这也导致政府需要与私营部门展开竞争。[24]一位著名的研究员指出，政府为此背负了一些自相矛盾的压力，一方面政府将公众服务私有化或者说"非政府组织化"；另一方面，政府又需要提升自身的服务能力。[25]

非政府组织参与到公共服务中本身就有待商榷。在印度，公立机构极其闭塞，官僚作风也陋习难改，再加上印度本身严峻的发展问题，这些都严重降低了非政府组织的影响,资金再充裕、名气再大也难以幸免。[26]此外,与中央政府向国家小学教育项目中投入的大量资金相比,教育类非政府组织的影响力似乎显得无足轻重。不过,非政府组织向来能够带来创新方案,额外投入财力物力,从而对教育系统产生政府无法产生的影响。因此,非政府组织能够填补公共服务方面的空白并改善向优质全民教育的目标前进的举措。

166

布拉罕的愿景和行动

理念

印度教育类非政府组织布拉罕将教育质量和学习成果视为其项目的核心以及其与邦政府合作的核心。布拉罕的理念是做政府的支持者,而不是批评者。布拉罕希望提高公立学校的办学质量,为普及优质小学教育寻求支持。[27]基于此理念,布拉罕与各类组织机构展开合作,其中包括政府、社区工作人员、机构、公司以及提供资金的国际机构。布拉罕表示,"我们希望通过这些合作,增强可持续性和所有权,启发解决问题的新思路,更重要的是,让更多的孩子能够接受优质教育"。[28]

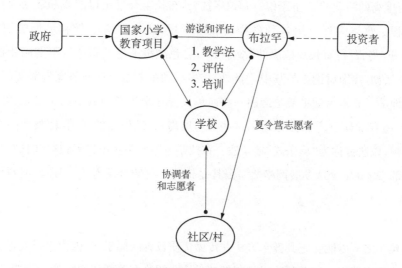

图 8.1　布拉罕影响公立学校的三路策略

布拉罕采取了一项举措,从三方面影响公立学校办学方式。从图 8.1 可以看到,布拉罕试图参与国家小学教育项目并动员当地社区,同时,通过培训项目、监管、教材/教学法投入等方式直接参与到学校工作中来。[29]通过这一举措,政府借助国家小学教

167

育项目,公司和国际机构借助布拉罕,能够对教育系统产生自上而下的影响。同时,社区工作人员参与到布拉罕项目中来,可以自下而上地施加压力。这一系列举措中的每个步骤都能因地制宜。尽管这一个案研究主要关注到布拉罕教育项目中与政府合作的方面,但是项目很多内容还是有效避开政府教育系统的。例如,夏令营、教书志愿者的招募、学习材料发行这些社区项目都没有国家资金支持,但是项目的目的却是确保政府供给的质量。

教学法

布拉罕的举措有三大核心支柱用以提高教育质量,分别是创新教学法、相关培训项目、有效的效果评估项目。布拉罕相信提高学习层次的作用之一就是能够减少辍学学生人数。布拉罕的教学法强调孩子是教育的核心,专注个人发展,尤其关注那些学习效果最差的孩子。[30] 所用方法是加强阅读和数学学习技巧,理论上讲,通过这一方法,学生学习更高年级课程时会更加容易,更加自信。

这一教学法的主要目的是要破除学生和老师之间根深蒂固的藩篱,这一藩篱普遍是公立学校教学效果差的决定性因素。[31] 所以,基础数学和语言课程都是基于充满活力、参与度高的活动的。[32] 至于语言和识字技巧,布拉罕开发出以游戏和活动为基础的学习课程。此类课程运用各种各样的教学手段,比如写有字母和单词的识字卡、Barakhadi[33] 海报、写有长短故事的"故事卡"、彩色故事书等。彩色故事书能让孩子通过提问、活动、详细讨论参与其中。[34] 此外,许多活动都要求孩子将答案写到黑板上、墙上或是地上。算术活动主要是运用一些简单又能让学生参与其中的工具,比如麦秆、橡皮筋,还有玩具币。[35] 布拉罕运用这些参与度高、充满乐趣的活动,使教师的教学法独树一帜,该法被称为"玩乐式"教学法。布拉罕也因此荣获由世界银行和日本政府共同赞助的"2000 年全球发展网络奖",因其提高教育质量而成为三个"最具创新性发展项目"之一。[36]

培训

布拉罕之所以能实施其教学方法并传播优质教育的愿景,是因为它很大程度上依靠其教师培训课程。该课程除了将创新教学法介绍给有关邦的教师外,还力图使教师们相信优质教育的举措值得一试,该课程实际上是布拉罕宣传其愿景的唯一渠道。这对于灌输对这一系统的信仰并确保能够将其推广开来非常重要。对于布拉罕来说,除了要组织密集的培训课程,最大的障碍在于教师对此不以为然,因为他们对此已经司空见惯。不管是政府项目,还是非政府项目,虽然出发点是好的,但总是来也匆匆,去也匆匆,并未带来实质性改变。[37]

　　刚开始的培训课程名为"教学大师培训",四天一期,之后每个月会有 1—2 天的"补充培训"课程,老师们可以反馈问题并解决问题。[38]此次培训很大程度上是教会老师如何组织学习程度测试。参加培训的老师还能在当地公立学校实践他们所学的方法,在此过程中,之前没有暴露出的问题在这种学习环境中就会一览无余。

　　更重要的是,之后的培训在逐级下降的层级组织结构(见图 8.2 A 和 B)中实行,越往下花费时间越少、实践也越少,而越来越关注于调动没有积极性的志愿者和老师。布拉罕培训的一大问题在于这个层级培训中,老师之间传递时信息、技术、思想都会逐层流失。一位布拉罕的高级官员说,教学法创新和学习材料非常重要,开设每项培训课程的目的都是要让教师和社区认识到优质教育势在必行,并认识到他们的学生学习成就较低。他说,如果教师们了解最基本的布拉罕方法以及这些方法是怎样解决测试所体现出的问题的,那么不论培训是否全方位,情况都能够得到改善。

169

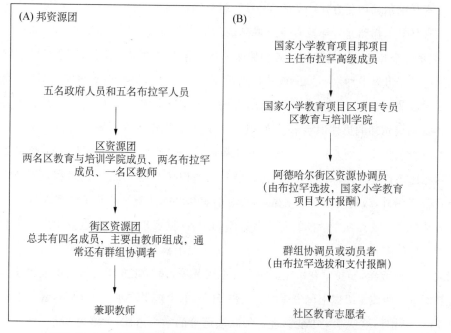

图 8.2　(A)纳伊迪莎的层级资源团结构(B)阿德哈尔的层级组织框架

评价与评估

布拉罕培训课程中很重要的一部分是教学评估方法。布拉罕的评估方法是对项目进行总体评估,但更重要的是它是一个工具,用于确定每个孩子的具体学习程度类型。[39]划分这种类型的目的是要准确反映出学生教育水平,从而使教师通过这一项目更好地了解学生的教育需求。[40]布拉罕的评估方法也在国家评估中起到重要作用。自2005年起,布拉罕组织发布《教育状况年度报告》。该报告目标宏远,是一项针对印度小学教育系统的全国性调查,是对印度政府收集的数据所进行的第三方审核。《教育状况年度报告》的发行得到了广泛认可,同时吸引了大量媒体报道。[41]年度报告之所以能如此权威,一方面是因为一些政府机构对它的信任,另一方面也离不开国际上大型募资集团的支持,比如谷歌、乐施会荷兰分会和联合国儿童基金会。[42]如今布拉罕已经在印度28个邦中的21个邦实施这一项目,使全国数百万学生从中受益。[43]

喜马偕尔邦和北方邦:政府参与度和教育的难题

喜马偕尔邦和北方邦教育系统遇到的问题十分相似,都是印度所面临的典型问题,但是两个邦却分别处于相对成功的印度教育系统的两端。比如,两个邦的识字率都远远低于世界平均水平。2001年最新数据显示北方邦男性识字率仅为70%,而全国平均水平为76%;女性识字率更低,仅为43%,与全国平均水平54%更是相去甚远。[44]喜马偕尔邦的男性识字率、女性识字率、成人总识字率分别是86%、68%和77%,虽然识字率低且性别差异大,但与北方邦和相邻的旁遮普、查谟-克什米尔、哈里亚纳等邦相比还是更胜一筹。事实上,喜马偕尔邦的识字率自1985年起一直处于全印度前几名。[45]另外,政府发布的数据显示,喜马偕尔邦基本达到学龄儿童全部入学。[46]尽管北方邦公立学校和私立学校的入学率都有94.4%(见表8.1),但是这些学生中正常上课的学生仅有67%,这也是该邦学习水平远远低于喜马偕尔邦和全国平均水平的原因之一。2006年,布拉罕开始在这两个邦推广其项目时,北方邦三到五年级的学生中能够阅读1级或1级以上母语课本的只占51%,而全国平均水平为66%,喜马偕尔邦为74%。此外,这些学生中能够进行加减法运算的学生占比,全国为65%,喜马偕尔邦为72%,而北方邦仅为47%。[47]

喜马偕尔邦和北方邦在许多项教育质量指标上都大有不同。2005年面向全印度20个主要邦的3 700所学校的一项调查显示:北方邦公立学校教师有26.3%的时间是缺勤的,高于喜马偕尔邦的 21.2％和全国的 24.8％。[48]就学校设施而言,北方邦有16％的学校没有安全饮用水,46.6％的学校没有能用的卫生间。最后一点,如果北方邦所有的学生都上学,那么生师比平均将达到 59.4∶1。[49]相比之下,近年来喜马偕尔邦则是印度成功的典范,这种成功不仅仅表现在教育方面,在人的全面发展、经济增长和教育等三方面,都处于全国领先地位。[50]1999 年《印度基础教育公开报告》团队调查发现,该邦很多学校都运转良好,没有不同年级在同一教室上课的情况,教师积极教学,基础设施完善,学生学习热情高涨。[51]

就社会经济环境而言,喜马偕尔邦大部分地区都是农村,表列种姓人口高于平均水平,在少数地区,表列部落人口也高于平均水平。[52]表列种姓和表列部落的人口的特征通常与识字率低和教育效果较差相关。[53]北方邦是印度社会、经济、政治环境最不公平的地区之一。北方邦社会充斥着贫穷、种姓问题以及世界最严重的性别差距问题。[54]截至 2007 年,北方邦人口约有 1.86 亿,是喜马偕尔邦的 30 倍。正因北方邦人口庞大,如果它的教育系统发生改变,必会影响千百万人的生活和未来发展。[55]如果将其视作一个国家,北方邦会是全世界人口最多、发展最落后的国家之一;因此,在全球范围内实现全民教育的过程中,北方邦扮演着重要的角色。

结果

2006 年 9 月至 12 月,布拉罕在喜马偕尔邦各地区共 2 104 所学校中试行了阿德哈尔项目,第二年扩大规模,在喜马偕尔邦 12 个不同地区的所有公立小学(共 10 613所)中推行。[56]每所学校平均入学人数为 50,也就是说,2007 年布拉罕通过其快速的学习技巧和学习材料直接参与了 500 000 名学生的学习。[57]这也是政府首次与非政府组织有如此大规模的合作。[58]

171

在北方邦实施的纳伊迪莎项目致力于提高一年级和二年级学生阅读、理解以及基础算术的学习水平。项目的第一年从 2006 年 11 月到 2007 年 4 月在北方邦 69 个区中的 20 个区进行,共有 45 000 所学校、55 000 名教师、117 万名学生参与了该项目。[59]第二年(2007—2008 年),又在另外 20 个区实施了为期 4 个月的纳伊迪莎项目,40 多个不同的城乡地区 200 多万学生中参与该项目的学生又增加了 86.5 万。[60]

组织框架

要在喜马偕尔邦和北方邦这么多区域，针对这么多学生展开项目，布拉罕采用的是自上而下的组织框架，这个组织框架与各邦的国家小学教育项目组织框架相似。

这个组织框架从上到下依次为：邦教育秘书处和国家小学教育项目指挥官、区项目官员和区教育培训学院[61]、街区资源协调官以及基层的群组资源协调官、村教育委员会、村务委员会等。[62]一般说来，国家小学教育项目框架下的政策实施、工资和基础设施的财政支出等一切费用都是向下流动，直到村教育委员会和村务委员会手中。[63]布拉罕的框架是一个平行结构，在喜马偕尔邦与国家小学教育项目合作，从邦一级直到区一级，在北方邦则是与高一级群组（村、社区以及附近的学校）合作。这两个邦在此之前从来没有非政府组织和国家小学教育项目之间就提高教育质量尝试过有如此深度的团队合作。

纳伊迪莎在结构上最显著的特点是资源团在各阶段都由来自邦和布拉罕的不同成员组成，没有群组一级和村一级（见图 8.2A）。[64]每个资源团的职责都是由邦一级的国家小学教育项目与布拉罕的协调官决定的。2006—2007 年和 2007—2008 年两个阶段，邦资源团负责纳伊迪莎项目的总体设计和执行，包括目标设定、培训、评估和分析等。区资源团负责筛选和培训街区资源团，以确保及时、系统性的评估，并向所有实行这个项目的区域提供学术支持和指导。[65]最后，阿德哈尔街区资源协调员负责培训教授一、二年级的兼职教师，并组织月度反馈会议。[66]这种组织结构旨在使纳伊迪莎的模式易于复制、高效并在当地获得积极响应。

在喜马偕尔邦，阿德哈尔项目的执行、目标设定、监管都是由邦级和区级的国家小学教育项目直接负责的，布拉罕会给予他们支持，与他们互动（见图 8.2B）。

172

目标设定、监管和评估

布拉罕校内项目的实施包括目标设定、项目监管以及学习水平评估。阿德哈尔和纳伊迪莎两个项目的目标都是由邦一级的协调和讨论形成的。邦一级的相关人员认为，所有项目目标都必须让所有参与者理解。[67]此外，所有目标必须与各个邦对学生学习成绩的原有预期相符。更重要的是，目标必须切实可行，能够激发积极性。[68]所以，阿德哈尔和纳伊迪莎都不想提高之前设定的基础教育目标，而是尽可能支持低年级学生，使他们在基础教育阶段的学习过程中尽可能达到这些期望和目标。

基于这些认识，在实施阿德哈尔的第一年，教师必须扫除成绩最差学生中的文盲和数学盲,并在三到四个月时间里让所有二年级至五年级的学生至少能达到二年级的数学和阅读水平。鉴于喜马偕尔邦教育水平相对比较高,这些目标都是可实现的。北方邦的目标则是到纳伊迪莎项目结束时,所有一年级学生必须会写简单字、读写句子、掌握 20 以内的加减法运算。二年级学生必须能够阅读故事、写简单句子并掌握 100 以内加减法运算。[69] 第二年,为了照顾到大量的"零基础"学生,纳伊迪莎略微降低了所设定的这些目标[70],主要的改变是两项"写作"标准都有所降低。

监管系统就是要确保整个项目实施过程中的执行力、质量以及积极性。在这两个邦,来自政府和布拉罕的教育和行政人员参与监管。纳伊迪莎实施的第一年,邦资源团中所有的布拉罕成员在整个项目进行过程中每天都访问学校。[71] 他们还与所到区的区教育与培训学院领导、区领导、基础教育官员会面。[71] 此外,项目第一年的 3 月,整个邦资源团在每个区进行学校访问,并且根据访问与区官员商讨后形成报告。[72] 在纳伊迪莎的两个阶段中,区资源团所有成员的首要工作是对学校进行监管,以确保项目质量。[73]

项目实施的另一重要方面是布拉罕的评估系统。阿德哈尔和纳伊迪莎所有环节中都会对各区学生的学习水平进行系统性测试,来评估这种教育质量项目的认知影响。兼职教师或志愿者在学习模块开始前先对学生进行标准化的基准测试,将测试结果报告给街区和区相关人员。[74] 此后还会以同一种方式进行中期测试以知晓学生成绩是否有提高,同时让教师了解并积极跟踪记录学生的学习水平。在项目结束前还会进行终期测试,以评估项目对学生学习水平的整体影响。

173

成功之处

布拉罕的投入——提高教育质量的有效手段

评价

布拉罕严格又标准化的评估和监管系统对参与区基础教育来说是一项重要投入。北方邦受访的大多数老师说,在纳伊迪莎引入之前,他们没有使用过标准化测试评估学生。[75] 问及他们以前是如何评估学生的学习水平和表现时,教师们都说他们是根据学生平时的课堂互动表现凭直觉来评估的。[76] 有一小部分教师会进行评估测试,但这些测试往往是老师自己出题的,全区没有统一的标准,因此从政策角度来看,得到的测试结果没有可比性，也没有什么意义。[77]此外，对于两个邦许多不具备读写能力的学生来说，书面测试一点都不适用。当问到布拉罕项目的评估效果时，所有知晓这一项目的教师都强调该项目的投入取得成功，并且说，他们从基准测试的结果能够清楚地知道学生有了显著提高。[78]纳伊迪莎的一位教师说，学习水平评估见效了，这是因为教师可以根据评估结果进行适合学生的教学。[79]两个邦的其他几位教师也都分别做出类似评价。

很多老师都是通过纳伊迪莎和阿德哈尔才第一次真正能够将学生置于一个确定的提高认知水平的进程中，并根据这些数据制定出与每一位学生学习能力相匹配的教学方法。同时，教师意识到自己对学生从基准测试到终期测试的水平变化都负有责任。此外，在邦一级，国家小学教育项目也第一次有了关于学习成绩的相关数据，可以跟踪和比较整个地区的进展，并且知道今后的工作重点要放在哪里。[80]一个标准化评估项目能够在大范围内执行也让教师和政策制定者明白，对每位学生的学习水平进行评估以及对项目进行监管是重要而有价值的。

教学法

这两个项目第二个成功的地方在于教学法和相关学习材料对于学生学习能力提高的作用。一位教师说，"[以前]那些教学资源没变，但是通过故事、游戏、唱歌这些手段[进行教学]，以前是没有的。现在，我们通过这些方法，[孩子们]对学习产生了兴趣，学习标准也提高了"[81]。另一位老师则说："以前老师教的只是那些坐在前排认真听讲的学生，他们会进步，现在呢，运用这些方法，后排学生也在学习了，因为他们认真听讲并积极参与课堂活动了。"[82]我们不能低估布拉罕学习材料对此现象所起到的作用，尤其是在北方邦。直到2006年，在联合国儿童基金会的帮助下，北方邦才终于有了教材、阅读书籍、识字卡、海报等基本的教学材料。[83]因此，这些教学材料的出现对全邦成千上万的学生来说，是具有教育里程碑意义的，并且促使教师接受了布拉罕教师培训课程。公立学校资深教师被问到培训课程上所用到的材料时，做出了这样的回答：这些材料比起过去可用的材料而言是一项巨大的进步，也会是帮助表现不佳的学生提高学习水平的有效手段。

培训

推广布拉罕的教学法的培训是该项目取得成功的第三大重要因素。布拉罕培训所有项目参与人员是十分有创造性的。这个范围很广的培训使学校中的经验能够直接影响到参与项目的政策制定者、教师、协调者、志愿者等，同时使教育行业的所有人都认识到教育质量的重要性。这一点很重要，因为许多负责项目的邦一级重要人物从来都没有踏进过课堂。因此，布拉罕的投入有着双重作用——让所有参与项目的人提高了意识，同时，为解决培训和测试过程中产生的问题提供了方法。

对于社区的影响

最后一点，布拉罕的教育项目成功地提高了社区参与度。具体来说，组织结构中的较低层参与到教学材料的编写和发放中，这提高了社区和教师的参与感。

布拉罕鼓励学校中的老师和区教育与培训学院项目官员参与到学习材料的编写中，这被视作是一项创举。在纳伊迪莎项目实施之前，北方邦从来没有类似项目能够为密切参与项目的人提供更大的空间。纳伊迪莎还使整个区内学生阅读材料的编写不依赖于项目资金。[84,85]

对喜马偕尔邦来说更是如此。通过实地参观可以很明显地看出，项目的成功很大程度上是当地人的功劳。志愿者、协调者、学生之间的互动发生在组织结构中的较低层，互动效果的好坏要看相关人员的投入程度。这一点对于校内项目和夏令营来说都显而易见。夏令营属于校外项目，由志愿者组织执行。[86]

年轻的志愿者是喜马偕尔邦项目实行的核心，他们大多数并没有接受过正规的教师培训。但是，这些志愿者会通过游戏、玩具钞票、实地考察等他们能想象得到的方法来教学生数学和阅读技巧。在参观过的地方都能发现，学生的出勤率、课堂参与度、布拉罕学习材料的使用情况以及与布拉罕玩乐式教学法的相似性等很大程度上都与志愿者的教学技能、创新能力和参与度呈正相关。这一点反过来又与街区协调者，尤其是组织者的工作息息相关。[87] 在访问中发现的最成功的地区，组织者为了确保一切进展顺利，每天至少工作 6 小时，个人花费大量路费，尽可能多地去不同的项目点。

教育合作：为非政府组织合作打开新大门

参与项目的人表示，这些项目所用的创新性合作框架是又一重大成就。邦与布拉罕进行特定的资源共享和人才整合，同时国民与政府参与度提高，从而形成了一种富有成效的高效合作方式，为印度其他邦树立了典范。[88] 国家小学教育项目与布拉罕项目的整合为今后更大规模的合作开了先河。[89]

劳动力与资源分配、共同的愿景和目标逐渐成为吸引喜马偕尔邦和北方邦政府的重要特征。[90] 布拉罕主动请缨分担项目费用对于北方邦政府来说特别具有吸引力。[91] 一位国家小学教育项目中的邦资源团高级协调官在被问到像纳伊迪莎这样的与私营机构合作的项目为国家小学教育项目带来什么样的影响时说道："其他非政府组织、其他机构总是想从合作中获取利益，因此我们不能［与他们合作］。布拉罕则不同，因为它是从其他渠道获取资金支持的……他们有很多资源可供我们学习、使用，而且还无偿为我们提供咨询。"[92]对于这两个邦的政府来说，另一大吸引力便是布拉罕丰富的教育专业知识、大量教学法研究投入以及丰富的人才资源。正如一位国家小学教育项目高级官员所说，"布拉罕是教育界领头的机构，所以与他们合作工作很容易展开，因为他们在教育方面经验丰富，与他们合作的话，进行研究、开发项目、教师培训、监管运营都会变得非常容易"[93]。

布拉罕项目成员也感同身受，他们觉得与国家小学教育项目合作对他们来说同样很有吸引力，国家小学教育项目也同样是项目顺利进展不可或缺的一部分。特别是国家小学教育项目的组织、人力、财政资源的层级结构对于实施这样一个庞大、复杂的项目来说，是一个重要的驱动力，同样，国家小学教育项目领导层对项目的支持和兴趣也是重要的推动力。[94]

布拉罕和每个邦国家小学教育项目开始合作为今后进一步合作铺平了道路，政府想要进行创新型合作的愿望也大大增强。喜马偕尔邦和北方邦与布拉罕合作试行一年后，第二年继续合作并开展了其他一系列项目的合作。双方的能力建设、驱动力支撑着布拉罕与政府的首次合作，并使得项目逐步扩大规模，在喜马偕尔邦开始了由布拉罕领衔的用英语教学的试点项目、针对更高水平学生的教育质量项目（阿德哈尔＋）以及新型教学游戏和学习材料的开发和测试等。[95]

总之，不管是布拉罕还是国家小学教育项目都不能单独完成纳伊迪莎或阿德哈尔。布拉罕—国家小学教育项目合作所提供的结构、财政、人力资源和专门知识从根本上使得项目被广泛接受并得以实行，对项目的成功和发展做出了很大贡献。

挑战

高层过分依赖下层以及强大领导力的双刃剑

布拉罕与国家小学教育项目的合作无疑是成功的：投入与创新、观念的转变、社区参与度的提高为有效的非政府组织合作打开新大门等，然而，项目的某些方面依然存在问题。具体来说，阿德哈尔和纳伊迪莎都显示出不能持续进行、不能完成的端倪。这样的失败结果之所以出现，与两个邦强有力、自上而下的领导以及层级组织结构所造成的矛盾结果直接相关。矛盾的是,尽管强大的领导力是这两个项目良好运转的必要条件,但是自上而下的组织结构却造成了一种困境——下层人员准备不足、所得支持较少,而高层又过分依赖于他们。而下层人员要保持积极高效,需要但又不能持续获得高层适当的施压和支持。

布拉罕和国家小学教育项目的一些关键人物秉持尽其所能从根本上改变小学教育的信念与承诺,孜孜不倦地工作,力争项目能被广泛接受并确保项目能运转良好。经过采访和接触那些政府和布拉罕中参与初期项目的人员,我们了解到了他们的投入程度以及所做出的个人牺牲。例如,布拉罕的工作人员为了让北方邦和喜马偕尔邦的政府接受他们的项目,经常会从新德里搬到两个州的政府驻地,以方便与当地官员沟通。[96]布拉罕工作人员和政府官员在接受采访时表示,该项目最早能获得政府的支持并得以实施,北方邦的两位和喜马偕尔邦的一位国家小学教育项目高级官员功不可没,他们一心一意致力于提高教育质量。众所周知,没有这些人的贡献,该项目不可能顺利推进。一旦这些工作人员调离教育岗位,转去政府其他部门工作,或者布拉罕工作人员去往其他地方工作,都直接导致项目进展的效率大大减弱。

这些领导力的变化不可避免地导致政策、指导方针、监管条例在一段时间内落实疲软,人员的工作压力和动力减小。纳伊迪莎实施的第二年人事发生变动,邦资源团起的作用减弱了,因为工作人员不再像第一年那样,愿意跨区工作,确保项目顺利进行。[97]这也直接导致项目实施出现关键空缺。最著名的一个案例是,2007 年至 2008 年,纳伊迪莎的外部监管本该由区资源团直接负责,但是在很多区却没有实践,就是因为工作人员缺乏工作热忱。[98]布拉罕进行内部评估发现,纳伊迪莎项目的执行不如第一年那样彻底、成功,这也就不足为奇了。[99]

执行散乱且没有持续影响力

纳伊迪莎最大的局限性在于项目执行不能始终如一,而且学校没有长期的教学法和课程。虽然项目执行不够彻底,但纳伊迪莎还是提升了学习水平,这也证明了相比于灌输教学技巧,布拉罕更强调要增强老师的教育质量意识。

在北方邦几乎所有到访过的学校中,鲜少有教师能够根据主要原则和既定框架完全了解并切实执行这一项目。除了两所之外,这些学校都在 2006—2007 年和 2007—2008 年实施了两期纳伊迪莎项目。根据连续两年执行该项目的经验,假设教师流动率低,教师应该有机会熟练掌握教学法和课程。然而,根据访问学校时对教师进行的听课和采访，我们清楚地认识到纳伊迪莎项目的执行并不能一以贯之，有时候方法不准确。在几乎所有的到访学校中，第一次走进课堂时会发现教师根本没有在"教"。通常教师只是坐在讲桌前维持秩序，学生们独自在笔记本上做作业，很多学生甚至都没有笔记本。

尽管大多数兼职教师讲起这一项目时头头是道，却往往不能将布拉罕的核心理念运用到自己的教学中。[100]事实上，通过听课我们发现北方邦的学校中没有哪一所采用游戏式教学法或以学生为中心的教学法。在很多学校，海报、识字卡、一捆捆没有拆开的教具都在另外的房间里放着，并没有使用，甚至锁在柜子里。[101]一位教师说，她把自己做的识字卡放家里了，因为学生会把卡片撕坏，弄得一团糟。[102]在大多数学校展示教学活动时，教师和学生的互动往往是这样的：教师指着海报或者识字卡，让学生齐声喊出所指的数字、字母或者字词。[103]少数鼓励学生"动起来"的学校，贯彻布拉罕"玩乐式教学法"时也往往只有三四个学生参与其中——通常是挑出识字卡或者将正确答案写在黑板上——而大部分学生只是坐在那里看。[104]结果，很多学生往往不明就里，在学习过程中完全置身事外。

有几所学校的老师解释道，在进行这个项目时，只让学习水平最差的学生参与其中，而让那些成绩较好的学生自己看书，或者管理其他学生。[105]有一所学校的一堂纳伊迪莎项目示范课特别好，因为教师在我们随机听课前，抢先张贴海报，把那些锁在柜里、久未使用的教具拿出来。[106]另一所学校中，教师得意洋洋地向我们展示了一间教室，教室里挂满了海报、飘带、图画、识字卡等，这些纳伊迪莎项目教具可以用于整个学年所有年龄的学生。然而，在我们访问期间，教师们并没有在展示教室上课，而是在其他教室里用传统的教师主导型教学法上课。[107]所以，就算是在知道怎么使用并声称他们很珍视纳伊迪莎教具和技巧的学校，在没有人参观、指导的时候，教师一般也不会用这些教具和技巧。

在我们访问的 25 所学校中，有 14 所学校是将一年级和二年级学生安置在一间教室，进行相同的教学活动。[108]这些学校以及在城区访问的绝大多数学校，一至五年级的学生都在同一间教室上课，也就是说，在同一个空间里 6—12 岁的学生在一起学习。这种情况与布拉罕的要求背道而驰，布拉罕希望根据学生的能力进行分组教学，并依此进行有针对性的干预。教师们解释说这种情况并不理想，学校也不希望这样，但不得不这么做，因为学校生师比过高，教学设施缺乏，无法分班上课。一位同时教一年级和二年级的老师坦诚地说，多年级同时教学严重影响了学生的学习率，但是没有办法改善这种状况。[109]这位教师口气中充满了无奈，反映出北方邦存在的结构性问题，这种问题是纳伊迪莎所面临的挑战，而不是项目本身的问题，同时也反映了政府或非政府组织没有能力彻底解决这些问题。

非政府组织参与的政治问题

这些项目所面临的另一大挑战就是印度政治环境复杂。在印度政治制度下，政府官员对于实施这种需要长期投资和规划的政策和项目丝毫不感兴趣，因为这种政策和项目周期太长，他们在位期间捞不到一点好处。[110] 新任官员更可能废止前任的项目——无论其效果如何，目的是为了让自己的项目得到认可。政府官员任期短还可能会导致项目中断或前后不一致，因为最关心项目实施的人一旦离开了原岗位，项目往往会终止。[111]

喜马偕尔邦和北方邦都存在这种人事变动引起项目变化的情况。在两个项目试行了几年之后，邦政府选举换届。北方邦的两位国家小学教育项目主要官员几乎同时调任，而喜马偕尔邦的国家小学教育项目主任9个月后也被调离。尽管这些调离的官员是项目的引入和推进者，而且喜马偕尔邦的项目主任也愿意留在原岗位直到项目结束，但他们还是被调离了。[112] 虽然大多数邦一级的官员在接受采访时对于政府与布拉罕合作给予了高度肯定，反对派政客上任后仍不会延续前任经手过的项目。

邦级政治

在喜马偕尔邦，对于布拉罕的褒贬主要围绕三个问题。其一，非政府组织能否在教育这一领域占据如此重要地位，这一点值得商榷；其二，布拉罕的项目使用了政府的国家小学教育项目的资金，这一点也饱受诟病；其三，邦政府官员质疑布拉罕是否真正满足了小学生的需求。

非政府组织参与到教育中既有规范方面的因素又有实际方面的因素。很多邦一级官员认为教育只能是邦政府的责任。尽管邦政府在提供优质教育的问题上无疑表现不佳，而一些非政府组织却大获成功，很多人依旧坚持说非政府组织的参与度应当被降到最低。因而，很多邦政府官员在接受采访时呼吁，应当减弱与布拉罕的合作，将这些项目吸收至邦教育体制之下。一位喜马偕尔邦的高级教育官员说，"我们不能一直跟非政府组织合作。今天或者明天，邦要负起这个责任"[113]。这位官员还进一步强调称"我们的教育系统应该有能力脱离［与非政府组织的合作］"。

布拉罕的介入演变成一种政治负担。北方邦的感受不同于喜马偕尔邦，因为北方邦从布拉罕所提供的资源中受益颇多，而喜马偕尔邦的大部分教育资源都用于为阿德哈尔的教育管理提供资金支持。布拉罕管理纳伊迪莎使用的是一整套国家小学教育项目的教育基础设施，而阿德哈尔选择了阿德哈尔街区资源协调员中的 118 名，且这些人的薪酬来自国家小学教育项目的资金。由于喜马偕尔邦在街区有专人从事类似工作，一些政府批评者质疑是否有必要花额外的钱养这些布拉罕协调员。此外，布拉罕使用政府的资金出于什么动机也遭到质疑，毕竟布拉罕是个资金充足的机构。现任国家小学教育项目官员对于布拉罕使用政府资金的透明度和问责制表示质疑。[114]一些政府官员还质疑布拉罕的教学法是否适用于喜马偕尔邦的小学生。如果该项目的注意力放在低年级学生上，那么高年级学生的学习效果势必会受到影响。喜马偕尔邦西姆拉区的一位高级教师称，实行阿德哈尔的结果是这一年的高年级课程仅仅完成了去年的 80％。对于五年级学生来说，这就存在很大问题，因为他们升入中学前必须参加年终考试。接受采访的教师说，家长的反馈也反映了这个问题，如果孩子在低年级，他们会对阿德哈尔满意，但是如果孩子在高年级，他们就不满意了。出于这些原因的考虑，一些邦一级国家小学教育项目官员试图拓展阿德哈尔项目，增加提高高年级教育质量的措施，取名为"阿德哈尔＋"项目。[115]尽管布拉罕宣称已经在研究方案解决那些问题，但是邦政府官员一直强调"阿德哈尔＋"的开发和实施只能由政府进行。一位教育部门官员称："之前我们确实接受了非政府组织的帮助，但是今年或许我们不需要他们的帮助了，因为就算没有非政府组织参与，阿德哈尔还是能顺利进行。"

地区级政治

前任专事阿德哈尔的国家小学教育项目官员称，如果只涉及政策层面，那我们毫不犹豫会和布拉罕合作，但是，"一旦开始要在学校实施，就有阻力了"[116]。谈到阿德哈尔，大多数意见都是正面的，但是受访的教师中仍然有很大一部分认为这一项目是对他们教学能力的质疑，同时，他们认为那些充满激情的志愿者教师会对他们的工作保障造成威胁。这些教师都觉得布拉罕是个"外来机构，会对他们做出负面评价"[117]。前任国家小学教育项目官员称，"这其中有些嫉妒的成分……他们有这种感觉是因为那些志愿者教师取得了效果，而他们拿着高工资，教学成果却不尽如人意"[118]。

应该设身处地理解教师的这种焦虑。对于喜马偕尔邦的公立学校教师来说，公务员身份让他们受益颇多，他们有养老金、医疗保险，工资不低且定期增长，同时工作有保障，不用担心教学表现不好就会被解雇。[119]公共服务类岗位极难获得，令人垂涎。其结果就是，喜马偕尔邦有资质的教师供过于求，很多人都没有工作，因此就担任项目志愿者教师，希望有朝一日能有机会获得公立学校的终身岗位。因此，志愿者通常被认为对在职教师造成威胁。然而,教师中发出的反对的声音越来越少,也是因为看到了布拉罕大量投入后得到的结果,只有少数人还在继续对整个项目都持否定态度。

评估的准确性

项目面临的最后挑战出现在评估过程中。正如前面所提到的,从对教师和其他与项目密切相关的人员的采访中得知,量化学习水平评估是此次合作最重要的成就之一。然而,收集数据所用方法和得到的评估结果使人对某些所谓的成果产生怀疑。

学习水平评估是由教师进行的,数据则是由区资源团和邦资源团核实的。在这种情况下,教师和工作人员由于害怕项目会失败,也许会伪造数据来证明项目取得成功,或者进行应试教学,而不是根据学生需求来教学。对于数据的可靠性而言,这是一个严重的问题,尤其是在以腐败和伪造官方数据著称的北方邦。[120] 虽然为了避免造假现象而采取了一些盲审检验和交互检验的方法,但是纳伊迪莎高层对此问题仍然表示担忧。一位北方邦区教育与培训学院官员说,他们能够肯定有"75%到80%的数据是正确的",但同时他也说,其余部分的数据可能是假的。[121] 该项目的各级参与者似乎都相信,尽管数据造假是可能的,但可以通过核查程序加以控制。然而,由于2007—2008年一期的项目有20个新区并没有进行区资源团的外部随机监测,因此该年度的数据真实与否存在很大疑问。

182

表8.2A　纳伊迪莎实施第一年与第二年,一年级学生的布拉罕基准学习水平结果与终期学习水平结果(阅读)[122]

| | 一年级 | | | | | |
| | 原先20个区试行年
(2006—2007) | | 原先20个区第二年
(2007—2008) | | 20个新增区第二
年(2007—2008) | |
阅读水平	基准	终期	基准	终期	基准	终期
段落+故事	1.2	8.8	已知	已知	0.0	0.0
句子	1.9	13.7	已知	已知	1.4	13.5
单词(二年级及以上年级)	7.5	27.4	13.7	53.1	5.6	28.2
字母	31.7	41.2	32.5	38.8	29.1	41.4
什么都不会	57.8	8.8	53.8	8.1	63.9	16.9
总计(%)	100	100	100	100	100	100
总测试人数(百万)	1.29	1.26	1.23	1.26	0.86	0.81

表 8.2B 纳伊迪莎实施第一年与第二年，一年级学生的布拉罕基准学习水平结果与终期学习水平结果（算术）[123]

	二年级					
	原先 20 个区试行年（2006—2007）		原先 20 个区第二年（2007—2008）		20 个新增区第二年（2007—2008）	
算术水平	基准	终期	基准	终期	基准	终期
加法和减法	3.4	24.3	3.1	23.6	2.8	18.4
认识数字（21—100）	12.4	30.4	12.4	31.8	1.9	14.6
认识数字（1—20）	22.9	35.7	28.1	36.9	36.1	55.0
什么都不会	61.3	9.1	56.4	7.7	59.2	12.0
总计（%）	100	100	100	100	100	100
总测试人数（百万）	1.29	1.26	1.23	1.26	0.86	0.82

183

　　项目利益相关者对于数据的真实性也存有疑问。纳伊迪莎实行的两年时间里，获得的大多数学习成绩都记录了学生从"零"阶段到一阶段甚至二阶段（见表 8.2A 和 B）。一年级和二年级学生接受的正式教育几乎为零，即使有，也非常少。然而，如果处于"零阶段"的学生在入学的第一年就能够认识几个字母和数字，或者会读简单的词，进行简单的计算，那可能是他已在学校中学习了最基础的内容。

　　参与了四个月严格的学习促进活动后，并且重点关注学习成绩的提高，人们很自然地期待像纳伊迪莎和阿德哈尔这样的项目在低年级学生中所取得的成效不仅仅是识字和识数。然而，像北方邦这样持续展现出糟糕学习成绩的邦对于项目取得成功也做出了贡献，尽管进步仅仅出现在低年级。但是，项目中现有数据并不能可靠地证明最低年级学习水平的提高是实施项目的结果，既没有通过控制研究，也没有通过后项目儿童评估来观察项目结果是否有长期的影响。

　　尽管有这些顾虑，绝大多数熟悉纳伊迪莎和北方邦教育系统的利益相关者对于合作抱有乐观态度，相信项目能够成功。一位布拉罕高层人员说，"在北方邦这样的邦，阅读资料匮乏，数百万的学生，一个人在整个小学阶段只能用同一张课桌，教材永远不能按时送到课堂上，对于这样一个地方而言，取得的任何进步都是巨大的"[124]。此外，一位前任国家小学教育项目高官，同时也是纳伊迪莎计划的深度参与者，他的话也表明他意识到评估的缺陷，但他也感受到布拉罕带来的希望：

不管是否出现了[积极结果],因为这些人[即儿童]从来没有输入,然后他们突然得到输入,不管这种输入是否会持续,也不管基准线是否可信,这些是其中的一些问题,我们向布拉罕提出过,布拉罕可能也研究过。但是,项目确实产生了积极效果。整个系统中确实有新的、有价值的东西出现。[125]

讨论

布拉罕的合作项目与投入的功效以及实施时所面临的挑战关系不大,更多是受到社区成员、教育家和政府官员对小学教育的想法影响。就印度而言,尤其对北方邦来说,政府与非政府组织的合作成功与否并不取决于项目是否实施得很完美,而是取决于人们的观念培养以及政策变化——包括认识到教育质量的重要性——是否能够克服长期形成的机构惰性和政治观点。这一案例表明,非政府组织与政府合作可以培养人们实现目标的意识,还可以提供资源以填补政策制定和实施方面的缺口。

表8.3A 纳伊迪莎实行第一年与第二年,二年级学生布拉罕基准学习水平结果与终期学习水平结果(阅读)[126]

	二年级					
	原先 20 个区试行年（2006—2007）		原先 20 个区第二年（2007—2008）		20 个新增区第二年（2007—2008）	
阅读水平	基准	终期	基准	终期	基准	终期
段落＋故事	6.5	25.2	已知	已知	6.8	32.4
句子	6.9	18.1	已知	已知	0.0	0.0
单词(二年级及以上年级的)	13.8	25.6	42.3	75.5	13.5	30.3
字母	34.5	26.5	36.9	22.0	36.1	28.8
什么都不会	38.3	4.6	20.9	2.6	43.6	8.6
总计(%)	100	100	100	100	100	100
总测试人数(百万)	1.19	1.26	1.27	1.30	0.89	0.84

表 8.3B　纳伊迪莎实行第一年与第二年，二年级学生布拉罕基准学习水平结果与终期学习水平结果（算术）[127]

	二年级					
	原先 20 个区试行年（2006—2007）		原先 20 个区第二年（2007—2008）		20 个新增区第二年（2007—2008）	
算术水平	基准	终期	基准	终期	基准	终期
加法和减法	13.5	42.1	19.2	44.4	13.0	35.8
认识数字（21—100）	18.1	27.0	25.7	29.7	6.5	18.7
认识数字（1—20）	26.7	25.7	34.0	23.3	44.2	39.2
什么都不会	41.6	4.8	21.0	2.6	36.3	6.3
总计（%）	100	100	100	100	100	100
总测试人数（百万）	1.19	1.17	1.27	1.29	0.89	0.85

有关印度依靠非政府组织进行公众服务的争议

布拉罕是一个资金充足、资源丰富的非政府组织，在很多领域经验丰富，为成千上万所学校的数百万学生提供帮助。尽管布拉罕的规模和影响力如此之大，仍有人质疑印度的问题究竟能不能依靠与非政府组织合作来解决。针对这一疑问，一位著名教育学家兼布拉罕理事会成员在采访中说道：

> 你可以创立一个［提供教育的］平行机制，这个机制会在几年时间里以不同的方式工作，但是两三年过后，这种新鲜感不再有时，它们［非政府组织］就和教育系统一样了。因为惰性很重，你运转不下去了。如果我们不做出根本改变，那么整个社会是不会发生改变的。［另外，非政府组织］可以贡献新想法和新思路。布拉罕已经为教育领域带来新活力，让人们做事，表现出来，展现可能性……如果你真的在工作，那你真的能够让孩子们学习。[128]

一些喜马偕尔邦的政府官员认为布拉罕的项目是成功的，因为布拉罕带来了创新、活力和热情，不管未来政府与布拉罕合作是否会继续，这些活力和热情能够影响未来政策的方向。布拉罕起初的理念是短期参与，直到政府有能力独立提供优质教育，这种理念意味着只有邦政府愿意自身做出改变，才能够产生根本性变化。一位教育家的话言简意赅：“只有当邦政府意识到自身必须改变时，才能发生彻底的改观。”[129]如果非政府组织和政府间的合作建立在这一基础上，那么像布拉罕这样的组织才能像在北方邦那样，采取新的教学法，提高责任性，影响政府的政策方向，才能像喜马偕尔邦那样，由阿德哈尔直接发展到"阿德哈尔＋"项目和英语试点项目。喜马偕尔邦国家小学教育项目一位高层官员说："我们扩大了整个范围，并将重点放在与教育质量切实相关的问题上，这其实是布拉罕实验的结果。"[130]这种观点确实得到了验证：在非政府组织的资助下，越来越多的提高教育质量的举措在全邦得到实施，到 2008 年，国家小学教育项目提供的资金中有相当一部分专门用于提高教育质量的相关举措。[131]

　　除了政府接纳外部力量支持的开放态度之外，还要强调，如果没有政府给予资金和基础设施上的支持，布拉罕项目就不会取得这些成就。尽管印度私营机构提供的教育服务增长迅速，但是提供小学教育主要还是邦政府负责，政府会选择小学教育政策的方向，以及谁会拥有一席之地。重要的是，即使非政府组织有一天会对政府的财政力量和提供公众服务的能力方面造成威胁，而且这种财政和资源的基础也是长期可持续的，但是，非政府组织在一个重要的方面永远无法代替政府，即通过民主过程问责以及合法性。即使是布拉罕这样大规模的非政府组织，对千百万贫困的目标人群都没有直接问责机制。这种规范性方面对非政府组织至关紧要，当进行对话，讨论以非政府组织为基础提供教育服务的未来发展及影响时，也必须清楚这一点。

意识的培养以及特定环境下的成功

　　布拉罕通过一系列项目为教育领域带来了思想和政策上的深刻变化。这一点在北方邦尤其明显，在北方邦，纳伊迪莎前所未有地为几百万学生分发了学习材料，让政府高层将注意力放在了教育公平上面，还制定出评估学习效果的标准化评估方法。通过对政府官员和学校工作人员的采访，可以清楚地知道，即使相关项目结束很长时间后，布拉罕的举措还会继续影响政策和大众需求。

　　要改变一个参与者众多的系统中人们的教育和公平观念，就需要改变人们的认识，包括让利益相关者认识到原先并未认识到的问题，并为他们提供解决这些问题的方案，从而让教师和政策制定者心中有权利感。这种认识构建是布拉罕实施项目的重要部分。布拉罕的项目大多独立于政府教育系统之外，但又与国家教育系统合作，雇用当地青年作为志愿者，通过这一系列举措，布拉罕为社区带去足够的知识和方法，提高社区教育并向政府施压，使得政府重视教育公平和教育质量。北方邦的教育系统几十年来一成不变，存在教育不公平的问题，因此，使北方邦教育系统充满活力、权利并获得认可对于之后教育举措的形成和目的达成都有十分重大的意义。从根本上说，布拉罕已经埋下了改变政府政策的种子。我们在喜马偕尔邦实地考察时，布拉罕和政府的谅解备忘录还没有更新，非政府组织影响仍然十分微弱，即使在这种情况下，在对邦政府国家小学教育项目官员采访时可以看出，参加"阿德哈尔＋"和英语试行项目的人员仍然专心参与布拉罕教学法的运用，不断进行项目监控和评估，以及对布拉罕带来的变化充满了热情。

也许很少有国家或地区像印度这样在实现广泛教育公平方面存在如此之多的障碍。所观察到的项目实施问题、学习水平评估问题和政府态度摇摆不定等都是问题。然而，在印度，尤其是北方邦这样的地区，尽管存在这些障碍，但是项目成功之处有目共睹，这些成功之处可以认为是推动优质教育中的一个重大胜利。尽管这一案例说明了非政府组织并不一定能引领和实现有关教育公平的广泛的政策变化，但重要的是，非政府组织能够并且确实在促进、实施和支持这类项目上起了很大作用，并且会长期对政策的变化产生有意义的影响。这一案例对于处在推进教育公平进程中相同阶段的国家有很重要的借鉴意义，同时也为那些面临巨大困难的国家带来了希望。

注释

1. Some of the major indicators of quality include sufficient levels of teacher competence and training, adequate facilities within the school such as classrooms and usable washrooms, manageable teacher-pupil ratios, inclusive education creating an equitable environment for all children, an active and child-centered pedagogy, the achievement of a standard level of cognitive learning skills, and a curriculum that is locally meaningful and relevant. Ramachandran, V. (2003). Backward and forward linkages that strengthen primary educa-tion. In V. Ramachandran (Ed.), *Getting children back to school : Case studies in primary education* (pp. 1 – 16). New Delhi: Sage Publications.

2. UNESCO. (2008). *Education for all global monitoring report* 2009: *Overcoming inequality : Why governance matters*. Paris: Oxford University Press; Bruns, B., Mingat, A., & Rakotomalala, R. (2003). *Achieving universal primary education for every child by 2015 : A chance for every child*. Washington, DC: World Bank; Ramachandran. (2003). Backward and forward linkages.

3. The majority of children who have never been to school or have dropped out of school are usually those who are marginalized due to various socioeconomic inequalities such as gender inequality, poverty, and ethnicity. Therefore, children marginalized by these inequalities from basic education are often termed as "hard to reach." UNESCO. (2008). *Education for all global monitoring report 2009*, p. 17; Yadav, M. S., Bharadwaj, M., Sedwal, M., & Gaur,

N. (2002). Learning conditions and learner achievement in primary schools: A review. In R. Govinda (Ed.), *India education report: A profile of basic education* (pp. 167 - 188). New Delhi: Oxford University Press.

4. Carlson, S. (World Bank Educationist, 2008). Interview with Aneel Brar and Ebony Bertorelli, August 8, 2008.

5. Govinda, R. (2002). Providing education for all in India: An overview. In R. Govinda (Ed.), *India education report: A profile of basic education* (pp. 1 - 20). New Delhi: Oxford University Press; Kingdon, G. (2007). The progress of school education in India. *Oxford Review of Economic Policy*, 23(2), 168 - 195.

188

6. Kingdon. (2007). The progress of school education, pp. 188 - 189.

7. Ibid.

8. Ibid. Also see: World Bank. (2008). *Implementation completion and results report on a credit in the amount of SDR 334. 9 million to the Republic of India for an elementary education project (Sarva Shikha Abhiyan).* New Delhi: World Bank; World Bank. (2008). *Project appraisal document on a proposed credit in the amount of SDR 364. 4 million to the Republic of India for a second elementary education project (SSA II).* New Delhi: World Bank.

9. According to the most recent data with complete national coverage, India's net enrollment ratio (NER) increased from 84. 53 in 2005 - 2006 to 92. 75% in 2006 - 2007. India's gross enrollment ratio (GER) for elementary grades (I to V) increased from 103. 77% to 110. 86%. Gross enrollment ratio (GER) is a nation's total enrollment in a specific level of education, regardless of age, expressed as a percentage of the population in the official age group corresponding to this level of education. Net enrollment ratio (NER) is the ratio of the number of children of official school age (as defined by the national education system) who are enrolled in school to the total population of children of official school age — in this case grades 1 to 5 and ages 6 to 11. Note: 2005 - 2006 and 2006 - 2007 are the first and latest years with complete data coverage. It is projected that India will have 7,208,000 out-of-school children in 2015. See Mehta, A. (2008). *Elementary education in India analytical report 2006 - 07: Progress towards UEE.* New Delhi: National University of Educational Planning and Administration (NUEPA); UNESCO. (2008). *Education for all global monitoring report 2009*, pp. 62 - 66.

10. Ramachandran. (2003). Backward and forward linkages; Kumar, K. (2004). Quality of education at the beginning of the 21st century: Lessons from India (Background Paper). *Education for all global monitoring report: The quality imperative.* New Delhi: UNESCO.

11. Mehta. (2004). *Elementary education in India*, pp. 107 - 111; World Bank. (2008). *Implementation completion and results (Sarva Shikha Abhiyan)*, p. A - 34.

12. Kumar, K. (2004). Educational quality and the new economic regime. In A. Vaugier-Chatterjee (Ed.), *Education and democracy in India* (pp. 113 - 127). New Delhi: Manohar.

13. Govinda. (2002). Providing education for all, pp. 1 - 20; Drèze, J., & Sen, A. (2002).

India: *Development and participation*. New York: Oxford University Press.

14. Drèze & Sen. (2002). *India*: *Development and participation*; Drèze, J. , & Gazdar, H. (1996). Uttar Pradesh: The burden of inertia. In J. Drèze, & A. Sen (Eds.), *Indian development*: *Selected regional perspectives* (pp. 33 – 108). New Delhi: Oxford University Press; Lieten, G. K. (2000). Children, work and education-I: General parameters. *Economic and Political Weekly, 35*(24), 2037 – 2043; UNESCO. (2008). *Education for all global monitoring report 2009*.

15. Pratham. (2009). *ASER 2008—Annual status of education report*. Mumbai: Pratham Resource Center.

16. Ibid.

17. World Bank. (2008). *Project appraisal document on a proposed credit* (*SSAII*).

18. Pratham. (2009). *ASER 2008*.

19. UNESCO. (2008). *Education for all global monitoring report 2009*; Drèze & Sen. (2002). *India*: *Development and participation*.

20. Draxler, A. (2008). *New partnerships for EFA*: *Building on experience*. Paris: UNESCO-IIEP; Ikekeonwu, C. , Randell, S. , & Touwen, A. (2007). *Civil society partnerships and development policies*: *Emerging trends*. Paris: UNESCO; UNESCO. (2008). *Education for all global monitoring report 2009*.

21. See Brown, L. , et al. (2000). *Globalization, NGOs and multi-sectoral relations* (Working Paper no. 1). Cambridge, MA: The Hauser Center for Non-profit Organizations/The Kennedy School of Government; Kudva, N. (2005). Strong states, strong NGOs. In R. Ray, & M. F. Katzenstein (Eds.), *Social movements in India*: *Poverty, power, and politics*. Lanham, MD: Rowman & Littlefield; Ikekeonwu, C. , et al. (2007). *Civil society partnerships and development*. Paris: UNESCO Forum.

22. Behar, A. , , & Prakash, A. (2004). India: Expanding and contracting democratic space. In M. Alagappa (Ed.), *Civil society and political change in Asia*. Stanford, CA: Stanford University Press; Zaidi, S. A. (1999). NGO failure and the need to bring back the state. *Journal of International Development 11*, 259 – 271.

23. Senior educationist, National University of Educational Planning and Administration (NUEPA). Interview with Aneel Brar and Ebony Bertorelli, June 27, 2008.

24. For example, space for NGO activity has been included in India's recent 5-year economic plans and explicit endorsement of NGO-state collaboration has been integrated into the government's public service strategies, including that of the Sarva Shiksha Abhiyan (SSA). See Planning Commission. (1985). *The seventh five year plan 1985 – 90*. New Delhi: Planning Commission. Additionally, in 2005 Uttar Pradesh's (UP) SSA created a formal mechanism whereby NGOs could apply for funding or state collaboration for education projects in an effort to widen the avenues available to enhance primary education. With their proposal for *Nai Disha*, Pratham was one of the first NGOs to take advantage of this mechanism and to initiate an in-depth collaborative effort with the state. Similarly, in Himachal Pradesh (HP), Pratham represented that state's first major NGO collaboration for

189

education and was the product of the government's own desire — or at least the desire of the state's top SSA officials at the time — to harness the potential benefit of involving an external actor.

25. Director (former), National Council for Education Research and Training (NCERT). Interview with Aneel Brar and Ebony Bertorelli, June 26,2008.

26. This opinion was reflected in interviews with government officials involved in primary education as well as with local educationists during field work. Also see: Drèze & Gazdar. (1996). Uttar Pradesh: The burden of inertia; Kapur, D. , & Mehta, P. B. (Eds.). (2005). *Public institutions in India: Performance and design*. New Delhi: Oxford University Press; Zaidi, S. A. (1999). NGO failure.

27. Pratham Delhi Education Initiative. (2008). *Annual report 2006 – 07*. New Delhi: Pratham Delhi Education Initiative; Pratham. (2009). *ASER 2008*.

28. Banerji, R. , Chavan, M. , & Rane, U. (2005). Learning to read. *Changing English, 12*, 186. (Note: the authors of the above article include Pratham's founders.)

29. Pratham employee in Punjab. Interview with Aneel Brar, August 10,2008.

30. Pratham. (2007). *Nai Disha: A new direction*. Report submitted to the Government of Uttar Pradesh (GOUP), September, 2007.

31. Ibid.

32. Pratham, through their extensive field experience, surmised that many Indian children simply did not gain the basic foundations of reading and math in the early grades. According to Pratham, early grade instruction often leaves children unprepared and unable to handle higher-level curriculum thereby encouraging many to simply stop attending classes. In situations where children do complete grade IV or V it had been found that many were still unable to read or do simple arithmetic. Banerji et al. (2005). Learning to read.

33. The innovations of Pratham's pedagogy are based on extensive field experience, classroom "experiments" in which they would test new methods, and the work of Dr. A. K Jalaluddin, who studied the efficacy of using a traditional *barakhadi* chart of consonants and vowels to teach nonreaders how to read. Banerji et al. (2005). Learning to read.

34. Ibid.

35. Activities included "*Tili* Bundle" games, in which individual straws or *tilis* were used to represent units of one and ten *tilis* tied with an elastic band into a bundle were used to represent a single unit of ten. Using activities based around *tilis* and bundles, the curriculum required children to physically engage in counting, addition, subtraction, and place value exercises, as well as shouting out answers, counting out loud, and volunteering to answer questions. Additionally, like the reading comprehension units, arithmetic activities also involved the use of number flashcards, number charts and posters.

36. Pratham. (2009). *History*. Retrieved from http://www. pratham. org/M-13-2-History. aspx.

37. The vast majority of teachers interviewed on their first day of "Master Teacher" training expressed doubt regarding Pratham's motivations and methods, and they would actively challenge the trainers, who were often younger, less experienced and, indeed, not formally

trained as primary-level educators. A total of 20 of the 80 teachers were interviewed throughout the training session.

38. Pratham. (2007). *Nai Disha*; Pratham. (2008). *Nai Disha*: *Phase II*. Report submitted to the GOUP, September, 2008.

39. Ibid.

40. Ibid.

41. See Pratham. (2009). *ASER 2008*, for examples.

42. Ibid. ASER's legitimacy and strength as a lobbying tool is largely bolstered by the participation of Mr. Montek Singh Ahluwalia, the former Deputy Chairman of India's Planning Commission — the Government of India's institution that formulates its 5-year economic plans — in the annual ASER release event. According to Sam Carlson, "when you have the chairmen of the national Planning Commission launching the release of Pratham's Annual Survey of education, ASER, that's political acumen, but it's also credibility." (Personal communication).

43. Pratham. (2009). *History*.

44. Registrar General & Census Commissioner. (2001). *Census of India*. New Delhi: Government of India. Retrieved from http://www.censusindia.gov.in/.

45. De, A., Noronha, C., & Samson, M. (2002). Primary education in Himachal Pradesh: Examining a success story. In R. Govinda (Ed.), *India education report* (pp. 297 – 311). New Delhi: Oxford University Press; Government of Himachal Pradesh. (2002). *Himachal Pradesh human development report 2002*. Shimla, Himachal Pradesh: Himachal Pradesh Government.

46. Only one of Himachal's 12 districts, the extremely remote and isolated Lahaul and Spiti, has a GER lower than 100% according to government data. NUEPA. (2008). *Elementary education in India*: *Where do we stand? District report cards 2006 – 07*. New Delhi: NUEPA; Pratham. (2008). *Annual Status of Education Report (Rural) 2007*. Mumbai: Pratham Resource Center; Pratham. (2009). *ASER 2008*.

47. Pratham. (2009). *History*; Pratham. (2009). *ASER 2008*.

48. For example, of all the schools visited in Jean Dreze and Haris Gazdar's 1997 study, not a single one was found to be actively engaged in teaching activities at the time of observation; Drèze & Gazdar. (1996). Uttar Pradesh: The burden of inertia.

49. Ibid. Additionally, most surveys and studies are conducted in rural areas, yet, in urban areas of UP teacher shortages are documented as being far more severe. As of 2008, research in major urban centers of UP indicate common pupil-teacher ratios of 100: 1. Brid, Smitin, et al. (2008, March). *Challenges for schools and society*: *Pratham experiences in urban Uttar Pradesh* (Preliminary Draft). New Delhi: Pratham Resource Center.

50. De et al. (2007). Primary education in Himachal Pradesh; World Bank. (2007). *Himachal Pradesh*: *Accelerating development and sustaining success in a hill state*. New Delhi: World Bank.

51. PROBE Team, The (1999). *Public Report on Basic Education in India*. New Delhi:

Oxford University Press.

52. The social groups that experience the most socioeconomic inequity in India are Scheduled Castes (SCs) or *Dalits*, traditionally known as "untouchables," and Scheduled Tribes (ST), otherwise known as *Adivasis* or "original inhabitants," who constitute 16% and 8% of the population, respectively; Deshpande, A. (2005). Affirmative Action in India and the United States. In *world development report 2006: Equity & development-Background papers*. New York: The World Bank and Oxford University Press.

53. De et al. (2007). Primary education in Himachal Pradesh.

54. Drèze & Gazdar. (1996). Uttar Pradesh: The burden of inertia; Rathor, A. (2004). *Slum dwellers: Curse on development*. New Delhi: Sarup and Sons; Lerche, J., & Jeffery, R. (2003). Uttar Pradesh: Into the twenty-first century. In J. Lerche, & R. Jeffery (Eds.), *Social and political change in Uttar Pradesh: European perspectives* (pp. 17 - 53). New Delhi: Manohar; McDougall, L. (2000). Gender gap in literacy in Uttar Pradesh: Questions for decentralized educational planning. *Economic and Political Weekly*, 35(19), 1649 - 1658.

55. Mehrotra, N. (2008). *Uttar Pradesh: Midterm assessment of EFA goals*. Working Paper for the Government of UP, Revised Draft, February, 2008.

56. McGinnis, L. (2008). *Himachal Pradesh-it can be done: Success with Adhaar*. Draft report for Pratham.

57. Ibid.

58. Ibid.

59. In its first year, the 20 districts slated for *Nai Disha's* implementation were chosen by the state government and Pratham solely based on the desire to achieve a geographical spread across the state. Out of the districts that were chosen, there was a clear representation of designated urban centers, including the districts of Varanasi, Lucknow, and Agra, which are home to three of the largest metropolises in UP, as well as a large representation of designated rural regions. Pratham. (2007). *Nai Disha*.

60. In the second year of the program, the expansion of *Nai Disha* to another 20 districts was conducted based on further criteria, such as the selection of districts that had exhibited poor learning levels as indicated by the previous year's ASER report, districts that would again ensure an even-handed geographical representation, and last, districts that were both large and small to ensure further balance.

61. DIETs are local, government-run teacher training institutes.

62. *Panchayats* are locally elected bodies designated with responsibilities for education in rural areas.

63. Notably, although the SSA utilizes this structure of decentralization across India, UP is even more decentralized in areas of fiscal disbursement. Distinctly within UP, the SSA at the state level channels funds directly to the village level through a body called the Village Education Committee (VEC), whereas, in other areas, funds move through the decentralizing system described above.

64. Pratham. (2007). *Nai Disha*.

191

65. Ibid.

66. Ibid.

67. Ibid.; McGinnis. (2008). *Himachal Pradesh*.

68. Pratham. (2007). *Nai Disha*.

69. Ibid.

70. Ibid.

71. Ibid.

72. Ibid.

73. Ibid.

74. Ibid.; Pratham. (2008). *Nai Disha*: *Phase II*.

75. School observation dates in UP ran from July 15 to August 5, 2008, and were conducted by Ebony Bertorelli.

76. Ibid.

77. Ibid.

78. In two cases instructors knew about the program but could not comment on the program's success because they stated they had nothing to compare *Nai Disha* to, as they had only been teaching as long as the program had been running. However, when asked their general thoughts on the program, they both commented that they enjoyed the pedagogy and curriculum of *Nai Disha* and found it very useful in the classroom. Shiksa Mitra (Rural district of Varnasi, Uttar Pradesh). Interview with Ebony Bertorelli, July 22, 2008; Shiksa Mitra (Urban district of Lucknow, Uttar Pradesh). Interview with Ebony Bertorelli, July 16, 2008.

79. Shiksa Mitra (Rural district of Lucknow, Uttar Pradesh). Interview with Ebony Bertorelli, July 19, 2008.

80. Senior professional, SSA (Lucknow, Uttar Pradesh). Interview with Ebony Bertorelli, July 18, 2008; Senior Professional, SSA (Lucknow, Uttar Pradesh). Interview with Ebony Bertorelli, August 1, 2008.

81. Shiksa Mitra (Rural district of Varanasi, Uttar Pradesh). Interview with Ebony Bertorelli, July 22, 2008.

82. Ibid.

83. Former SSA official (Lucknow, Uttar Pradesh). Interview with Ebony Bertorelli, July 15, 2008.

84. Pratham. (2007). *Nai Disha*; Anonymous, Former SSA (Lucknow, Uttar Pradesh). Interview with Ebony Bertorelli, July 15, 2008.

85. School observation dates in UP ran from July 15 to August 5, 2008, and were conducted by Ebony Bertorelli.

86. Summer camps are another modality used by Pratham to affect student learning. They are run by volunteers outside of schools in local communities. Because of the extreme variation in seasonal weather in HP, government schools operate according to two distinct school years. "Summer-closing" schools in low-lying districts run through the winter, when

temperatures are mild, whereas "winter-closing" schools in mountainous, high-altitude regions run through the summer to avoid the extreme conditions of winter. Summer camps were, therefore, observed in the southern districts of Sirmaur and Solan, HP. The goals of the summer camps in HP were to either (a) continue the improvement of learning levels that began with the initial *Adhaar* year, or (b) serve as a bridge program to promote out-of-school children to enroll with confidence in the coming school year. In the same vein, the summer camps were meant to prevent laggard children from dropping out by instilling a sense of excitement about learning and mitigating any fear of returning to regular classes.

87. Mobilizers have responsibilities that range from recruiting and training volunteers to monitoring and acting as the medium through which the complaints and concerns of volunteers were voiced to higher-levels in the scheme. Observation of the summer camps revealed that logistics, such as recruiting and gaining local support for the camps, rather than pedagogy and training, was the greatest challenge for the mobilizers who were responsible for up to 20 dispersed villages in a given area.

88. Indeed, the state of Punjab agreed to partner with Pratham based on the successes of *Adhaar* in HP.

89. As stated in this chapter, the scale and character of the collaboration between Pratham and the SSA was unprecedented in the state, and to facilitate this collaboration a new policy was created in the SSA to create an application process for NGOs to collaborate with the state and even to appeal for funds for this collaboration. This transparent and easily accessible process is now used by NGOs across UP to initiate formal collaboration.

90. Senior Professional, SSA (Lucknow, Uttar Pradesh). Interview with Ebony Bertorelli, July 18, 2008; Senior Professional, SSA (Lucknow, Uttar Pradesh). Interview with Ebony Bertorelli, August 1, 2008; Former SSA official (Lucknow, Uttar Pradesh). Interview with Ebony Bertorelli, July 15, 2008; Former SSA official (Lucknow, Uttar Pradesh). Interview with Ebony Bertorelli, August 6, 2008; DIET member (Lucknow, Uttar Pradesh). Interview with Ebony Bertorelli, August 1, 2008.

91. Ibid.

92. Senior Professional, SSA (Lucknow, Uttar Pradesh). Interview with Ebony Bertorelli, August 1, 2008.

93. Senior Professional, SSA (Lucknow, Uttar Pradesh). Interview with Ebony Bertorelli, July 18, 2008.

94. Project Director, Pratham (Lucknow, Uttar Pradesh). Interview with Ebony Bertorelli, July 19, 2008; Volunteer Teacher, Pratham (Lucknow, Uttar Pradesh). Interview with Ebony Bertorelli, August 6, 2008; Volunteer Teacher, Pratham (Lucknow, Uttar Pradesh). Interview with Ebony Bertorelli, July 13, 2008.

95. English pilot projects were developed by Pratham and implemented in the district of Solan under the auspices of the SSA district project officer and the local DIET. Newer teaching methods and materials included the use of play money in transaction games and a number jumping game reminiscent of "hop-scotch."

96. Describing these initial stages of interaction, a prominent member of the leadership team of Pratham states, "We realized that it took a lot of advocacy to get the government to accept that something like [*Nai Disha*] is needed. You regularly visit people, you talk to them, we have to say, you know learning is important . . . Of course there were larger level influences that Rukmini and Madhav [executive members of Pratham], did at their own level but, yes, on our level we regularly kept in touch for them to realize this is serious organization, this is an organization which can carry off [a program like Nai Disha]." Volunteer Teacher, Pratham (Lucknow, Uttar Pradesh). Interview with Ebony Bertorelli, August 6, 2008.

193

97. Pratham. (2007). *Nai Disha*.

98. Ibid.

99. Pratham. (2008). *Nai Disha: Phase II*.

100. There were instances where instructors who were present during implementation simply did not remember the program or suggested that they had heard of it but that it was never brought into the school. There were also instances where instructors had knowledge of *Nai Disha* but their understanding of the program's philosophy was incomplete or incorrect. For example, during a school visit, when asked to explain the program of *Nai Disha*, an instructor initially described the program as purely math-based. It was only when questioned further concerning a literacy component that the instructor recalled that there were reading activities using flashcards and posters. These situations, however, were quite rare. Shiksa Mitra (Rural District of Lucknow, Uttar Pradesh). Interview with Ebony Bertorelli, July 19, 2008.

101. School observation dates in UP ran from July 15 to August 5, 2008, and were conducted by Ebony Bertorelli.

102. Ibid.

103. Ibid.

104. Ibid.

105. Ibid.

106. Observation A (Rural district of Varanasi, Uttar Pradesh). Observation conducted by Ebony Bertorelli, July 22, 2008.

107. Observation B (Rural district of Varanasi, Uttar Pradesh). Observation conducted by Ebony Bertorelli, July 22, 2008.

108. Barring the two schools visited in the district of Basti, one school in urban Lucknow in which no teachers arrived to run the school for the day, and a secondary school that was shared with a primary school in the same building.

109. Shiksa Mitra (Rural district of Lucknow, Uttar Pradesh). Interview with Ebony Bertorelli, July 18, 2008.

110. Mehta, P. B. (2003). *The burden of democracy*. New Delhi: Penguin.

111. World Bank. (2007). *Himachal Pradesh: Accelerating development*; World Bank. (2004). *Resuming Punjab's prosperity: The opportunities and challenges ahead*. New Delhi: World Bank.

112. Former SSA official (Lucknow, Uttar Pradesh). Interview with Ebony Bertorelli, July 15, 2008; Former SSA official (New Delhi). Interview with Ebony Bertorelli, August 6, 2008; Former SSA State Project Director (Himachal Pradesh). Interview with Aneel Brar, July 21, 2008.

113. Current SSA state-level officer (Himachal Pradesh). Interview with Aneel Brar, July 23, 2008.

114. Ibid.

115. Within "*Adhaar* plus," quality improvement measures brought in by Pratham were to be adapted to the needs of higher-level children, including the implementation of English-language instruction. Ibid.

116. Former SSA State Project Director (Himachal Pradesh). Interview with Aneel Brar, July 21, 2008.

117. Ibid.

118. Ibid.

119. World Bank. (2008). *Secondary education in India: Universalizing opportunity*. New Delhi: World Bank.

120. The issue of falsification of data within UP was a major concern of most SSA and Pratham officials interviewed.

121. DIET member (Lucknow, Uttar Pradesh). Interview with Ebony Bertorelli, August 1, 2008.

122. Pratham. (2007). *Nai Disha*; Pratham. (2008). *Nai Disha: Phase II*.

123. Ibid.

124. Rural Team member, Pratham (Lucknow, Uttar Pradesh). Interview with Ebony Bertorelli, August 6, 2008.

125. Former SSA official (New Delhi). Interview with Ebony Bertorelli, August 6, 2008.

126. Pratham. (2007). *Nai Disha*; Pratham. (2008). *Nai Disha: Phase II*.

127. Ibid.

128. Senior educationist, National University of Educational Planning and Administration (NUEPA). Interview with Aneel Brar and Ebony Bertorelli, June 27, 2008.

129. Ibid.

130. Former SSA State Project Director (Himachal Pradesh). Interview with Aneel Brar, July 21, 2008.

131. Senior Professional, SSA (Lucknow, Uttar Pradesh). Interview with Ebony Bertorelli, July 18, 2008; Senior Staff, Pratham (Lucknow, Uttar Pradesh). Interview with Ebony Bertorelli, July 12, 2008.

194

附录1：方法

案例选择

本案例研究是一项定性实证调查，基于喜马偕尔邦、旁遮普邦和新德里共29个点的114个非随机挑选的采访和实地考察以及北方邦的29次学校访问。实地研究从2008年6月至8月，共持续8周（受访者名单见附录2）。研究采用半结构化的非正式和正式采访的方式，采访对象是著名学者、政策制定者、政府官员、世界银行官员、家长、教师、志愿者教师、布拉罕工作人员和其他非政府组织参与者。此次案例研究的目的是研究印度北方地区非政府组织和邦政府之间在小学教育方面的合作，试图得出一些经验并推广到其他地区。布拉罕成为优质教育案例研究的对象是因为它规模庞大、关注优质教育以及其很多项目都采用的独特的公私合作框架。

文件和邦级数据都取自国家小学教育项目和区教育与培训学院。学校级数据直接取自教师，其中包括上课率、入学率、表列种姓、表列部落和其他落后种姓的入学率、女性和男性比例以及学习成绩。定量教育数据评估和报告也来自当地非政府组织。

为了让受访者免受批评和责难，我们对受访者进行匿名和身份保密，用他们所在的机构和机构中的职位代替。其中的考察包括在翻译的陪同下暗访学校和社区，具体包括观察课堂、教学方法和学校设施；与教师、家长和社区民众进行非正式和正式谈话；从学校收集数据。北方邦的翻译人员都是熟练掌握印地语和英语的布拉罕志愿者。为了保证采访中翻译的透明性、目的性和准确性，所有采访都依据以下几个准则。除了两个案例之外，其他所有案例中所有的志愿者都没有参与纳伊迪莎项目，没有去有牵涉或者有熟人的学校和社区。此外，所有的翻译人员从未表示过他们与布拉罕有关，或者是独立的研究者。最后，所有的采访内容都记录在案，这样可以确保所有的翻译都是从印地语或旁遮普语直接翻译过来的。除了两次采访外，喜马偕尔邦的所有学校和村庄采访中的翻译人员都不是布拉罕工作人员，那两次学校和村庄采访都是由一位邦一级布拉罕官员翻译的，受访者对他的职位并不知情。对政府和国家小学教育项目官员的采访，以及新德里和旁遮普的采访都是用英语进行的，不需要翻译。

区域选择

在北方邦考察的学校和社区主要分布在勒克瑙、赖伯雷利、伯斯蒂、瓦腊纳西和阿格拉等区。选择这些区域出于以下几个方面的考量。首先,为了避免区域偏见,要确保这些区域遍布全邦。此外,这些区域及区域中学校的选择,也要确保大型和中型城市、半农村和农村区域比例均衡,以避免城市或乡村偏见。除了这些之外,其他学校和地区的选择都是随机的。但是,其中两个区域的少数学校是经过专门选择的,因为纳伊迪莎的数据表明这两个地区的项目实施和学习成绩表现都十分优异。最后,本研究专门选择了具有特殊情形的伯斯蒂地区。由于布拉罕,特别是纳伊迪莎良好的名声,伯斯蒂地方长官专门提出要求,希望在全区实施纳伊迪莎来提高学校教育质量。

我们在喜马偕尔邦对部分布拉罕活动的观察是在布拉罕协助下进行的,包括西姆拉地区的学校、锡尔毛尔地区的夏令营,以及坎格拉地区和赫米尔布尔地区的培训课程。所有其他喜马偕尔邦和旁遮普邦的项目观察都是独立实行的,并配备未参与项目的当地翻译。此外,由于喜马偕尔邦十二个区的学年并不相同,一些南部地区因为恰好在进行布拉罕的夏令营而入选。

196

附录 2: 受访者名单

本研究共进行了 114 次采访。所有采访都是匿名的,因此,为了节省篇幅,在此列出受访者的所在地区以及职务。

喜马偕尔邦
赫米尔布尔区一位学院院长
锡尔毛尔区一位布拉罕志愿者
坎格拉区一位布拉罕协调官
西姆拉区一位公立学校教师
四位政府或国家小学教育项目官员(现任及前任)
锡尔毛尔区十四名志愿者教师
索兰区三名志愿者教师

旁遮普邦

珀丁达区七名公立学校教师

德里

六位学者、研究者及政策制定者

一位前任国家小学教育项目官员

三位布拉罕官员

两位世界银行官员

北方邦

勒克瑙县一位学者

伯斯蒂县一位负责区教育与培训学院的官员

勒克瑙县一位负责区教育与培训学院的官员

六位政府或国家小学教育项目官员（现任和前任）

阿格拉三位公立学校教师

伯斯蒂县四位公立学校教师

勒克瑙县九位公立学校教师

赖伯雷利县两位公立学校教师

瓦腊纳西县五位公立学校教师

勒克瑙县两位学生家长

伯斯蒂县三位学生家长

勒克瑙县三位布拉罕工作人员

阿格拉县两位志愿者教师

伯斯蒂县两位志愿者教师

赖伯雷利县两位志愿者教师

勒克瑙县十七位志愿者教师

瓦腊纳西县八位志愿者教师

附录三：术语表

Adhaar. 布拉罕和邦政府在喜马偕尔邦合作的优质教育项目

Barakhadi. 元音辅音表

BRC. 街区资源协调官

CRC. 群组资源协调官

DIET. 区级教育培训院

DPO. 地区项目官员

HP. 喜马偕尔邦

Nai Disha. 布拉罕和邦政府在北方邦合作的优质教育项目

NGO. 非政府组织

Panchayats. 村委会

Shiksha Mitras. 政府雇用的兼职教师（非正式教师）

Shiksha Sarthis. 布拉罕招募的志愿者

SRG. 邦资源团

SSA. 国家小学教育项目

UP. 北方邦

VEC. 村教育委员会

9

教学语言在提高小学教育质量和教育公平方面的角色

Carol Benson

12月10号是世界人权日。这一天我收到了很多同事和组织的短信,其中有一条提醒我,今天全世界有7 500万儿童无法上小学,还有2.25亿将读不到中学。这些孩子"因为高昂学费、上学路程遥远且不安全和教师人数不足等原因进不了课堂"[1]而不能完全融入社会。这些数字令人不安,现状不容乐观。然而我再一次想到,语言最基本的功用常常是不言而喻的。如果不能使用孩子们能听懂的语言教学,那么努力让学生走进课堂又有什么意义?

教育中的语言问题

如果学校使用的教学语言不是学生所掌握并能准确理解的语言,那么学校实际上在各方面都辜负了学生。使用外语进行教学也叫"浸泡式教学法"(submersion)[2],这种教学法类似于没有教学生如何游泳就把他们按在水下。有效的教学显然需要教师和学生进行交流。师生关系仅次于家长和孩子的关系。家长和孩子之间是用"母语"进行有效沟通的。为什么很多学校还要坚持用学生听不懂,甚至教师也不熟练的语言来教学呢?

造成这种局面的原因有很多,有的是恶意的,有的则是善意的,包括无意忽略。最恶劣的情况是:教学的目的是抹杀学生的语言和文化,将他们同化为主流文化,同时剥夺他们的公民权、人权和语言权。其中一大案例便是在殖民时期和后殖民时期,拉丁美洲的教育系统致力于针对土著人的"卡斯蒂利亚语化"或"西班牙语化"。尽管双语项目有一定公信力,但这一历史过程在玻利维亚、危地马拉等国产生的消极影响持续存在。[3]有时,双语教育项目的出发点是好的,学校尽力让学生多接触第二语言(外语),希望学生在未来更具有竞争力,家长也抱有同样的希望。比如在越南情况便是这样。在越南,人们普遍认为讲少数民族语言的学习者都需要尽可能接触越南语,因此,宪法中有关少数民族语言权利的相关规定并未实施。[4]无意忽略则是忽略了学生的语言背景和文化背景,让所有学生接受千篇一律的教育,这就导致了学习机会的差别。直到近几年,这种情况在莫桑比克等许多非洲国家依旧存在,这些国家独立后还在沿用原先殖民者的语言。莫桑比克所有层次的教育都使用葡萄牙语教学,最近才引进了双语选项。[5]

　　不管是出于何种原因,产生的结果都极其相似:上学机会受限,留级率、不及格率、辍学率居高不下,教育质量差,学生缺乏自尊心,这些情况均已有详细记述。[6] Walter[7]虽然承认语言不是造成这些结果的唯一原因,但是他用联合国教科文组织的数据和其他发展数据证明了学生以其第一语言接受教育和国家发展程度之间的分配关系,并重点表明,没有提供第一语言教学的国家的识字率和教育程度都处于全世界最低水平。使用单一(主流)语言进行教学问题很多,因为这一做法使主流社会群体和非主流社会群体的差距越来越大,即使高收入国家也不例外。低收入国家后果则更严重,因为困扰低收入国家的还有健康问题、安全问题(尤其是女孩),以及教师教育水平低、教学内容多、课程设置不合理、学校教学设施匮乏等问题。[8]

　　用学生的母语进行教学并不一定能解决所有这些问题,但是学校能因此更具有包容性和参与性,同时更容易达到基本识字率,课程内容也更易理解。实现全民教育的根基是人们相信基础教育能够使人摆脱贫困、疾病和社会不公。教育要能够对边缘化学生,尤其是几年后可能因其他因素而辍学的学生的生活产生重大影响,就必须重点关注适当的早期识字、相关的内容学习和有效的课堂互动。正如一份2000年全民教育战略评估所指出的,"忽视语言选择问题就可能无法彻底解决基础教育的中心问题"[9]。

　　本章的写作目的是说明教学语言对增加教育机会、提高教育质量、促进教育公平所起的关键作用。本章首先讨论使用外语教学对教育机会、教育质量、教育公平造成的障碍。[10]其次探讨为何要用学生的母语进行教学、怎样教学,为何教授其他语言应该将双语教育,甚至多语教育融入系统的学校课程之中。最后讨论教育语言政策的制定,探讨问题之所在,并提出应对策略。

200

为什么使用外语教学不适用?

　　假设这种教育的出发点是好的,那么使用外语教学的基本理念就是通过识字和学科内容教学使学生接触一门新的语言,取得语言学习的成功。这正是加拿大自20世纪60年代起所采用的法英双语浸入式教学(immersion)的理念,引发了很多有关第一语言和第二语言学习的研究,双语教育也因此在世界各地发展起来。[11]浸入式教学模式和理论是在主体民族环境中发展形成,在这种环境中,不管是校内还是校外,学习者周围都是会说"目标语"的人,两种语言都有标准形式和很高威望。然而,这些模式和理论应用在低收入多语言环境中时,往往没有得到正确使用,没有进行适当改善。比如,对浸入式教育最严重的误解是认为它忽略学习者的母语读写能力,事实并非如此。[12]最近在发展中国家的研究[13]指出了其中的问题,并提出要改善针对"第二语言"环境的理论、术语、模式、方法、教材等,因为这种所谓的"第二语言"对于学习者、教师甚至社会来说也许完全是陌生的,但是还有很多工作要做。

Chimbutane[14]在莫桑比克最近的一项研究中发现,讲昌嘎纳语(Changana)的学生必须使用该国官方语言葡萄牙语学习,造成课堂上互动困难。以下是四年级葡萄牙语课的一段对话,内容是关于人体部位(原文英文由 Chimbutane 译自葡文):

C 老师：你们从图中看到了什么？（她将课本举起来,图中画着一个男孩的身体,标明三个主要部分）

学生：（沉默）

C 老师：你们看到了什么？

Carla：我看到一个男孩。

C 老师：看到的什么？

Carla：看到一个男孩。（有几个学生也附和着说）

C 老师：图中是有一个男孩。不过,你们就只看到男孩吗？

学生：是的。（小声回答）

C 老师：什么？

学生：是的/不是。（有些学生回答"是的",有的则回答"不是",意见出现分歧）

C 老师：你们还能看到什么？

学生：（沉默）。

C 老师：这个男孩……有没有被分为几个部分？

学生：是的。

C 老师：总共分为几个部分？

学生：分成三个部分。

C 老师：什么？（她大声问）

学生：分成三个部分。

  C 老师：分成三个部分。

Chimbutane 的研究[15]将学习者用第一语言进行的课堂交谈与葡萄牙语进行对比，再次验证了其他许多学者的研究：使用外语进行的实际上是没有意义的交流，学生无法理解最基本的教学指令，回答不了那些如果换成母语其实极其简单的问题。注意，例子中的老师不会变换语言，这个四年级课程的内容——身体三大部分——如果用老师和学生都熟悉的语言来讨论的话，可能一年级的甚至学前的一节课就能掌握。

　　和莫桑比克一样，世界各地很多教师被要求用外语进行课程内容教学，他们都缺乏讲课策略，只会对着学生"宣讲"，或要学生提供死记硬背的答案。Hornberger 和 Chick 在南非和秘鲁对浸泡式教学课堂进行对比后，用"安全话语"来描述典型的问答方式。比如，老师问"听懂了吗"，学生回答"听懂了"。好像这样一问一答，就证实了教师在教，学生在学，教师也挽回了颜面。[16]经过对东南亚、拉丁美洲和非洲等地区使用外语教学的课堂进行观察，笔者发现教师以惩罚学生为代价，挽回自己的颜面，比如，因为学生没有听讲或者没有正确回答问题而惩罚学生。Mbatha 在瑞士[17]使用英语教学的课堂上发现，教师在训斥学生时甚至会切换成母语，认为这样学生才能得到更深刻的教训，但其实教师有责任培养学生的性格。

　　学校使用外语教学的另一大问题是开始的识字学习问题。不管教学方法是语音理解教学（声音—符号对应），还是整体语言教学（语境中词义的识别），或是将这两种方法相结合，学习阅读的精髓都在于将说与写的意思联系起来。孩子在用他们理解的语言学习阅读时可以根据他们对这门语言所掌握的知识来使用"心理语言学猜测战略"[18]，这一过程是使阅读自动化并有意义的必要途径。使用外语阅读时，学生只会一个字母一个字母地解析单词而不知道单词的意思。下面的例子是我在几内亚比绍[19]进行实地调查时收集的案例，取自一年级"阅读课"的一句葡萄牙语简单句——O pato nada［鸭子会游泳］——这句话每天按以下相同的步骤被"教"了很多个星期：

　　1. 齐声朗读"O pato nada o pato nada o pato nada o pato nada"，没有停顿，无法分清哪里是句子开头和结尾。

　　2. 师生问答，机械地按顺序重复每个单词。

　　3. 师生问答，机械地不按顺序重复每个单词。

　　4. 按音节背诵句子"o-pa-to-na-da-o-pa-to-na-..."。

像几内亚比绍这样使用"浸入式外语教学"教授学生识字效率极低，因为学生在很长时间里完全不理解他们所"读"的材料；事实上，笔者通过研究发现，在接受小学教育 5 年甚至更长时间后，学生的葡萄牙语口语还没达到生存水平，读写技能极为有限。[20]由于很多学生在浸泡式教育早期就辍学了，这些学生不太可能具备可以帮助今后生活的基本识字能力。

所以在浸泡式教学中学习的主要障碍是通过读和写理解课程内容和学会交流。之所以有这些障碍，是因为还有一些因素导致学生无法交流，包括如下发现：

- 只会用以教师为中心的教学法。
- 教师无法调动学生已有的知识、经验和个性。
- 学生的自信心和自尊心受损。
- 无法正确评估学生学习效果，因为无法确定学生是理解所学概念有困难，还是理解教学语言有困难，或是理解考试语言有困难。
- 家长没有参与感，无法参与到学生的学习之中，与教师零交流。

综上所述，使用外语教学对教育机会、教育质量、教育公平都产生了无法克服的障碍。2000 年在达喀尔举行的世界教育论坛的一大目标就是要"确保到 2015 年，所有儿童，尤其是女孩、生活艰苦的儿童和少数民族儿童，都能够接受并完成优质的免费义务小学教育"[21]。遗憾的是，政府教育部门、发展机构、资金提供者迟迟未能将这一目标与教学语言联系起来，而是大力扩招并招聘更多教师。如此一来，尽管有很多学龄儿童上了学，但他们接受外语教学，没有真正掌握课程。正如上文所说，教育质量和成就在读写能力和学科内容学习上都远低于预期。入学率和学生流动率数据显示，只有少数一些聪明的学生可以克服这些障碍，跟上学习节奏[22]，这些学生中只有极少数是女生，因为女生还要做家务，她们很有可能错过了一段时间学习，她们也鲜有机会能在校外接触到外语[23]。因此我们得出结论，任何一个国家使用外语教学都无法达到全民教育的目标。

使用第一语言教学怎样达到效果，为什么能够达到效果

双语教学或多语教学是指使用两种或多种语言进行教学。在多语种国家，为了满足讲不同语言的人的需求，人们逐渐认识到最好的办法就是"优先使用第一语言"[24]，

不仅要会讲两门或多门语言,而且还要能双语或多语读写,即不仅会讲一种以上的语言,而且会读写一种以上的语言[25]。这其中包括不同类型的语言:

- 学习者的"母语"或家庭语言,称为第一语言,用来进行读写入门技巧教学,同时用于学科内容教学。如果家庭或当地使用多种语言,那么学校会使用学生的一种家庭语言,或当地的一种语言,或一种通用语[26]。虽然多语言语境中存在术语问题,但"第一语言"仍然被用来指儿童到上学时能够较好地进行听说交流的一种语言。

- 另一门语言,称为第二语言,往往系统性地从口语交流技巧教起,这样学习者逐渐将读写技能和知识从已会的语言(第一语言)转换到新的语言。在北美和欧洲,界定一个语言属于第二语言还是外语的依据是看学习者是否在外社区接触该语言。在多语言环境中,某一种语言对于学生、教师和社会来说虽然是外语,但还是沿用"第二语言"这一术语,这样会误导人们像上面所讲述的那样认为"浸入式教学"适用于外语环境。将一个国家的官方语言称为"外语"非常尴尬,不管是出于政治因素(因为这种语言已经被认为是该国的一种语言),还是语言因素(精英们将该语言作为第一语言或第二语言使用,其他人有限但也不同程度地使用该语言)。所以,为了能够讨论教学语言问题,学者沿用第二语言这一术语来描述在双语学校中学习这门语言的顺序。

- 在多语教学项目中,可能还会引入另一门新的语言,或称为第三语言。多语教学模式或教学方法各不相同,因此它们产生的结果也不尽相同,有的地方在学前班就引入第三语言,有的则稍晚,在小学或中学引入。教学效果好的多语学校[27]有一个共同点,就是它们在早期着重使用第一语言教学(这样学生除了理解和参与学科内容教学外,还能够掌握并发展识字技能),并贯穿整个教学过程(因此学生能从多语制或多语读写中获益)[28]。

双语或多语教学方法在课堂上系统地使用,使学生能够学习到语言和学科内容。支持以第一语言为主的双语教学的三个规模最大最有名的研究项目是在北美进行的纵向研究,分别是 Ramirez 等人[29]1991 年的研究报告以及 Thomas 和 Collier[30]1997 年、2002 年的研究报告。三项研究均显示,第一语言的使用时间越长,力度越大,且通常与第二语言同时使用,则学校各科的教学成果就更好。早期在低收入国家展开的研究显示,接受双语教育的学生与来自相同语言背景的只接受第二外语教育的学生相比,读写水平更高(比如 Modiano[31] 在墨西哥的研究、Williams[32] 在马拉维和赞比亚的研究),自那以后有很多研究显示类似的结果,但成效不一,因为大多数项目都没能充分开发学生的第一语言技能,并将之转化到学习者的第二语言学习中,使学习者受益[33]。在尼日利亚进行的约鲁巴语教学实验为期六年[34],产生了第一批以低收入国家为研究对象的数据,证明长期的第一语言教育不但对学科内容学习有好处,而且对两种语言的学习也有好处。此后在南非[35]、危地马拉[36]等国也有类似量性数据产生,针对危地马拉的研究分析还证明,当学生流动率高而要达到较好的教学效果时,双语项目在支出和节省上体现出较高的成本效益。厄立特里亚国[37]和埃塞俄比亚[38]的学生接受第一语言教学长达八年,最近的研究显示这种长时间第一语言教学带来了很好的效果。这些后期的研究也进一步证明了北美之前的研究发现,并说明尽管短期过渡模式为学习提供了某些方便之处,却不能充分利用第一语言发展带来的好处[39]。

教学中继续开发学生第一语言能力和认知技能为学生取得学习成就奠定了良好基础,学术文献也不断记述其表现出的显著教学优势:

205

- 用第一语言教识字有助于学生将声音—符号或意义—符号进行对应,使他们理解书本内容的意思。学生从一年级开始阅读,他们一旦掌握了自己语言的写作规则,就能通过写作表达自己的想法。很多研究都通过对接受双语教育的学生和接受单一语言教育的学生成绩进行比较,证明了第一语言识字的有效性[40]。

- 使用第一语言教授各科内容使学生从上学之始就学习到新的概念。教师和学生之间能够自如交流,一起讨论新概念的意义,从而创造出参与度高的学习环境,这种良好的学习环境对于认知和语言发展都十分有益。通过观察发现,这种环境中,学生能够积极提出问题甚至指出老师的错误,然而在使用外语教学的课堂并没有观察到这种现象[41]。

- 使用第一语言教学能够准确评估学生的学习情况。如果学生能够充分表达自己的想法,教师就能够判断出哪些知识学生已经掌握,哪些知识还需要进一步讲解,哪些学生需要额外帮助。这一点对女生尤其有益,因为如果老师对学生有任何成见都会受到挑战[42]。

- 使用第一语言教学时,学生学习的情感方面(包括自信心、自尊、自我认知)增强,学习动力、主动性以及创造力也因此加强。使用第一语言教学的课堂上,学生更能展现自己,性格、智力都能够得到更好的发展。有关课堂互动的研究和对学生、教师和家长的采访都证明,学生享受学校生活并在学校有优异表现是提高学生出勤率、参与度和学习成绩的重要因素[43]。

● 如果学校使用当地语言教学，学校、课程和教师的接受度增大。使用当地语言教学，学校不再神秘莫测，家长能够并且确实直接和教师接触，了解学生在校表现，为教师提供支持，甚至对教师提出质疑，使教师负起责任。家长也可以辅导学生做好家庭作业，自己也许还能在此过程中学习第一语言读写[44]。

这些使用第一语言教学的特征与上文四年级课堂（关于身体部位）的浸泡式教学形成鲜明对比。笔者最近到莫桑比克，有机会访问了一些新近实施双语教育的学校，都是2002年课程改革之后开始建设的，课改提供了双语教育选项。这些学校依然存在教材匮乏、教师培训不到位的问题；简单来说，除了教学使用的语言发生改变外，其他几乎没有变化。在加扎省的印凯尔（Incaia），我观摩了一节二年级当地语言昌嘎纳语的识字课。那天是周一，那个班级有大约50个学生，学生都坐在地板上，老师要求他们写上周末做的事。老师在黑板上示范了两个描写自己周末生活的句子。每个学生都读了自己写的句子，我的同事翻译给我听，我惊讶于他们用昌嘎纳语交流的真实度。 206
每个同学都写了自己的想法和经历，有些句子非常流畅，有的则是不怎么完整的短句。有些学生字母还没有学全，只会乱涂乱画，不能算写字，但是他们还是把自己的周末活动"读"给我们听，他们清楚地知道读和写的目的在于表达意义。这样的课堂表明，只要是用第一语言教学，即使在最差的条件下，教学都有可能产生较好的效果。

埃塞俄比亚的经验提供了一些迄今最有说服力的证据，证明了教学效果的好坏与使用、发展第一语言进行教学存在正相关关系。1994年的国家教育语言政策呼吁在八年的小学教育中都使用学生的第一语言（称为民族语言）进行教学。由于在埃塞俄比亚的九个民族州和两个自治行政区这一政策的执行情况不同，埃塞俄比亚的教育几乎成了各种双语和多语教育方法的缩影，教学手段不同，成效不一。我们将全国八年级评估结果和每个地区第一语言教学的使用程度相关联，研究[45]发现接受了最长八年时间的第一语言教育的学生（教师也是经过该语言培训的）各课分数最高——明显高于较少接受或没有接受第一语言教育的学生。使用第一语言教学最多的地区中学升学率也最高。因此，我们可以得出结论，在低收入、教育资源匮乏的国家，最好的教育结果来自最大限度地使用和开发第一语言教学[46]。

教育发展中的多语制和多元文化论

双语或多语教学不仅仅关乎第一语言；学生必须接触其他语言以为今后在社会中

立足做好准备。随着国际上双语教育领域逐渐扩展到低收入国家的多语社会，后续的研究支持了语言和识字教学的某些原理。奠定母语的基础是首要的，但接下来的工作是系统地教授第二语言或者外语。通常的做法是在前几年先教口语，之后学生再将第一语言中学习到的技巧转换到第二语言中。有些项目中，学生同时开始学习两种语言读写。不管是哪一种方式，语言间技能的转换[47]都会促进学习，毕竟我们只需要进行一次阅读学习就够了。从第一语言转换到第二语言最有效，因为第一语言是最熟悉的语言，但是一系列研究都证明这种转换是双向甚至多向的，或者说不管在一门语言中学习到什么，都可以应用到另一门语言中[48]。欧洲和北美的多语课堂也有证据证明，不管语言间有无关联，这种转换都能发生（比如西班牙语与葡萄牙语之间会发生转换，英语和印地语之间同样会发生转换）[49]，也不论语言间书写系统是否相同[50]。语言间的转换是半自动化的过程，学生在理解第二语言过程中开始转换知识和技能，但是如果将两种（或多种）语言里适合学习者年龄的内容进行明确的比较，就能促进这种转换。

很多项目除了开发学生的语言之外，还认识到那些语言所代表的文化，鼓励文化多元化、理解多元文化价值观。跨文化主义是指在不同的语言、文化、人民之间斡旋的主张。跨文化主义一直是拉丁美洲双语项目的一大特点。最近跨文化主义已经用来强调本地知识和价值观，并对传统的族群间不平等提出挑战。[51]如果教育要在社会中起到变革作用，有一点十分关键，也就是说要给传统上被边缘化的群体公平的教育机会和生存机会。

在北美形成的一种做法成为双语教育的常见做法，即在交际技能发展一到两年后部分使用第二语言进行教学。这种方法叫做"通过课程"教授语言。由于具有学科特定的词汇和认知要求，一般认为这种方法是行之有效的。[52]采用这种方法的教师必须用双语（包括第一语言）教学法来搭建意义，同时要借助肢体语言或视觉效果，激活原有知识，并运用其他策略，这样学生在学习新语言的同时才不会错过重要内容。[53]这些策略要求教师必须精通两种语言，这是低收入国家的致命弱点，因为教师自己都没有合适的机会能够有效学习第二语言，语言教学培训更弱。因此在低收入国家有理由进行较长时间的第一语言学习（例如埃塞俄比亚）和专门的第二语言教学（作为一门学科，并可能有专职教师），以及在高年级各科教学中使用适用于双语教学法的材料。

较之于第二语言为外语的浸泡式教学[54]，以第一语言为基础的多语教育项目具有以下理想特征：

- 第二语言的教授具有系统性和明确性，早期教授口语技巧并使用学生熟悉的内容教学,便于学生掌握新单词、短语。相反,采用浸泡式教学的教师被迫使用翻译或语码转换[55]来表达意思,导致概念学习效率低下,甚至会阻碍语言学习。

● 便于语言和认知技能从第一语言向第二语言转换。如果学生有了第一语言基本的识字技能并掌握第二语言交流技能,他们就可以尝试用第二语言阅读和写作,将他们从熟悉的语言中掌握的识字技能有效地转换到第二语言中。[56]尽管只用第二语言学习的学生可能在之后的学习中会将掌握的知识和技能转换到第一语言中,但整个过程效率极低,困难极大。

● 先用第一语言进行学科教学至少三到五年,然后在双语教学法中分阶段进行第二语言教学。教师"隔日交替"和"预习—复习"的教学法策略性地使用每种语言,同时促进学科内容学习和语言学习,整个过程又有双语教材支撑。[57]没有双语教师时,之前提到的一个方法是有效的,即先由教师用第一语言完成整个教学,再由专门的第二语言教师将第二语言作为一门学科教授。这两种方法都具有系统性,而"浸泡式教学"则不能让学生理解学科内容,也不能系统性地教授第二语言。

● 可以有意使用第一语言、第二语言或双语进行适当的学科内容测试,以使学生表达所学知识。比如,考题可以用两种或所有语言呈现,学生可以选择一种语言答卷;或者可以根据语言表达程度的需要,不同问题用不同语言呈现。[58]如上文所述,由于浸泡式教育只用第二语言进行测试,因此无法知晓学生遇到的问题是由于课程内容没有掌握还是因为语言的问题,抑或二者都有。[59]

● 这种教育系统的宗旨是希望学生能够进行双(多)语交流和双(多)语读写。浸泡式教育试图用一种新语言替代学生已经熟悉的语言,这样学生两种语言的能力都会受限。而双语教育项目则鼓励学生能够听懂、会说、会读、会写一种以上的语言。双语或多语制能够使人提高认知和智力技能,较好地完成对语言结构和思想过程的理解力要求较高的工作,整体教育成就也较高,即使在印度这样的低收入国家也是如此。

这里讨论的双语或者多语教育的特征并不都出现在使用学生母语的项目中,这也就产生了问题。Heugh[60]对非洲双语教育项目形成了详尽报告,她在报告中对于项目沿用"消减"教学模式提出了批评。消减模式中,使用第一语言只是暂时的,学生的第二语言水平还不足以理解课程内容时,就开始使用第二语言进行教学。尽管采用这种模式短时间内学生能理解课程内容,但这种模式对于第一语言和第二语言学习都没有积极的促进作用，因此也不能促进长期的成功有效的学习。投资者甚至会因此不愿意投资双语教育项目；Nikiema[61]以尼日尔为例，讲述了学生第一语言技能掌握不好，家长因此对双语学校失去信心。埃塞俄比亚的教育系统允许长期使用第一语言进行识字与各科课程学习，这样的国家少之又少，而且虽然其教学法取得了进展，但仍然受到诸多挑战。下一节主要讨论实行双语和多语教育所面临的困难。

209

实施多语教育所面临的挑战

本章讨论了低收入、多语环境的特殊情况，认为南方的拉美国家需要调整北方的理论和方法，并进行切合实际的、恰当的决策。越来越多的人致力于研究低收入多语言地区的教育问题，大多数从事这些研究的学者都是来自这些地区，这表明这些地区已经开始对北方理论和方法进行适应性调整，并且，南方国家的经验更可以相互借鉴，南方国家能为双语教育这一领域做出重要贡献。同时，我们必须承认这其中会遇到挑战和问题，必须做出艰苦的努力。表 9.1 列举了其中的一些问题以及解决这些问题的途径。

表 9.1 中本可以包含更多内容，但是这里所举的例子表明，支持外语作为教学语言而带来的许多问题已经得到充分认识并且已经用各种方法创造性地解决了。利益相关者能够看到越来越多的研究成果和资源，并且以越来越多的语言呈现。

表 9.1 教学语言所面临的问题和应对措施

问　　题	解决方法/途径
第一语言语言方面的担忧： 识字教材较少。 无标准书面形式。 缺乏学科教学（比如数学和科学）的词汇和材料。 没有词典等参考材料。	对现有文献进行调查；由于古代的传统或者传教/发展的原因，很多语言都留存有书面材料。 像国际语言暑期学院[62]这样的语言机构帮助社区开发其语言写作系统并使之标准化；另见联合国教科文组织工具包。[63] 学生可以通过向教师口述自己的经历、采访家人或者写故事、讲故事等方式自主编写阅读材料。 标准写作形式需要长期使用后才能发展形成；Lalit 在毛里求斯历经 25 年先后发表了三个写作体系，最后才达成一致。[64] 南非选择性教育研究项目（PRAESA）制定出南非数学和科学术语的形成步骤。[65]

续 表

问　　题	解决方法/途径
语言多元化方面的担忧： 国家民族的团结会受到影响。 语言太多，无法照顾到所有人。 并非人人都想要或者都需要 第一语言教育。	如果所有人都有平等的受教育机会，就能促进民族团结。 下放决策权，由各地区自主决定使用哪种语言可以满足当地人的需求，比如埃塞俄比亚就是这样做的。[66] 在玻利维亚，少数语种族群会效仿诸如讲盖丘亚语和艾马拉语等的多数群族。[67] 莫桑比克课程改革允许学校就采用单语模式、半双语模式或双语模式进行自主选择。[68]
第一语言在学校使用有限： 学校教学没有正式使用第一语言。 第一语言仅在幼儿园或小学低年级使用。	柬埔寨的实践经验证明，在非正式教育中使用第一语言可以为正式教育铺路。[69] "踏进门"策略使第一语言更加接近学校：认可第一语言口语、将第一语言当作一门学科来教、组织第一语言俱乐部、使用当地课程来促进第一语言读写。[70] 试点项目/实验证明长期使用第一语言可提高学生成绩，有利于情感培养。
教师技能方面的担忧： 不会读写第一语言。 第二语言水平低。 很少经过正式培训。	教师的职前或在职培训至少部分使用第一语言。[71] 提高教师的第一语言读写能力比提高他们的第二语言水平更加快速、更加高效。[72]将第二语言作为一门学科，由专门的第二语言教师进行教学，这样做能够使资源利用最大化、使成本花费最小化，同时提高第二语言教育质量。[73] 所有多语种国家的教师都需要接受语言方面、双语教学方面以及跨文化方面的培训。
从浸泡式教学转变为多语言教学的成本问题： 教师培训和教材筹办费用高昂。 每门语言的材料印量很少，致使出版费用高昂。	成本效益分析通过提高学生流动率平衡了筹办费用和每位学生的花费，约两年后达到收支平衡点。[74] 当地出版商通常掌握第一语言专业知识，值得为其投入。 语言团队间合作节省了成本，双面印刷的双语材料也节省了开支，其中第二语言面保持不变，第一语言面转换。台式印刷系统和自编材料能够满足一部分需求。

211

教育发展中的政策制定：一些根本问题

　　尽管大量的研究和教学法支持第一语言教学，但出人意料的是利益相关者们并没有觉得这些证据令人信服，并且尽管种种证据证明使用外语教学有碍优质、公正、公平的教学,但是他们还是任由教育系统沿用外语为教学语言。解决教育中的语言问题显然更多的是进行时,而不是完成时,可以直接套用某些教学法。那么这中间涉及哪些因素呢?

教育中语言政策的制定归根结底受到多语言社会内部不平等权利关系以及经济发达的北方和低收入的南方之间不平等权利关系的左右。某一区域的政治统治或殖民所产生的历史关系,加上单一民族国家应该"统一"于一种外源性语言之下的观念[75]使得现代社会的语言有了主次之分。社会反映了这些关系,有的学校使用某些语言而不使用另一些语言,也体现了这种关系。政府无奈地忽略了这一问题,所以没能改变教育体制,而是继续依赖外语作为教学语言,结果只有少数精英才有机会掌握。并非只有以前的殖民语言受到推崇,占地区或政治主导地位的语言仍是教育的唯一语言,比如老挝的老挝语,尽管它只是少数人的第一语言。[76]

也许选择使用外语教学的更加温和的原因与学生家长对语言市场的反应有很大关系,"语言市场"这一概念是Bourdieu[77]提出的,语言市场希望学生能够掌握"官方"优势语言或者"全球化语言"。说到印度的教育环境,Mohanty[78]称之为弱势群体的"反掠夺战略",以在现有不平等的权利框架下生存。即使只有极少数人能够成功,利益相关者(主要是家长)还是会继续投资,希望获得语言资本,比如在坦桑尼亚,Rubagumya[79]发现教育质量差的私立学校打出"使用英语教学"的广告,将很多教育质量好的公立学校的学生挖走了。Alexander称南非的这种现象是"英语无与伦比但高不可攀"[80]。

使用外语的大众教育已有50多年历史,为什么利益相关者还没有意识到,如果一门语言没有使用环境,那么即使是最聪明的学生,也无法精通这门语言? 显然,外语教育的受益者只是(或主要是)精英阶层,因为他们拥有与生俱来的文化和语言资本,同时还有更好的机会,但大众对外语教育仍然抱有很大期望。[81]研究证明对于穷人和边缘化人群来说,优势语言用途极其有限,他们只能在非正式领域工作,工作语言也只能是当地语言。[82]这些人包括讲民族语言的少数人、农村人、非精英阶层女孩,他们的共同点是上学都有困难,更不要说长时间留在学校学习识字、掌握各种知识技能,以便他们今后能在社会立足。Bourdieu解释道:"文化资本过低,又没人愿意通过教育投资增加文化资本投入,所以这些低阶层人群在教育方面只能处于弱势,也就是说,这些人群由于丧失了成功的机会而被排斥在外,或很早就自我排斥在外。"[83]

那么怎样才能消除人们对精通优势语言的迷信,让利益相关者相信以第一语言为基础的教学能够为学生带来更好的教育机会和人生机遇? 一个重要的途径是要验证人们的普遍看法的真实性。比如,在南非的有关研究发现如果家长面前有很多选择,参与调查的大多数家长会选择让孩子接受完全的双语教育或者部分双语教育,而不会选择让孩子直接接受英语教育。[84]还有一个方法是在已经实施过"浸泡式教学"的地方试行双语教育项目,同时提高短期双语教育项目,使其发挥最优作用。这两种方法都能证明以第一语言为基础的教学是有效的,玻利维亚、莫桑比克等国从而根据需求制定出双语教育政策[85]。

发展机构并不一定向教育部提出语言的问题,他们的理由是这过于"政治化"或者说他们支持政府的决策。如果某些特定群体得不到上学机会,这些机构可能会介入,但是剥夺他们获得知识的机会还是会悄然发生。更糟的是,一些捐赠机构的介入为教育系统和当地语言政策带来了更多问题。比如 Clayton[86]将柬埔寨作为案例,分析了英语在柬埔寨是如何成为第二语言/国际语言的,说明了英语之所以能替代法语(法语是柬埔寨原先的殖民语言),是因为外国政府机构、非政府组织和联合国机构(几乎整个救济和发展机构)的有意识、有计划的努力,才有了英语霸权以及柬埔寨等东南亚地区对英语大国的理解。尽管柬埔寨忽视全民识字状况,但却把"重建与发展"的重点放在提高英语水平和翻译技巧上。同样,我们在埃塞俄比亚[87]的研究也发现,英国在二战期间援助过埃塞俄比亚[88]、英国文化委员会为所有教师制定出难以达到的英语水平标准以及埃塞俄比亚原本非常成功的八年第一语言教学政策受到负面压力等这三者之间有直接的联系。坦桑尼亚也有提倡学习英语带来负面后果的类似案例,可能会"完全毁掉几十年来用斯瓦希里语进行小学教育的成果,而不是进一步巩固成果"[89]。

当然,有些组织在很多地方支持以第一语言为基础的多语教育,并取得成效。1953 年,联合国教科文组织就成为首个强调"母语"教育重要性的联合国机构[90],之后又继续呼吁双语、多语教育[91]。联合国儿童基金会也在很多国家的幼儿园、小学推动当地语言教学,比如在玻利维亚[92],联合国儿童基金会在早期对实验支持的基础上,通过 1994 年影响深远的教育改革进一步支持实行跨文化双语教育。近期联合国儿童基金会还在越南[93]与越南教育部合作制定并试行三种少数民族语言的双语教学。德国技术合作公司也对推动双语教育做出重大贡献,该公司在拉丁美洲很多地区长期进行双语教师培训,并在很多非洲国家开发本地语教材。[94]在语言方面,由语言学家、人类学家、教育家组成的基于信仰的非政府组织——国际语言暑期学院已经成为开发社区语言写作系统和材料、从基层向上影响政策的重要力量。[95]荷兰和斯堪的纳维亚国家等在低收入国家的教育投资捐赠大国也支持第一语言教育的研究和开发。[96]最后,英

213

国国际发展部和美国国际开发署支持很多国家的双语教育项目，但就像政策数据库的开发者所言，"这件事并没有得到集中关注"[97]。很多非政府组织也存在相同情况，然而，2007年发生了一个里程碑事件，即救助儿童会（Save the Children）发表了一个政策文件，明确认为需要推行第一语言教育。[98]如果教学系统要让所有学生都能公平地获得优质教育，那就必须集中关注第一语言教育。

结论

以第一语言为基础的多语教育不一定是解决教育发展问题的唯一途径，却一定能提高教育机会、教育质量和教育公平，虽然现今的教育制度只保证了最有优势的学生的利益。与使用外语教学的浸泡式教育项目不同，使用学生的母语进行教学使他们能够：

- 用自己理解的语言学习读写
- 学习用第二（甚至第三）语言进行口头和书面表达
- 能够掌握教学科目内容
- 对母语和本族文化感到自豪
- 在课堂上积极互动
- 表达他们所学到的内容
- 让家庭成员帮助他们做功课
- 进行双（多）语交流和双（多）语读写
- 在社会中得到公正机会并做出贡献

214

毋庸置疑，以第一语言为基础的教学产生了积极效果，然而，一些承诺可以使学生掌握主流或"国际"语言的项目仍然可以吸引利益相关者进行广泛投资，参加这些项目的代价是学生常常不能高效学习自己最擅长的语言，也不能用自己最擅长的语言进行各科目学习。对学校教育的这种生成方式需要发出更强有力的挑战，并需要更加集中的关注。成功的策略包括调查利益相关者的真正需求、试行理论上合理的双语或多语项目以证明其潜力、提高政策制定者的意识、继续在多语言环境中将研究和实践联系起来。随着越来越多的人意识到教学语言与教育机会、教育质量、教育公平都密不可分，国际组织将做出更加协调和坚定的决策，这将是前进道路上迈出的一大步。

　　避免上文中讲到的莫桑比克四年级那种单调乏味的外语教学，同时将双语课堂上师生富有成效的互动最大化，比如莫桑比克二年级的课堂，这样将能够吸引更多儿童上学，使他们留在学校学习，帮助他们识字和学习其他学科知识，并为他们提供公平的机会融入社会。应该让更多的孩子拥有基本权利，将自己的想法和经历用自己的语言表达出来。

注释

1. Klees, S. (2009, December 10). Message sent to members of the Comparative and International Education Society (by former society president Professor S. Klees), University of Maryland, College Park.

2. Skutnabb-Kangas, T. (2000). *Linguistic genocide in education—or worldwide diversity and human rights?* Mahwah, NJ: Lawrence Erlbaum.

3. López, L. E. (2006). Multilingualism and Indigenous education in Latin America. In O. García, T. Skutnabb-Kangas, & M. Torres-Guzmán (Eds.), *Imagining multilingual schools. Languages in education and globalization* (pp. 238 - 261). Clevedon, UK: Multilingual Matters.

4. Kosonen, K. (2009). Language-in-education policies in Southeast Asia: An overview. In K. Kosonen, & C. Young (Eds.), *Mother tongue as bridge language of instruction: Policies and experiences in Southeast Asia* (pp. 22 - 43). Bangkok: Southeast Asian Ministers of Education Organization; World Bank. (2009). *Country social analysis: Ethnicity and development in Vietnam*. Washington, DC: World Bank.

5. Obanya, P. (2002). *Revitalizing education in Africa*. Lagos, Nigeria: Stirling-Horden; Chimbutane, F. (2009). *The purpose and value of bilingual education: A critical, linguistic ethnographic study of two rural primary schools in Mozambique* (pp. 169 - 170). Unpublished Ph. D. dissertation, School of Education, University of Birmingham, United Kingdom (Translation from Portuguese by Chimbutane).

6. See for extensive review: Ball, J. (2010). *Enhancing learning of children from diverse language backgrounds: Mother tongue-based bilingual or multilingual education in the early years*. Paris: UNESCO.

7. Walter, S. (2008). The language of instruction issue: Framing an empirical perspective. In B. Spolsky, & F. Hult (Eds.), *The handbook of educational linguistics* (pp. 129 - 146). Malden, MA: Blackwell.

8. Benson, C. (2004). The importance of mother tongue-based schooling for educational quality. Background paper prepared for the *Education for all global monitoring report 2005: The quality imperative*. Paris: UNESCO. Retrieved April 14, 2010, http://unesdoc. unesco. org/images/0014/001466/146632e. pdf; Benson, C. (2005). *Girls, educational equity and mother tongue-based teaching* (Policy document). Bangkok:

215

UNESCO. Retrieved April 14, 2010, http://www. ungei. org/infobycountry/files/unesco_ Girls_Edu_mother_tongue. pdf.

9. Bentall, C. , Peart, E. , Carr-Hill, R. , & Cox, A. (2000). Language in education. In *Funding agency contributions to education for all. Thematic studies. Education for all assessment* (pp. 46). London: Overseas Development Institute. Retrieved May 18, 2010, http://www. unesco. org/education/efa/global_co/working_group/global_references. shtml.

10. This chapter draws on my background paper written for the EFA Global Monitoring Report 2005 (see note 7) focusing on educational quality. The overall report mentioned language of instruction only once or twice, even though I had tried to demonstrate how language issues were involved in nearly all aspects of quality. Recent research reconfirms earlier findings, and governments and international agencies now seem to be paying more attention.

11. Cummins, J. (1996). *Negotiating identities: Education for empowerment in a diverse society*. Ontario, CA: California Association for Bilingual Education; Genesee, F. (1987). *Learning through two languages: Studies of immersion and bilingual education*. New York: Newbury House; Krashen, S. (1985). *The input hypothesis: Issues and implications*. London: Longman; Swain, M. , & Johnson, R. (1997). Immersion education: A category within bilingual education. In R. Johnson, & M. Swain (Eds.), *Immersion education: International perspectives* (pp. 1 - 16). Cambridge, UK: Cambridge University Press.

12. Swain & Johnson. (1997). *Immersion education*; Tucker, G. (1986). Implications of Canadian research for promoting a language competent American society. In J. Fishman (Ed.), *The Fergusonian impact. Sociolinguistics and the sociology of language* Vol. 2 (pp. 361 - 369). Berlin: Mouton de Gruyter.

13. Benson, C. (2009). Designing effective schooling in multilingual contexts: Going beyond bilingual models. In T. Skutnabb-Kangas, R. Phillipson, A. Mohanty, & M. Panda (Eds.), *Social justice through multilingual education* (pp. 63 - 81). Clevedon, UK: Multilingual Matters; Heugh, K. (2006). Introduction II — Theory and practice — Language education models in Africa: Research, design, decision-making, outcomes and costs. In H. Alidou, A. Boly, B. Brock-Utne, Y. S. Diallo, K. Heugh, & H. E. Wolff (Eds.), *Optimizing learning and education in Africa-the language factor. A stock-taking research on mother tongue and bilingual education in sub-Saharan Africa* (pp. 31 - 62). Bamako, Mali: Association for the Development of Education in Africa. Retrieved April 14, 2010, http://www. adeanet. org/biennial-2006/doc/document/B3_1_MTBLE_en. pdf; Bühmann, D. , & Trudell, B. (2008). *Mother tongue matters: Local language as a key to effective learning*. Paris: UNESCO; Ouane, A. , & Glanz, C. (2010). *Why and how Africa should invest in African languages and multilingual education. An evidence-and practice-based policy advocacy brief*. Hamburg: Association for the Development of Education in Africa (ADEA).

14. Chimbutane. (2009). *The purpose and value of bilingual education*.

15. Ibid.

16. Hornberger, N. , & Chick, K. (2001). Co-constructing school safetime: Safetalk practices in Peruvian and South African classrooms. In M. Heller, & M. Martin-Jones (Eds.), *Voices of authority: Education and linguistic difference contemporary studies in linguistics and education* Vol. 1. Stamford, CT: Ablex.

17. Mbatha, T. (2003). *Language practices and pupil performance in rural and urban grade 1 classrooms in Swaziland*. Unpublished Ph. D. dissertation, CALSA, University of Cape Town, Cape Town.

18. Williams, E. , & Cooke, J. (2002). Pathways and labyrinths: Language and education in development. *TESOL Quarterly, 36*(3),307.

19. Benson, C. (1994). *Teaching beginning literacy in the "mother tongue": A study of the experimental Kiriol/Portuguese primary project in Guinea-Bissau* (p. 190). Ph. D. dissertation, University of California, Los Angeles.

20. Ibid.

21. UNESCO. (2000). *The Dakar framework for action. Education for all: Meeting our collective commitments*. Dakar, Senegal: World Education Forum. Retrieved April 14, 2010, http://unesdoc. unesco. org/images/0012/001211/121147e. pdf.

22. See e. g. , Heugh. (2006). Introduction II — Theory and practice.

23. Benson. (2005). *Girls, educational equity and mother tongue*; Hovens, M. (2002). Bilingual education in West Africa: Does it work? *International Journal of Bilingual Education and Bilingualism, 5*(5),249 - 266.

24. UNESCO. (2005). *First language first: Community-based literacy programmes for minority language contexts in Asia*. Bangkok: UNESCO. Retrieved April 14, 2010, http://www2. unescobkk. org/elib/publications/first_language/first_language. pdf.

25. Baker, C. (2006). *Foundations of bilingual education and bilingualism* (4th ed.). Clevedon, UK: Multilingual Matters; Hornberger, N. (2003). Multilingual language policies and the continua of biliteracy: An ecological approach. In N. Hornberger (Ed.), *Continua of biliteracy. An ecocultural framework for educational policy, research, and practice in multilingual settings*. Clevedon, UK: Multilingual Matters.

26. Ouane & Glanz. (2010). *Why and how Africa should invest in African languages*, pp. 13 - 14.

27. Cenoz, J. (2009). *Towards multilingual education. Basque educational research from an international perspective*. Clevedon, UK: Multilingual Matters; Benson, C. (Forthcoming). Curriculum development in multilingual schools. In J. Cenoz, & D. Gorter (Eds.), *Bilingual education: The encyclopedia of applied linguistics*. Hoboken, NJ: Wiley-Blackwell.

28. Benson. (Forthcoming). Curriculum development in multilingual schools.

29. Ramirez, J. , Yuen, S. , Ramey, D. , Pasta, D. , & Billings, D. (1991). *Final report: Longitudinal study of structured English immersion strategy, early-exit and late-exit transitional bilingual education programs for language-minority children*. San Mateo, CA: Aguirre International.

30. Thomas, W. , & Collier, V. (1997). School effectiveness for language minority students. In *NCBE resource collection series*, No. 9. Washington, DC: National Clearinghouse for

216

Bilingual Education; Thomas, W., & Collier, V. (2002). *A national study of school effectiveness for language minority students' long-term academic achievement.* Santa Cruz, CA: Center for Research on Education, Diversity and Excellence. Retrieved April 14, 2010, http://gse.berkeley.edu/research/crede/pdf/rb10.pdf.

31. Modiano, N. (1973). *Indian education in the Chiapas Highlands.* New York: Holt, Rinehart and Winston.

32. Williams, E. (1998). *Investigating bilingual literacy: Evidence from Malawi and Zambia.* London: DFID Education Research Series.

33. See reviews in: Alidou et al. (2006). *Optimizing learning and education in Africa*; Benson, C. (2000). The primary bilingual education experiment in Mozambique, 1993 to 1997. *International Journal of Bilingual Education and Bilingualism, 3*(3), 149 - 166.

34. Fafunwa, A., Macauley, J., & Funnso, J. (1989). *Education in mother tongue: The Ife primary education research project (1970 - 1978).* Ibadan, Nigeria: Ibadan University Press.

35. Reeves, C., Heugh, K., Prinsloo, C., MacDonald, C., Netshitangani, T., Alidou, H., & Diedericks, G. (2008). *Evaluation of literacy teaching in the primary schools of the Limpopo Province.* Pretoria: Human Sciences Research Council; Heugh, K., Diedericks, G., Prinsloo, C., & Herbst, D. (2007). *Assessment of the language and mathematics skills of grade 8 learners in the Western Cape in 2006.* Pretoria: Human Sciences Research Council.

36. Walter. (2008). The language of instruction issue; Patrinos, H., & Velez, E. (2009). Costs and benefits of bilingual education in Guatemala: A partial analysis. *International Journal of Educational Development, 29*, 594 - 598.

37. Walter, S., & Davis, P. (2005). *Eritrea national reading survey.* Dallas: SIL International.

38. Heugh, K., Benson, C., Gebre Yohannes, M. A., & Bogale, B. (2010). Multilingual education in Ethiopia: What assessment shows us about what works and what doesn't. In K. Heugh, & T. Skutnabb-Kangas (Eds.), *Multilingual education works: From the periphery to the centre.* New Delhi: Orient BlackSwan.

39. García, O. (2006). *Bilingual education in the 21st century: A global perspective.* Malden, MA: Wiley-Blackwell; Heugh. Introduction II — Theory and practice; Heugh, et al. Multilingual education in Ethiopia; Walter. (2008). The language of instruction issue.

40. Albó, X., & Anaya, A. (2003). *Niños alegres, libres, expresivos: La audacia de la educación intercultural bilingüe en Bolivia* [*Happy, free, expressive children: The audacity of bilingual intercultural education in Bolivia*]. La Paz: UNICEF; Dutcher, N. (1995). *The use of first and second languages in education. A review of international experience.* Pacific Island Discussion Paper Series No. 1. Washington, DC: World Bank; Traoré, S. (2001). *La pédagogie convergente: Son expérimentation au Mali et son impact sur le système educatif.* Genève: UNESCO Bureau International d'Education; Bühmann & Trudell. (2008). *Mother tongue matters*; Heugh. (2006). Introduction II — Theory and

217

practice; Ouane & Glanz. (2010). *Why and how Africa should invest in African languages*; Walter. (2008). The language of instruction issue.

41. Benson. (2000). The primary bilingual education experiment, pp. 149-166; Chimbutane. (2009). *The purpose and value of bilingual education.*

42. Benson. (2005). *Girls, educational equity and mother tongue-based teaching*; Hovens. (2002). Bilingual education in West Africa; Ouane & Glanz. (2010). *Why and how Africa should invest in African languages.*

43. Alidou, H., Batiana, A., Damiba, A., Pare, A., & Kinda, E. (2008). *Le continuum d'éducation de base multilingue du Burkina Faso: Une réponse aux exigencies de l'éducation de qualité. Evaluation prospective du programme de consolidation de l'éducation bilingue et plan d'action stratégique opérationnel 2008 – 2010.* Rapport d'étude, Ouagadougou, Mai 2008; Ball. (2010). *Enhancing learning of children*, pp. 21 – 22; Trudell, B. (2009). Contesting the default: The impact of local language choice for learning. In C. Stark, (Ed.) *Globalization and languages: Building our rich heritage* (pp. 152 – 157). Paris: UNESCO.

44. Benson. (2004). The importance of mother tongue-based schooling.

45. Benson, C., Heugh, K., Bogale, B., & Gebre Yohannes, M. A. (2010). Medium of instruction in Ethiopia. In K. Heugh, & T. Skutnabb-Kangas (Eds.), *Multilingual education works: From the periphery to the centre*. New Delhi: Orient BlackSwan; Heugh et al. (2010). Multilingual education in Ethiopia.

46. Similar conclusions have been reached in many other studies, including team research in Eritrea that found that, despite incomplete implementation of a theoretically sound mother L1-based approach, those regions with maximum L1 development have the best potential for achieving Universal Primary Education. See: Ministry of Education Eritrea. (2005). *Eritrea national reading study. September 2002.* Dallas: SIL Academic Books.

47. See e. g., Cummins, J. (2009). Fundamental psycholinguistic and sociological principles underlying educational success for linguistic minority students. In A. Mohanty, M. Panda, R. Phillipson, & T. Skutnabb-Kangas (Eds.), *Multilingual education for social justice: Globalising the local* (pp. 21 – 35). New Delhi: Orient BlackSwan. Also in Skutnabb-Kangas, T., Phillipson, R., Mohanty, A., & Panda, M. (Eds.). (2009). *Social justice through multilingual education* (pp. 19 – 35). Clevedon, UK: Multilingual Matters.

48. Bialystock, E. (2001). *Bilingualism in development: Language, literacy and cognition.* Cambridge, UK: Cambridge University Press.

49. Cenoz. (2009). *Towards multilingual education*; see also García. (2008). *Bilingual education in the 21st century* on translanguaging.

50. Kenner, C. (2004). Living in simultaneous worlds: Difference and integration in bilingual script-learning. *International Journal of Bilingual Education and Bilingualism*, 7(1), 43 – 61.

51. López. (2006). Multilingualism and Indigenous education in Latin America.

52. Gibbons, P. (2002). *Scaffolding language, scaffolding learning. Teaching second*

language learners in the mainstream classroom. Portsmouth, NH: Heinemann.

53. Cummins. (2009). Fundamental psycholinguistic and sociological principles; Swain, M., & Lapkin, S. (2005). The evolving socio-political context of immersion education in Canada: Some implications for program development. *International Journal of Applied Linguistics, 15*, 169 – 186.

54. See reviews in: Alidou et al. (2006). *Optimizing learning and education in Africa*; Baker. (2006). *Foundations of bilingual education and bilingualism*; Benson. (2009). Designing effective schooling in multilingual contexts.

55. Code-switching and code-mixing involve alternation between languages and are common communication strategies in bi-and multilingual contexts. Code alternation functions best when all parties are competent speakers of the languages involved, but in submersion classrooms it is more of a coping strategy than a pedagogical one.

56. Cummins. (2009). Fundamental psycholinguistic and sociological principles; Bialystock. (2001). *Bilingualism in development*.

57. Mbude-Shale, N., Wababa, Z., & Plüddemann, P. (2004). Developmental research: A dualmedium schools pilot project, Cape Town, 1999 – 2002. In B. Brock-Utne, Z. Desai, & M. Qorro (Eds.), *Researching the language of instruction in Tanzania and South Africa* (pp. 151 – 168). Cape Town: African Minds.

58. Ibid.

59. Mohanty, A. (2006). Multilingualism of the unequals and predicaments of education in India: Mother tongue or other tongue? In O. García, T. Skutnabb-Kangas, & M. Torres-Guzmán (Eds.), *Imagining multilingual schools. Languages in education and globalization* (pp. 262 – 283). Clevedon, UK: Multilingual Matters, Clevedon.

60. Heugh. (2006). Introduction II — Theory and practice.

61. Nikiema, N. (2010). Enseignement en context multilingue et formation des enseignants bilingues en Afrique de l'Ouest "francophone": Un état des lieux. In M. Chatry-Komarek (ed.), *Professionaliser les enseignants de classes multilingues en Afrique* (pp. 12 – 34). Paris: l'Harmattan.

62. SIL International. (n. d.). *Multilingual education*. Dallas: SIL. Retrieved October 29, 2010, http://www. sil. org/literacy/multi. htm; Lewis, M. (Ed.). (2009). *Ethnologue: Languages of the world* (16th ed.). Dallas: SIL. Retrieved October 29, 2010, http://www. ethnologue. com/.

63. Malone, S. (2007). *Advocacy kit for promoting multilingual education: Including the excluded*. Bangkok: UNESCO. Retrieved October 29, 2010, http://www. sil. org/literacy/multi_ resourcekit. htm; Kosonen, K., Young, C., & Malone, S. (2007). *Promoting literacy in multilingual settings*. Bangkok: UNESCO. Retrieved October 29, 2010, http://www. sil. org/literacy/promo. htm.

64. Ah-Vee, A. (2001). The role of a movement in the process of standardization of the orthography of Kreol and in the process of the development of the language: A case-study of Mauritius 1975 – 1999. In *Textes études et documents* No. 9 (pp. 6 – 10). Réunion, FR: Ibis

Rouge.

65. Wababa, Z. , & Diwu, C. (2009, December). *Mathematicking in isiXhosa*. Paper presented at the 3R's Consortium National Policy Dialogue Forum, Johannesburg. (See summary in LEAP News, December 2009). Retrieved October 29, 2010, www. praesa. org. za.

66. Benson et al. (2010). Medium of instruction in Ethiopia; Heugh et al. (2010). Multilingual education in Ethiopia.

67. López. (2006). Multilingualism and Indigenous education in Latin America.

68. Chimbutane. (2009). *The purpose and value of bilingual education*.

69. Benson, C. , & Kosonen, K. (2010). Language-in-education policy and practice in Southeast Asia in light of the findings from Ethiopia. In K. Heugh, & T. Skutnabb-Kangas (Eds.), *Multilingual education works: From the periphery to the centre*. New Delhi: Orient BlackSwan.

70. Benson. (2004). The importance of mother tongue-based schooling.

71. Benson et al. (2010). Medium of instruction in Ethiopia; Heugh et al. (2010). Multilingual education in Ethiopia.

72. Alidou, H. , Garba, M. , Halilou, A. , Maman, L. , & Daddy, A. (2009). *Etude d'élaboration du document de stratégie nationale de generalization de l'enseignement bilingue au Niger*. République du Niger: Ministère de l'éducation nationale de la République du Niger.

73. Ouane & Glanz. (2010). *Why and how Africa should invest in African languages*.

74. Grin, F. (2005). The economics of language policy implementation: Identifying and measuring costs. In N. Alexander (Ed.), *Mother tongue-based bilingual education in Southern Africa. The dynamics of implementation* (pp. 11 – 25). Frankfurt: PRAESA; Patrions & Velez (2009). Costs and benefits of bilingual education in Guatemala; Heugh. (2006). Introduction II — Theory and practice; Ouane & Glanz. (2010). *Why and how Africa should invest in African languages*.

75. Skutnabb-Kangas. (2000). *Linguistic genocide in education*.

76. Kosonen. (2009). Language-in-education policies in Southeast Asia.

77. Bourdieu, P. (1991). *Language and symbolic power*. Cambridge, UK: Cambridge University Press.

78. Mohanty. (2006). Multilingualism of the unequals, p. 270.

79. Rubagumya, C. (2003). English medium primary schools in Tanzania: A new "linguistic market" in education? In B. Brock-Utne, Z. Desai, & M. Qorro (Eds.), *Language of instruction in Tanzania and South Africa (LOITASA)* (pp. 149 – 169). Dar-es-Salaam, TZ: E and D Limited.

80. Alexander, N. (2000). *English unassailable but unattainable: The dilemma of language policy in South African education*. PRAESA Occasional Papers No. 3. Cape Town: University of Cape Town. Retrieved April 14, 2010, http://web. uct. ac. za/depts/praesa

81. Benson, C. (2008). *Language "choice" in education*. PRAESA Occasional Papers no. 30. Cape Town: University of Cape Town. Retrieved April 14, 2010, http://web. uct. ac. za/

219

depts/praesa.

82. Bruthiaux, P. (2002). Hold your courses: Language education, language choice, and economic development. *TESOL Quarterly, 36*(3), 275 – 296.

83. Bourdieu. (1991). *Language and symbolic power*, p. 62.

84. Heugh, K. (2003). *Language policy and democracy in South Africa. The prospects of equality within rights-based policy and planning* (pp. 182 – 183). PhD dissertation, Centre for Research on Bilingualism, Stockholm University, Elanders Gotab, Stockholm.

85. Benson. (2004). The importance of mother tongue-based schooling.

86. Clayton, S. (2008). The problem of "choice" and the construction of the demand for English in Cambodia. *Language Policy, 7*, 143 – 164.

87. Benson et al. (2010). Medium of instruction in Ethiopia; Heugh et al. (2010). Multilingual education in Ethiopia.

88. Negash, T. (1990). The crisis of Ethiopian education: Some implications for nation building. In *Uppsala reports on education* No. 29. Uppsala, SE: Uppsala University.

89. Rubagumya. (2003). English medium primary schools in Tanzania, p. 165.

90. See UNESCO website describing efforts related to languages in education at: http://portal. unesco. org/education/en/ev. php-URL _ ID = 30871andURL _ DO = DO_ TOPICandURL _ SECTION = '201. html (Retrieved May 20, 2010.).

91. See publications by UNESCO Hamburg and UNESCO Bangkok, for example: Ouane, A. (Ed.). (2003). *Towards a multilingual culture of education.* Hamburg: UNESCO Institute for Education, Hamburg. Retrieved April 14, 2010, http://www. unesco. org/ education/uie/publications/uiestud41. shtml;Kosonen & Young. (2009). *Mother tongue as bridge language of instruction.*

92. Albó & Anaya. (2003). *Niños alegres, libres, expresivos.*

93. Benson & Kosonen. (2010). Language-in-education policy and practice in Southeast Asia.

94. See GTZ's summary of activities at http://www2. gtz. de/dokumente/bib/07 – 1268_1. pdf, and its support of research activities such as Alidou, et al. *Optimizing learning and education in Africa.* (Retrieved May 20, 2010.).

95. See bibliography of SIL publications on bilingual education at: http://www. ethnologue. com/show_subject. asp? code = BED (Retrieved May 20, 2010.).

96. See e. g. Iversen, E. (Ed.). (2008). *Mother tongue and bilingual education: A collection of conference papers.* Copenhagen: Danish Education Network. Retrieved May 20, 2010, http://www. uddannelsesnetvaerket. dk/rdb/1205421604. pdf.

97. Anís, K. , & Tate, S. (2003). *Development of a language of instruction policy database. Final report prepared for basic education and policy support activity.* Washington, DC: United States Agency for International Developmen; Bentall et al. (2000). Language in education provides a review of organizations working in bi-and multilingual education.

98. Save the Children. (2007). *The use of language in children's education.* London: Save the Children U. K. Retrieved April 14, 2010, http://www. savethechildren. org. uk/en/docs/

220

The_Use_of_Language_in_Education. pdf See also：Pinnock，H. （2009）. *Steps towards learning. A guide to overcoming language barriers in children's education.* London：Save the Children U. K. Retrieved April 14, 2010, http：//www. savethechildren. org. uk/en/docs/Steps_Towards_Learning_LR. pdf.

10

通过跨文化双语教育提高土著儿童的教育机会和教育质量

Brittany Lambert

问题：玻利维亚及全球土著人现状

　　土著人和非土著人不平等是全世界普遍存在的问题。从古至今,全世界各地的土著人都无法享有对其祖产的继承权、学习语言文化权、管理权,所享社会基本保障和医疗水平也十分低下。[1]如今,全世界各地的土著人依然比其他群体更加贫穷,受教育程度更低。2009 年发布的一个报告显示,1.01 亿失学儿童中,大多数来自少数民族或土著群体。[2]少数民族身份和土著身份是接受优质教育一大障碍,除此之外,女孩身份、生于农村、家庭贫困也都是接受优质教育的绊脚石。土著儿童往往同时面临多重阻碍,加重了教育方面的劣势。[3]比如在危地马拉,玛雅族男孩和女孩的受教育程度普遍低于非玛雅族儿童,其中来自极度贫困家庭的玛雅族女孩教育水平最低。七岁的儿童中,来自极度贫困家庭的玛雅族女孩入学率仅为 50％,而玛雅族女孩、玛雅族男孩、拉丁裔女孩、拉丁裔男孩的入学率分别为 54％、71％、75％和 80％。[4]来自极度贫困家庭的玛雅族女孩辍学率也最高,她们中仅有 10％完成了小学学业。[5]全世界土著群体中,高辍学率非常普遍。比如在孟加拉国东部的吉大港山区,土著儿童辍学率高达 60％,是全国平均辍学率的两倍。[6]土著人的识字率也是全世界所有群体中最低的。比如在越南,土著人的识字率比全国平均水平低五倍,在柬埔寨,全国其他人口识字率比土著人高三倍。[7]

　　虽然土著人在很多国家只占人口的少数,但是在玻利维亚却占总人口的 62％。[8]尽管玻利维亚土著占人口大多数,但是与欧洲裔玻利维亚人相比,他们处于严重的弱势地位。在玻利维亚,土著人的身份使他们贫穷的概率增加了 13％[9],这部分是因为土著群体受教育水平低,导致这种贫困恶性循环。大多数土著儿童在某个阶段会去上学,但是上学时间往往只有一年甚至不到一年。[10]玻利维亚的土著儿童比非土著儿童上学时间平均短 3.7 年[11],土著儿童留级率和辍学率也比其他人口高得多。例如,到 15 岁时盖丘亚族(Quechua)[12]学生有 50％辍学,而非土著学生中辍学的仅占 10％。[13]还有研究指出,在各级教育中土著学生与非土著学生所有学科的学习成绩都存在差距。[14]

　　受教育状况是预测收入水平的重要指标之一。[15]因此,了解土著儿童接受教育时面临的主要障碍,并制定出有效的解决政策成为首要任务。这些政策能够改善土著群体的贫穷状况,缩小玻利维亚土著人和非土著人的经济差距。

为什么会选择玻利维亚?

要研究如何制定政策以消除对土著人的歧视,玻利维亚是个很好的选择,主要有以下几个原因。玻利维亚是南美洲国家中土著人占比最高的国家,有三分之二的人口是土著人。[16]尽管玻利维亚土著人占人口的大多数,但是他们与人口较少的非土著人相比,处于劣势地位。这就意味着,玻利维亚大多数人每天都会遭受歧视、遇到困难。正因如此,制定政策、开展项目以改善玻利维亚的不公平状况势在必行。开展此类项目能够让玻利维亚广大民众脱离贫穷。

土著人不仅在玻利维亚处于劣势地位,其他国家的玻利维亚人也处于劣势地位。玻利维亚是南美最贫穷的国家之一,全国总人口中有 65％的人处在国家贫困线以下。[17]近期研究表明,结束玻利维亚土著人的边缘化处境有助于改善玻利维亚的贫穷状况。国际农业发展基金会 2002 年进行的一项研究发现,如果消除对玻利维亚土著人的排斥,玻利维亚国民经济能够增长 37％。[18]这样一来,提升土著人生活水平的政策能够在更大范围内产生积极影响。

223

跨文化双语教育是解决办法吗?

玻利维亚土著学者和首领长期以来都认为,语言是阻碍公平教育的主要障碍之一。[19]农村地区的土著人日常交流所使用的语言有 30 多种。在农村地区开展的研究表明,100％的农村盖丘亚人和 98.5％的农村艾马拉人(玻利维亚人数最多的两个土著族群)都主要使用土著语言进行交流。[20]因此,很多土著儿童到上学年龄时几乎不会讲或者只会讲少许西班牙语,而玻利维亚的教育系统一直以来却高度西班牙化。20 世纪 50 年代维克多·帕斯·埃斯登索罗(Victor Paz Estenssoro)执政时期,第一批农村学校建立,标志着学校西班牙化的开始。埃斯登索罗认为土著人应该融入玻利维亚生活中,而让他们融入的最有效方式就是同化他们。[21]为了同化玻利维亚人,埃斯登索罗政府实行了旨在将人口西班牙化的教育改革。此次改革中的第 115 号文件指出,在课堂上，当地语言只是实现较快西班牙化的一种教学手段。[22]

玻利维亚教育改革的宗旨是使人人平等，结果却加剧了土著学生与非土著学生间的不平等状况。那些只会说土著语的学生完全不会西班牙语，却不得不去用西班牙语教学的学校。土著学生在这种学校中处境艰难。他们不仅仅要学习新的技能，还要学习教授这些技能所使用的语言。除此之外，班级里充满了歧视。土著学生因为讲话有口音遭到嘲笑，还会因为讲不好西班牙语而受到老师的惩罚。为此，他们羞于提及自己的语言和文化，开始对校园生活感到恐慌和羞耻。其结果是土著学生比非土著学生学习成绩差、自尊心弱、辍学率高。[23]

为了解决这些问题，土著首领和非政府组织开始努力将土著语言引入教育系统。他们相信，如果学生接受的教育是用他们所熟悉的语言教授的，他们会更开心、更自信、更积极地参与。这样一来，他们对于上学会产生兴趣，上学时间也会更长。专家们相信，如果学生能用他们熟悉的语言学习到基本技能，他们的知识基础会更加牢固，再将这些技能转化到西班牙语时，也会更加容易。[24]因此，学生的本族语言就成了掌握第二语言和其他技能的基石，而不是障碍。在其他地区的研究也证明，这种模式是可行的。比如，在西班牙裔学生占较高比例的美国学校，相较于只使用英语教学[25]，使用双语教学"更利于提高学生成绩、缩小掌握第二语言（英语）的差距"[26]。

这些想法在20世纪80年代末、90年代初付诸实践，玻利维亚正式引入跨文化双语教育项目，刚开始只作为试行项目，随后在1994年正式成为国家教育政策。该项目所采用的方法是先用学生的母语教他们读写，然后逐渐引入西班牙语。一年级到三年级期间把西班牙语作为一个科目使用土著语教学。四年级至六年级，学生同时使用土著语和西班牙语学习。从七年级开始，主要用西班牙语学习，土著语只是一个科目。这一项目主要在农村地区实施，因为在农村地区语言是学生学习的主要障碍。

当时，玻利维亚鲜有此类项目所需要的资源，因此国际社会在跨文化双语教育项目的设计和实施方面起到很大的作用。联合国儿童基金会对这一做法非常支持，并为玻利维亚教育部1989年开始推行的为期五年的试验项目提供了必要的资金和技术支持。德国技术合作公司是德国联邦政府所属的一家国际合作组织，它为玻利维亚政府部门、机构、大学提供咨询，并为试行项目的学校提供教学材料。[27]安第斯跨文化双语教育培训计划基金会（PROEIB Andes）是安第斯山脉地区的一个致力于跨文化双语教育的非营利性机构，它也参与了跨文化双语教育项目的早期开展。1989年，跨文化双语教育试点项目在玻利维亚30个地方教育董事会所属学校展开，包括14所农村学校和 400 多名教师参与其中。试点项目使用当地最常用的三种语言：盖丘亚语、艾马拉语和瓜拉尼语。

这一为期五年的试点项目结束后，有关机构针对该项目的影响进行了几项评估。[28]玻利维亚政府对于评估结果十分满意，因此决定于 1994 年实行教育改革，正式将跨文化双语教育纳入教育系统。跨文化双语教育正式成为国家政策，并且扩展到其他使用人口更少的当地语言中。[29]跨文化双语教育项目正式实施的第一年，范围扩大到 300 个地方教育董事会，共 1 500 多所学校。[30]此后，项目每年都会增加一个年级，同时每年都有新学校参与这一项目。到 2002 年，参与跨文化双语教育项目的学校共有 2 899 所，参与教师 9 028 名，学生 192 238 名。[31]

成功经验

本案例研究对玻利维亚跨文化双语教育项目的成功经验和局限之处进行评估分析。评估主要是通过对政府官员、非政府组织和教师工会工作人员、土著首领、学者、教师、校长以及学生进行的 50 次半结构化采访进行的。这项研究在拉巴斯及周边地区展开，这一地区的居民大多是艾马拉人。研究结果有趣且复杂。这一节着重探讨跨文化双语教育的成功之处。最为显著的是，该项目提高了土著学生的学习水平和课堂参与度，同时提高了土著语言的地位。

玻利维亚的跨文化双语教育项目展开的头几年就取得了积极的效果。项目实施的前 10 年，实行跨文化双语教育的学校数量迅速增多。1997 年至 2002 年，土著人口密度大的地区入学率猛增了 13％。[32]这几年里学生考试通过率提高，土著人密度大的地区比密度小的地区通过率多提高了 3％。辍学率趋势也是这样，土著人密度大的地区辍学率降低了 4％，而密度小的地区仅降低了 0.2％。[33]这些数据表明土著学生是跨文化双语教育项目的主要受益者，也就是说，该项目成功地使目标人群受益。

跨文化双语教育项目的几项评估将实施该项目与没有实施该项目的学校学生的数学和语言成绩做了对比。这些评估大多是由教育质量调节系统进行的，该系统是由政府创立的，用于评估学生的在校表现并找寻影响因素。该系统评估发现，跨文化双语教育项目学校的土著学生成绩总体高于非项目学校的学生。比如，1997 年的一项评估显示，参与跨文化双语教育项目的土著学生中取得"满意"成绩的占 35％，而没有

225

参与项目的土著学生取得"满意"成绩的仅占19％，成绩处于"危险"类别的学生则分别占24％和48％。[34]

另外一项评估针对400名一至四年级学生的学习成绩。评估结果显示，参与跨文化双语教育项目的土著学生在大多数学科表现更优。二、三、四年级学生中，参与跨文化双语教育项目的土著学生比其他学生的数学成绩更好。四个年级参与跨文化双语教育项目的学生对当地语言的语法掌握情况比传统学校的学生更好。[35]同时，这些学生的西班牙语语法成绩也要比那些直接接受西班牙语教学的学生更好，这也进一步说明学习本族语言能够促使学生更好地掌握其他语言。男生比女生学习成绩总体更好，但是差距相比传统学校更小。[36]

有几位受访人对跨文化双语教育项目给予了积极评价，他们都说双语教育对学生产生了积极的心理影响。Amaro Tenorio是一名语言学家，当过小学教师，他讲述了当他开始用当地语言讲课后，学生发生的变化：

> 我刚任教时，在一所农村学校负责一年级教学。我的第一堂课彻底失败了。课堂上没人举手，没人回答问题。那一晚，我回顾一天所发生的一切，想要弄清自己究竟哪里做得不好。我有了一个想法并决定第二天试验。第二天，我没有用西班牙语，而是用学生的母语艾马拉语上课。情况发生了明显的改观。学生们看起来都很开心，课堂上积极参与，那一整天课间学生都黏着我。我明白了，问题就出在语言上。我第一天上课时学生一个字都听不懂！从那时起，我就赞成使用双语教学。[37]

Tenorio的话表明如果学生在所处的环境中感觉很自在，他们的表现就会发生改变。使用当地语言教学就能使学生积极参与学习，而学生的参与度在学习中极其重要。这不仅仅能够让学生更好地掌握知识和增强解决问题的能力[38]，还能让教师更好地了解学生对知识的掌握情况。[39]Tenorio的话还说明语言可以严重阻碍师生交流，课堂上语言交流是传递知识的关键，所以消除这种障碍十分重要。

Felix Lopez是艾马拉土著人委员会主席，他也认为双语学校为农村土著学生创造了一个更适宜的学习环境。他回忆了自己小时候上学的经历，描述了那时候他在接受外语教育时受到的伤害，更糟的是那种环境充满了歧视：

> 上学之前，我只会讲艾马拉语，一句西班牙语都听不懂。上学后，所有老师都

讲西班牙语,艾马拉学生什么都听不懂。我们说不好西班牙语,老师会用教鞭打我们。我甚至觉得我们当时受到了虐待。这种伤害一直伴随着我们。所幸的是现在跨文化双语教育项目正在改变这种状况。[40]

他的这一席话又一次说明,支持跨文化双语教育的最重要论点之一就是其对学生心理上的正面影响。在学校受到伤害、感受到敌意的学生,与那些享受学校生活的学生相比,更容易感到沮丧,从而放弃学习。

Xavier Albo 是一位语言人类学家,他也参与了跨文化双语教育项目评估,他指出这一项目的另一大益处:该项目提高了土著语言的地位。在这个项目中,学生的传统语言和文化得到了认可。学生认识到接受双语教育是件值得骄傲的事,不该感到羞耻。他转述了自己在跟踪这一项目时,一位学生对他说的话:

227

> 我在一所实行跨文化双语教育的学校读完了小学。现在我所在的初级中学使用西班牙语教学。我的新老师知道我的经历后,经常让我到黑板上写艾马拉语。我的同学对我会写艾马拉语感到非常惊讶,他们都很羡慕我,因为他们认为艾马拉语读写很难。[41]

提高土著语言的地位是消除土著人歧视的重要一步。回顾整个历史,土著语言都被视作"农民的方言",而非真正的语言。人们总将土著语言和粗鲁、野蛮、愚蠢划等号。土著人因此为自己的土著身份感到羞耻。很多土著人甚至通过更改姓名、否认自己会讲土著语来掩盖自己的土著身份。[42]提高土著语言的地位则使土著人在获得同等社会地位的同时,保留了自己的文化和历史。

总之,跨文化双语教育在几个方面确实取得成功。跨文化双语教育产生了积极的教学影响,提高了入学率,降低了留级率和辍学率,提高了土著学生的学习成绩。其次,跨文化双语教育使学生学习更加积极主动。最后,跨文化双语教育还提高了土著语言的地位,土著语言逐渐被看作是真正的语言,而不仅仅是农民的方言。

缺点

尽管玻利维亚跨文化双语教育项目有很多成功之处,但这一项目确实遇到了一些难题。这些难题可以划分为四类：管理问题、人力短缺、观念问题、公众态度。下文将展开说明这些问题。前两个问题只在玻利维亚存在，而后两个问题——观念问题和公众看法方面——在很多其他国家、其他环境下都存在。双语教育项目不仅仅针对有殖民历史国家的土著学生，在移民程度高的西方国家也十分普遍。很多国家为来自不同语言背景的学生提供公平教育机会困难重重，这些国家的政策制定者因此也会对本节提到的问题感兴趣。结论部分还将进一步探讨这些共同问题在全世界不同环境中的情况，并将玻利维亚的跨文化双语教育与其他国家地区进行对比。

228

管理问题

首先，由于存在管理问题，跨文化双语教育不能达到最佳效果。一个管理问题是玻利维亚的国策缺乏连贯性。玻利维亚是一个极度政治化的国家，各党的分歧极大。新一届领导人上任后，往往不愿意在上届政府开展的工作基础上继续工作，而是直接废除旧政策，创立新政策。[43] 正因如此，埃沃·莫拉莱斯(Evo Morales)政府对当时已经开展的跨文化双语教育项目几乎没有给予支持，而是开展了一个新项目。莫拉莱斯在2005年参与竞选时，强烈反对当时的政府，当时的政府崇尚新自由主义和私有化。莫拉莱斯上台后，停止执行上届政府批准的大部分项目，理由是这些项目中有腐败迹象并受到新自由主义影响。尽管有坚实的基础并产生了积极的影响，跨文化双语教育项目还是没能幸免。几个受访者指出，这些都是新当选政客的常态行为。Lopez说莫拉莱斯否定旧的教育改革在意料之中，他说："他是土著人，是我们的同胞。但是他反对上届政府制定的政策，他没有发现这个项目的积极意义，这些都很正常。总是会有这样的阻力。"[44] 莫拉莱斯及其领导班子也提出了一项新的教育改革方案，经过多年努力，这一方案终于在2010年12月通过。因此，玻利维亚的跨文化双语教育好几年时间都处于法律真空的状态。原先有关跨文化双语教育的法律失效了，但是莫拉莱斯新的教育法案还没有通过，没有正式生效。埃沃·莫拉莱斯并非跨文化双语教育项目进展缓慢甚至停止的唯一原因。在莫拉莱斯当选之前的几年里，玻利维亚的跨文化双语教育项目就存在管理不当的问题。其中一大原因就是教育部内部不稳定。Julio Vitale在20世纪90年代与教育部在工作上有非常紧密的联系，他讲述了教育部这种不稳定对跨文化双语教育项目的影响：

　　2002 年起,跨文化双语教育项目就处于危机之中,就是因为领导频换,教育部里面部长、司长换了又换。三年时间里换了四个教育部长,这些领导性格、想法、能力各异。这一系列重大变化打破了教育部的原有结构,从那时起,跨文化双语教育项目几乎停滞不前。[45]

因此,2010 年前跨文化双语教育项目发展的一大障碍就是项目领导的频繁更换。

　　缺乏监管是该项目所面临的又一大管理问题。20 世纪 90 年代中期,刚开展跨文化双语项目时,监管系统是存在的。由此产生了一类新的专业人员——教学顾问,其主要工作是协助教师贯彻教育改革。然而,很多人对教学顾问非常不满,主要是因为他们仅仅接受了短短三个月的培训,薪水却远高于教师的薪水。资深教师认为自己要忍受那些资历远不如他们的教学顾问对他们指手画脚,而且这些人薪水还比他们高,这简直是对他们的侮辱。此外,许多教学顾问滥用权力,更引发了教师的不满。教师工会开始抵制教学顾问,教学顾问最终也被废除。自那以后,就没有正式的机构监管跨文化双语教育项目的实施了。Lydia Armstrong 是位美国学者,她参与了教学顾问的培训,她描述了教学顾问监管教师时学校的紧张情形。她的话说明教育顾问被撤后,跨文化双语教育陷入低迷的原因:

　　教学顾问本不该扮演监督和指导的角色。设定这个岗位的本意是想让教学顾问作为教师的补充,帮助教师进行教学。但是,大多数教学顾问以前都是领导,他们习惯了发号施令。这些人因此总会和他们监管的学校中的教师和校长发生冲突。教师工会最终免除了所有教学顾问的工作。就政府退出而言,这一事件是个分水岭。[46]

Armstrong 还提出了建议,她认为教育部原本可以采取以下几个措施,使教学顾问的工作更加有效。第一,教学顾问应该接受更多的培训;第二,教学顾问的薪水应该低一些;第三,在小学正式开展之前,应该先在师范学校试行几年。如果这样的话,教学顾问上任之时,一部分教师已经受到了培训,教师和教学顾问的关系就不会那么紧张了。[47]显然,项目监管的问题上管理不当,也是玻利维亚跨文化双语教育没有成功的一大原因。

229

人力资源短缺

困扰跨文化双语教育的另一个问题是一直以来缺乏合格的教师。很多乡村教师只会讲土著语言，却不具备读写技能，因为他们上学时，教学所使用的唯一语言是西班牙语。Raul Barrionuevo Ibanez 是拉巴斯省的一位乡村学校校长，他讲述了他所在学校的情况："我们学校的老师讲艾马拉语帮助学生理解教材。但是他们不会教学生写艾马拉语。问题在于大多数老师艾马拉语讲得很好，但是却不会用艾马拉语进行读写教学"。[48] 缺乏合格教师使得全面实行跨文化双语教育变得非常困难。而且问题还会

230 持续下去。Barrionuevo 解释道，很多从他的学校毕业的学生几乎不会写艾马拉语，因为教师没有教过他们。这些学生如果今后成为教师，他们也不能教他们的学生正确读写艾马拉语。在 Barrionuevo 看来，跨文化双语教育最大的挑战在于如何培训出足够的教师来全面实施这一项目。

当然，这并不是说在培训新教师方面没有做出过努力。从世界银行报告来看，玻利维亚的 18 个教师培训机构中有 9 个参与跨文化双语教育教师的培训。[49] 然而，教师培训困难重重。一大困难自然是如何找到负责培训教师的专家。跨文化双语教育实行之前，玻利维亚没有学校教授土著语言，能够读、写土著语言的人少之又少。因此，要大量培训教师几乎不可能。能够培训教师的专家供不应求，报酬不菲。[50]

接受跨文化双语教育培训的教师也仅仅在专门的教师培训院校接受两年培训。但是他们中很多人觉得，两年的培训并不能完全掌握土著语言的语法。许多教师的土著语言写作能力差，上课时教给学生的语法也有错误。有些教师为了避免犯错，就选择用西班牙语教学。为了摆脱这一局面，一些大学开设了跨文化双语教育补充培训项目，让教师有机会与土著语言和跨文化双语教育进行磨合。这些项目适用于那些已经开始教学、但觉得在大学里受到的培训还不够用的教师。七名在拉巴斯一所大学接受这样一个项目最后一年培训的乡村教师接受了我们的采访。这七名教师都说，尽管之前接受过正规的教师培训，但是感觉自己还是不能用艾马拉语进行教学。Eustaquio Lanza Mallo 便是一例。他是一名教师，同时又是这个项目的学员。工作日他在拉巴斯省一个很小的乡村社区学校当教师，到了周末，他就到大学来接受培训。他向我们讲述了自己的情况："从师范学院毕业后，我写艾马拉文时依然会犯很多错误，因此上课时会遇到很多问题。我非常感谢这所大学，在这里参加培训受益匪浅。"[51] 显然，这种补充培训对教师很有帮助，教给他们很多在课堂上实行跨文化双语教育的技巧，也增强了他们的信心。然而，这些项目并不面向全体教师，有些乡村教师想要参加却没

有途径。事实上，Mallo 能够参加培训，是他所在的社区选择了他，并为他提供资金支持。即使如此，他也不得不在工作日上班，周末再去上培训课，这样他才勉强收支相抵。[52]

另外，很多资深教师根本就不会读写土著语言。在我们调研的学校中，很多教师都是资深教师，他们完全不会读写他们自己的土著语言。有人建议利用晚上和周末时间培训这些教师，但却一直没有实施。[53] 上述这些原因使得学生接受的教育前后不一致。目前，教学语言只能依靠每位教师自己的能力和意愿了。

231

观念问题

参与投资了跨文化双语教育项目的政策决定者、利益相关者、土著首领和家长都在努力解决一些观念问题。第一点，可能也是最重要的一点，与跨文化双语教育的目标有关，这是跨文化双语教育界争论最多的问题。跨文化双语教育的目标究竟是什么？这一问题有两种不同的观念。最早制定并实施跨文化双语教育项目的那些人认为这一项目的主要目标是教学，开展项目是为了让土著儿童用自己熟悉的语言学习，打下坚实基础，从而更好地融入西班牙语世界。依照这些标准，跨文化双语教育项目是成功的。通过这一项目，土著学生上学时间延长，自信心增强，包括西班牙语在内的各个学科学习成绩上升。但是很多土著首领认为，跨文化双语教育的目标不应该只为了教学。他们相信用土著语言上课不仅仅是将其作为实现目标的方式，使用土著语言本身就是一个目标。土著语言和文化应该得到重视，因为土著语言和文化本身具有很高价值，而不是因为它们有助于土著学生转换到西班牙语的世界。接受采访的人们解释道，最初的跨文化双语教育项目使用土著语言教学，但是却用西方的视角描绘世界，因为他们希望学生融入这样一个世界。他们从来没有设计过真正意义上的土著课程。有几个接受采访的人认为，之前的跨文化双语教育项目延续了玻利维亚教育系统中的西方权力结构。土著首领 Didoro Gomez 说："如果教学的内容与土著人无关，即使使用我们的语言教学也没什么意义，我们不想用自己的语言被同化。"[54]

Tenorio 解释说土著人有自己的信仰和看待世界的方式，这些必须在课程设置中体现出来。他还说，土著人和欧洲人的逻辑系统完全不同，认为欧洲人的逻辑系统优于土著人，这毫无道理：

> 世界上没有绝对真理。不同的人看待事物的方式各不相同。比如"未来"，西

方人认为未来在他们面前，而艾马拉人并不这么认为。我们并不能像看到过去那样看到未来。所以对于我们来说，未来是在我们的后面，在我们的背后，在我们看不到的地方。我们理解事物的方式和欧洲人理解事物的方式一样宝贵。西方人怎么可以觉得自己拥有绝对真理呢？[55]

232

这个简单的例子说明，土著儿童一旦进入学校，就不得不用完全违反自己常识的方式来理解概念，他们有多苦恼。

总之，如果跨文化双语教育的目标仅仅是帮助学生打下良好的学习技能基础，那么文化也许就不是问题。但是，很多受访的人都认为跨文化双语教育的目标不仅仅是让学生获得技能，还应该是认识、尊重、平等看待不同的文化语言和世界观。[56]

另一个观念问题的产生源于玻利维亚社会和语言非常多元化，因此，要建立一个适用于所有人的跨文化双语教育项目非常困难。农村土著社区存在不同程度的双语现象。有些学生上学前只会讲艾马拉语，而有些学生主要讲西班牙语。跨文化双语教育使只讲艾马拉语的学生学习起来更容易，但却使讲西班牙语的学生学习起来更困难。在这种情况下，就要努力避免逆向歧视。玻利维亚的教师—家长群体对于这一问题有很大分歧。[57]

另一个观念问题是跨文化双语教育是否有必要覆盖所有土著语言。玻利维亚共有 30 余种土著语言，有些土著语言使用人口有几百万，有的却只有几百人。实行跨文化双语教育项目成本高昂，因为涉及新教师培训、用不同语言编写教材以及监管和评估工作。玻利维亚是中低收入国家，即使经济状况最好的时候，财政资源的使用也得精打细算。几位玻利维亚著名学者认为，跨文化双语教育的资源利用效率很低。Angela Padilla 是一位大学教授和研究人员，她阐述了这个观点。她说玻利维亚的首要任务是改变落后状况，政府的工作重点是如何帮助人们脱贫、就业，而不是保护文化。

大多数土著核心群体人口非常少，然而我们却花费大量的精力财力为这些小语种如何正确翻译、发音和拼写而争论不休……玻利维亚最大的问题是经济问题。这不是道德问题，而是社会经济学问题。如果没有物质基础，挽救文化就是空谈。[58]

Padilla 的一席话反映了马斯洛的人类需求层次理论——生存和人身安全是人类最基本的需求。只有满足了人们的最基本需求，才能考虑文化和身份方面的需求。[59]

　　Julio Vitale 是联合国儿童基金会有关玻利维亚土著问题的项目负责人，他从权利视角看待这一问题，他说："我认为土著儿童和世界上其他儿童一样，有权用自己的语言学习知识。我认为这种权利比进行经济分析更重要。"他还认为，以经济为理由而不让所有语言群体参与跨文化双语教育是错误的，如果不实行跨文化双语教育，从长远来说会导致经济后果。比如，接受西班牙语教学的土著学生会留级或者辍学。长此以往，这种投资浪费了，这比将教学材料翻译成土著语言的花费要昂贵得多。同时还会带来另一个弊端——形成分裂的、受教育程度低的社会。[60]总之，很明显跨文化双语教育的财政花费是造成争议的原因之一。这一议题引起了重要的道德问题：究竟哪种需求和权利更重要？为了追求更大的经济利益而牺牲小语种，这样能够接受吗？

　　跨文化双语教育遇到的又一观念问题是如何将土著语言标准化。跨文化双语教育项目的正常运转有赖用土著语言编写的教学材料。然而，大多数土著语言都是口头的，没有书面形式。因此，社会各界对于土著语言标准化问题议论纷纷。将土著语言标准化的过程往往非常"西班牙语化"，用的是西班牙语字母和语音体系。很多土著人说，这种标准化使土著语言失去了原有的特征。为此，几十位土著首领和语言学家创制了更加"土著化的"语言版本，希望这种土著化的版本能够成为官方版本。致力于这项工作的土著学者 Tenorio 讲述了自己在制定一套能够反映艾马拉语敏感度的字母过程中所面临的巨大挑战：

　　　　当时有超过 22 种不同的艾马拉语字母表，但是这些字母表的创制都是为将艾马拉人西班牙化而服务的。这些字母表都不能反映艾马拉语的语言结构和发音。为此，我研究了所有的字母表及其创制过程。经过几个月的研究，我终于创制出一套字母，相信这套字母能够真实地反映安第斯地区的社会生活。[61]

Tenorio 说他所创制的这一套保持了艾马拉语口语特点的字母令很多人激动不已。然而，这种激情又引发了几十种不同字母表的创制，政府要选择出一种官方版本非常困难，还要考虑到选择某套字母作为官方版本所产生的政治影响。Tenorio 说，政府面临的选择困难还不止于此，有些语言，比如盖丘亚语，在玻利维亚不同地区都使用，往往同一个词在两个地区的发音会略微不同，要实现语言标准化，政府必须从中选择出"正

确的"版本。[62]这种决策非常政治化，因为这就意味着，落选的那个版本是"不正确的"，

234 这对于世代都操那种方音的人来说是一种侮辱。

一些土著人非常反对标准化这一概念。Pilar Mendez 在安第斯跨文化双语教育培训计划基金会工作，她认为过分关注语言使用"正确"或"不正确"使得土著人害怕犯错误而不愿再讲土著语。这样达不到预期效果，毕竟土著语标准化的初衷是让土著语得到更好的使用和推广。她说："我不喜欢土著语标准化带来的好处。人们陷入了如何将这些语言标准化的争论之中，却没有意识到标准化只是达到其他目的的一种工具。"[63]因此，人们对如何正确地将土著语言标准化，甚至到底要不要进行标准化，显然都存在巨大的分歧。有关标准化的争论延缓了学术材料的产出，从而使整个跨文化双语教育项目的实施更加困难。

公众态度

跨文化双语教育没能顺利开展的第四大阻碍在于让项目受到了各方面的反对，尤其是学生家长、教师和教师工会，原因是他们认为政府没有征求公众的意见就强制推行跨文化双语教育。[64]这些人认为玻利维亚人民没能充分参与到跨文化双语教育项目的设计中。引进这一项目的那一届政府与新自由主义和国外影响有很大关系。而且该项目的核心部分都是国际组织和专家设计的，因此实施这一项目更像是外界强加给他们的。尽管很多人认同跨文化双语教育的概念，但是却不赞同其具体的实行方式。Armstrong 参与了跨文化双语教育项目的早期构思工作，她承认玻利维亚人认为该项目与国外影响和非政府组织有关是对的，但是她也说如果不这样的话该项目可能根本开展不起来。以往此类项目很少能得到政府的支持，玻利维亚一直以来也严重缺乏这类专门知识和技术。Armstrong 解释说："玻利维亚人都说跨文化双语教育受到了太多国外影响，的确是这样，因为玻利维亚政府很长时间里对这种项目毫无兴趣，如果必须有人开展这一项目，那只能是外国人。"[65]由此产生了一个有趣的问题，国外势力参与此项目到底是好是坏？

家长抵制跨文化双语教育的一个主要原因是他们害怕自己的孩子参与了该项目，就不能学好西班牙语，今后也就难以在一个以西班牙语为主的环境中取得成功。这些家长中很多人教育水平很低甚至没有受过教育，很难向他们解释这一项目从长远来看

235 是有助于提高学生的西班牙语水平的。相反，家长认定，接受这一项目就意味着学生学习西班牙语的时间推后。很多家长不理解，为什么要用学生熟悉的语言教学。他们

认为上学就是要去学西班牙语。在大多数家长成长的时代,讲土著语意味着被边缘化、受到歧视,他们不希望自己的孩子再遭受这种情况。他们想让自己的孩子学习西班牙语,因为他们坚信,学习西班牙语才是未来取得成功的保障。在玻利维亚,西班牙语是获得工作机会、接受高等教育的必要条件。

Angela Padilla 对于家长反对跨文化双语教育表示理解。她解释说,普通的土著农民并不认同跨文化双语教育的目标。玻利维亚的很多土著人都是贫穷的农民,他们最在意的就是生存、找到工作并确保自己的孩子有经济保障,所有这些都需要西班牙语教育,而非跨文化双语教育。她解释说跨文化双语教育是建立在正义和崇高的理想基础上的,可是大多数土著农民却没有能力优先考虑这些理想:

> 跨文化双语教育显得非常前卫,极具革命性。我作为一个学者能够认识和领会它的一系列重要价值,但是它并不符合玻利维亚土著人的日常现实。在历史上土著人都被排除在社会之外,他们想要的只是融入社会之中。日常经验告诉他们,会讲英语和西班牙语的人都很成功,都被社会接纳。因此,他们希望自己的孩子能够学习英语和西班牙语。[66]

Padilla 意识到,在贫穷的土著家长看来,跨文化双语教育有弊无利,因为这个项目会阻碍他们实现自己的愿望。即使像 Armstrong 和 Mendez 这样坚定的跨文化双语教育支持者也不得不承认,在一个语言群体面临经济压力的环境下,要振兴这门语言并非易事,尤其是如果这门语言历史上还和经济劣势挂钩。Mendez 指出了跨文化双语教育如今面临的主要问题之一:"我认为,最主要的问题是要让讲土著语言的人认识到跨文化双语教育的价值。"[67]

经验教训

从玻利维亚跨文化双语教育的实践中可以吸取很多相关的政策教训。首先,一个项目要能够得到目标人群的认可并能够响应目标人群的需求,民众的参与非常重要。莫拉莱斯当选总统后,他的政府班子开始制定一个新的跨文化双语教育法案,名为《艾夫琳·塞那尼和埃利萨多·佩雷斯法案》。这份新法案和旧法案有很多共同点,但是

236 它的优点是公众参与度更高,因此在民众眼中,这份法案更加合理。玻利维亚政府小
学教育副部长 German Jimenez 解释道:

> 这项新法案将彻底改变那些使上一次教育改革不受欢迎的因素。社区机构、
> 土著贤达人士、教师、家长都直接参与了此项法案的拟定。新的课程都是基于土
> 著知识和逻辑系统而设置的。第一次教育改革是由外国人构思的,因此不会取得
> 这样的效果。[68]

受访人群中大多数人看法大体一致,都认为新法案的执行度和接受度都会比第一份法
案高。

新法案拟定过程中,土著人的参与度提高,因此土著人的意见被采纳到新法案中。
一些土著人强调,跨文化双语教育要做的不仅仅是让土著学生更好地融入西班牙语世
界。以土著语言为媒介的教育应当重视和振兴土著语言和土著习俗。教育部跨文化
双语教育负责人 Marta Lanza 说,这些因素在拟定新法案时都已考虑在内。所以这项
新法案的核心内容之一是去殖民化。其目标是重视土著语言和文化本身,而不是将如
何融入主流社会作为这项法案的主要目标。[69]新目标的一个具体例子是注重"生产教
育",生产教育是指尊重土著人的生活方式并承认土著人农活重要性的教育。很多玻
利维亚土著人都是自给自足的农民。秋收季节非常繁忙,需要全家出动。以前的跨文
化双语教育项目,土著学生在农忙时节还得上学。如果农忙时间家长把孩子留在家里
帮忙(很多家长也确实会这样做),孩子的功课就落下了。学校的节假日安排在圣诞
节、复活节这种土著人根本不会庆祝的基督教节日,玻利维亚的土著人非常不满意这
样的假期安排,孩子在无关紧要的节日放假,而在家里最需要的时候反而不放假。[70]生
产教育的理念与上文提到的去殖民化的目标不谋而合。生产教育使得教育的内容真
正土著化,不仅仅是语言上,而且课程设置和校历安排中反映出的价值观、世界观也是
这样。

然而值得注意的是,呼吁去殖民化和呼吁将土著人价值观融入到教育中的人主要
来自土著人中的精英、社区领袖和学者,而不是来自人数更多、经济压力更大的土著农
民。正如本章所讨论的,大部分的玻利维亚农村土著人考虑的主要是生存问题。他们
237 深知,要确保自己的孩子有较好的未来,就要让他们融入主流社会中。玻利维亚大多
数农民只是自给自足,根本不敢奢想文化复兴和土著语言的复兴。因此,土著农民更

愿意接受跨文化双语教育的教学意义（即为了让学生更容易融入主流社会中），否则就没有必要进行跨文化双语教育。事实上，有一部分强烈反对跨文化双语教育的声音来自农村的土著家长。因此，土著群体内部对这一问题的看法很不一致，土著人中的精英和农民的诉求完全不同。事实上，能够从跨文化双语教育项目中受益的就是那些强烈抵制这一项目的人，而这就产生出其他问题。如果一个项目的受益人群就是最反对这一项目的人群，又该怎么做呢？ 如果人们感觉一个项目阻碍了他们，而不是帮助了他们，那么将这种"帮助"项目强加给他们似乎是不道德的。然而，很明显，玻利维亚教育系统中在实行跨文化双语教育之前就存在的西班牙化教育对于土著人来说也不是最佳选择。

解决这两个问题的一个可行办法也许是努力解决土著群体中的贫困问题。如果土著农民不再担心温饱问题，那他们才真正可以选择是要融入到主流社会中还是振兴土著文化和语言。如果土著人知道不管他们选择哪种教育，自己都能过上较好的生活，那么大多数土著人也许会考虑跨文化双语教育的文化内涵，而不仅仅考虑其教学方面，家长也不会反对跨文化双语教育了。正如前文所述，很多家长之所以反对跨文化双语教育，是因为他们非常贫穷，一心希望自己的孩子能够学习西班牙语，能去大城市，找到好工作。然而，如果他们处在较好的社会经济状况下，也许他们保护自己的文化和语言的愿望会更加强烈。土著父母只不过需要更多时间来看到项目带来的积极效果，这也是可能的。要消除反对的声音，也许还可以通过提高教育水平，让家长了解到双语教育也许会暂时推迟学生学习西班牙语，但绝不会造成永久的后果。

最后一个值得注意的政策性问题是跨文化双语教育的应用范围应该有多广。是否应该把跨文化双语教育应用到所有语言中，尤其是那些使用人口仅仅几百人的语言，人们对此一直争论不休。本章重点讲到将几十种口头语言标准化所需要的成本，尤其是在玻利维亚这样的低收入国家。很多人认为在很多玻利维亚人没有解决温饱问题、没有工作的大环境下，不应该花费几百万美元讨论发音和拼写这样的细枝末节。另一方面，将这些使用人数极少的语言标准化并且在学校中教授也许是防止这些语言在几代人之后消亡的少数方式之一。随着一种语言的死亡，一种文化以及世界丰富多样性的一部分也死亡了。国际社会有责任帮助这些语言生存下来，但是在一个充满战争、饥饿和疾病的世界上，语言恐怕永远是一个次要问题。在今后很多年里，有关文化和经济孰轻孰重的争论肯定还会继续下去。

其他国家的成功经验说明不用昂贵的教材和标准化过程也能保护语言，这也许为

238

解决这一难题带来希望。采用能够振兴语言的政治手段也许可以避开经济困境，而且不用立即将所有土著语言都标准化就能够增加这些语言的使用，提高它们的地位。比如，在主流社会中，增加濒临消失的语言群体的权力或权利能够促进语言生存。欧洲许多小语种群体就是如此，因为欧盟通过了法案来保障成员国中这些少数人口的基本权利。相对于主流群体，少数群体的经济实力增强也能促进其语言振兴，比如西班牙加泰罗尼亚地区强大的经济实力促进了加泰罗尼亚语的发展。[71]

结论

玻利维亚当今社会依旧存在很多殖民主义遗留下来的问题。在玻利维亚，土著人极度贫穷，并不享有和非土著人同等的机会。因此，出台政策来提高土著人的地位、结束土著人被边缘化的境况势在必行。跨文化双语教育就能起到这种作用。本章针对跨文化双语教育的成功经验、不足之处和政策方面的教训提出了一些初步的思考。

本章中讨论的问题不仅仅存在于玻利维亚，也不仅仅存在于土著人口多的国家和地区。全球化加剧了世界各地的移民流动，很多国家对于如何应对文化和语言的高度多样化苦恼不已。多个国家在争论双语教育是否是容纳新移民的有效措施，无论是关于美国的墨西哥人，荷兰的土耳其人，还是比利时的摩洛哥人。这些国家也存在玻利维亚所面临的跨文化双语教育的许多问题，尤其是这一章中讨论到的共同问题：观念问题和公众态度。比如美国加利福尼亚州实行针对西班牙裔儿童的双语教育项目，对于项目进行的目的究竟是让这些孩子尽快学会英语，还是在他们学习英语的同时帮助他们保持自己的文化和语言，存在大量的争论。[72]如果移民保持自己的文化和语言，他们能否真正融入美国社会？有关这一问题的争论也非常激烈。正如玻利维亚的家长担心跨文化双语教育会剥夺孩子经济上的发展机会，加利福尼亚的西班牙裔家长也担心双语教育会妨碍孩子学好英语，担心"为他们的孩子量身定制的项目将会阻碍他们达到移民的目的——为孩子创造美好的生活"[73]。

显然，双语教育所面临的挑战和机遇仍然是全世界政策制定者和研究者所要考虑的主要问题。本章中重点讨论的富有挑战性问题可为今后进一步的研究提供借鉴，我们也将继续努力，推动世界走向更加公平、更加平等。

注释

1. International Fund for Agricultural Development. （n. d.）. *Enhancing the role of Indigenous women in sustainable development：IFAD experience with Indigenous women in Latin America and Asia*. Third Session of the Permanent Forum on Indigenous Issues. Retrieved from http：//www. ifad. org/english/Indigenous/pub/documents/IndigenouswomenReport. pdf.

2. Taneja, P. （Ed. ）. （2009）. *The state of the world's minorities and Indigenous peoples 2009：Education special*. London：Minority Rights Group International.

3. Ibid.

4. Ibid.

5. Hallman, K. , Peracca, S. , Catino, J. , & Ruiz, M. J. （2007）. *Assessing the multiple disadvantages of Mayan girls：The effects of gender, ethnicity, poverty, and residence on education in Guatemala*. New York：Population Council.

6. Taneja. （2009）. *The state of the world's minorities and Indigenous peoples 2009*.

7. Ibid.

8. Albo, X. （2004）. *Ninos alegres, libres, expresivos：La audacia de la educacion intercultural bilingue en Boliva*. La Paz：CIPCA and UNICEF.

9. Hall, G. , & Patrinos, H. A. （Eds. ）. （2005）. *Indigenous peoples, poverty and human development in Latin America：1994 - 2004*. Washington, DC：World Bank.

10. U. S. Department of State. （2010）. *Background note：Bolivia*. Washington, DC：Bureau of Western Hemisphere Affairs. Retrieved from http://www. state. gov/r/pa/ei/bgn/35751. htm.

11. Hall & Patrinos. （2005）. *Indigenous peoples, poverty and human development in Latin America*.

12. Quechuas are the largest of Bolivia's approximately three dozen native groups.

13. Ochoa, M. , & Bonifaz, A. （2002）. *An analysis of disparities in education：The case of primary school completion rates in Bolivia*. Retrieved from http：//129. 3. 20. 41/econwp/hew/papers/0302/0302001. pdf.

14. Hall & Patrinos. （2005）. *Indigenous peoples, poverty and human development in Latin America*.

15. Ibid.

16. Department for International Development. （2009）. *Bolivia's Indigenous children learn lessons for life*. London：Department for International Development. Retrieved from http：//www. dfid. gov. uk/media-room/case-studies/2009/bolivias-Indigenous-children-learn-lessons-for-life/.

17. United Nations Development Programme （UNDP）. （2009）. *Human development report 2009：Population living below the poverty line*. New York：UNDP. Retrieved from http：//hdrstats. undp. org/en/indicators/104. html.

18. International Fund for Agricultural Development. （2002）. *Valuing diversity in sustainable*

development：IFAD *experience with Indigenous peoples in Latin America and Asia*. Johannesburg：International Fund for Agricultural Development. Retrieved from http：// www. ifad. org/events/wssd/ip/ip. pdf.

19. Lopez, L. E. (2005). *De resquicios a boquerones*：*La educacion intercultural bilingue en Bolivia*. La Paz：PROEIB Andes y Plural Editores.

20. Ibid.

21. Taylor, S. (2004, February). *Intercultural bilingual education in Bolivia*：*The challenge of ethnic diversity and national identity*. La Paz：Instituto de Investigaciones Socioeconomicas. Retrieved from http：//www. iisec. ucb. edu. bo/papers/2001-2005/iisec-dt-2004-01. pdf.

22. Ruiz Martinez, G. (2005). *Analisis critico de la reforma educativa*. Cochabamba：Editorial Univalle.

23. Albo. (2006). *Ninos alegres, libres, expresivos*, p. 49.

24. D'Emilio, L. (2006). *Voices and processes toward pluralism*：*Indigenous education in Bolivia*. Education Division documents No. 9. Stockholm：Swedish International Development Cooperation Agency.

25. Collier, V. P. , & Thomas, W. P. (2004). The astounding effectiveness of dual language education for all. *NABE Journal of Research and Practice*, 2(1),1.

26. Ibid.

27. Deutsche Gesellschaft für Technische Zusammenarbeit. (n. d.). *About us*. Retrieved from http：//www. gtz. de/en/689. htm.

28. U. S. Department of Labor. (n. d.). *Bolivia*：*Addressing child labor and promoting schooling*：*Educational alternatives*. Washington, DC：Bureau of International Labor Affairs. Retrieved from http：//www. dol. gov/ilab/media/reports/iclp/Advancing1/html/bolivia. htm#268.

29. Albo. (2006). *Ninos alegres, libres, expresivos*.

30. Lopez. (2005). *De resquicios a boquerones*.

31. Nucinkis, N. (2006). La IBE en Bolivia. In L. E. Lopez, & C. Roja (Eds.), *La IBE en America Latina bajo examen*. La Paz：Plural Editores.

32. Ibid.

33. Ibid.

34. Albo. (2006). *Ninos alegres, libres, expresivos*.

35. Ibid.

36. Ibid.

37. Tenorio, A. (Linguist and former school teacher). Interview with Brittany Lambert, July 8,2008. Note：some names used throughout this case study have been changed to protect confidentiality.

38. Murray, H. G. , & Lang, M. (1997). Does classroom participation improve student learning? *Teaching and Learning in Higher Education, 20*(February), 7 – 9. Retrieved from http：//www. stlhe. ca/pdf/Does% 20classroom% 20participation% 20improve%

20student%20learning. pdf.

39. Smithee, M. , Greenblatt, S. , & Eland, A. (2004). *U. S. culture series: U. S. classroom culture.* New York: NAFSA: Association of International Educators. Retrieved from http: //www. auburn. edu/academic/international/oie/iss/prospective/classroom_culture. pdf.

40. Lopez, F. (President of the Aymara Indigenous Council). Interview with Brittany Lambert, July 9, 2008.

41. Albo. (2006). *Ninos alegres, libres, expresivos.*

42. Pinaya, N. (NGO worker specializing in education). Interview with Brittany Lambert, August 9, 2008.

43. Armstrong, L. (American academic). Interview with Brittany Lambert, July 16, 2008.

44. Lopez, F. (President of the Aymara Indigenous Council). Interview with Brittany Lambert, July 9, 2008.

45. Vitale, J. (UNICEF employee). Interview with Brittany Lambert, August 14, 2008.

46. Armstrong (American academic). Interview with Brittany Lambert, July 16, 2008.

47. Ibid.

48. Barrionuevo Ibanez, R. (School principal). Interview with Brittany Lambert, August 20, 2008.

49. World Bank. (2006). *Basic education for Bolivia: Challenges for* 2006 - 2010. Report No. 35073. Washington, DC: Human Development Department, Bolivia, Ecuador, Peru and Venezuela Country Management Unit.

50. Armstrong (American academic). Interview with Brittany Lambert, July 16, 2008.

51. Lanza Mallo, E. (Teacher and university student). Interview with Brittany Lambert, August 9, 2008.

52. Ibid.

53. Barrionuevo Ibanez (School principal). Interview with Brittany Lambert, August 20, 2008.

54. Gomez, D. (Indigenous leader). Interview with Brittany Lambert, July 1, 2008.

55. Tenorio (Linguist and former school teacher). Interview with Brittany Lambert, July 8, 2008.

56. Nucinkis. (2006). La IBE en Bolivia.

57. Pinaya (NGO worker Specializing in Education). Interview with Brittany Lambert, August 9, 2008.

58. Padilla, A. (Academic working on education policy). Interview with Brittany Lambert, June 30, 2008.

59. Maslow, A. (1943). A theory of human motivation. *Psychological Review, 50*(4), 370 - 96.

60. Vitale (UNICEF employee). Interview with Brittany Lambert, August 14, 2008.

61. Tenorio (Linguist and Former School Teacher). Interview with Brittany Lambert, July 8, 2008.

62. Mendez, P. (Linguist and employee at the Fundacion PROEIB Andes). Interview with Brittany Lambert, July 17, 2008.

63. Ibid.

241

64. Jimenez, G. (Vice-Minister of Primary Education). Interview with Brittany Lambert August 13, 2008.

65. Armstrong (American academic). Interview with Brittany Lambert, July 16, 2008.

66. Padilla (Academic working on education policy). Interview with Brittany Lambert, June 30th, 2008.

67. Mendez (Linguist and employee at the Fundacion PROEIB Andes). Interview with Brittany Lambert, July 17, 2008.

68. Jimenez (Vice-Minister of Primary Education). Interview with Brittany Lambert, August 13, 2008.

69. Lanza, M. (IBE director at the Ministry of Education). Interview with Brittany Lambert, August, 22, 2008.

70. Tenorio (Linguist and Former School Teacher). Interview with Brittany Lambert, July 8, 2008.

71. Moseley, C. (Ed.). (1999). *Encyclopedia of the world's endangered languages*. London: RoutledgeCurzon.

72. Leiterman, H. L., Ryan, J. P. (1999). Immigration: A dialogue on policy, law, and values. *Focus on Law Studies, XIV*(2)1 - 16.

73. Frerking, B. (1997). *Immigrant parents join campaign against bilingual education*. Houston: Center for Research on Parallel Computation at Rice University. Retrieved from http://www.crpc.rice.edu/newsArchive/nsl_11_16_97.html.

74. Kaplan, S. (2006). Making democracy work in Bolivia. *Orbis, 50*(3), 501 - 517.

75. Joubert-Ceci, B. (2005, June 14). Behind the Indigenous-led uprising in Bolivia. *Workers World*. Retrieved from http://www.workers.org/2005/world/bolivia-0623/.

76. Rory, C., & Schipani, A. (2008, August 24). Bolivia split in two as the wealthy aim to defy the Morales revolution. *The Observer*. Retrieved from http://www.guardian.co.uk/world/2008/aug/24/bolivia.

242

附录 1：研究方法

本案例是健康与社会政策研究院 2007—2008 年政策研究项目的一部分。实地研究在玻利维亚行政首都拉巴斯及周边地区进行。包括发展迅速的郊区埃尔阿尔托在内，拉巴斯是玻利维亚最大、发展最为迅速的城市。拉巴斯地区人口为 160 万，占玻利维亚总人口的 20%[74]，因此足以作为样本研究地区。除了城市规模大，拉巴斯入选的另一原因是土著人口多。土著人占拉巴斯人口的 60%，而埃尔阿尔托近 80% 的人是艾马拉人。[75] 相比之下，圣克鲁斯作为玻利维亚第二大城市，土著人口仅占 38%。[76] 因此，要研究有关土著人的问题，拉巴斯是最佳选择。

有关跨文化双语教育项目的信息是通过采访和观察收集到的。项目研究组共采访 50 人，包括政府官员、非政府组织工作人员、土著首领、学者、教师工会代表、普通教师、校长和学生。最初的受访者都是通过网络调查以及通过有当地研究经验的加拿大指导教师找到的。之后的受访者是其他受访者推荐的。所有采访都是用西班牙语完成的，之后将录音转写成西班牙文。本章的引语都是由西班牙语翻译成英语的。

243

附录 2：受访者名单

政府官员
- 一名小学教育部副部长
- 一名教育部教师培训负责人
- 一名教育部跨文化双语教育负责人

教师和校长
- 一名负责成人教学的艾马拉语教师
- 一名负责成人教学的艾马拉教师
- 一名教师兼政策专家
- 一名城市学校教师
- 六名乡村学校教师
- 五名乡村教师兼跨文化双语教育项目进修学生
- 一名乡村学校教师兼教师工会成员
- 两名乡村学校校长

学者和教授
- 一名专门研究语言政策的学者
- 一名参与设立跨文化双语教育项目的美国学者
- 一名大学教授，负责跨文化双语教育项目硕士课程
- 一名来自科恰班巴的大学教授

- 一名教师培训学院教授
- 一名教师培训学院学术主任

其他人员
- 一位艾马拉土著首领
- 一位艾马拉教育委员会主席
- 一位土著学者和首领
- 一位语言学家兼安第斯跨文化双语教育培训计划基金会员工
- 一位语言学家，曾为学校教师
- 一位联合国儿童教育基金会项目负责人
- 两位负责课程设置的非政府组织员工
- 十二位乡村成人学生
- 一位教师工会领导
- 一位教师培训学院的主任

244
- 拉巴斯一所大学负责跨文化双语教育本科课程的一位工作人员

第4部分

早期儿童教育和过渡

11

为消除学校教育成果中社会经济
差距的早期儿童教育策略

Clyde Hertzman、Lori Irwin、
Arjumand Siddiqi、Emily Hertzman
和 Ziba Vaghri

　　早年时期对整个人生的学习、健康和福祉至关重要。[1]优质的早期儿童保育以及更广义的教育计划和早期儿童发展计划能够对儿童的发展和他们长期的健康和受教育程度产生更为积极的影响。相反，在获取早期儿童保育和教育计划时的社会经济不平等能够导致儿童在教室内外的终身差异。本章探讨可行和有效的早期儿童保育和教育策略如何给所有社会经济群体的儿童以机会，让他们打好基础，进行终身学习，获得终身发展。

　　在2000年至2009年期间，加拿大不列颠哥伦比亚省完成了三次基于人口的发展健康评估，每次都包括全省学校入学同龄人中90％以上的儿童。幼儿园学年期间，采用"儿童早期发展评价工具"进行发育健康评估，幼儿园教师根据其中五个层面的发展措施为班级中的每一个孩子填写详细的清单：身体健康、社交能力、情感健康和成熟、语言和认知发展以及沟通技巧和一般知识。[2]身体健康评估儿童的总体和精细运动技能、手持铅笔、在操场上跑步、运动协调、课堂活动的能量水平、照顾自我需要的独立性和日常生活技能。社会交往能力包括关于儿童对世界的好奇、体验新经历的渴望、对公共场所可接受行为标准的了解、控制自己行为的能力、对成人权威的适当尊重、与他人合作、对规则的遵守以及与其他儿童一起玩耍和合作的能力的项目。情感健康和成熟评估儿童行动前思考的能力、对过于胆怯和过于冲动的平衡、处理适龄水平情绪的能力以及对他人情绪的移情反应。语言和认知发展包括旨在发掘儿童的阅读意识、适龄阅读和写作技能、适龄运算能力、棋盘游戏表现、理解异同的能力、从记忆中背诵特定信息片段的能力的项目。沟通技巧和一般知识包括评估儿童以适当社交方式交流需求和需要的技能、语言符号运用、讲故事以及关于周遭生活和世界的适龄知识的项目。尤其是，该评价工具可以确定那些母语与教学语言相异的儿童所面临的沟通挑战。到目前为止，按性别和种族划分的差异项目功能分析在教师报告中没有显示任何系统性偏差。[3,4]

　　基于这五个层面中每一个层面的临界线，早期发展评价工具将每个孩子鉴定为"脆弱的"或"非脆弱的"。[5]每个层面的临界值最初是根据加拿大两个省和远北地区（因纽特儿童中）的儿童样本建立的。临界值的主要标准为幼儿园和小学教师对小学阶段在上述层面上取得成功所需的能力水平的共识。因此，评价工具所谓的脆弱性被解读为一种发展的状态，在这种状态下，儿童无法从学校体验中获得充分的裨益。

247

虽然这种设置临界值的方法具有主观性，比较粗略，但其在加拿大和澳大利亚同时且可预测的有效性已经一再得到证明。[6,7] 例如，图 11.1 显示，根据不列颠哥伦比亚省的评价工具，儿童早期发展状况对这些儿童随后几年在学校中是否成功具有显著的预测性。通过将早期发展评价工具等级与个人学校记录联系起来，我们能够直接评估早期儿童发展状态与 4 年级标准阅读和算术测试表现这二者的关系。该图显示，4 年级测试失败的儿童的比例随着早期发展评价工具层面上脆弱儿童数量的增加而逐步增长。它表明，所有的发展领域似乎都有助于学校成功，而不仅仅限于语言和认知能力。因此，平等享有教育只有在学龄前获得公平机会的情况下才能实现。优质的早期儿童保育和教育计划能积极影响早期发展评价工具的每一个发展领域，这一点是长期以来众所周知的。

248

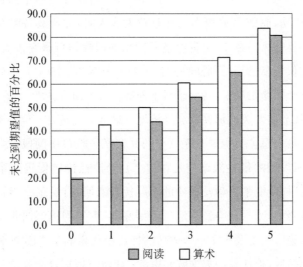

图 11.1 早期发展评价工具与 4 年级学校成功的联系

儿童发展的梯度

儿童早期发展评价工具脆弱率与儿童家庭及其居住地区的社会经济地位密切相关。在不列颠哥伦比亚省，评价工具脆弱性的约 50％ 的邻域变化在统计意义上由邻域社会经济变量"解释"。此外，评价工具和社会经济地位之间的关系遵循一种梯度模式。这是什么意思呢？几乎地球上的每个社会，无论其财富水平如何，社会经济地位的差异都转化为儿童发展中的不平等。[8]这种关系比仅仅区分富人和穷人更加微妙；更确切地说，家庭社会和经济地位每上一个阶梯，平均而言儿童发展的前景都有所改善。社会经济地位和儿童发展之间的这种阶梯式的关系称为梯度效应。梯度发展结果源于经历和环境状况下广泛的系统差异，这些差异存在于整个经济社会领域。其中一些差异与儿童密切相关，因此易于识别（例如，父母花费的时间和提供的护理的质量，以及孩子周围环境的物理条件），但其他的则不那么密切（例如，政府政策是否为家庭和社区提供充足的收入、保健资源、早期儿童教育、安全社区、体面的住房等）。

婴儿和儿童死亡率、出生体重轻、损伤、龋齿、营养不良、传染病和保健服务使用等的梯度已经得到证明。[9—14]在认知领域也发现入学、数学和语言成绩、识字和学校成功的梯度。[15]在资源丰富的世界中，身体、社会情感和语言认知发展中的梯度在学龄期出现，并预测学校成功，而25％或更多的儿童长大成人时，并不具备参与现代经济所需的基本识字和运算能力。在43个资源贫乏国家的国际扫盲研究进展中，四年级学生阅读能力中的类似梯度已经得到证明。[16]到了儿童中期（6—12岁），强劲的社会经济地位梯度出现在社会情绪发展中，特别是对于外部化行为而言。[17,18]

根据梯度，社会需要关注那些社会经济地位最低的儿童——但不限于此。梯度意味着不利结果的最大总体负担分布在社会的社会经济地位中间段，尽管不那么普遍。原则上，改善儿童发展的最佳战略应是在整个社会广泛传播促进儿童健康发展的条件，以使"向上的"梯度变平。学校成功的国际比较表明，有着最平坦梯度的社会表现最好。在这些社会中，来自社会经济地位范围底部、中间到顶部的儿童所展示的基本能力平均差异在绝对值上要小于不太成功的社会中儿童的基本能力平均差异。[19]这些发现向我们发起挑战，迫使我们去理解和思考：如何不依据社会经济特权来提供接触对健康和发展至关重要的因素的机会，而是把这种机会作为公民权利来提供。

早期儿童发展政策和计划

优质的早期儿童发展计划和服务（下文简称为"计划"）为生存、成长和发展提供有效支持[20—23]，在儿童[24,25]和成人的培养上产生更好的结果[26,27]。大多数早期儿童发展计划涉及以下一个或多个关键问题：母乳喂养、关键系统发育（即视力、听力、牙科、言语/语言)、儿童保育、早期儿童教育、营养、育儿、社区强化或机构能力,如教学和培训计划。虽然所有儿童都可以从优质的早期儿童发展计划中受益,但弱势群体从中受益最多:资源贫乏国家中处于极度贫困状态的 40% 的儿童、5 岁前死于可预防疾病的 1 050 万名儿童;资源贫乏国家中营养不良、健康欠佳的 20%—25% 的儿童;以及所有目前不上学的儿童。[28]加剧贫困、疾病、缺乏学校教育和营养不良的状况同样加剧了贫困的代际传递[29],这影响到未来成年人的生产力,并增加了一个国家经济资源的成本负担。

将这些见解并置于梯度特征前作对比,可以得出一个明确的政策推论。这个政策推论是:社会需要优先考虑最弱势的儿童,同时实现有效计划的普遍覆盖。可避免的发展脆弱性随处可见,但越往社会经济地位底层下降,就越普遍。这种模式与越来越多和更加复杂的障碍有关,这些障碍阻碍了可以帮助儿童茁壮成长的计划。在最优越的家庭中,主要障碍在于父母的时间压力,然而一个人的社会经济地位越低,障碍便累积得越多,包括成本、交通、一天中提供的时间、与提供者的语言差异、提供者和家庭文化间的社会差距/不信任、提供者和家庭之间期望的冲突以及对儿童而言缺乏有效的个人保护者。该列表包括可适用于一个标准计划的障碍(例如成本),以及其他障碍(例如相冲突的期望),这些障碍意味着标准化计划可能产生它们自己的障碍,抑制儿童茁壮成长所需的条件,认识到这一点是很重要的。因此,为了改善儿童茁壮成长所需的条件,这些障碍以及其他障碍的特殊性需要在它们出现的情境中加以处理。当涉及早期儿童保育和教育时,实现普及并不意味着在标准化的条款和条件下提供一种普遍标准的经历。这意味着高级政策和资助机构提供了成比例可用资源和专门知识,以及灵活的规则,以便将早期儿童保育和教育的一般目标适用当地现实。

以下是有关方法的三个例子,这些方法支持不同中等和高收入国家的儿童早期发展阶段。每个例子都产生了有效的证据,使其方法值得其他社会考虑。

早期儿童发展示例1:墨西哥的有条件的现金转移:机会

许多政府实施了有条件的现金转移计划,目标是通过干预健康、营养和教育使得贫困家庭能有更好的选择。参加有条件的现金转移计划的家庭接受现金,以遵守某些条件作为交换:预防性的健康要求和营养补充、教育和监测,这些条件都旨在改善健康结果并促进积极的行为变化。在墨西哥于 1998 年开始的一次干预中,500 多个低收入社区被随机分配立即或 18 个月后参与到有条件的现金转移计划(机会项目)中。

2003 年,对 2 449 名完全参与计划的 24—68 个月大的儿童进行了评估。按年龄相对身高增长、发育迟缓率降低、身体质量指数的年龄百分比降低和超重率降低等都与现金转移加倍有关。儿童在运动发展层面、认知发展的三个层面和接受语言等层面(对应儿童早期发展评价工具中的语言和认知以及身体发展层面)表现较好也与现金转移加倍有关。研究者得出结论：机会项目的现金转移部分与儿童健康、成长和发展的更好结果相关。与此类似的计划目前正在拉丁美洲的其他五个贫困和中等收入国家实施。[30]

251

早期儿童发展示例 2：袋鼠式护理：始于哥伦比亚波哥大

袋鼠式护理基于母亲、父亲和护理者与低出生体重婴儿进行皮肤对皮肤的接触,这种接触作为早期刺激的一部分,已被证明可以提高最脆弱婴儿的存活率。出生在资源贫乏地区的早产儿(2 000 克以下)可能没有机会用保育器,而那些能用保育器的早产儿要与他们的母亲分离。袋鼠式护理最早形成于 1978 年的波哥大,用于帮助早产儿调节体温和建立母婴亲密关系。母亲、父亲或护理者一天 24 小时竖着抱新生儿/和新生儿一起睡觉,他们的皮肤紧贴着婴儿的肌肤。袋鼠式护理显示至少与保育器中的传统护理一样有效,而成本却很低。它显示为早产儿提供理想的条件;减少护理早产儿的费用;提高母乳喂养率;促进母婴亲密关系的建立;并降低发病率和住院时间。袋鼠式护理植根于传统育儿方式,在许多工业化国家(例如法国、瑞典、美国、加拿大)已经得到采用。[31]在儿童早期发展评价工具中,裨益主要可见于身体发展层面。

早期儿童发展示例 3：英国安稳起步儿童中心

安稳起步儿童中心成立于 1998 年,当时的政治情境是继艾奇逊调查[32]之后,英国政府承诺解决健康不平等、减少儿童贫困和打破贫困代际传递的循环。安稳起步儿童中心从 1999 年至 2003 年期间设立的安稳起步地方计划演变而来,该计划作为英格兰20%最贫困地区的地区性倡议,旨在为家长和幼儿提供综合服务,同时由当地合作伙伴管理。关于充分建立起来的安稳起步地方计划对于儿童和其家庭影响的评估显示,其裨益包括增进了儿童的积极社会行为和独立性、减少了父母的消极养育和改善了家庭学习环境。在儿童早期发展评价工具中,这些裨益可见于情感和社会发展层面。由此得出的结论是,早期干预可以增加贫困地区儿童的生活机会。[33]安稳起步儿童中心也被证明是对有高度品行障碍风险儿童的家庭进行干预的有效平台。[34]

作为依照上述原则事实上普的一个例子,位于最贫困地区的安稳起步儿童中心相比位于更加富裕地区的儿童中心提供着更全面的服务。最贫穷地区的安稳起步儿童中心主要服务项目为:为儿童提供优质的早期学习和全日托服务(一天至少 10 小时,一周 5 天,一年 48 周);中心内输入优质教师,引领发展;儿童和家庭保健服务,包括产前服务;父母延展服务;家庭支持服务;儿童看护者网络基地;支持有特殊需要的儿童和父母;与"就业中心"进行有效联系,以支持希望培训或就业的家长和护理者。[35]

252

卫生保健系统的作用

卫生保健系统在促进早期儿童发展方面地位卓越,因为它们已经关注个人和社区的健康,聘用受过培训的专业人员,提供设施和服务,并且最重要的是从一开始就成为分娩母亲和孩子的主要联系。在世界范围内,儿童在早期相比教育系统,对卫生保健系统体验得更多,因为许多儿童直到 6—8 岁才会接触教育系统。例如,世界卫生组织的扩大免疫计划最初于 1976 年发起,当时世界上不到 5％的儿童接受了免疫接种,针对六种最容易预防的疾病:白喉、破伤风、百日咳、脊髓灰质炎、麻疹和结核病。在过去 30 年中,扩大免疫计划的覆盖程度已达到现在每年世界各地的儿童接受估计 5 亿次免疫接种。

世界卫生组织的扩大免疫计划规模及其近乎普及的覆盖面现在被认为是潜在的宝贵机会,能够与其他促进儿童健康的活动相结合。世界上 90％的儿童接受免疫的时间——通常在 2 岁前——是其他卫生干预或监控的潜在联系点。在一些发展中国家,卫生保健系统通过与现有早期儿童发展和营养/成长监测计划、免疫接种、妇女健康或生殖护理协调,已经作为一个平台服务,为父母提供早期儿童发展信息和支持。[36]肯尼亚在利用这一早期联系点上尤其有前瞻性。肯尼亚卫生部最近决定在免疫接种访问期间收集关于几个发展指标的信息,作为在肯尼亚人口基础上监测早期儿童发展进展情况的一种方法。免疫访问也被视为一个向父母传播关于早期儿童发展和婴儿健康信息的机会。因此,卫生保健系统正在成为一个重要的联系点,可以将早期儿童发展计划与儿童和家庭联系起来,否则,儿童与家庭将无从接触早期儿童发展计划,同时卫生保健系统通常可以以相对较小的边际成本进行。[37]

将早期儿童发展计划和服务与卫生保健系统相结合有可能提高儿童存活率,同时

促进早期儿童发展。这些现实并不意味着卫生保健系统应该单独运行，或者它们应该
成为早期儿童发展的主导机构。相反，卫生保健系统应该成为一个在早期儿童发展中
实施全方位跨部门举措的平台。以下关于卫生保健平台积极使用的例子摘自早期儿
童发展全球知识中心向世界卫生组织健康问题社会决定因素委员会提交的一份全面
科学报告。[38]

示例 1：国际主导帮助国家和地方

世界卫生组织儿童疾病综合管理计划旨在减少儿童死亡率、疾病和残疾，并促进
0—5 岁儿童的健康和发展。儿童疾病综合管理计划兼具预防和治疗方面，在家庭、社
区层面，以及通过卫生保健系统实施。该计划优先考虑在各种情境，包括家庭和保健
设施中恰当确认和治疗儿童疾病，还为父母和护理者提供咨询，以及为重病儿童提供
转诊服务。

主要实施涉及以下步骤：

- 在国家卫生政策中采用儿童健康和发展的综合方法
- 使标准儿童疾病综合管理临床指南适应国家需求、政策、可获得的药物以及当
地食品和语言
- 培训卫生工作者采用新方法检查和治疗儿童，有效地为父母提供咨询，以改善
当地诊所的护理。
- 确保充足的低成本药物和简单设备供应，从而使改善护理成为可能
- 加强医院的护理，帮助那些病情过于严重而无法在门诊诊所接受治疗的儿童
- 在社区内建立支持机制，以预防疾病、帮助家庭照顾生病的儿童以及在需要时
将儿童送往诊所或医院

世界卫生组织与联合国儿童基金会合作，开发了一个特别的早期儿童发展促进理论，
称为"护理促进发展"，并将其纳入现有的儿童疾病综合管理计划之中。护理促进发展
旨在通过在儿童就诊期间向父母和护理者提供信息和指导，提高他们对与儿童一起游
戏和交流的重要性的认识。护理促进发展被认为是一种有效的方法，它支持父母和护
理者基于他们现有的技能为他们的孩子营造一个刺激性的环境。[39]它鼓励卫生保健专
业人员将儿童急性小病门诊视为传播护理促进发展的信息的机会，这些信息包括主动
和回应性喂养对改善儿童营养和生长的重要性，以及玩耍和交流活动帮助儿童进入下
一发展阶段的重要性等。

示例 2：支持地方/国家举措的国际机构

在泰国，一些地方和国际组织，例如儿童基金会、基督教儿童基金会和救助儿童会，与公共卫生部中的卫生部门和地方大学合作，支持发展基于家庭的综合早期儿童发展项目，这一项目自 1990 年起实施。该项目在儿童保健中心运作，包含了经验丰富的母亲（自告奋勇担任大使）、卫生保健系统和更广泛的社区（例如大学、其他教育中心、非营利组织）之间的合作。每位大使与她家附近的五个家庭一起共事，在人们的家里或在当地市场向母亲们提供关于儿童健康、营养和发展的信息和建议。每月的培训课程（例如家庭生活、儿童发展、婴儿护理等问题）和会议在当地卫生部门举行，向大使介绍与儿童健康和发展有关的新信息和材料。这种方法特别有用，因为在泰国年龄较长的儿童经常照顾他们年幼的弟弟妹妹或邻居。大使还向这些年龄较长的儿童提供关于儿童健康的重要性、营养和发展问题等的必要信息。在更具"实践性"的课程中，五六年级的学生与大使一起工作并向大使学习如何确定家中弟弟妹妹的疫苗接种状态和发展进程。所有这些教育和培训举措都通过公共卫生部协调。

示例 3：当地健康护理诊所作为计划启动地点

"幼儿阅读"是一个美国非营利组织，它向儿童提供新书籍和向参加儿科检查的父母阐述关于大声朗读的重要性，从而促进早期识字。幼儿阅读计划使早期识字成为儿科初级护理的一项标准组成部分。根据幼儿阅读模式，医生和护士建议父母大声朗读，这是父母可以做的最重要的事情来帮助他们的孩子热爱书籍，并为进入学校学习做好准备。儿科医生和其他临床医生接受了三种幼儿阅读模式的培训，努力推进儿科扫盲：

1. 每次儿童健康检查时，医生和护士鼓励父母向他们的孩子大声朗读，并给予适龄的提示和鼓励。鼓励可能有阅读困难的父母自己编造童话书上的故事，并花时间与他们的孩子一起叫出物体的名称。

2. 提供者给每个年龄在 6 个月至 5 岁之间的孩子一本崭新的、具有发展适宜性的儿童书。

3. 在可以尽情读写的等候室中，家长和孩子经常与志愿读者一同了解一起看书的乐趣和技巧。

评估"幼儿阅读"工作的影响的各项研究结果[40]一直非常一致。与没有参加幼儿阅读的家庭相比，接受幼儿阅读干预的父母更有可能为他们的孩子朗读，并且家中有更多的儿童读物。最重要的是，调查幼儿语言的研究发现幼儿阅读干预与学前语言得分的显著提升之间存在联系，而学前语言得分的显著提升是后期成功识字的良好预测因素。目前，幼儿阅读计划覆盖 50 个州、哥伦比亚特区、波多黎各、美属维尔京群岛和关岛。幼儿阅读计划开展于医院、健康中心和私人儿科实践中。

质量和可持续性

将有效的早期儿童发展计划以标准形式从一个社会移植到另一个社会是有问题的，因为计划有效性的前景深深植根于当地条件。相反，国际发展界发现，在一般意义上思考早期儿童发展计划的三个质量类别更为有用：结构、过程和培养。[41—43]**结构**包括工作人员培训和专业知识、工作人员与儿童的比率、团体规模和空间或服务的物理特性、可用的材料和资源以及对健康和安全标准的遵守。**过程**方面包括工作人员的稳定性、连续性和工作满意度；服务提供者、护理者和儿童之间的关系；以及赞助层次之间的关系（包括社区、民间社会、政府和多国捐助机构）。[44]**培养**环境的定义为，在这些环境中，鼓励探索、提供基本技能指导、激励儿童的发展进步、引导和扩展儿童新技能的发展（即支架式）、保护免受不恰当的惩罚和嘲笑、语言情境丰富以及回应儿童。

在发展中国家，在营养干预中增加刺激和护理成分可以改善儿童发展结果，包括与营养干预相关的身体健康结果。[45]通过利用不分性别的生活态度、教学和护理实践以及课程，早期儿童发展计划也可以促进性别平等，这一点与产妇健康和儿童结果的改善密切相关。[46]除了计划的质量之外，还有一套单独的全球可持续发展原则。这些原则包括：文化敏感性和意识；社区所有权；关于结果的共同目的和共识，这些结果与社区需要和目标有关；社区、提供者和父母之间的伙伴关系；通过家庭和其他利益相关者的积极参与加强社区能力；以及有助于监测质量、评估计划有效性和机构发展潜力的管理计划。[47]这些可持续性原则也与质量有关，因为它们与改善儿童结果相关联。[48]

按比例增加

如果计划覆盖面广且量大，它们可以改变早期儿童发展的规范，减少不平等。一个典型的例子是古巴的教育子女计划，如下所述。[49]

古巴健康和早期儿童发展

在古巴,儿童健康和发展的基本指标(婴儿死亡率和 5 岁以下儿童死亡率和低出生体重率)与北美和西欧的基本指标相当。古巴儿童在小学和中学教育中的保留率很高。《语言、数学和相关因素的第一个国际比较研究》表明,三年级和四年级的古巴学生在数学和语言测试方面显著优于其他拉丁美洲国家的学生。[50] 研究还发现,相比于拉丁美洲的儿童,古巴儿童不大可能在学校打架。

1983 年至 2003 年间,古巴分阶段实施了一个名叫"教育子女"(*Educa a Tu Hijo*)的计划。该计划以社区为依托、以家庭为中心,将健康和教育服务综合成一个单一的系统,优先考虑产前生活,婴儿期、儿童期和青春期期间的健康、学习、行为和生活轨迹。儿童发展服务启动早,十分普及,由不同部委、社会组织、家庭和一个延伸社会网络参与进行。这一延伸社会网络包括 52 000 名"推广者"(教师、教员、医生和其他培训的专业人员),116 000 名"执行者"(教师、医生、护士、退休专业人员、学生、志愿者)以及超过 80 万个家庭。在社区层面,家庭医生和护士团队负责一群人。同时,地方自治政府部门促进社会参与,鼓励居民保护自我健康。在古巴所有的孕妇都至少进行 12 次产前检查,并且在产科诊所或专门健康中心分娩。他们有权在产前获得 18 个星期和在产后获得 40 个星期的产假(可以是父母中的任意一方)。儿童 2 岁前参加 104 次到 208 次刺激和发展监测活动,3—5 岁时参加 162 次到 324 次小组活动。

257

"教育子女"最近的一项后续研究显示,参与该计划的儿童中有 87% 达到入学年龄时,在关键领域(运动技能、认知、社会个人和个人卫生)取得了令人满意的发展结果。做一个粗略的比较,这表示脆弱率约为加拿大和澳大利亚的一半,在加拿大和澳大利亚这两个富裕国家,基于人口的早期儿童发展数据都可用。这一脆弱率的情况可能是促进古巴学校成功的一个关键因素。

引人注目的是,在 20 世纪 90 年代初的"特别经济时期",当俄罗斯停止通过大量购买糖来补贴古巴经济时,中央政府不仅保持了其对早期儿童发展的高额投资,而且增加了投资。正是在此期间,"教育子女"得到扩展,0—5 岁儿童的早期儿童发展服务覆盖率提高到了 99.8%,尽管在 1990 年至 1995 年间,儿童的人均热量摄入下降了 25%。怎么会这样呢?答案很简单,在经济紧急时期母亲和儿童被政府认作是重中之重,因为他们代表了未来国家最重要的投资。而这样一种政策选择会从自由民主政体的政治动态中产生,这一点实在是很难想象。

经济论证

现在，许多经济学家认为，在现有证据的基础上，对早期儿童的投资是一个国家可以做出的效力最为强大的投资，因为人生历程中的回报是原始投资规模的许多倍。早期儿童发展计划促进和提高人力资本的质量：即个人参与社会和成为劳动力的能力和技能。[51] 通过早期儿童发展计划培养的能力和技能并不仅限于认知收益，还包括身体、社会和情感上的收益，所有这些收益都是人的生命过程中健康的决定因素。[52] 世界范围内许多疾病负担（例如心血管疾病、肥胖、人类获得性免疫缺陷病毒/艾滋病、抑郁症）从儿童早期开始。[53] 因此，早期儿童发展计划将提升健康措施（例如，良好的营养、免疫）与养育、参与、护理、刺激和保护相结合，营造持续改善身体、社会情感和语言认知发展的前景，同时减少疾病的即时和未来的负担，特别是针对最脆弱和最弱势的人。教科文组织近来的一份全球监测报告显示，在每个国家，对于来自最贫困社区的儿童而言，他们最易遭受营养不良和患上可预防疾病，同时最不可能接触早期儿童发展计划，但这些儿童也将受益最多。[54] 一些儿童出生贫穷或失去了较幸运儿童所拥有的成长和发展机会，早期干预可以改变这些儿童的终身轨迹。早期儿童发展计划和服务258（例如，在职父母的子女照管、学前教育、小学入学机会）具有高回报率，是减少贫困，增进健康、生产力和福祉的有效途径。

如果资源丰富以及贫穷社会的政府都能在幼儿时期采取行动，实施优质的早期儿童发展计划和服务作为其更广泛的社会保护政策的一部分，它们将有一个合理的期望，那就是这些投资的收益是之前投入的数倍。[55,56] 在这一问题已经得到直接研究的资源丰富的国家，储蓄来自于降低的教育补习和刑事司法成本。[57,58] 经济收益源自于母亲就业机会增加[59] 和儿童成年后经济活动增加，因为通过干预这些儿童的发展轨迹得到改进。[60] 早期儿童发展长期干预的经济效益没有在资源贫乏的国家进行直接研究。然而，一份较有分量的文献表明，资源贫乏国家的经济增长一般来说归于对人力资本[61—64] 进行投资后所产生的诸多结果，如入学率和识字率的提高。人们普遍认为，东南亚"老虎经济体"从资源贫乏、预期寿命短到资源丰富、预期寿命长的转变主要是通过对儿童的投资实现的，这种投资从胎儿期直到儿童离开学校。在这一时期，幼儿的条件明显改善，婴儿死亡率从 1946 年的约 140/1 000 下降到 2000 年的不足 5/1 000。[65,66] 从 1975 年到 2002 年，老虎经济体的人均国内生产总值从大约 4 000 美元增长至

23 000美元。[67,68]因此,资源贫乏社会将儿童发展作为其发展战略的基石,从中所收获的潜在经济利益规模不仅可以从微观层面的成本效益来衡量,而且可以从经济规模的倍数来衡量。[69,70]

结论

从全球到地方

2005 年,联合国儿童权利委员会颁布了《第 7 号一般性意见:在幼儿期落实儿童权利》,承认幼儿拥有"儿童权利公约"所记载的所有权利,以及儿童早期是落实这些权利的关键时期。[71]第 7 号一般性意见认为政府有责任监测儿童不断发展的(语言/认知、社会/情感和身体)能力状态,以及他们的生活条件是促进还是阻碍这些不断发展的能力。最重要的是,政府有责任采取行动,创造有利于促进幼儿发展能力的条件。

2008 年,世界卫生组织健康问题社会决定因素委员会建议"政府为儿童、母亲和其他护理者提供一整套高质量的早期儿童发展计划和服务,无论支付能力如何"[72]。 259
为实现这个目标,全球社会将需要以新的方式工作,在国际层面进行跨部门合作。特别是,世界卫生组织和儿童基金会将需要建立强化的机构间机制,以确保早期儿童发展的政策一致性,从而实施儿童早期发展的综合方法。

在国家一级,有必要承诺开展下列活动:

- 将早期儿童发展科学纳入政策
- 为早期儿童发展建立跨部门政策框架,明确阐述每个部门的作用和职责以及它们将如何合作
- 将早期儿童发展政策要素纳入每个部门的议程,以确保它们在部门决策中被定期考虑
- 对整个家庭采取社会保护政策,支持所有人的充分收入、生育和养老金福利,并允许家长和护理者平衡家庭和工作时间
- 系统落实到位,确保提供与当地文化和情境相关的优质户外社区儿童保育服务
- 鼓励国际机构、非政府组织和国家政府与社区领导人合作,提高当地社区制定和实施早期儿童发展计划的能力,以及有效参与监测和审查早期儿童发展政策和计划

● 制定从地方到国家一级"按比例增加"有效计划的战略，同时不丢失使其有效的计划特征[73]

正如本章中古巴和其他成功的例子所描述的那样，这些活动不依赖于高水平的国家财富。相反，它们需要一个连贯、可信、运作良好的社会，愿意从一开始就优先重视对人类发展的长期投资。

注释

1. Kuh, D. , & Ben-Shlomo, Y. (Eds.). (2004). *A lifecourse approach to chronic disease epidemiology* (2nd ed.). New York: Oxford University Press.

2. Janus, M. , & Offord, D. (2007). Development and psychometric properties of the Early Development Instrument (EDI): A measure of children's school readiness. *Canadian Journal of Behavioral Science, 39*, 1 – 22.

3. The cross-cultural sensitivity of the EDI is a matter of ongoing study and debate. So far, the EDI has been used in 14 high-, middle-, and low-income countries. Moreover, core EDI items have been included in the current version of UNICEF's MICS survey that goes to households in 43 poor and middle-income countries. This reflects an informal consensus in the international development community that, although different cultures have different ideas of successful early development, the core domains of physical, social-emotional, language-cognitive-communication are common to all. The EDI has been most extensively used in Canada and Australia — countries with high rates of immigration from non-European countries — where up to 3% of the population is Aboriginal. In both countries, work to adapt the EDI to Aboriginal realities is ongoing. These efforts do not involve changing the core questions and domains of the EDI but, instead, include Aboriginal governance of data analysis and reporting (British Columbia), direct Aboriginal participation in data collection (Australia), and supplementary information collection (British Columbia and Australia).

4. Guhn, M. , Gadermann, A. , Hertzman, C. , & Zumbo, B. (2010). Children's development in kindergarten: A multilevel, population-based analysis of ESL and gender effects on socioeconomic gradients. *Child Indicators Research, 3*, 183 – 203.

5. Janus & Offord. (2007). Development and psychometric properties.

6. Guhn, M. , Janus, M. , & Hertzman, C. (Eds.). (2007). Special issue: The early development instrument. *Early Education and Development, 18*(3), 427 – 452.

7. Forget-Dubois, N. , Lemelin, J. P. , Boivin, M. , Dionne, G. , Sguin, J. R. , Vitaro, F. , & Tremblay, R. E. (2007). Predicting early school achievement with the EDI: A longitudinal population-based study. *Early Education and Development, 18*(3), 405 – 426.

8. Houweling, T. A. , Kunst, A. E. , Looman C. W. , & Mackenbach, J. P. (2005). Determinants of under-5 mortality among the poor and the rich: A cross-national analysis of 43 developing countries. *International Journal of Epidemiology, 34*, 1257 – 1265.

9. Adler, N. E. , Boyce, T. , Chesney, M. A. , Cohen, S. , Folkman, S. , Kahn, R. L. , & Syme, S. L. (1994). Socioeconomic status and health: The challenge of the gradient. *American Psychologist, 49*, 15 – 24.

10. Braveman, P. , & Tarimo, E. (2002). Social inequalities in health within countries: Not only an issue for affluent nations. *Social Science and Medicine, 54*, 1621 – 1635.

11. Kunst, A. E. , Geurts, J. J. , & van den Berg, J. (1995). International variation in socioeconomic inequalities in self reported health. *Journal of Epidemiology and Community Health, 49*, 117 – 123.

12. Kunst, A. E. , & Mackenbach, J. P. (1994). The size of mortality differences associated with educational level in nine industrialized countries. *American Journal of Public Health, 84*, 932 – 937.

13. van Doorslaer, E. , et al. (1997). Income-related inequalities in health: Some international comparisons. *Journal of Health Economics, 16*, 93 – 112.

14. Houweling, T. A. , Kunst, A. E. , & Mackenbach, J. P. (2001). World health report 2000: Inequality index and socioeconomic inequalities in mortality. *Lancet, 357*, 1671 – 1672.

15. Smith, J. R. , Brooks-Gunn, J. , & Klebanov, P. K. (1997). The consequences of living in poverty for young children's cognitive and verbal ability and early school achievement. In G. J. Duncan, & J. Brooks-Gunn (Eds.), *Consequences of growing up poor*. New York: Russell Sage.

16. Willms, J. D. (2006). *Learning divides: Ten policy questions about the performance and equity of schools and schooling systems* (UIS Working Paper no. 5). Montreal: UNESCO Institute for Statistics.

17. Externalizing behaviors are often characterized by inattentive, impulsive, aggressive, and disruptive conduct (Spielberger, C. [Ed.]. [2004]. *Encyclopedia of applied psychology* Vol. 3. Boston: Elsevier Academic Press).

18. Bradley, R. H. , & Corwyn, R. F. (2002). Socioeconomic status and child development. *Annual Review of Psychology, 53*, 371 – 399.

19. Siddiqi, A. , Kawachi, I. , Berkman, L. , Subramanian, S. V. , & Hertzman, C. (2007). Variation of socioeconomic gradients in children's development across advanced capitalist societies: Analysis of 25 OECD nations. *International Journal of Health Services Planning, Administration, Evaluation, 37*, 63 – 87.

20. UNESCO. (2007). *EFA global monitoring report: Strong foundations, early childhood care and education*. Paris: UNESCO.

21. Anderson, L. M. , Shinn, C. , Fullilove, M. T. , Scrimshaw, S. C. , Fielding, J. E. , Normand, J. , Carande-Kulis, V. G. , & the Task Force on Community Preventative Services. (2003). The effectiveness of early childhood development programs. *American Journal of Preventive Medicine, 24*, 32 – 46.

22. National Institute of Child Health and Human Develoment (NICHD) Early Child Care Network. (1996). Characteristics of infant child care: Factors contributing to positive caregiving. *Early Childhood Research Quarterly, 11*, 269 – 306.

261

23. Clifford, D. , Peisner-Feinberg, E. , Culkin, M. , Howes, C. , & Kagan, S. L. (1998). Quality child care: Quality care does mean better child outcomes. *National Center for Early Development and Learning, Spotlight Series 2.*

24. Burchinal, M. R. , & Cryer, D. (2003). Diversity, child care quality, and developmental outcomes. *Early Childhood Research Quarterly, 18,* 401 - 426.

25. Palfrey, J. S. , Hauser-Cram, P. , Bronson, M. B. , & Warfield, M. E. (2005). The Brookline early education project: A 25-year follow-up study of a family-centered early health and development intervention. *Pediatrics, 116,* 144 - 152.

26. Ibid.

27. Temple, J. A. , & Reynolds, A. J. (2007). Benefits and costs of investments in preschool education: Evidence from the child-parent centers and related programs. *Economics of Education Review, 26,* 126 - 144.

28. Grantham-McGregor, S. , Cheung, Y. B. , Cueto, S. , Glewwe, P. , Richter, L. , & Strupp, B. (2007). Developmental potential in the first 5 years for children in developing countries. *Lancet, 369,* 60 - 70.

29. Behrman, J. , Alderman, H. , & Hoddinott, J. (2004). Hunger and malnutrition. In L. Bjorn (Ed.), *Global crises, global solutions.* Cambridge, UK: Cambridge University Press.

30. Fernald, L. C. , Gertler, P. J. , & Neufeld, L. M. (2008). Role of cash in conditional cash transfer programmes for child health, growth, and development: An analysis of Mexico's *Oportunidades. Lancet, 371,* 828 - 837.

31. Siddiqi, A. , Irwin, L. , & Hertzman, C. (2007). *Total environment assessment model for early child development.* Evidence report for the World Health Organization (WHO) Commission on the Social Determinants of Health. Geneva: WHO.

32. Acheson, D. (1998). *Independent inquiry into inequalities in health.* London: The Stationery Office, Government of the United Kingdom.

33. Melhuish, E. , Belsky, J. , Leyland, A. H. , & Barnes, J. (2008). Effects of fully-established Sure Start Local Programmes on 3-year-old children and their families living in England: A quasi-experimental observational study. *Lancet, 372,* 1641 - 1647.

34. Hutchings, J. , Bywater, T. , Daley, D. , et al. (2007). Parenting intervention in Sure Start services for children at risk of developing conduct disorder: Pragmatic randomised controlled trial. *British Medical Journal, 334,* 678 - 685.

35. Department for Children, Schools, and Families, Sure Start Children's Centres. (2009). *What's on offer?* Retrieved from http: //www. dcsf. gov. uk/everychildmatters/earlyyears/ surestart/surestartchildrenscentres/provision/onoffer/.

36. Ruiz-Pelaez, J. G. , Charpak, N. , & Cuervo, L. G. (2004). Kangaroo mother care, an example to follow from developing countries. *British Medical Journal, 329,* 1179 - 1181.

37. Irwin, L. , Siddiqi, A. , & Hertzman, C. (2007). *Early child development: A powerful equalizer.* Report to the WHO International Commission on the Social Determinants of Health, Human Early Learning Partnership, Vancouver, Canada.

38. Siddiqi, Irwin, & Hertzman. (2007). *Total environment assessment model.*

39. World Health Organization Maximizing Positive Synergies Collaborative Group. (2009). An assessment of interactions between global health initiatives and country health systems. *Lancet, 373*, 2137 – 2169.

40. Reach Out and Read. *Reach out and read's evidence base.* Retrieved from http: //www. reachoutandread. org/impact/evidencebase. aspx.

41. NICHD Early Child Care Network. (1996). Characteristics of infant child care.   262

42. NICHD Early Child Care Research Network. (2002). Early child care and children's development prior to school entry: Results from the NICHD study of early child care. *American Educational Research Journal, 39*, 133 – 164.

43. Anderson, L. (2003). The effectiveness of early childhood development programs.

44. Evans, J. L. (1993). Health care: The care required to survive and thrive. Consultative group for early childhood care and development. *Coordinators' Notebook, 13*, 1 – 30.

45. Engle, P. L. , Black, M. M. , Behrman, J. R. , Cabral de Mello, M. , Gertler, P. J. , Kapiriri, L. , Martorell, R. , Young, M. E. , & The International Child Development Steering Group. (2007). Strategies to avoid the loss of developmental potential in more than 200 million children in the developing world. *Lancet, 369*, 229 – 242.

46. UNICEF. (2006). *State of the world's children 2007-women and children: The double dividend of gender equality.* New York: UNICEF. Retrieved from http: //www. unicef. org/sowc07/.

47. Evans. (1993). Health care.

48. Engle et al. (2007). Strategies to avoid the loss of developmental potential.

49. WHO. (2007). *Civil society report to the commission on the social determinants of health* (pp. 109 – 112). Geneva: WHO.

50. Casassus, J. , Froemel, J. E. , Palafox, J. C. , & Cusato, S. (1998). *First international comparative study of language, mathematics, and associated factors for third and fourth grade primary school students.* Paris: UNESCO.

51. Knudsen, E. I. , Heckman, J. J. , Cameron, J. L. , & Shonkoff, J. P. (2006). Economic, neurobiological, and behavioural perspectives on building America's future workforce. *Proceedings of the National Academy of Sciences USA, 103*, 10155 – 10162.

52. Carneiro, P. , & Heckman, J. (2003). *Human capital policy.* Discussion Paper Series No. 821, pp. 1 – 107. Bonn: Institute for the Study of Labour.

53. Marmot, M. , & Wilkinson, R. G. (Eds.). (1997). *Social determinants of health.* Oxford, UK: Oxford University Press.

54. UNESCO. (2007). *EFA global monitoring report.*

55. Schweinhart, L. J. , Barnes, H. V. , & Weikart, D. P. (1993). Significant benefits. The High/Scope Perry preschool study through age 27. In *Monographs of the High/Scope educational research foundation* Vol. 10. Ypsilanti, MI: Highscope Press.

56. Schweinhart, L. J. , Montie, J. , Xiang, Z. , Barnett, W. S. , Belfield, C. R. , & Nores, M. (2005). Lifetime effects: The High/Scope Perry preschool study through age 40. In

Monographs of the HighScope educational research foundation Vol. 14. Ypsilanti, MI: High/Scope Press.

57. Schweinhart, Barnes, & Weikart. (1993). Significant benefits.

58. Schweinhart, Montie, Xiang, Barnett, Belfield & Nores. (2005). Lifetime effects.

59. Cleveland, G. , & Krushinsky, M. (1998). The benefits and costs of good child care: The economic rationale for public investment in young children—A policy study. In *Monograph No. 1.* Centre for Urban and Community Studies, University of Toronto at Scarborough.

60. Schweinhart, Barnes, & Weikart. (1993). Significant benefits.

61. Baldacci, E. , Clements, B. , Gupta, S. , & Cui, Q. (2004). *Social spending, human capital, and growth in developing countries: Implications for achieving the MDGs* (IMF Working Paper no. WP/04/217). Washington, DC: International Monetary Fund.

62. Romer, P. (1986). Increasing returns and long-run growth. *Journal of Political Economy, 94,* 1002 - 1037.

63. Ravallion, M. , & Chen, S. (1997). What can new survey data tell us about recent changes in distribution and poverty? *World Bank Economic Review, 11,* 357 - 382.

64. Sen, A. (1999). *Development as freedom.* New York: Knopf.

65. Hertzman, C. , & Siddiqi, A. (2000). Health and rapid economic change in the late twentieth century. *Social Science and Medicine, 51,* 809 - 819.

66. Siddiqi, A. , & Hertzman, C. (2001). Economic growth, income equality, and population health among the Asian Tigers. *International Journal of Health Services, 31,* 323 - 333.

67. Hertzman & Siddiqi. (2000). Health and rapid economic change.

68. Siddiqi & Hertzman. (2001). Economic growth, income equality, and population health.

69. Schady, N. R. (2000). The political economy of expenditures by the Peruvian social fund (FONCODES). *The American Political Science Review, 94,* 289 - 304.

70. Behrman, J. R. , Cheng, Y. , & Todd, P. (2004). Evaluating preschool programs when length of exposure to the program varies: A nonparametric approach. *Review of Economics and Statistics, 86,* 108 - 132.

71. Kikuchi-White, A. (2006). *General Comment 7: Implementing child rights in early childhood: Young children as active social participants.* The Netherlands: Bernard Van Leer Foundation.

72. CSDH. (2008). *Closing the gap in a generation: Health equity through action on the social determinants of health.* Final report of the Commission on Social Determinants of Health. Geneva: World Health Organization.

73. Hutchings, Bywater, & Daley, et al. (2007). Parenting intervention in Sure Start services.

263

264

12

提高男孩在早期儿童教育和小学教育中的成绩

Merle Froschl 和 Barbara Sprung

概述

在全世界许多国家中，男孩在学业上都不如女孩。国际比较测试，如"国际学生评估计划"和"国际数学和科学研究趋势"，使得政府通过和其他国家对比可以衡量本国学生的成绩，并促使许多国家重新检查它们的教育系统。[1]在2006年的国际学生评估计划测试中，女孩在所有经济合作与发展组织国家中的阅读表现均超过男孩。[2]美国教育部的研究表明，在美国到了12年级，男孩比女孩在阅读上低16分，在写作水平上低24分。[3]一项关于中国北京7000多名中学生的研究发现，虽然成绩差距逐渐缩小，但女孩在小学和中学期间的表现仍超过男孩，在学校更积极，到了中学阶段，男孩辍学率更高。[4]研究人员发现，小学测试分数是到中学结束时性别成绩差距的唯一重要预测因素，这表明早期干预是必要的。

世界各国对学生成绩的国际比较数据及其对性别和教育的影响有不同的反应。例如，苏格兰在学前阶段的性别政策受到国际比较数据和"'男孩成绩不良危机'的流行说法"的影响更大，而在瑞典，性别平等自20世纪70年代以来一直是非常重要的，性别政策受到新数据的影响较小。[5]Smith认为，美国和英国的国际测试结果导致国家测试和目标设定系统的出现，该系统前所未有，目的是为了消除成绩不良问题。[6]英国特别关注男孩"普通中等教育证书"考试成绩不佳的现象。[7]

本章综合了美国和世界各国的研究，这些研究记录了男孩在学校遇到的困难以及用来改善这种情况的策略。本章的第一部分讨论了越来越具有学术性的、以教师为导向的早期儿童教育方法，并描述了男孩在这种环境中的表现如何，特别是学业成绩差距、较高的开除率和因为行为问题而转学到特殊教育比例过高的问题。本部分还包括关于美国非裔和拉美裔男孩面临的特殊风险的讨论。本章的第二部分提出了减少负面教育结果的策略，这些结果在早年和后来都对男孩产生不均衡的影响。本章接着展示了一些国家和美国一些州已经实施或正在实施的计划。本章最后提出了在美国提高男孩早期教育和小学教育成绩的行动建议。

高风险测试对早期学习环境的影响

标准运动及其推论——高风险测试——对早期儿童教育产生了影响，而该影响对所有儿童都不利，并似乎尤其对男孩造成负面影响。早期儿童教育的这种趋势通常被称为"下推"课程。

幼儿园学生被教授识字和数学并进行测试来为标准考试做准备，而在这上面所花的时间越来越多。例如，加利福尼亚大学洛杉矶分校、萨拉劳伦斯学院和长岛大学的研究人员进行的三项研究，包括对纽约市和洛杉矶 254 名幼儿园教师的调查都显示，包含了识字和数学教学的教师引导活动占了大部分上课时间，并且测试准备是一种日常活动，而自由玩耍由此限制为一天 30 分钟或更短时间。[8]在一项研究中，在半日制幼儿园中，一天接近 20％的时间用于教师指导的识字和语言活动；在学前班，该活动时间增加到 28％；到了一年级，一天中头 3 个小时该活动时间占了 60％；而在三年级时，该活动时间则达到整个学校日的 48％。[9]在这些教师指导的课堂上，对儿童发展的需求和原则的注意力转向到提高分数。此外，识字"教学"通常要求有分级读物，这些书籍通常包括无聊的故事和插图，因而无法让儿童热爱阅读。

越来越多的证据支持社会情感学习和以游戏为中心的早期儿童学习情境的重要性，而幼儿园课堂日益标准化的这种趋势却与这些证据背道而驰。米勒和阿尔蒙最近的一份报告认为，儿童在早期失去了以游戏为中心的学习环境，该情况已经达到了危机的程度。[10]上述报告指出，在典型的一天里，全日托幼儿园的儿童花 2—3 小时进行读写、数学和测试准备活动，每天只有短短的 30 分钟自由/选择活动。该报告直截了当地指出：

> 幼儿园学生现在面临巨大的压力，他们要实现不适当的期望，包括直到不久前还在一年级执行的学业标准。与此同时，他们无法享受玩耍的好处——玩耍是缓解压力的主要方式。许多专家认为，这种双重负担导致儿童的愤怒和攻击性不断上升，这一情况反映在越来越多的严重行为问题报告中。[11]

Wenne 撰写的一份儿童焦虑研究报告测量了儿童手掌的出汗情况，表明允许玩耍的儿童焦虑感较低。[12]该研究由此得出结论，儿童需要玩耍以促进身体和情感健康。

266

要创造一个可以优先发展社会情感技能的学习环境，教师必须能够花时间和精力在关系层面接触每个孩子。然而，在许多儿童早期课堂上，建立关系的时间和空间被花在了工作表和学术任务上，并且占据了学校的大部分时间。

早期学习环境对男孩的影响

学业成就

有证据表明男孩的学业劣势与早期儿童教育中日益强调照本宣科式的教学有关。一项研究对 183 名社会经济背景低下的非裔美国儿童进行了比较和追踪，直到他们上四年级，这些学生上过三种类型的幼儿园：专注于学业、儿童自主型以及二者兼具。[13]研究显示到了四年级，对于上过儿童自主型幼儿园的那些男孩而言，他们的性别差距最小，这表明，有机会参与到积极的自主学习中的儿童能更好地应付新的需求。

早期侮辱和驱逐男孩

男孩在早年被驱逐的风险过高。在访谈期间，许多教师承认他们无法管教在他们看来活跃过度或有行为问题的男孩。当被问及他们是否在过去 12 个月中将孩子从教室驱逐出去时，十分之一的老师做出了肯定的回答。由此产生的报告，《掉队的幼儿园儿童：国家幼儿园计划的驱逐率》记录了在学前教育阶段，驱逐率惊人地高，特别是非裔美国男孩中尤其如此。[14]通过研究一份关于美国近 5 000 个国家资助的幼儿园课堂的样本，Gilliam 发现当教师与基于课堂的行为顾问保持持续的关系时，驱逐的可能性下降。这种关系也可能是由其他因素形成的，包括整体更佳的资源；然而，当有顾问时，驱逐率的差异十分显著。Gilliam 还发现，随着班级规模的增大，驱逐的可能性增加。

2000 年，基于对一所小学 3 年的参与观察研究，Ferguson 出版了《坏男孩：塑造黑人男子气概的公立学校》。[15]作者聚焦于非裔美国男孩的情况，并列出了教师和学生之间的日常互动，以理解为什么非裔美国男孩陷入麻烦并被勒令休学的比例过高。关于驱逐问题，2006 年在 100 个随机选择的从幼儿园到学前班的班级中，一项对其课堂的教学和情感氛围的研究记载道，非裔美国男孩被侮辱为"坏男孩"和"麻烦制造者"，他们被安排孤零零地坐到老师的课桌旁，而其他的孩子们则坐在小组桌旁，同时非裔美国男孩还经常受到其他孩子的回避。[16]该研究发现,其他孩子都知道谁被贴上坏男孩的标签,一旦贴上坏男孩的标签,在学校上述侮辱将始终伴随着这个男孩。[17]正如一名研究员所说:"我一再地看到这种现象。不光是说它只会发生在男孩身上,应该说它只会发生在黑人男孩身上。"[18]

一旦一个孩子被贴上麻烦制造者的标签,这个标签就会给每一位老师都留下不好的印象,同时脱离学校的过程也就开始了。怎么会有孩子想待在一个他感到羞耻、被孤立、不受人喜欢的地方呢?将一个男孩从幼儿园驱赶出去,或者从他进入学校时污蔑他"坏",这是造成成绩差距的开始,接着导致较高的辍学率,从而限制了太多孩子的潜能,使社会丧失了大批人才。像非裔美国男孩一样,拉丁裔男孩在这方面也特别面临风险:虽然全国平均高中毕业率为70％,但在非裔美国人、拉丁裔美国人和美洲土著人中这一比例下降到50％,只有大约48％的拉丁裔男孩按时毕业。[19]此外,虽然拉丁裔儿童只占美国学龄儿童的19％,但他们的高中辍学率占到了40％。[20]这一辍学率已达到危机比例:学校未能满足美国成长最快的种族群体的需要。[21]

268

转学到特殊教育

虽然特殊教育对一些孩子是有益的,但教师处理"问题"男孩的方法之一是将他们转学到特殊教育。[22]统计数据显示:男孩占特殊教育人口的三分之二,确诊患有注意力缺陷多动障碍的可能性是女孩的2.5倍[23],转介给心理咨询教师的可能性是女孩的4倍[24],在确诊患有情绪障碍或自闭症的儿童中占到80％。[25]这些男孩中大多数为非裔美国人。2000—2001年,非裔美国男孩占全国公立学校入学人数的8.6％,但在这些男孩中,被归类为精神发育迟缓的人占了20％,被归类为心理失常的人占了21％,被驱逐出校的人占了22％,休学的人占了23％。[26]

早年促进公平的策略

早期干预

大量证据表明,早期儿童计划可以产生长期的积极影响,包括更佳的教育和社会结果,特别是对来自风险群体的男孩而言。[27,28]芝加哥儿童—家长中心项目包括989名公立学校中的低收入儿童,对其15年的随访研究发现,参与学前干预的儿童的学业完成率更高,为 49.7％比 38.5％。[29]

发展社会情感能力

社会情感能力是早期儿童教育的核心。根据学术、社会和情感学习协作组织(CASEL,Collaborative for Academic,Social,and Emotional Learning)的定义,社会情感能力有五个关键组成部分。它们包括在愤怒时使自己冷静下来、建立友谊、以尊重他人的方式解决冲突、做出道德和安全的选择以及积极为社区做出贡献。[30]研究人员认为,社会情感技能,如自我意识、自律、坚持和移情,与通过智商和成绩测试衡量的认知技能一样重要。[31]学术、社会和情感学习协作组织进行的 200 项研究的数据分析表明,参加专注于社会情感发展项目的儿童在学业上表现更好,出勤率更高,在学校更安全。[32]

最近的研究显示,那些给予高水平情感和教学支持的 K—5 年级(从幼儿园到五年级)教师能缩小处于风险中的儿童的成绩差距。[33]事实上,一项纵向研究表明,在一到六年级接受干预策略,从而帮助自身社会发展的学生中,暴力和饮酒的比例已经降低,完成高中学业的可能性更大,到 24 和 27 岁,他们的社会经济地位和教育在中等水平以上,并且精神健康和性健康问题更少。[34]种种差异开始出现于青少年时期,而在许多情况下,这是一个特别紧张的时期。

其他研究表明,课堂上的亲社会行为与标准化测试中的积极的智力结果和成绩相关。[35]包括皮埃蒙特健康服务通道、第二步、尊重的步骤和关爱学校社区等几个项目的严格实验研究显示,攻击和破坏行为减少,反社会行为减少,社会能力行为增加,以及欺凌减少。[36]此外,加拿大魁北克的一项关于辍学预防的研究调查了超过13 000名学生,发现注重社会情感学习环境可以提高成绩,并减少辍学。[37]

关于社会情感技能培养的实施有许多指南。在美国幼儿教育协会的《早期儿童计划适当发展实践》第三版中,编者 Copple 和 Bredekamp 为 0 至 8 岁儿童在当前教育状况下培养社会情感技能提供了一个高质量教育原则的基本指南。[38]他们的主要焦点是一个综合有效的课程,根据每个孩子不同的相互关系和想法顺序促进认知、社会、情感和物理学习。Copple 和 Bredekamp 也专注于儿童主导和教师主导的经验,包括游戏和计划的课程。[39]在《我,你,我们:幼儿园中的社会情感学习》中,Epstein 提出了一个非常实用的方法来解决整个社会情感学习的问题,包括学校、家庭和更广社区中的自我认同、移情、能力和团体意识。[40]

高瞻研究基金会建议通过以下课堂实践来促进幼儿园中的社会情感发展：安排和提供进行社会性游戏的教室、实施可预测的时间表和日常活动、规划过渡期以及为社会戏剧游戏创造机会。为了增进特定的社会情感知识和技能，他们推荐模仿行为，教导孩子将行为分解成有一定顺序的步骤，并提供实践的机会。[41]

从幼儿园开始的指导是帮助儿童发展社会情感技能的另一个策略，使他们有一个更加成功的学校经历。种种策略包括重新考虑教室的物理设置和学习环境，同时注意儿童的需求（例如，改造教室从而增加室内/户外大马达和全身经历、感觉和实验经历、构建和建造经历以及新颖的戏剧性经历），以及重新思考识字选择。这种非惩罚性的方法引导教师让课堂更有利于主动学习。指导包括从儿童发展的角度理解儿童、教授非暴力解决问题的技能以及帮助儿童学习如何充分表达情绪。[42]幼儿园里设立指导顾问将有助于减轻本章前面讨论的驱逐和侮辱问题。

270

加强关系教学

当幼儿园、学前班和小学儿童与他们的教师有着温暖、关怀的关系时，这些关系促进发展和学习。[43]"可信赖的教与学关系"的四个主要特征是：教师与其学生相联系的能力、教师对培养学生自己想法的真正兴趣、教师和学生的协作学习以及充满信任的环境。[44]

关系教学包括花时间了解每个孩子的强项和弱点，以及调整课程和学习情境以满足他或她的需求。关系教学包括与孩子一对一地交谈，从而发现他或她的兴趣，并围绕他们塑造学习活动。关系教学还意味着了解一个儿童的家庭环境和可能影响其学校日的压力情形。Raider-Roth 把关系教学描述为"了解他们的旅程"。她带领一个"教授男孩研究小组"，通过一系列描述性和关联性过程来帮助教师检查他们与他们正在教学的男孩的关系，以及这些关系如何塑造男孩学习的方式。[45]

在幼儿园阶段，与成人和同龄人的关系是儿童学习的核心。最近，研究人员研究了教室的相关生活如何塑造社会情感发展和学习，特别是对男孩而言。在 2000 年，Chu 从小男孩的角度研究了关系的中心地位。在她对男孩的人种学研究中，她调查了男孩的性别社会化经历，并探讨男孩如何根据男性气质的文化建构议定他们对自我、行为和关系的感觉。她的结论是，男孩学会预测他人如何回应他们，从而改变他们相关的自我表达和风格。[46]在 Raider-Roth 进行的为期一年的研究中，一组从幼儿园到高中的教师每月见面一次，通过"描述性回顾"过程描述他们班上的个别孩子，"描述性回顾"过程是指教师使用描述性而非评价性语言对某事深入讨论研究。在这种特殊情况下，研究重点是教师与儿童的关系，以及性别观念如何塑造这些关系。在研究结束时，教师们汇报说他们从整体上转变了与所观察的学生的关系；他们对男孩的理解已经发生了改变。[47]

早期儿童课程中恢复玩耍

早期儿童教育者们一致认为，在早期儿童教室中恢复玩耍是一项对所有儿童都有益的策略。儿童联盟、美国幼儿教育协会和著名的儿童心理学家一直倡导在幼儿园、学前班，甚至小学早期阶段恢复更多玩耍、更少学术的情境。[48—50] 在《玩耍的重要性》中，Bedrova 和 Leong 借鉴了皮亚杰(Piaget)和维果茨基(Vygotsky)两位幼儿心理学家的著作——皮亚杰和维果茨基的研究明确了儿童玩耍和认知之间的联系，Bedrova 和 Leong 的研究显示，"成熟"的游戏由老师指导去帮助孩子计划、分配角色并为他们的场景选择道具，其结果是，与玩耍只占最小限度、专注于学术的课堂相比，识字能力和概念、社会技能、身体和认知行为调节等都进步更大。[51] 此外，教育心理学家 Pellegrini 发现，"休息时成功的同伴互动是标准化测试成功的良好预测因子"。[52]

培养早期读写能力

每天给儿童讲吸引人的故事会促进他们读写能力的提高。著名的早期儿童教育家 Paley 认为儿童故事对语言发展很重要。她鼓励 2 岁的孩子使用他们有限的词汇来讲故事，到了 5 岁时，在她的课堂上，女孩和男孩编造丰富的故事和充满多个角色的戏剧。[53] 此外，早期儿童教育者也受到敦促，要抛弃现在许多环境中作为标准的直接指导和脚本识字课程，并且重新关注儿童参与社会戏剧游戏和讲故事的自然和自发的能力，把游戏和讲故事作为识字的基础。[54]

许多针对小学和中学男孩的策略已经证明在提高读写能力方面是成功的。正如 Daniel Casciato 所描述的，这些策略包括在图书馆中开展由男性带领的阅读小组[55]；在理发店等待时，大人读书给男孩听[56]；以及让男孩参与制作视频和音乐的多媒体项目[57]。在苏格兰克拉克曼南郡开展的一项为期 7 年、包括 300 名儿童的纵向研究比较了整体语言教学法、整体语言教学法和看字读音教学法的混合法以及纯粹的看字读音教学法。[58] 该研究报告称，合成读音法是高度有效的，在阅读上为所有儿童，特别是男孩带来极大的收益。

改变课堂实践

2000 年,教育发展学会的教育公平中心(现为家庭健康国际组织的教育公平中心)启动了一项倡议,即"培育和教育健康男孩项目"。作为第一步,该项目组织了九个焦点小组,其中包括城市和郊区的从幼儿园到三年级的教师和家长,从而了解男孩的经历、男孩的感受,以及为改变探索策略。很明显,虽然父母和教师清楚男孩在学校进展不顺,但是并没有就改变达成一致的策略。2004 年,作为研究的结果,该项目发表了一份报告,这份报告反映了一个共识,即男孩教育中的危机日益严重,而且儿童早期是男孩的高风险时期,也是进行干预的适宜时机。[59]

2010 年,《支持男孩的学习:从幼儿园到三年级的教师实践策略》作为项目的直接成果出版,用于应对男孩在儿童早期的需求。该书建议的策略包括纳入有意反对普遍陈规的课堂实践、将关系教学纳入规定课程、找到男孩感兴趣的书籍、通过游戏使他们得到语言发展、将体育活动纳入规定课程中、观察和记录男孩的行为以确定和满足他们的需求、通过基于男孩兴趣的小组项目提高参与度。[60]

促进早期之后的公平战略

开始于儿童早期的成绩差距往往会影响后来学校生活中的成绩。本节探讨应对中等和高等教育中出现的教育性别差距的策略。

"缅因州男孩网络"是一个全州性的积极分子和教育者团体,致力于促进所有男孩的学校成功。它在缅因州 16 个县中的 14 个县组织了 72 个焦点小组,其中包括小学、初中和高中以及一些大学的 541 名男孩和年轻人,听取所有年龄段和社会经济阶层的男孩对学校的看法。[61]这项研究是全州了解所有教育水平上男女成绩的性别差距的部分工作,它显示高中毕业率的下降幅度男孩比女孩大,大学就读率的性别差距达 10%。焦点小组由缅因州男孩网络的成员主持,在某些情况下,由修读关于男孩发展的课程的男女大学生主持。关于男孩对学校的印象问到了十个问题。例如:你觉得为什么有些学生不在乎学校? 学校对于男孩和对于女孩而言有什么不同? 学校里有成年人理解你吗? 你认为什么使得教师富有成效?

研究表明,男孩感觉受到教师的严格监督,他们轻微的违规行为便会遭受惩罚,男

272

女教师都被认为偏爱女孩，同时一些男孩在被逼迫继续高等教育和从事他们父亲所做的体力劳动之间想法不一。他们根据从缅因州的男孩和年轻男子的想法中所了解到的提出以下建议：确保每个学生至少有一名十分了解他或她的老师、将适当和恭敬的行为作为模范、表达对于男孩而言很重要的事情的兴趣、在学校日内提供更多的选择、创造就男孩感兴趣的话题进行公开对话的机会，并培育学校范围的信任、接受和支持的文化。

273

在《成年靠摸索》中，Kleinfeld 根据对 99 名男女高中毕业班学生的访谈，讨论了高等教育招生中的性别差距。她提出了几种策略来增加上大学的男青年的数量，包括向男孩提供关于不断变化的就业市场的信息——这是因为许多来自工人阶级家庭的男孩仍然认为他们有了高中文凭就可以找到高薪工作，以及开拓男孩们的思维，让他们对紧急医疗服务、司法和执法中的令人兴奋的新职业有所了解。她还建议将高中课程与大学提供的课程相结合，以吸引年轻人接受高等教育。最后，她建议通过允许进行更多的运动和体育活动使课堂更加有助于男孩的发展。[62]

肖特基金会一方面报告了令人不安的离校统计数据以及令人震惊的年轻非裔美国男性的辍学率，另一方面也认定并重点介绍了优秀的高中，这些高中成功地营造了一个挑战性的环境，促使非裔美国男性的毕业率升高。这些学校的成功策略包括高度可见的艺术计划、设备完善的图书馆和实验室、音乐课程、对所有学生的高期望、强大的课程和对个人责任的期望。[63]亚利桑那州立大学的 Soza 在为拉美裔男孩解决同样的问题上，提出了改变全国现状的最佳实践，包括学校内的小型学习社区、包含了拉美裔历史文化经验的文化相关课程、学业/个人指导、专注于公立学校和特许学校/非传统学校间合作的可管理的学校改革，以及社区学校支持合作社。[64]佛罗里达州立大学的 Rodriguez 建议倾听"探究中心的学生的观点、经历和声音"，并创造将传统课程和流行文化结合在一起的创造性教学法。[65]

全国性和全州性的计划

到目前为止，本章已经回顾了学校系统如何与性别成绩差距作斗争，以及它们如何制定各种策略来纠正这种情况。在一些全球性的实例中，最高级别的政府已采取行动。政策已在州一级制定，并在澳大利亚、英国、新西兰和伯利兹的学区实施。这些政策处理教师的专业发展、课程、指导和咨询以及父母的影响等问题,并进行了几年的干预。下一代教育工作者可以从书籍、光盘和网络中查看这些行动的研究和成果。

例如,1997 年澳大利亚政府发起"男孩的成功"项目[66],5 年多来拨款 2 700 万美元,用来支持全国 550 多所学校制定有效的教学实践和策略,以促进男孩在学校取得成功。联邦政府扮演州和地方社区的催化剂,通过额外资金支持该计划。该计划的指导原则包括收集数据、由个人和团队负责实施灵活的全校性方法、确保所有学生都能接受良好的教学、明确和提供男孩所需要的支持、迎合男孩的不同学习风格、认识到性别很重要并挑战定型观念、发展积极的关系、树立积极的男性榜样、专注于扫盲以及利用信息和通信技术,将其作为宝贵的学习工具。[67]

英国的"提高男孩的成绩项目"[68]是一项为期 4 年的研究(2000—2004 年),聚焦于男孩和女孩在教育关键阶段的明显学业成绩差异。这项由国家教育和技能部进行的研究专注于小学扫盲和针对阅读、写作、口语和听力的干预策略。与澳大利亚一样,英国的研究采用了全校系统方法,在某些情况下,单一性别课程提高了男孩和女孩的学习成绩。干预策略分为以下几个方面:基于课堂且以教和学为中心的教学方法;个别方法,包括目标制定和指导;全校一级的有组织的学习;以及社会文化学习环境,男孩和女孩在这个环境中感到能够顺着而不是有悖于学校的目标和愿望发展。"提高男孩的成绩项目"还提到"男性气概"和"女性气质",这两个词为英国性别模式化的态度和行为的术语。

在美国,在基层和州一级都付出了努力。RULER 方法是一个全面的、学校范围内基于证据的计划,目的是培养小学生社会情感读写能力。RULER 是英文单词 Recognizing(识别)、Understanding(理解)、Labeling(标记)、Expressing(表达)和 Regulating(调节)情感的首字母缩写。利益相关者包括学生、教师、特殊服务提供者、支持人员、学校领导和亲属。RULER 方法由耶鲁大学的研究人员开发,它使社会情感学习成为学校成功的核心。[69]

阿拉斯加州全州范围内的实践为缅因州所效仿。"男孩的项目"[70]以阿拉斯加大学为基地,它阐明了五个将男孩与学校相联系的策略。该项目力图教育教师,使他们了解关于发展和学习方面的性别差异问题;让发育迟缓的男孩晚点开始上学;创建"焦点学校",提供培育性的个性化教育;将男孩以小组的形式与关心他们的成人联系在一起;并尊重男孩。

"毕业真正实现梦想项目"[71]是另一个全面的活动,它努力缩小低收入少数民族学生的成绩差距，同时将重点放在男性身上。"毕业真正实现梦想项目"分布于几个州，包括新泽西州、俄亥俄州、田纳西州、乔治亚州和得克萨斯州。"毕业真正实现梦想项目"要求所有教师投票表决是否接受该计划，并训练他们教授阅读、数学和课堂管理的特别方法，以用于从幼儿园开始的所有年级。"毕业真正实现梦想项目"聚焦于基本技能，将其作为艺术、人文、社会科学、科学和技术方面的高学术水平的基础。[72] MDRC（人力示范研究公司）对"毕业真正实现梦想项目"的评估发现，最高附加值是在成绩低以及贫困程度高和少数民族学生多的地区。[73]

275

推荐行动

本章讨论了男孩，特别是非裔美国人和拉丁裔男孩，在学校和社会中进展不如女孩好。研究表明，他们通常从幼儿期开始脱离学校，到了小学、初中、高中和大学，这一情况更是不断恶化。虽然美国在解决诸如高中辍学率和高等教育入学率下降等问题上付出了卓越的努力，但我们认为，这些努力必须从儿童早期开始，并且必须具有系统性。以下是推荐的行动：

早期儿童教育

- 重新专注于社会情感技能发展和一个以游戏为中心的学习环境，这一环境包括充足的机会来进行有利于建立关系的积极的学习。研究清楚地表明，这种方法对所有年幼的儿童最有利，并且可以特别有效地减少男孩所面临的负面教育结果。
- 提供指导。早期儿童教师需要获得专业人士的指导，他们可以帮助制定策略，以满足每个孩子的需要。这一过程将减轻儿童从幼儿园中被驱逐出去和有行为问题的男孩受到侮辱的状况。

教师教育机构

- 要求教师教育机构的课程布置关于性别问题的作业，以更好地了解男孩和女孩的需求。目前，性别问题的作业是听凭教师个人安排的。
- 提供满足男孩和女孩每个层面需求的教科书。

● 要求将关注性别问题的在职教育课程作为课堂教师专业发展的一部分。

消除识字的差距
● 在全国范围内将对男孩的识字发展研究转化为实践。

● 要求教师教育机构纳入关于以下内容的研究：男孩和女孩究竟喜欢何种读物，如何使用混合媒体吸引所有儿童，以及树立男性榜样的重要性，这些男性榜样将阅读作为一种乐趣，让儿童并从中获取信息。除了读音法、整体语言法、识字和识字教学的所有其他方面，教师教育机构和在职课程的提供者需要培养通过给每个年级的儿童读故事，传达对阅读的热爱之情的教师。

按比例增加
● 使用缅因州男孩网络作为全州举措的一个模式，解决男孩的教育需求，同时投入可用资金（州和/或联邦）用于开展活动。
● 举行关于男孩的白宫会议，强调国家行动的需要。
● 利用联邦注资创建国家男孩工作组。

教育政策
● 将高风险测试活动替换为评估系统，以各种方式评估进展，从而了解学生的表现。教师的观察和学生的作业集应与测试相结合，以规划出一个考虑到每个孩子的才能、特殊兴趣和学习风格的整体构想。

结论

年轻男孩很少能经历成功，这是一个性别平等问题，它需要有意的关注和协调一致的努力，这一点在过去几十年处理女孩教育的性别问题上进展相当不错。例如，在20世纪70年代初，研究人员、政策制定者、教师和家长开始质疑为什么女孩一般在科学和数学领域似乎没有兴趣或不擅长，并且不参与剧烈的身体活动或体育运动。他们得出的结论是，这不是因为女孩不能胜任所有的这些领域，而是因为社会化的常规、教师和父母的期望以及媒体信息的传播，女孩们认为这些领域"不适合她们"。当各级教育者意识到女孩在课程的很多领域中没有挖掘自己的潜力时，他们制定并实施了干预策略，包括无偏见的课程；包含男性和女性的中性术语；角色模范的树立和导师的提供；专业发展研讨会和关于如何避免性别角色成见的在职课程；主张性别包容性和对妇女、女孩看法更正面的媒体宣传活动；以及立法，例如美国《教育法修正案》第九条，禁止教育中的性别偏见。女孩现在高中成绩平均绩点更高，更广泛地作为学校告别演说者代表，并且上大学和大学毕业的人数比男孩多。[74]虽然还有许多工作等待去做，但是由于对女孩给予了关注，她们有了种种变化。

本章的重点是当前早期学习环境对男孩的教育经历和结果的负面影响。正如对女孩一样，对男孩也必须多加留意。研究表明，从学前教育一直到高等教育，男孩在学校进展不顺。随着学年的推移，识字和写作的滞后越来越大，大学学业也就难以进行；缺乏成功之后接着是脱离学校，而这导致太多男孩辍学，特别是美国非洲裔和拉美裔男孩。随着世界从工业化转向信息化经济，辍学所导致的结果是失业、就业不足或从事最低工资的工作。

在美国，基层所付出的诸多努力令人敬佩，但行动较为分散；州级和区级的努力十分卓越，但行动数量太少。宣传和多年的工作促使一些联邦立法的确立，如美国《教育法修正案》第九条和《妇女教育公平法》，这些法案为女孩开辟了新的机会途径。在国家一级需要宣传政策和按比例增加计划，以解决男孩在学校的幸福和成功问题。

致谢

作者对研究助理 Leslie Suss 表示感谢，Leslie Suss 洞察力敏锐、研究技能出色，对本章的写作起到了不可估量的作用。

注释

1. Smith, E. (2010). Underachievement, failing youth and moral panics. *Evaluation & Research in Education, 23*(1),37.

2. Watson, A., Kehler, M., & Martino, W. (2010). 'The problem of boys' literacy underachievement: Raising some questions. *Journal of Adolescent and Adult Literacy, 53* (5),356.

3. U. S. Department of Education. (2004). *Trends in educational equity of girls and women.*

Washington, DC: U. S. Department of Education — Institute of Education Sciences NCES.

4. Lai, F. (2010). Are boys left behind? The evolution of the gender achievement gap in Beijing's middle schools. *Economics of Education Review, 29*(3),383.

5. Edström, C. (2009). Preschool as an arena of gender policies: The examples of Sweden and Scotland. *European Education Research Journal, 8*(4),534.

6. Smith. (2010). Underachievement, failing youth and moral panics.

7. Ibid.

8. Miller, E. , & Almon, J. (2009). *Crisis in the kindergarten: Why children need to play in school.* College Park, MD: Alliance for Childhood.

9. Hamre, B. , & Pianta, R. C. (2007). Learning opportunities in preschool & early elementary classrooms. In R. C. Pianta, M. J. Cox, & K. S. Snow (Eds.), *School readiness and the transition to kindergarten in the era of accountability.* Baltimore: Paul H. Brookes Publishing.

10. Miller & Almon. (2009). *Crisis in the kindergarten.*

11. Ibid. , p. 11.

12. Wenner, M. (2009). The serious need for play. *Scientific American Mind, 20*(1),22.

13. Marcon, R. A. (2002). Moving up the grades: Relationship between preschool model and later school success. *Early Childhood Research and Practice, 4*(1),1.

14. Gilliam, W. S. (2005). *Prekindergarteners left behind: Expulsion rates in state prekindergarten programs.* Policy Brief, Series no. 3. New York: Foundation for Child Development.

15. Ferguson, A. A. (2000). *Bad boys: Public school in the making of black masculinity.* Ann Arbor, MI: University of Michigan Press.

16. Barbarin, O. , & Crawford, G. M. (2006). Acknowledging and reducing stigmatization of African American boys. *Young Children, 61*(6),79.

17. Ibid.

18. Ibid. , p. 80.

19. Bridgeland et al. (2006) and Levin (2009), as reported in Hudock, M. (2009). Review of *Latino dropouts in rural America: Realities and possibilities,* by C. Hondo, M. E. Gardiner, & Y. Sapien. *Journal of Education Students Placed At Risk (JESPAR), 14* (3),275.

20. Ibid.

21. Soza, R. A. (2007). *Pathways to prevention: The Latino male dropout crisis.* Phoenix: Arizona State University's Center for Community Development and Civil Rights.

22. Haggerty, J. J. (2009). Gender disparity: Boys v. girls in special education. Unpublished paper. Retrieved August 10,2010, http: //works. bepress. com/jennifer_haggerty/1.

23. Conference on Minorities in Special Education, Harvard Civil Rights Project, March 2001.

24. U. S. Department of Education. (2003). *25th Annual report to congress.* Washington, DC: U. S. Department of Education. Office of Special Education Programs.

25. Kindlon, D. & Thompson, M. (1999). *Raising Cain: Protecting the emotional life of*

278

boys. New York: Ballantine Books.

26. Smith, R. A. (2002). Black boys: The litmus test for "No Child Left Behind". *Education Week, 22*(9),40.

27. Reynolds, A. J. , Temple, J. A. , Robertson, D. L. , & Mann, E. A. (2001). Long-term effects of an early childhood on educational achievement and juvenile arrest: A 15-year follow-up of low-income children in public schools. *Journal of the American Medical Association, 285*(18),2339.

28. Barnett, W. S. (1995). Long-term effects of early childhood programs on cognitive and school outcomes. The Future of Children, 5(3), 25 – 50; Campbell, F. A. , Helms, R. , Sparling, J. J. , & Ramey, C. T. (1998). Early childhood programs and success in school. In S. Barnett & S. Boocock (Eds.), *Early childhood care and education for Children in Poverty*. Albany, NY: State University of New York Press; Reynolds, A. J. , Temple, J. A. , Robertson, D. L. , & Mann, E. A. (2001). Long-term effects of an early childhood intervention on educational achievement and juvenile arrest: A 15-year follow-up of low-income children in public schools, *Journal of American Medical Association 285*, 2339 – 2346, as reported in Ou, S. R. (2005). Pathways of long-term effects of an early intervention program on educational attainment: Findings from the Chicago longitudinal study. *Applied Developmental Psychology, 26*,578.

29. Ibid.

30. Collaborative for Academic, Social, and Emotional Learning (CASEL). (2007). *Background on social and emotional learning*. CASEL briefs. Chicago: CASEL.

31. Goleman, D. (1995). *Emotional intelligence: Why it can happen*. New York: Bantam Books.

32. Payton, J. , et al. (2008). *The positive impact of social and emotional learning for kindergarten to eighth-grade students*. Chicago: CASEL. Retrieved February 17, 2010, http://www.casel.org/pub/reports.php.

33. Pianta, Cox, & Snow. (2007). *School readiness and the transition to kindergarten*.

34. Hawkins, J. D. , Kosterman, R. , Catalano, R. F. , Hill, K. G. , & Abbott, R. D. (2005). Promoting positive adult functioning through social development intervention in childhood. *American Medical Association, Archives of Pediatrics & Adolescent Medicine, 159*(1).

35. Zins, J. E. , Bloodworth, M. R. , Weissberg, R. P. , & Walberg, H. J. (2007). The scientific base linking social and emotional learning to school success. *Journal of Educational and Psychological Consultation, 17*(2),191.

36. Osher, D. , Bear, G. G. , Sprague, J. R. , & Doyle, W. (2010). How can we improve school discipline? *Educational Researcher, 39*(1),48.

37. Archambault, I. , Janosz, M. , Morizot, J. , & Pagani, L. (2009). Adolescent behavioral, affective, and cognitive engagement in school: Relationship to dropout. *Journal of School Health, 79*(9),408.

38. Copple, C. , & Bredekamp, S. (Eds.). (2009). *Developmentally appropriate practice in early childhood programs: Serving children from birth through age 8*. Washington, DC:

National Association for the Education of Young Children.

39. Ibid.

40. Epstein, A. S. (2009). *Me, you, us: Social-emotional learning in preschool*. Ypsilanti, MI: HighScope Press.

41. Ibid.

42. Gartrell, D. (2004). *The power of guidance: Teaching social-emotional skills in early childhood classrooms*. Clifton Park, NY: Thompson Delmar Learning.

43. Pianta, Cox, & Snow. (2007). *School readiness and the transition to kindergarten*.

44. Raider-Roth, M. B. (2005). *Trusting what you know: The high stakes of classroom relationships*. San Francisco: Jossey-Boss.

45. Raider-Roth, M. (2003, April). *Knowing their journey: Understanding the complexities of teaching boys: A documentary account*. Presentation at American Educational Research Association annual conference, Chicago, IL.

46. Chu, J. Y. (2000). *Learning what boys know: An observational and interview study with six four-year-old boys*. Unpublished doctoral dissertation, Harvard University, Cambridge, Massachusetts.

47. Raider-Roth. (2005). *Trusting what you know*.

48. Miller & Almon. (2009). *Crisis in the kindergarten*.

49. Copple & Bredekamp. (2009). *Developmentally appropriate practice in early childhood programs*.

50. Elkind, D. (2006). *The power of play: How spontaneous, imaginative activities lead to happier, healthier children*. Cambridge, MA: DeCapo Press.

51. Bedrova, E., & Leong, D. J. (2003). The importance of being playful. *Educational Leadership, 60*(7), 50.

52. Tyre, P. (2008). *The trouble with boys: A surprising report card on our sons, their problems at schools, and what parents and educators must do* (p. 105). New York: Crown Publishers.

53. Paley, V. G. (1997). *The girl with the brown crayon: How children use stories to shape their lives*. Cambridge, MA: Harvard University Press.

54. Genishi, C., & Dyson, A. H. (2009). *Children, language and literacy: Diverse learners in diverse times*. New York: Teachers College Press.

55. Casciato, D. (2005, October 27). Group aims to make reading a guy thing. *Pittsburgh Tribune-Review*. Retrieved December 21, 2010, http://www. pittsburghlive. com/x/ pittsburghtrib/s_387390. html.

56. Brinson, S. A. (2007). Boys booked on barbershops: A cutting-edge literacy program. *Young Children, 62*, 42 – 48.

57. Hull, G. A., Kenney, N. L., Marple, S., & Forman-Schneider, A. (2006). Many versions of masculine: An exploration of boys' identity formation through digital storytelling in an afterschool program. *Afterschool Matters, 6*(Occasional Paper Series).

58. Ellis, S. (2007). Policy and research: Lessons from the Clackmannanshire synthetic

phonics initiative. *Journal of Early Childhood Literacy,* 7(3),281.

59. Froschl, M. , & Sprung, B. (2005). *Raising and educating healthy boys : A report on the growing crisis in boys' education.* New York: Educational Equity Center at AED.

60. Sprung, B. , Froschl, M. & Gropper, N. (2010). *Supporting boys' learning : Strategies for teacher practice, pre-K-grade 3.* New York: Teachers College Press.

61. Maine Boys Network. (2008). *The gender divide in academic engagement — Perspectives from Maine boys and young men.* A Maine Boys Network report. Portland: Maine Boys Network.

62. Kleinfeld, J. (2009). No map to manhood: Male and female mindsets behind the college gender gap. *Gender Issues, 26,*171.

63. Holzman, M. (2006). *The 2006 state report card, public education & black male students.* Boston: Schott Foundation for Public Education.

64. Ibid.

65. Rodriguez, L. E. (2008). Latino school dropout and popular culture: Envisioning solutions to a pervasive problem. *Journal of Latino's and Education,* 7(3),262.

66. Australian Government Department of Education. *Employment and workplace relations.* Retrieved August 10, 2010, http://www. deewr. gov. au/Schooling/BoysEducation/Pages/success_for_boys. aspx.

67. A planning guide and four modules are now available online at http://catalogue. nla. gov. au/Record/3772868.

68. Cambridge University Faculty of Education. *Raising boys achievement.* Retrieved August 10,2010, http://www-rba. educ. cam. ac. uk.

69. Emotionally Literate Schools. *The RULER approach to social and emotional learning.* Retrieved August 23, 2010, www. therulerapproach. org.

70. The Boys Project. *The boys project home.* Retrieved from www. boysproject. net, 2010.

71. Project GRAD USA. *Our model.* Retrieved August 17,2010, http://www. projectgrad. org/site/pp. asp? c = fuLTJeMUKrH&b = 365977, 2010.

72. Ibid.

73. Snipes, J. C. , Holton, G. I. , & Doolittle, F. (2006). *Charting a path to graduation : The effect of project GRAD on elementary school student outcomes in four urban school districts.* New York: MDRC.

74. Sadowski, M. (2010). Putting the "boy crisis" in context. *Harvard Education Letter, 26* (4).

13

早期儿童教育中的土著儿童教育公平

Jessica Ball

在全球范围内，土著和少数民族居民以及移民子女相比自己国家的普通儿童，不太可能参与早期儿童保育和教育。尽管人们越来越认识到早期儿童保育和教育对所有儿童的好处，以及其对处境不利的儿童产生的平等影响，这些差异仍然存在。[1,2]本章探讨了对土著儿童实行的早期举措如何能够增加早期学习的机会，培养身份认同和归属感，同时使正式就读的准备事宜平等化。本章给出了主要行动者能够更加系统地开展工作的方法建议，确保土著儿童平等获得优质的早期儿童保育和教育，并且让土著父母和社区代表参与有关早期儿童保育和教育目标以及实现这些目标首选途径的决策。

全世界估计有 3.7 亿土著人。[3]土著居民由于出生率高，预期寿命相对较短，往往年轻人较多。土著儿童可能是当今世界上受社会排斥最多的人口，他们的生活质量导致健康、发展和早期学习往往处于非最理想的条件之下。除了诸如历史创伤和持续的殖民入侵等条件经常突然迫使他们离开故乡外，许多土著儿童遭遇了受教育最重要的风险因素，即：少数群体地位、贫困、处于农村地区、少数民族语言以及有残疾或由残疾父母抚养。[4]

虽然几乎没有关于土著儿童参与学校教育和学前教育的具体资料，但土著儿童所面临的不平等机会得到广泛承认。联合国土著人民权利专家机制主席兼报告员 John Henriksen 曾说："对大多数土著人民而言，充分享受国际人权法认可的受教育权与现实情况相差甚远。无法获得优质教育是造成社会边缘化、贫困和驱逐的一个主要因素。"[5]同样，联合国教科文组织报告称："土著社区经常被剥夺接受教育的机会……为了使土著儿童能够接触优质的教育，需要满足的主要需求在于适当和易于获得的学校教育机会、学校中充足的资源以及所提供教育的文化相关性。"[6]增加土著居民完成中学学业的人数，这是政府投资所能轻易实现的目标，但总体上会对一个国家产生影响深远的经济和社会效益。[7]

许多发展战略，例如千年发展目标和联合国教科文组织的全民教育倡议[8]，集中于扩大接受学校教育的机会，将其作为促进土著儿童和其他边缘化群体平等的优先事项。然而，在学校入学并不意味着学校准备就绪、保证出勤，或确保学习所需的积极参与。虽然土著青少年可以入读小学，但他们似乎旷课率较高，面临早期学习挑战、失败和过早离校的可能性更大。

因此,除了解决上学问题之外,还必须解决几个问题,以减少土著儿童中的教育不平等。首先,必须通过改革结构和发展基础设施来改善土著儿童的生活条件,减少贫困、粮食不安全、缺乏全天候交通方案和服务、受到种族歧视以及其他社会排斥等情况的发生。第二,许多土著儿童缺乏足够的营养和健康条件,他们出现的健康问题或发育迟缓无法得到及时的识别和干预。因此,许多土著儿童在一系列健康问题上的患病率更高,这些问题影响到学校出勤率、学校参与度和学习结果。例如,在加拿大,土著儿童的早期听力受损、胎儿酒精谱系障碍、早发性糖尿病、呼吸障碍和意外损伤的患病率明显较高。[9]第三,只有少数土著儿童能够接触任何早期儿童发展计划,他们的父母中很少有人在幼儿期得到语言发展刺激和获得学习动力。[10]第四,当土著儿童上学时,学校对其父母参与早期儿童教育期望往往很低,教学语言、教学方法和课程内容可能在语言和文化上不一致,难以引发儿童的兴趣。

在上述问题中,早期儿童保育和教育发挥着核心作用。优质的早期保育和教育计划在培育儿童为学校教育所需的社会调整和沟通技巧、提高学习兴趣并让儿童相信自己是有能力的学习者方面,已被证明是一个"强大的平衡器"。[11]将发展中的大脑、人类基因组以及幼儿经历对后来学习、行为和健康的影响的研究综合在一起,提供了一个强有力的论据,论证了有必要在正规教育之前,对儿童的成长和发展提供最佳条件的方案进行投资。[12]因此,除了增加上学机会,世界各地的政策制定者越来越认识到提高早期儿童保育和教育质量的重要性。

在早期经历中,儿童若能感觉为学校要求和学业成功做好了准备,这对于儿童树立高度自尊感、参与学校教育和与学校环境相融合甚为关键。相比之下,儿童无法应对学习挑战的经历与其较低的自尊感、较差的学业成绩和提早离校有关。[13]关于过渡到上学阶段的研究也表明,当在学校遇到同学、教师和学习课程内容时,感觉在社交上被接受和有归属感的儿童在学校中更具参与感。[14]然而,土著儿童上学时对教学语言了解甚少或根本没有理解,因此在自身参与到学校中以及家长参与支持他们成功过渡到上学阶段方面,他们面临着巨大的挑战。[15]

本章强调在基于文化、家庭参与的早期儿童保育和教育中针对性投资的潜力,以增加土著儿童对持续和成功的教育参与的准备度。本章对多项研究结果和前景较好的早期儿童保育和教育做法做了重点介绍。例如,加拿大政府对"土著开端计划"进行了长期投资,这被称为是一种灵活的、社区推动的、整体性的方法的成功示范,受到来自土著父母的高度需求,并得到他们的积极参与,由此似乎增加了土著儿童在第一学年的教育参与。需要加强土著社区设计、提供、评估和扩大优质早期儿童保育和教育的能力，这是为基于社区的早期儿童保育和教育创建基础设施的第一步。建议的步骤强调政府与土著组织之间的跨部门协调和合作伙伴关系，以使土著家庭和社区能够改善儿童健康、营养和发展的条件，并实行以文化为基础的早期学习和上学准备的方法。

促进土著儿童平等的倡议

早期儿童保育和发展计划的范围

支持儿童健康、发展和学习的倡议包括（但不限于）专注于母亲的产前营养和教育计划；帮助母亲、父亲和其他家庭照顾者刺激儿童认知发展的家庭访问计划；基于社区环境的早期学习计划；幼儿园和学前班计划与学校合并；以及全社区环境安全和家庭娱乐计划。在高收入国家获得的大量证据支持 3 岁及以上儿童的家庭外（通常称为基于中心的）早期儿童计划的潜在认知益处，前提是这些计划质量高并且与儿童语言和文化一致。[16]虽然很少有研究调查特别关注土著儿童，但种种研究表明，贫困，面临高压，和/或缺乏对婴幼儿安全、可靠的照顾的家庭最有可能从这些计划中受益。[17]在世界大多数地区，虽然在计划文献中描述了各种早期儿童保育和教育倡议，但很少有研究评估了计划在不同情形下满足各种需要的有效性。对以家庭为基础（即侧重于父母作为儿童的第一个老师）的计划的研究尤其缺乏，与对家庭外计划背景下的儿童的研究数量形成对照。

多层次的干预

虽然高收入国家对早期儿童发展的大多数投资都以中心为基础，但对早期儿童发展综合研究的结论是："儿童成长、生活和学习环境的抚育质量——父母、护理者、家庭和社区——将对他们的发展产生最重要的影响。"[18]将早期经历与神经生物学发展联系起来的研究表明，早年的环境条件确实"塑造"发育中的大脑。[19]贫穷，伴随着营养不良、高压和强烈的耻辱感等风险因素，对儿童早期发育有十分强烈的影响。大量的研究表明，早期儿童结果中高达 50％的差异与社会经济地位紧密相关。[20]因此，可以认为土著儿童的教育赤字反映了普遍贫困和社会排斥的累积影响。[21]

确保优质的早期儿童保育和教育经历——无论是以家庭或社区为基础——以及

所需的早期干预服务,可以大大增进抚育环境的整体经验。然而,早期环境还包括广泛的投入,从食品质量和安全,到决定出生登记以及获得服务和资源的交通便利性的政府政策,到影响例如种族主义、对残疾儿童的社会排斥等经历的宏观社会价值。这些处于任何层次的策略都可以影响婴幼儿学习环境的质量,以及他们的长期教育成就、生活质量、健康和预期寿命。[22]有一件事是非常清楚的:仅仅一两个这些层次上的干预——例如没有健康和营养或家庭收入供应的早期学习计划——不太可能为土著儿童在教育公平上带来显著的收益。[23]这一现实要求各国各部门领导人专注且持续地努力,合作创建多部门解决办法。

285

提供早期儿童保育和教育的文化性质

文化体现在儿童成长的方式和他们成长和发展的邻近生态系统中。[24]因此,早期儿童保育和教育的倡议将没有单一的方法可以适合所有的父母和孩子。虽然人们普遍认识到,早期儿童发展的目标和方法是建立在文化基础上的,但是对文化多样性的回应更多的是华丽的辞藻,而不是花时间考虑文化价值和儿童主要看护者的目标,以及将文化活动和地方语言偏好纳入早期学习。

关于文化一致性和社区发展的华丽辞藻与捐助机构和国家政府实际支持的计划之间存在矛盾,一个显而易见的例子便是将所谓的最佳做法从高收入国家移植到低收入国家。这种做法常常出现在著名方案的推广和实施中,以及早期儿童保育和教育培训、早期学习进展衡量和方案评价的标准化和同质化方面的稳步发展中,并且往往基于早期学习工具、玩具或技巧创始人的有说服力的方案推广。[25]人们常常可以听到一种观点:如果一个地方似乎没有本地开发的工具或程序存在,当可以采用或改编欧美工具或典范方案时,则没有必要白费力气做重复工作。然而,很少有同行评议的研究报告证实,在比较研究或从一个环境转移到另一个环境的标准化学校就绪度测量工具中做到了"最佳"。同样缺乏由当地社区制定并为当地社区服务、以证据为基础的典范方案,而这应为实施和评价当地推动的典范方案提供动力,而不是被视为真空,用进口的方案来填满它。

将欧美早期学习计划输出会使土著社区中断当地重要的文化知识和实践的传播,并逐渐削弱多种不同的声音、知识来源、生活方式和在当地条件下对抚养儿童的支持。[26]为什么这一点很重要?首先,这些资产构成了社区发展计划旨在保护和利用的资源,从而支持儿童的学习和发展。[27]以这些当地资产为基础的计划可能会吸引父母、祖父母和地方领导人的高度参与,并且最有可能适合当地条件并具有可持续性。[28]第二,进口标准和计划复制规定的欧美教养行为和儿童发展成果,经常侵蚀世界各地社会的文化、语言和社会异质性。[29]第三,当测量工具和计划作为最佳实践销售,以及诸如"儿童早期发展的科学"(似乎只比一家)这样的术语来证明这种扩散是正当的时候,土著社区首领和学者的努力便会被摧毁,无法确立关于重要课程内容和适当教学方法的本地观点的合法性。

普遍获得学习机会并不意味着模式也是普遍通用的,然而资助者常常在计划扩大项目规模时作此设想。同样,公平的机会并不意味着所有项目必须根据标准化模式向所有儿童提供相同的课程内容、教学语言和格式。[30]此外,普遍获得机会并不能保证普遍获得服务:一些家长会让他们的孩子参加计划,并确保他们的出勤,而其他家长则不会这样做。因此,普遍获得服务要求与家长积极合作,确定令他们感兴趣的项目和适合他们家庭的地点、时间、内容和要求。

本地决定的早期学习地点和目标

虽然一些国家和州正在鼓励公立学校向下扩展,以涵盖更多的学龄前儿童计划,但是在公立学校集中实施幼儿计划,对于许多土著儿童来说,不一定是最有希望改善获取途径的方法。政府管理的学校尚未证明它们能够掌握并有效地解决土著家庭受历史、社会和经济条件影响的需求和目标,并确保他们的文化安全和尊严。对于儿童和家长需要什么以及怎样来促进儿童的入学准备和在校成功问题,由公立学校学区实施的计划倾向于复制居于支配地位的文化对这一问题的理解。相应的强调使用北美创造的标准化工具来衡量入学准备情况已经引起一些土著人民的警觉,他们担心学龄前儿童用主导语言发展计算和沟通技巧的压力将会削弱整体学习目标,而这些目标为许多土著育儿法的核心。[31]这些育儿法通常包括土著语言习得、贯穿代际关系的教与学、对通常能培养功能性生活技能的家庭和社区活动的参与、对当地的认知和精神发展。[32]与基于学校的计划不同,基于社区且由社区推动的早期学习计划有可能具有双重功效,既能改善土著儿童健康、发展和学习的条件,同时也有助于提升土著人民自我决定以及维持或复兴他们的文化和语言的能力。

要实施具有文化意义、容易获得和大家认可的优质早期儿童保育和教育计划,其第一步是让土著家长参与审议前景较好的方法。在大多数国家,土著居民比其他居民的经济和政治权利更少,因此不太可能改变影响他们的政策和制度。他们可能更多地受到(非土著的)主导文化群体的利益的影响,并且通常被期望或要求适应主流社会。

在教育上,这通常意味着父母承受压力,为了迎合主导群体孩子的早期学习而放弃自己的家庭语言、[33]文化价值观和生活方式,接受主流的教育和学习方式,并放弃关于让孩子在上学之前掌握什么知识和技能的决策权。这种权利差别意味着,在公民组织、非政府组织和政策部门享有特权地位的人需要支持土著人民谋取自己在联合国《儿童权利公约》中规定的权利,以及设定并追求他们自己的目标和方法来促进儿童的早期教育。

富有意义的父母和社区的参与

让家长和其他照料者更积极地支持他们孩子的早期学习,并与语言和文化多样化的儿童合作——这两个领域在教育部门是滞后的。[34]让父母参与其中首先要做的是尊重他们、倾听他们、和他们沟通关于他们在孩子的早期教育和学校教育过渡中的核心角色,以及他们支持孩子早期学习的信念、目标、需求和想法,这是人们所普遍接受的。家长的参与必须是早期儿童保育和教育倡议以及更广泛的教育议程的一个受资助的方面。早期儿童保育和教育的从业者和决策者必须努力提高父母对于早期儿童保育和教育的重要性的认识,鼓励他们参与项目规划,并为家长参与创造灵活的机会,例如协助语言翻译或用当地歌曲、游戏和故事来提高课程效果。

研究一致表明,主要照料者的培育和教学风格对孩子的积极性和学习有着最强烈的影响。父母对孩子教育的兴趣和他们与孩子一起参与学习活动,从谈论学校经历、协助孩子完成作业,到参加文化和运动俱乐部等课后活动,这些都能够对儿童的学业成功和保留率产生巨大的积极影响。[35]项目还必须包括教育和多种活动,让父母们学会以文化上一致和可行的方式促进孩子的营养、健康、发展和早期学习。

在许多情况下,让家长和其他社区成员参与的方法在制作当地相关的资源材料和制定教学策略,以及调动父母的热情和支持方面已经取得了效果。例如,在加拿大,因纽特人长老和早期儿童保育和教育工作者一起合作,用当地语言(因纽克提库特语)撰写书籍,其中的插图由社区成员绘制,描画熟悉的物体及家庭和社区场景,同时书籍讲述那些社区想要传承给他们孩子的故事。[36]在吉尔吉斯斯坦偏僻的吉尔吉斯山区,一个名为"儿童阅读"的项目使父母得以让幼儿阅读用他们自己语言写成的插图书和故事。该项目与吉尔吉斯作家和插图画家合作,用当地语言创作书籍。[37]社区成员受到培训,担任父母—儿童阅读的促进者,同时他们为 3 至 10 岁儿童的父母举办了讲习班。在巴布亚新几内亚,国家政府已经以数百种地方语言实施基于家庭语言的多种语言早期教育,其方式部分是让社区参与到开发材料之中。[38]这些例子还阐明这些做法

288

需要考虑早期儿童保育和教育计划中使用的语言。

早期儿童保育和教育中的教学语言

大多数土著父母必须面对这样一个事实，即如果他们的孩子正式上学，他们面对的教学会是以非土著语言来进行的。对于许多土著儿童来说，这意味着在不熟悉的语言环境中开始上学。一些儿童会说主要语言的一种方言，在家中已经习惯了以特定的方式使用语言。因此，要当着全班的面发言时，他们似乎有抵触心理或几乎感到恐惧。[39]

在非母语环境下学习是一项双重挑战。人们必须学习该语言中包含的新语汇和新知识。此外，儿童可以感觉到不同语言受重视的程度不同。[40]当家庭和幼儿园或小学之间存在语言和文化的中断时，说土著和其他少数民族语言的儿童可能会认为他们的语言和文化不受重视——这种感觉降低了他们的自信心和自尊心，从而妨碍了他们的学习。[41]这些挑战使得土著儿童的出勤、学习任务的参与以及第一学年的留校情况加剧恶化，同时这些挑战也可能产生很多不可逾越的障碍，使得家长没有兴趣参与到孩子的教育之中。

研究表明，基于家庭语言的教学可以提升孩子的自尊和文化自豪感，促进家庭和学校之间的平稳过渡，从而提高情绪的稳定性，情绪稳定性进而转化为认知的稳定性。[42]Benson 是双语和多语言教育领域的领先学者，他认为，在世界范围内，儿童的家庭语言已被确立为早期识字和学科内容教学的最高效语言。[43]Dutcher 广泛参与了世界大多数情境中的早期教育，并从中得出结论，即以儿童熟悉的语言进行教学时，儿童最容易培养识字和认知技能，以及掌握内容材料。[44]几个强有力的研究表明，认知和学术语言技能一旦发展，学科知识一旦获得，很容易从一种语言转换到另一种语言。[45]据联合国教科文组织报道，马里、巴布亚新几内亚和秘鲁实施了早期儿童保育和教育计划，其中基于家庭语言的教学产生了诸多益处，而对于这些益处的非正式报告与上述发现是一致的。[46]

语言对于个人和群体而言，不仅是沟通和获取知识的工具，而且是文化认同和赋权的基本属性。据说，家庭语言象征着说话者与他们的文化身份之间深刻、持久甚至是脐带般的连结。[47]加拿大[48]、美国[49]和新西兰[50]的土著学者经常提到语言、社区、地点和时间之间的联系。虽然大多数家长想让他们的孩子受到良好的教育，但是家长也希望孩子会热爱和尊重他们的民族语言和文化以及他们的家庭社区。巴布亚新几内亚的北所罗门省实施了以家庭语言为基础的教育计划,参与该计划的一位家长说道:"教导我们的孩子进行阅读和写作是很重要的,但更重要的事情是教导他们要对自己和我们感到自豪。"[51]至少,早期教育不应该在文化上或语言上将孩子与他或她的家庭或文化根源隔离开来。这可能意味着早期儿童保育和教育以及小学材料仅使用土著语言,或使用土著语言加上一种更加广泛使用的语言,或使用一种或多种非土著语言。

在许多国家,语言权利,包括使用家庭语言的学校教育,是土著人民和其他少数民族在政治变革和演变的情况下首先主张的权利之一。在过去半个世纪中,土著人民通过各种策略[52],包括课程开发[53]、教师培训[54]以及印刷、多媒体和在线资源的开发[55]申索他们的语言权,并促进面向儿童的语言传播。土著人民探索了一系列语言教学模式,包括早期儿童计划中土著语言浸入式教学的几个例子。[56]

许多联合国宣言和公约肯定了少数民族,包括土著人民用"母语"学习和/或接受教育的权利。[57]关键的公文包括 1989 年的《儿童权利公约》和 2007 年的《联合国土著人民权利宣言》。联合国教科文组织的报告指出,"在这样一个对未来学习十分关键的时刻,受教育开始时的教学语言应该是母语,这一点越来越明显"[58]。

然而,无论土著要求和国际协定如何,关于何种语言将作为教学媒介的决定以及在教育制度中[59]对待儿童家庭语言的方式常常成了行使权力、制造边缘化和少数化以及不兑现儿童权利允诺的例证。土著人民的政治和社会经济边缘化与他们最初的教育经历中的语言边缘化密不可分,而前者可被视为后者的结果。

290

教育中的语言政策往往受到明确或隐蔽的同化课程的推动。政策制定者在做语言媒介、学校教育和课程上的决定时,其在政治、社会和技术方面的考虑经常相互冲突。这些考虑包括但不限于资源问题、教师培训和有待研究的课题。其他关键因素包括地方、区域和国家政府的政治意愿;国家与其前殖民者之间的关系;国际捐助者的理解和耐心;父母的希望和焦虑,他们焦虑他们的孩子将需要何种语言来保证就业,以及有尊严地参与到社会、法律和经济社会中。教育中的语言政策和实践有着更广泛的政治影响,但超出了本章的范围,Blommaert[60]、Golding 和 Harris[61] 及 Rampton[62] 对这些问题进行了出色的分析。

早期儿童保育和教育的主导语言或主导文化模式并不总是强加给家庭的。在某些情况下,父母明确地偏爱他们的孩子以主导语言或学校教育的语言接受早期教育,而不是用他们的家庭语言。父母对于这一选择经常有充分的理由,但是由于孩子的家庭语言学术水平会对他们的学习和社会成果做出长期的贡献,因此在尊重父母的偏爱与向他们提供教育以使他们理解这一点之间会发生冲突，这个问题需要得到解决。

其他的冲突和权衡与学校使用什么家庭语言有关。在许多情况下，一个单一的计划服务于有着不同家庭语言的家庭，因此对于在一个早期儿童保育和教育计划中使用何种语言必须做出艰难的决定。解决这些难题需要仔细筹划社区资产、需求和目标，以支持提供优质早期儿童保育和教育的替代途径，以及资助者/决策者和社区成员的相互学习，让他们了解儿童采用替代方法的潜在结果。一套原则不会在所有环境中都产生最有利和最实用的方法。

双语计划

许多土著儿童成长的过程中，在家中使用家庭语言，同时在社区或公共媒体中更广泛地使用一种或多种其他语言。基于家庭语言的双语和多语言的早期儿童保育和教育及小学计划对这些儿童可能起作用。联合国教科文组织建议，只要可能，儿童的家庭语言应是主要的教学语言，并应给予儿童一种或多种具有社会经济优势的额外语言进行的额外教学，如当地商业语言或国际语言。[63]用于学校教学的语言与儿童的最终学业成绩之间的关系十分复杂，超出了当前讨论的范围。然而，调查人员在这一主题上的发现具有一致性，这表明早期儿童保育和教育计划和小学的整个过程中，直到儿童成长为精通学术主题的读者，保证家庭主要语言的连续性至关重要。[64]在此期间，不应迫使儿童从以主要语言学习过渡到以次要语言学习。[65]在基于家庭语言的计划中，儿童可能将学习另一种语言仅作为学习的一门科目，有关那些计划的报告得出结论：那些在正式学校教育的前 6 至 8 年中以自己的主要语言进行学习的儿童，相比起仅以官方语言接受教学或从母语到官方语言过渡过早的儿童，学术表现更好，自尊感更强。[66]

虽然基于家庭语言的双语早期儿童保育和教育计划已在世界各地的许多少数民族语言社区中建立，但这些计划并不普遍，同时对它们的研究也很少。[67]一般来说，双语计划需要为儿童提供与流利的说话者交流的机会。一些儿童的祖传语言既不在家中使用，也不在社区使用，对于他们而言，情况有些复杂。没有足够的证据来支持仅有遗产语言的浸入式计划，除非有流利的说话者参与该计划。然而，考虑到土著父母对实施遗产语言浸入教学的早期儿童保育与教育计划的需求急剧增长，包括美国的夏威夷语和纳瓦霍语、加拿大的密克马克语和新西兰的毛利语，我们需要开展试点项目，同时进行方法正确的研究。

社区推动计划

在许多情况下,目前土著人民抵抗殖民主义的热潮可鼓励社区参与到早期学习倡议中,优先考虑家庭语言和当地文化知识。土著父母需要基于文化、基于家庭语言的早期儿童保育和教育,而这一需求推动着夏威夷阿哈-浦纳纳-里奥(Aha Pūnana Leo)计划[68]和巴布亚新几内亚西部高地省的考戈尔第一语言首要教育计划。[69]在这两个实例中,地方政府的政治意愿都满足了基层需求。考戈尔计划是为了回应考戈尔人的担忧而创建的,他们的孩子只讲他们的考戈尔语言,在仅用英语的教育系统中表现不佳。他们制定了一个计划,即儿童在上小学之前学习使用自己的语言来阅读和写作。在孩子们能熟练地用考戈尔语阅读和写作后,他们继续在英语学校系统中接受教育。

父母高度参与的夏威夷浸入式学前教育取得的学术成果令人印象深刻。在 20 世纪 60 年代和 70 年代,夏威夷复兴作为更广泛的公民权利改革的一部分,固定了下来。1978 年,在新的州宪法中,夏威夷语和英语被指定为共同官方语言,同时新的州宪法还要求促进夏威夷语言、文化和历史的发展。[70]父母和语言积极分子建立了阿哈-浦纳纳-里奥社区运作幼儿园,完全使用夏威夷语。[71]家长成功地游说了州政府支持中小学中的夏威夷语媒介班,这反过来又产生不断招聘和开发母语教师和材料的需要。目前约有 2000 名学生接受了基于夏威夷语的教育。基于夏威夷语的双语高中学生的毕业率和大学入学率高达 100％,这些学生大多是土著居民。[72] 20 世纪 80 年代,在新西兰基层土著语言复兴运动中,实施了毛利托儿所、幼儿园和学校的类似计划,并取得了成功。[73]

292

这种固定下来的计划前景很好,当其他土著社区的父母有需求,且有足够多语言流利者来支持计划时,就可以在这些社区也推行计划。家长和其他社区成员热切期望计划的成功,不仅是为了保护他们的土著文化和语言,同时也为了扭转他们的孩子在学校中失败率较高的局面,因为在学校里,儿童接受教育使用的语言是他们所不懂的。唯有这些家长和其他社区成员积极参与,这些计划方能启动。这些计划在二十年间迅猛发展,并继续部分由父母和地方社区领导人管理。

土著人能力建设

教师特征在学生的参与和表现中是一个关键要素。虽然研究最后并未确定好老师的特征,但是土著人民一直呼吁更多的土著教师和其他专业人员与儿童和家庭合作。[74]此外,国家政策应允许和支持基于家庭语言的早期儿童教育计划,且必须对土著候选教师的培训进行投资，这些土著候选教师应能够流利地使用目标人群的家庭语言，并对目标群体的文化有所了解。需要提供早期儿童保育和教育培训机会，让学员在培训中有机会思考社区的特定文化、语言、目标和需求。此外，应通过创新性方法使培训可以随时获得，而创新性方法应能够整合在职培训和指导、自学、同龄人学习圈子和混合课程，包括虚拟课堂和远程教育。若方法具有针对性和协调性，能提升土著组织和高等教育机构之间的伙伴关系，那么合格的土著早期儿童保育和教育从业者的数量就能不断增加。

有一个模式成功地加强了土著人民在早期儿童保育和教育上的能力，以及影响土著教育的政策和计划决策方面的领导能力，这一模式便是加拿大维多利亚大学所推行的长达 20 年的"第一民族伙伴关系计划"，[75] 该计划由萨斯喀彻温省的梅多莱克部落理事会于 1989 年发起。梅多莱克部落理事会希望为克里族和甸尼族社区成员提供早期儿童保育和教育培训，但是无法找到一个已有的计划，可以让特定的文化知识融入学生的课程作业。此外，没有大学或学院准备在社区中开设高等教育课程或让社区成员，包括长老，参与到教学和学习的过程中。梅多莱克部落理事会通过加拿大人力资源发展部成功地申请了联邦资金，并与维多利亚大学的关怀儿童和青年学院建立了合作伙伴关系，以创建一个课程作业的职业阶梯计划。该课程制定了"生成式课程"方法，在同等程度上纳入大学和社区提供的内容。在"第一民族"项目的合作社区中，开设了 20 个合作课程，使得长老能够与当地招聘的、大学委派的教师一起教学。社区成员参与了培训计划的所有方面，这对计划的成功起到了重大的促进作用。基于社区开设课程使学生能够在当地环境中实践，并使得社区成员和当地机构的服务人员能够观察和参与学生的学习过程。

在建立了七个合作伙伴关系后对该计划进行的评估发现：在土著学生拿到 1 年证书和 2 年文凭方面，这是加拿大最成功的高等教育计划。在总共 10 个两年的伙伴关系中，该计划支持 151 名土著毕业生拿到早期儿童教育证书。这些毕业生中，95％的人留在他们的社区；65％的人为儿童、青年和家庭推出了新计划；21.5％的人成为现有计划的工作人员；11.5％继续攻读大学学位。[76] 职业阶梯的方法提供获得认可的高等教育，使学生能够首先获得预备培训，以确保他们在高等教育课程中取得成功；第二，获得早期儿童教育证书；第三，完成额外的课程作业并提升特殊需要和婴幼儿护理中的认证，这些在一些管辖范围内是单独的认证级别；第四，获得早期儿童教育或儿童和青年护理等相关领域的文凭；最后，申请高等教育机构，继续在早期儿童保育和教育或相关领域进行 3 年和 4 年的本科学习。

在计划的试点实行之后,梅多莱克部落理事会将该计划的共同所有权交给了萨斯喀彻温印第安技术学院。目前该学院按照传统的基于社区、支持者驱动的方式继续推行职业阶梯计划,同时通过合作关系吸纳土著的以及基于欧洲—西方的课程。联合国教科文组织认可该计划为一项吸纳了土著知识的示范性培训方法,同时,该计划经调整已纳入全世界其他特定文化的教育计划中,不仅包括早期儿童教育领域,而且包括其他专业领域。[77]

294

有效支持土著儿童早期学习的证据中的关键差距

儿童参与的分类数据

尽管在不同地区基于社区的早期儿童保育和教育发展前景很好,但还有很多地方有待学习。土著和其他少数民族儿童由于处于社会边缘地位以及居住在农村或偏远地区,往往最难接触早期儿童保育和教育计划。因此,需要有分类数据,以跟踪这种可能为大多数青年人带来收益的早期儿童保育和教育活动在多大程度上实际接触到这一群体。此外,还需要开展研究,以了解哪些类型的早期儿童保育和教育策略引起了土著父母的最大需求,以及哪些策略最有效地增进了女孩和男孩在不同环境中的教育参与和早期学习。

衡量计划的吸收和有效性

教育研究人员的重点一直针对 7 岁以上儿童的教学。在大多数国家和整个早期儿童保育和教育领域,实验和评价是决策和计划发展的一个关键缺失方面。早期儿童保育和教育不同于小学教育,因为其重点是支持在家庭背景下"全面儿童"的照料和发展,以及强调做事、说话和听力胜过阅读、写作和计算。目前缺乏聚焦于土著儿童的绩效衡量——即使是最基础的跟踪土著儿童随后的升学情况——因而无法知道哪些政策、计划实行方法、计划要素和工作人员特征在起作用或哪些地方最需要改革。

计划实施的语言

只有少数研究报告描述了基于家庭语言的早期儿童保育和教育计划的长期

结果；大多数研究限于在小学期间和结束时创新项目的早期结果。[78]虽然数十年来，心理学和语言学研究集中在儿童如何学习第一语言，但是几乎没有研究关注有助于幼儿在早年学习一种以上语言的条件。许多学者指出，需要更多的研究来确定最有效的方法，从而支持第二语言习得和在早期儿童计划中开设双语课程。[79]很少有指导方针支持家长培养他们的孩子成为双语或多语言者，或者在参加其他语言环境下的早期儿童计划或小学教育的同时，继续发展他们的家庭语言。鉴于许多土著社区把维持或加强土著语言向最年轻一代传播放在首位，这些是研究和计划创新的关键领域。

衡量早期学习所面临的挑战

国家政府或国际机构创建的早期学习计划和衡量工具可以进行区域和跨国比较。当存在一个通用的课程时，儿童有潜力发展一套通用的技能，这些技能被认为为他们在小学的成功做好准备。然而，越来越多的调查员表示关切的是，发展规范和对早期学习和入学准备的期望可能不适合所有土著和其他少数民族儿童。[80]标准化的发展评估和计划评估工具与标准化的计划目标和方法有关，其中许多是基于对北美和欧洲儿童的研究。将这些外部开发的监测和评价技术和标准化课程运用于土著社区，这似乎与关于支持文化多样性、语言权利和当地有意义的学习目标的常见措辞相矛盾。[81]正如前面的讨论所强调的那样，制定的早期儿童保育和教育计划对父母和儿童应该是有意义的，最终应确保他们长期参与到教育之中，而统一早期学习计划和绩效评估方法会使制定早期儿童保育和教育计划固有的挑战复杂化。

在这些权衡中有许多利害相关者。加拿大的一项研究发现，许多土著父母和一些非土著的早期儿童保育和教育从业人员担忧，用于测量言语和语言发展以及入学准备情况的标准化工具导致了对言语和语言差异的误解，例如将土著英语方言当作一种缺陷。使用被认为普遍有效的方法测试而得分较低的土著儿童可能在认知或语言上被诊断为迟钝或受损，并且这一比例惊人地高。[82]针对本地设计的早期儿童保育和教育计划能为土著儿童创造教育平等，而要建立对这种计划进行长期投资的商业案例，就需要有新的信息收集策略来监测和衡量计划的有效性。

学习障碍和早期干预

关于特殊需要影响土著儿童早期学习结果的数据一般都无从得到。然而，人们普遍认为,由于土著儿童的许多健康和发展条件不是最好,他们开始上学时有着一个或多个未发现的障碍的风险更大。当土著儿童上学时,由于明显的学习障碍,他们中的很多人被排除在主流课程之外,并且这一数量惊人地高。[83]发展迟缓和障碍可以由社区从业者察觉,例如社区卫生工作者,其方式是通过直接观察,与父母谈论孩子的发展历程或简单地列出发展检查表。然而,缺乏早期干预服务是二级预防的常见障碍,特别是对农村和偏远地区的儿童而言。需要在计划中考虑关于早期干预的流行率、获取、接受和有效性的信息差距,以均衡正规学校教育的准备。

296

加拿大"土著开端计划"

在加拿大,土著民占人口的 4‰。[84]土著人口的年龄比平均人口的年龄要小得多,2006 年土著人口的平均年龄为 26.5 岁,而所有加拿大人的平均年龄为 39.5 岁。2006 年人口普查显示共有 131 000 名 6 岁以下的土著儿童,其中约 4 万人生活在保留地,91 000人不在保留地生活。[85]土著人口将保持其高增长率,并且至少在未来 20 年内相对于非土著人口仍然更年轻。[86,87]

随着土著儿童在加拿大所有儿童中所占的比例越来越大,越来越多的人认识到正规教育制度始终没有能够使土著人民从过去殖民政策的摧残中恢复过来,而殖民政策曾经把土著人民排除在主流教育之外。[88,89]土著领导人和组织认为,低质量的教育由于缺乏文化相关性,还有不恰当的评估工具常常对土著儿童造成严重的负面影响。[90]问题包括对面临发展挑战的儿童的过度承认和承认不足;早期干预服务推行得太迟;过分强调标准城市英语和单语主义,从而削弱土著语言和文化发展目标;文化异化;低水平的入学准备;早期学校教育失败和过早离校率较高。

许多土著儿童面临发展挑战和负面教育结果,反映这些问题的指标,以及土著儿童高比例的健康问题都令人震惊,因此,加拿大教育部于 2004 年指出:

> 在所有教育管辖范围内,必须提高土著儿童的成就率,包括中学的毕业率。研究表明,造成这种低水平学业成就的一些因素是,加拿大的土著居民收入最低,因此贫困率最高,正规教育辍学率最高,健康指数最低。[91,92]

297

此外,鉴于获得高中毕业文凭或更高文凭的土著人在劳动力市场的结果得到改善,[93]加拿大政府明确鼓励将土著教育作为优先事项。这应足以使扶贫、家庭支持和对土著儿童的早期儿童保育和教育的跨部门方法成为联邦、省和地区政府的优先事项,所以教育成果显著。然而,与大多数高收入国家不同,加拿大缺乏国家战略来确保获得优质计划,从而促进所有儿童或确定风险类别的儿童最佳的早期发展和学习。虽然目前早期儿童保育和教育计划的"无计划"采集增加了许多儿童的脆弱性,但土著儿童的情况却更加不利[94],只有不到18%的土著儿童能接触任何早期儿童保育或发展计划。[95]

在这些不足之中,一个例外是联邦政府从1995年开始的对"土著开端计划"(Aboriginal Head Start)的长期投资。这一项目是联邦政府对土著社区代表、领导人和从业人员呼吁的回应,他们呼吁采取资源充足、持续和基于文化的国家战略来提高对土著儿童健康、发展和早期学习的支持。

1990年,加拿大土著理事会举全国之力,在早期儿童保育和教育服务提供方面,第一次对土著儿童保育和文化适当性的含义下了定义。[96]该理事会题为《护理圈》的报告将第一民族管控的文化上相关的儿童保育服务、保护第一民族文化和改善儿童发展成果三者之间的直接联系概念化。理事会呼吁通过由合格的土著从业人员实施社区推动计划,在儿童家庭和文化社区的情境中提供这些支持。皇家土著人民委员会的一份报告建议,联邦、省和地区政府合作来支持一项综合性早期儿童筹资战略:(a)将早期儿童教育拓展至所有土著儿童,不论其居住地;(b)鼓励促进儿童的身体、社交、智力和精神发展的计划,从而减少儿童保育、预防和教育之间的差别;(c)最大限度地提高土著人民对服务设计和管理的管控;(d)提供一站式可用资金;(e)增进父母在早期儿童教育选项中的参与和选择。[97]1995年,加拿大卫生部进行联邦资助,在保留地的第一民族中实施土著开端计划,1998年,加拿大公共卫生局推动了联邦资助,为居住在城市和北方社区的第一民族、梅蒂斯和因纽特儿童实施土著开端计划。

在进行资助时,一个基本原则是土著人民在其社区指挥、设计和提供服务——联邦政府承认土著人民尊重子女意愿而做出决定的固有权利,而这种承认是前所未有的。土著开端计划的一个相应的主要特点是,成功申请主持该计划的土著主办机构或社区领导委员会与强制性家长咨询委员会协商,获得资金以实现该计划。因此,每个计划的性质因社区而异,包括儿童入学的标准。大多数有特殊需要的儿童有资格参加土著开端计划,前提是工作人员符合条件,同时设施能够满足儿童的需要。许多计划要求家长花时间来参与或给予金钱上的资助。大多数计划不是全日制,每周进行 3 到 4 天。大多数工作人员都是土著居民。

加拿大公共卫生局开展了大约 140 个土著开端计划,惠及城市中心和北部社区约 4 500 名土著儿童。加拿大卫生部实施的土著开端计划服务约 9 100 名生活在保留地的儿童。目前估计 3 至 5 岁、未满学龄的土著儿童中,8％的人参加了土著开端计划。[98] 2001 年,对居住在城市和北部中心的土著父母进行的一项调查显示,8 年间,生活在非保留地,并且参加了特意为他们设计的早期儿童计划的土著儿童比例增加了四倍,这在很大程度上反映了联邦对土著开端计划的投资。一年级的土著儿童中,16％的人在入学前参加过土著特定计划,而同一年满 14 岁的儿童中,这一比例仅为 4％。[99]

加拿大的土著开端不同于美国首创的开端计划方法。[100]虽然这两个计划都为儿童成功地从家庭过渡到学校学习环境做好准备,但加拿大计划的重点在于文化上相适应、社区特定的六个计划组成部分的精心安排,如图 13.1 所示:文化和语言、教育和入学准备、健康促进、营养、社会支持和家长/家庭参与。

土著开端计划的本地控制容许对计划进行改变,以便为每个社区和儿童找到最佳的课程和工作人员。接受过早期儿童教育培训的工作人员与土著长老、土著语言专家、文化教师和父母一起共事,促进儿童发展、提高文化自豪感和入学准备度。虽然一些计划主要采用土著语言,但大多数计划使用英语或法语,部分使用一种或多种土著语言。这种情况反映了除因纽克提库特语、克里语和欧及布威语外,加拿大大多数土著语言的严重衰减,很少有主办社区可以对土著语言媒介做出重大承诺并予以执行。

虽然每年进行土著开端计划的管理评价,但效果评估困难重重,部分原因在于缺乏广泛接受的工具,从而以标准化评分和综合分析的方式来衡量土著儿童的发展。在几个计划地点上收集定性数据时同样遇到了有关一致性的问题。没有一项研究对计划中儿童随机化进行控制比较。尽管存在这些困难,一些研究表明儿童的文化知识、自信、身体健康、语言和识字能力、社交技能和幼儿园准备方面都得到提高,同时家长也受益。[101]此外,一项对全国土著父母的调查发现,参与至少 1 年的土著开端降低了孩子在小学留级的风险。[102]联邦卫生部最近对加拿大儿童的卫生服务进行了一项重要评估,呼吁拓展土著开端计划,以实现 25％的土著儿童覆盖率。[103]

299

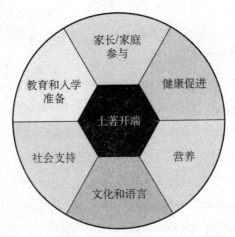

图13.1　加拿大土著开端中完整的计划组成部分

虽然需要进行更多的工作来确立土著开端计划的有效性,但该计划有许多前景很好的特征,与加拿大以外许多土著组织倡导的原则高度一致:

- 土著开端计划为幼儿提供安全、受监督、刺激的环境。这对于家庭环境可能拥挤、混乱或受污染影响的儿童尤其重要。许多计划提供营养补充,认知刺激,与土著同龄人、成人行为榜样和长老的社交,以及对土著语言和精神的接触。

- 土著开端计划对建立不久的家庭给予支持,此时,父母中有很多人十分年轻,资源匮乏,他们需要社会支持和实际援助。

- 土著开端计划是一个及时和有效的工具,使社区能够以文化上相适宜的方式实行早期儿童保育和教育计划,服务于最需要这些计划的儿童。

- 土著开端计划使得全国越来越多的土著居民熟练地为土著儿童和家庭运行计划,发挥着他们各种支持作用。每个地点都雇用了社区成员,让他们参加地区和国家土著开端办公室每年举办的一系列培训讲习班,接受职前和在职培训。

- 土著开端计划为边缘化社区提供资源,否则这些社区就可能因为缺乏硬件和软件基础设施而无法保证儿童的早期学习、营养、健康和干预服务。一些土著开端计划降低了将儿童从其家庭和社区转移到政府护理的高比率,其他计划在土著父母和儿童重聚方面发挥了积极作用。这是土著开端计划的一个独特的、有前景的方面:确保土著儿童获得所需支持和服务的一个挑战是,这些支持和服务往往未能达到主流服务提供系统的切入点,而主流系统所服务的家庭拥有便捷的交通、知道服务系统如何运作以及如何倡导来满足孩子的需求。在加拿大,对三个土著社区进行的研究记录了土著开端计划和其他基于社区的早期儿童保育和教育计划如何作为"钩子",让幼儿和他们的父母参与早期学习,然后发展成为社区中心,通过它能顺利访问其他种类的发展以及家庭计划和服务,如图13.2所示。[104]当一个家庭让他们的孩子参加一个计划,如婴儿发展计划或幼儿园,社区的工作人员就认识他们了,这些工作人员让家庭成员更多了解一系列其他计划选项,并将他们与社区中心或之外提供的其他服务连接起来。在图13.2所示的例子中,社区接触新生儿的父母,为他们提供父母—孩子音乐和游戏节目,接下来随着孩子不断成长,提供适合他们孩子的按次序的计划,同时提供健康信息,关于营养、言语和语言刺激计划的教育以及参与文化活动的机会。当出现特定需求时,家庭可以获取早期干预服务、患者导航服务,以协助他们应对政府医疗健康护理服务,以及获取宣传和伴随支持,应对儿童福利系统、家庭法庭、正规学校系统等。

从典范计划中得到的行动建议和教训

决策者可以采取以下步骤,提高土著儿童的机会平等,促使他们在教育领域取得成功:

- 提高各个部门决策者的意识,让他们认识到支持土著儿童有意义地、成功地参与到教育中非常重要,而让土著儿童参与教育是一项载入国际协议的权利,也是一项明智的投资。这一步骤的目标是各方形成政治意愿,积极寻找解决方案。 301

- 努力消除部门间合作的官僚障碍,以降低土著儿童的贫困程度,提高他们的生活质量,并提供全面的早期儿童保育和教育战略的健康、营养、教育和社会成分。

- 教育公众了解土著儿童在获得平等生活机会方面面临的挑战,目的是为土著儿童和家庭教育计划以及社会包容创造广泛的公民支持基础。

- 制定符合土著家庭需要的优质早期儿童保育和教育计划,惠及所有土著儿童,从其出生起直到入小学后的一年过渡期为止。 302

- 通过高等教育机构和土著社区组织之间的联系创造机会,推进文化上相关的、职业发展的、普的教育,使土著人民成为合格的早期儿童保育和教育实践者和决策领导者。

- 为土著家长提供在社区中、与非政府组织、与政策制定者一道决策的机会,决定

图 13.2 "钩子和中心"：早期儿童保育和发展计划(ECCD)作为部门间协作
的核心统筹起点

投资的优先事项来提高他们子女的教育公平性，以及决定如何使早期儿童保育
和教育的投资具体化。

● 儿童早期发展研究人员对早期儿童保育和教育计划进行整体、对照、纵向的
评估。

本章所回顾的研究和计划显示了以家庭为中心、响应文化的政策、资金和评估框
架如何能够鼓励社区主动参与到土著儿童的学习之中。资金分配和计划质量指标不
必受遵循规定课程的幼儿园的约束。[105]"一种尺寸并不能适合所有人"在过去十年中一
直是健康、教育、社区发展和其他部门反复学习的要点。土著儿童要获得公平就需要
超越欧洲中心发展范式，转变为接受以社区为主的文化嵌入式方法。本章重点介绍了
一些成功的转变，即从普遍主义原则的标准化应用转变到对话方法，这种方法包括父
母的价值观、目标和资源以及本地有意义的教与学的策略和内容。"土著开端"是一种

中央资助、分散设计和管理的计划。数百个土著开端计划并非是那种通常与品牌计划相关的规范性的、千篇一律的模式，而是与执行计划的文化社区一样高度多样化。

原来人们有一种错觉，那便是最佳范例可以适用于任何环境，如今，人们逐渐改变这种错误的观念，探究从特定环境下的前景较好的实践中可以学到什么东西。与父母社区的对话可以阐明如何将早期学习研究中的知识和工具与地方知识和方法结合起来，从而为儿童的早期学习和发展达成文化界定的目标。几个例子记录了土著早期儿童保育和教育计划发展的参与性方法。[106] 对社区推动计划的监测和评价可以利用过去十年中在健康、社会科学和教育方面发展的极大能力，合作进行研究（有基于社区的研究、社区参与的学术研究、和社区—大学伙伴关系等不同的叫法）。

教育部门的一个关键政策重点必须包括通过基于家庭或社区的早期儿童保育和教育计划，为土著儿童投资有意义的早期学习机会，从婴儿期开始并贯穿整个早期阶段。优质的早期儿童保育和发展计划不应该仅仅局限于认知技能的发展，也许最重要的是树立自尊以及社会、文化和语言归属感，这是培养儿童成为有能力的学习者，并在学校团体中享有公正地位的先导。虽然灵活的早期学习举措，公平和稳定的资金是一个关键因素，但这不是唯一的要求，还需要各部门之间的合作来制定持久的政策和计划解决方案，改善土著儿童的学习和生活条件。

303

结论

许多国家的土著居民处于危机之中。在保护世界语言和文化知识宝库的同时，提高土著儿童的社会和经济福祉，这不仅是一种道德需要，而且是一项合理的投资，将在未来几十年中产生巨大的效益。投资处于劣势的儿童是重要公共政策机会中的其中一项，不存在公平效率的权衡。提高土著儿童的受教育程度不仅使土著儿童、家庭和社区受益，而且政府和企业，以及整个人口也将受益。

政策改革和计划投资的目标是促进土著儿童的教育公平，而缺乏政治意愿是规划和进行政策改革和计划投资的全面议程的最大障碍。土著儿童的教育不公问题循环出现：没有政治意愿去制定和执行优先考虑土著儿童公平和尊严的政策，由此就会缺乏人力资源能力、课程和学习资源以及这些计划的普遍需求。为了在教育公平方面增加需求并加强土著人民的自决权，支持土著人民在关键政治立场上更具代表性，和/或为土著人民提供强化的结构和场所来表达和行使其关于教育公平的政治意愿，包括对于获得更多优质、适当的早期儿童保育和教育的需求，这些都是十分重要的。关键步骤是制定一项有力的国家政策和一个资助行动计划，支持一系列由社区推动的早期儿童保育和教育举措。

世界各地的许多教育计划都奋力体现基于本地资产和应对文化多样性的核心原则，例如定制课程以满足社区特定的需求和达成社区特定的目标，以及对营养、健康、教育和社会福祉等典型的碎片化基础设施进行整合。一位土著社区领导人思索了这样一个问题：在加拿大，许多幼儿园和小学要求孩子们学习的内容都缺乏地方相关性和意义，他问道："自从政府首次设计教育系统，剥夺儿童的印第安特性，发生了什么变化吗？"[107]毫无疑问，制定允许灵活设计儿童早期学习计划以及允许本地定义目标和指标的政策，这样做更具复杂性。然而，提供社区推动的、与文化相关的计划，并监测计划的质量和结果，能够维护土著和其他少数民族父母和儿童的权利，并且可能是确保幼儿参与教育的最有效方式。公平地提供教育必须包括考虑在早期儿童保育和教育计划和小学教育中使用的语言。

实现优质的早期儿童保育和教育的普及这样一个国家目标与允许地方选择和管理计划人员、日程安排、课程内容、教学法和计划评价范围并不是相对立的。几个发展中国家的证据表明，政府资助、地方自主和社区参与对小学和中学教育产生了积极影响。[108]加拿大的土著开端计划的例子表明，政府投资于早期儿童保育和教育计划是可行的，该计划不仅允许而且依靠地方自主设计和实施各自的计划，这些计划是整体的，以家庭为中心的，并体现了每个当地社区内部确定的需求和愿景，即幼儿在教育成功和生活质量上获得平等的机会。

注释

1. Grantham-McGregor, D. , Cheung, Y. , Cueto, S. , Glee, P. , Richter, L. , & Strupp, B. (2007). Developmental potential in the first five years for children in developing countries. *The Lancet*, *369*(9555), 60 - 70; Jolly, R. (2007). Early childhood development: The global challenge. *The Lancet*, *369* (9555), 8 - 9; Magnuson, K. E. , Ruhm, C. , & Waldfogel, J. (2006). The persistence of preschool effects: Do subsequent classroom experiences matter? *Early Childhood Research Quarterly*, *22*(1), 18 - 38.
2. The acronyms ECCD, ECCE, and ECE are used by various funding, service, and training agencies to refer to research, policy, and practice addressing the health, development, and education of children from conception to 8 years of age. Early childhood care and

development (ECCD) is preferred by the author and her Indigenous community partners since it emphasizes the care environment and the broad scope of child development, which subsumes early learning and education. This book has adopted the term early childhood care and education (ECCE), which places special emphasis on education. The term ECE is typically used in reference to the professional credential required in Canada and some other countries for staff delivering programs to young children.

3. UNESCO. (2011). *Indigenous people*. Paris: UNESCO. Retrieved from http://www. unesco. org/en/inclusive-education/Indigenous-people/.

4. UNESCO. (2009). Summary: Overcoming inequality: Why governance matters. In *EFA global monitoring report*. Paris: UNESCO.

5. Henriksen, J. B. (2009). Foreword. In *State of the world's minorities and Indigenous peoples* 2009 (p. 10). New York: Minority Rights Group International and UNICEF.

6. UNESCO. (2009). *Inclusive dimensions of the right to education: Normative bases*. Concept Paper, 8th and 9th Meetings of the Joint Expert Group UNESCO on the Monitoring of the Right to Education (p. 14). Paris: UNESCO.

7. Sharpe, A. , & Arsenault, J. F. (2009). *Investing in Aboriginal education in Canada: An economic perspective*. Ottawa, ON: Canadian Policy Research Networks.

8. UNESCO. (2000). *The Dakar framework for action. Education for all: Meeting our collective commitments*. Paris: UNESCO.

9. Kohen, D. , Uppal, S. , & Guevremont, A. (2007). *Children with disabilities and the educational system: A provincial perspective*. Education Matters, Catalogue 81 – 004, No. 4. 1. Ottawa, ON: Statistics Canada; Smylie, J. , & Adomako, P. (2009). *Indigenous children's health report: Health assessment in action*. Toronto: Saint Michaels Hospital. Retrieved from http://www. stmichaelshopital. com/crich/Indigenous_childrens_health_ report. php.

10. Bennett, J. (2003). *Early childhood education and care policy: Canada, country note*. OECD Directorate for Education. Retrieved from http://www. oecd. org/dataoecd/42/34/ 33850725. pdf.

11. Heckman, J. J. (2006). Skill formation and the economics of investing in disadvantaged children. *Science, 312*(5782), 1900 – 1902; Irwin, L. G. , Siddiqi, A. , & Hertzman, J. J. (2009). The equalizing power of early child development: From the commission on social determinants of health to action. *Child Health and Education, 1*(3), 146 – 161.

12. Shonkoff, J. , & Phillips, D. (Eds.). (2000). *From neurons to neighborhoods: The science of early childhood development*. Washington, DC: National Academy Press.

13. Audas, R. P. , & Willms, J. D. (2007). *Engagement and dropping out of school: A life-course perspective*. Ottawa, ON: Applied Research Branch, Strategic Policy, Human Resources Development Canada; Lee, V. E. , & Burkam, D. T. (2003). Dropping out of high school: The role of social organization and structure. *American Educational Research Journal, 40*(2), 353 – 393.

14. Myers, R. (1992). *The twelve who survive*. London: Routledge.

305

15. Wright, S. C. , & Taylor, D. M. (1995). Identity and the language of the classroom: Investigating the impact of heritage versus second language instruction on personal and collective self-esteem. *Journal of Educational Psychology*, 87(2),241 - 252.

16. Calman, L. J. , & Tarr-Whelan, L. (2005). *Early childhood education for all: A wise investment*. Recommendations arising from the economic impacts of child care and early education: Financing solutions for the future conference, Legal Momentum, New York; Heckman. Skill formation and the economics; Lynch, R. G. (2004). *Exceptional returns: Economic, fiscal, and social benefits of investment in early childhood development*. Washington, DC: Economic Policy Institute.

17. Jolly. (2007). Early childhood development.

18. Irwin, L. G. , Siddiqi, A. , & Hertzman, C. (2010). The equalizing power of early child development: From the commission on social determinants of health to *action. Child Health and Education*, 2(1),3 - 18.

19. DiPietro, J. A. (2000). Baby and the brain: Advances in child development. *Annual Review of Public Health*, 21,455 - 471.

20. Canada Council on Learning. (2007). *State of learning in Canada: No time for complacency. Report on learning in Canada 2007*. Ottawa, ON: Canada Council on Learning; Case, A. , Lubotsky, D. , & Paxson, C. (2002). Economic status and health in childhood: The origins of the gradient. *The American economic review*, 92(5), 1308 - 1334; Dearing, E. (2007). Psychological costs of growing up poor. *Annals of the New York Academy of Sciences*, 10,1196 - 1425; Raver, C. C. , Gershoff, E. T. , & Aber, J. L. (2007). Testing equivalence of mediating models of income, parenting, and school readiness for White, Black, and Hispanic children in a national sample. *Child Development*, 78(1), 96 - 115; Weitzman, M. (2003). Low income and its impact on psychosocial child development. In *Encyclopedia on early childhood development* (pp. 1 - 8). Montreal: Centre of excellence for early childhood development.

21. Smylie & Adomako. (2009). *Indigenous children's health report*; UNESCO. (2009). *Inclusive dimensions of the right to education*.

22. Evans, J. L. , Myers, R. , & Ilfeld, E. (2000). *Early childhood counts: A programming guide on early childhood care for development*. Washington, DC: World Bank.

23. Engle, P. , Black, M. M. , Behrman, J. R. , Cabral de Mello, M. , Gertler, P. J. , International Child Development Steering Group, et al. (2007). Strategies to avoid the loss of developmental potential in more than 200 million children in the developing world. *The Lancet*, 369(9557),229 - 242; UNICEF. (1993). *Towards a comprehensive strategy for the development of the young child. Inter-agency policy review*. New York: UNICEF.

24. Cole, M. (1998). Culture in development. In M. Woodhead, D. Faulkner, & K. Littleton (Eds.), *Cultural worlds of early childhood* (pp. 11 - 33). London: Open University Press; Greenfield, P. M. , & Suzuki, L. K. (1998). Culture and human development: Implications for parenting, education, pediatrics, and mental health. In W. Damon (Ed.), and I. E. Sigel, & K. A. Renninger (Vol. Eds.), *Handbook of child psychology: Vol. 4*,

Child psychology in practice (5th ed., pp. 1059 – 1109). New York: Wiley; Harkness, S., & Super, C. M. (1996). *Parents' cultural belief systems: Their origins, expressions, and consequences.* New York: The Guilford Press; LeVine, R. A., & New, R. S. (Eds.). (2008). *Anthropology and child development: A cross-cultural reader.* New York: Blackwell; Rogoff, B. (2003). *The cultural nature of human development.* New York: Oxford University Press.

25. Dahlberg, G., Moss, P., & Pence, A. (2007). *Beyond quality in early childhood education and care: The languages of evaluation.* London: Falmer Press; Fuller, B. (2007). *Standardized childhood: The political and cultural struggle over early education.* Palo Alto, CA: Stanford University Press; MacNaughton, G. (2007). *Doing Foucault in early childhood studies: Applying poststructural ideas.* New York: Routledge; Olfman, S. (2003). Pathogenic trends in early childhood education. In S. Olfman (Ed.), *All work and no play … How educational reforms are harming our preschoolers* (pp. 193 – 211). Westport, CT: Praeger.

26. Stairs, A. H., Bernhard, J. K., & the Aboriginal Colleagues. (2002). Considerations for evaluating "good care" in Canadian Aboriginal early childhood settings. *McGill Journal of Education, 37*(3), 309 – 330.

27. Nsamenang, A. B. (2008). (Mis)understanding ECD in Africa: The force of local and imposed motives. In M. Garcia, A. Pence, & J. Evans (Eds.), *Africa's future, Africa's challenge: Early childhood care and development in sub-Saharan Africa* (pp. 135 – 149). Washington, DC: World Bank.

28. UNESCO. (2008). *Mother tongue matters: Local language as a key to effective learning.* Paris: UNESCO.

29. Kincheloe, J. L. (2000). Certifying the damage: Mainstream educational psychology and the oppression of children. In L. D. Soto (Ed.), *The politics of early childhood education* (pp. 75 – 84). New York: Peter Lang; Lubeck, S. (1998). Is developmentally appropriate practice for everyone? *Childhood Education, 74*(5), 283 – 292.

30. Ryan, S., & Grieshaber, S. (2005). Shifting from developmental to postmodern practices in early childhood teacher education. *Journal of Teacher Education, 56*(1), 34 – 45.

31. Li, J., D'Angiulli, A., & Kendall, G. E. (2007). The early development index and children from culturally and linguistically diverse backgrounds. *Early Years: An International Journal of Research and Development, 27*(3), 221 – 235.

32. Eickelkamp, U. (2008). "I don't talk story like that": On the social meaning of children's sand stories at Ernabella. In J. Simpson & G. Wigglesworth (Eds.), *Children's language and multilingualism* (pp. 79 – 102). London: Continuum; Greenwood, M., & Ngaroimata Fraser, T. (2005). Ways of knowing and being: Indigenous early childhood care and education. In A. Pence, & V. Pacini-Ketchabaw (Eds.), *Research connections Canada* (pp. 41 – 58). Ottawa, ON: Canadian Child Care Federation; Little Bear, L. (2000). Jagged worldviews colliding. In M. Battiste (Ed.), *Reclaiming Indigenous voice and vision* (pp. 77 – 86). Vancouver: UBC Press.

33. The term *home language* may refer to several different situations. Definitions often include the following elements: the language(s) that one has learned first; the language(s) one identifies with or is identified as a native speaker of by others; the language(s) one knows best; and the language(s) one uses most. *Home language* may also be referred to as the *primary language, first language*, or *mother tongue*.

34. UNESCO. (2006). *Strong foundations: Early childhood care and education*, Summary: EFA Global Monitoring Report 2007. Paris: UNESCO. Retrieved from http://www.unesco.org/en/education/efareport/reports/2007-early-childhood/.

35. Audas & Willms. (2007). *Engagement and dropping out of school*; Ensminger, M. E., & Slusarcick, A. L. (1992). Paths to high school graduation or dropout: A longitudinal study of first-grade cohort. *Sociology of Education, 65*(2),95‐113.

36. Avataq Cultural Institute. (2006). *Unikkaangualaurtaa (Let's tell a story)*. Westmount, QC: Avataq Cultural Institute; Rowan, M. C. (2010). Disrupting colonial power through literacy: A story about creating Inuttitut language children's books. In V. Pacini-Ketchabaw (Ed.). *Flows, rhythms, and intensities of early childhood education curriculum* (pp. 155‐176). New York: Peter Lang.

37. Aga Khan Foundation. (2008). *Reading for children: A project in Kyrgyz mountain areas.* Retrieved from http://ismailimail.wordpress.com/2008/05/29/aga-khan-foundation-opens-first-central-kindergarten-of-kyzyleshme-village-in-chonalay/.

38. Klaus, D. (2003). The use of Indigenous languages in early basic education in Papua New Guinea: A model for elsewhere? *Language and Education, 17*(2),105‐111.

39. Ball, J., & Bernhardt, B. M. (2008). First Nations English dialects in Canada: Implications for speech-language pathology. *Clinical Linguistics and Phonetics, 22*(8),570‐588; Moses, K., & Wigglesworth, G. (2008). The silence of the frogs: Dysfunctional discourse in the "English-only" Aboriginal classroom. In J. Simpson & G. Wigglesworth (Eds.), *Children's language and multilingualism: Indigenous language use at home and school* (pp. 129‐153). London: Continuum.

40. Rubio, M.-N. (2007). Mother tongue plus two: Can pluralingualism become the norm? *Children in Europe* (12),2‐3.

41. Baker, C., & Prys Jones, S. P. (1998). *Encyclopedia of bilingualism and bilingual education*. Clevedon, UK: Multilingual Matters; Covington, M. V. (1989). Self-esteem and failure at school: Analysis and policy implications. In A. M. Mecca, N. J. Smelser, & J. Vasconcellos (Eds.), *The social importance of self-esteem* (pp. 72‐124). Berkeley, CA: University of California Press.

42. Kioko, A., Mutiga, J., Muthwii, M., Schroeder, L., Inyega, H., & Trudell, B. (2008). *Language and education in Africa: Answering the questions*. Nairobi: Multilingual Education Network of Eastern Africa; Wright & Taylor. (1995). Identity and the language of the classroom.

43. Benson, C. (2002). Real and potential benefits of bilingual programmes in developing countries. *International Journal of Bilingual Education and Bilingualism, 5*(6),303‐317.

307

44. Dutcher, N. , & Tucker, G. R. (1994). *The use of first and second languages in education: A review of international experience.* Pacific Island Discussion Paper Series No. 1. Washington, DC: World Bank.

45. Ibid. ; Cummins, J. (2000). *Language, power and pedagogy.* Clevedon, UK: Multilingual Matters.

46. UNESCO. (2008). *Mother tongue matters.*

47. McCarty, T. L. (2008). Native American languages as heritage mother tongues. *Language, Culture and Curriculum, 21*(3),201 – 225.

48. Kirkness, V. (2002). The preservation and use of our languages: Respecting the natural order of the creator. In B. Burnaby, & J. A. Reyhner (Eds.), *Indigenous languages across the community* (pp. 17 – 23). Flagstaff, AZ: Northern Arizona University Center for Excellence in Education.

49. Greymorning, S. (2007). Going beyond words: The Arapaho immersion program. In J. Reyhner (Ed.), *Teaching Indigenous languages* (pp. 22 – 30). Flagstaff, AZ: Northern Arizona University Center for Excellence in Education.

50. Harrison, B. , & Papa, R. (2005). The development of an Indigenous knowledge program in a New Zealand Maori-language immersion school. *Anthropology and Education Quarterly, 36*(1),57 – 72.

51. Delpit, L. D. , & Kemelfield, G. (1985). *An evaluation of the Viles Tok Ples Skul scheme in the North Solomons province.* ERU Report No. 51, University of Papua New Guinea, Waigani, Papua New Guinea.

52. Hornberger, N. H. (Ed.). (1996). *Indigenous literacies in the Americas: Language planning from the bottom up.* Berlin: Mouton de Gruyter; Hornberger, N. H. (2002). Multilingual language policies and the continua of biliteracy: An ecological approach. *Language Policy, 1*(1), 27 – 51; Hornberger, N. H. (2005). Opening and filling up implementational and ideological spaces in heritage language education. *Modern Language Journal, 89*(4),605 – 609; McCarty, T. L. , Watahomigie, L. J. , & Yamamoto, A. Y. (guest Eds.). (1999). Reversing language shift in Indigenous America-collaborations and views from the field. [Special Issue.] *Practicing Anthropology, 20*(2),1 – 47.

53. Kirkness. (2002). The preservation and use of our languages.

54. Johns, A. , & Mazurkewich, I. (2001). The role of the university in the training of native language teachers: Labrador. In L. Hinton, & K. Hale (Eds.), *The green book of language revitalization in practice* (pp. 355 – 366). San Diego: Academic Press; Suina, J. H. (2004). Native language teachers in a struggle for language and cultural survival. *Anthropology and Education Quarterly, 35*(3),281 – 302.

55. Morrison, S. , & Peterson, L. (2003). *Using technology to teach Native American languages.* Retrieved from http://www. cal. org/ericcll/langlink/feb03feature. html; Wilson, W. H. , Kamanā, K. , & Rawlins, N. (2006). Nawahi Hawaiian laboratory school. *Journal of American Indian Education, 45*(2),42 – 44.

56. King, J. (2001). Te Kohanga Reo: Maori language revitalization. In L. Hinton, & K. Hale (Eds.), *The green book of language revitalization in practice* (pp. 119 – 128). San

308

Diego：Academic Press；McKinley, R. (2003). *Aboriginal language：When it's gone, that's it. No more Indians*. Retrieved from http：//ammsa. com/classroom/CLASS4language. htm；Wilson, W. H. , & Kamanā, K. (2001). Mai loko mai O ka 'I'ini：Proceeding from a dream-The 'aha Punana Leo connection in Hawaiian language revitalization. In L. Hinton & K. Hale (Eds.), *The green book of language revitalization in practice* (pp. 147 - 176). San Diego：Academic Press.

57. Home language instruction generally refers to use of the learners' home language (sometimes referred to as mother tongue) as the medium of instruction.

58. UNESCO. (2001). *International conference on education 46th session：Final report* (p. 11). Paris：UNESCO.

59. The language of instruction in or out of school refers to the language used for teaching the basic curriculum of an educational system. The choice of language or indeed the languages of instruction (educational policy might recommend the use of several languages of instruction) is a recurrent challenge in the development of quality education. Although some countries opt for one language of instruction, often the official or majority language, others have chosen to use educational strategies that give national or local languages an important place in schooling.

60. Blommaert, J. (Ed.). (1999). *Language ideological debates*. London：Mouton de Gruyter.

61. Golding, P. , & Harris, P. (Eds.). (1997). *Beyond cultural imperialism：Globalization, communication and the new international order*. London：Sage.

62. Rampton, B. (1995). *Crossing：Language and ethnicity among adolescents*. Longman, UK：Harlow.

63. Baker, C. (1996). *Foundations of bilingual education and bilingualism* (2nd ed.). Clevedon, UK：Multilingual Matters.

64. Cummins, J. (1986). Empowering minority students：A framework for intervention. *Harvard Educational Review, 56*(1), 18 - 36.

65. UNESCO. (2007). *Advocacy kit for promoting multilingual education：Including the excluded*. Bangkok：UNESCO/Bangkok.

66. Benson. (2002). Real and potential benefits of bilingual progammes；Cummins. (1986). Empowering minority students.

67. Benson, C. (2009). Designing effective schooling in multilingual contexts：The strengths and limitations of bilingual "models. " In A. Mohanty, M. Panda, R. Phillipson, & T. Skutnabb-Kangas (Eds.), *Multilingual education for social justice：Globalising the local*. New Delhi：Orient Blackswan.

68. Wilson & Kamanā. (2001). Mai loko mai O ka 'I'ini.

69. UNESCO. (2007). *Advocacy kit for promoting multilingual education*.

70. Warner, S. (2001). The movement to revitalize Hawaiian language and culture. In L. Hinton & K. Hale (Eds.), *The green book of language revitalization in practice* (pp. 134 - 144). San Diego：Academic Press.

71. Wilson & Kamanā. (2001). Mai loko mai O ka 'I'ini.

72. Wilson, Kamanā, & Rawlins. (2006). Nawahi Hawaiian laboratory school.

73. King. (2001). Te Kohanga Reo: Maori language revitalization; McClutchie Mita, D. (2007). Maori language revitalization: A vision for the future. *Canadian Journal of Native Education,* 30(1),101 - 107.

74. Ball, J., & Simpkins, M. (2004). The community wihin the child: Integration of Indigenous knowledge into First Nations childcare process and practice. *American Indian Quarterly,* 28(3 - 4),480 - 498; Bernard, J., Lefebvre, M. L., Kilbride, K. M., Chud, G., & Lange, R. (1998). Troubled relationships in early childhood education: Parent-teacher interactions in ethnoculturally diverse child care settings. *Early Education and Development,* 9(1),5 - 28.

75. Ball, J., & Pence, A. (2006). *Supporting Indigenous children's development: Community-university partnerships.* Vancouver: UBC Press.

76. Ibid.

77. UNESCO/MOST. (2002). *Best practices using Indigenous knowledge.* The Hague: UNESCO/MOST.

78. UNESCO. (2008). *Mother tongue instruction in early childhood education: A selected bibliography.* Paris: UNESCO.

79. Bellar, S. (2008). *Fostering language acquisition in daycare settings: What does the research tell us?* Working Papers in Early Childhood Development. The Hague: Bernard van Leer Foundation; Nicholas, H., & Lightbown, P. M. (2008). Defining child second language acquisition, defining roles for L2 instruction. In J. Philp, R. Oliver, & R. Mackey (Eds.), *Second language acquisition and the younger learner* (pp. 27 - 51). Amsterdam: John Benjamins.

80. Fuller. (2007). *Standardized childhood*; Kincheloe. (2000). Certifying the damage; MacNaughton. (2007). *Doing Foucault in early childhood studies*; Nsamenang. (2008). (Mis)understanding ECD in Africa.

81. Cummins, J. (1986). Psychological assessment of minority students: Out of context, out of focus, out of control? In A. C. Willig, & H. F. Greenberg (Eds.), *Bilingualism and Learning Disabilities* (pp. 3 - 13). Chicago: American Library; Stairs, Bernhard, & Colleagues. Considerations for evaluating "good care."

82. Ball & Bernhardt. (2008). First Nations English dialects in Canada.

83. Canada Council on Learning. (2007). *State of learning in Canada.*

84. In Canada, the 1982 Constitution Act recognizes three separate peoples as original inhabitants: Inuit, Métis, and North American Indian (more commonly known as First Nations).

85. A reserve is land set apart and designated for the use and occupancy of an Indian group or band — as such, the terms "on-reserve" or "off-reserve" are generally not applicable to Métis or Inuit.

86. Indian and Northern Affairs Canada and Canadian Mortgage and Housing Corporation. (2007). *Aboriginal demography: Population, household and family projections, 2001 - 2026.* Ottawa, ON: INAC and CMHC.

87. The population of Aboriginal children entering schools in Canada has been increasing, particularly in the Yukon, Northwest Territories, and Nunavut, and in the provinces of Saskatchewan and Manitoba. For example, in 2006, in Saskatchewan, Aboriginal children made up 20% of all children under 6 years old. According to the 2006 census, there were approximately 7 000 Inuit, 35 000 Métis, and 47,000 off-reserve First Nations children under the age of 6 across Canada See Statistics Canada. (2006). *Census of the population 2006*. Ottawa, ON: Statistics Canada.

88. Battiste, M. (2000). Maintaining aboriginal identity, language, and culture in modern society. In M. Battiste (Ed.), *Reclaiming Indigenous voice and vision* (pp. 192 – 208). Vancouver: UBC Press; Mendelson, M. (2006). *Aboriginal peoples and postsecondary education in Canada*. Ottawa, ON: Caledon Institute of Social Policy.

89. Until recently, Indigenous peoples were excluded from educational opportunities equivalent to those offered to nonIndigenous peoples. Most options for postsecondary education were closed to them until the 1960s. Most parents and grandparents of Aboriginal children today were forced to attend Indian residential schools (or occasionally day schools) where the curricula prepared students for nonacademic roles including manual and domestic labor. The last of these schools closed in 1996. See Fournier, S., & Crey, E. (1997). *Stolen from our embrace: The abduction of First Nations children and the restoration of Aboriginal communities*. Vancouver: Douglas and McIntyre.

90. Canadian Centre for Justice. (2001). *Aboriginal peoples in Canada. Statistics profile series*. Ottawa, ON: Minister of Industry; First Nations Child and Family Caring Society of Canada. *Wen: De: We are coming to the light of day*. Retrieved from http://www.fncfcs.com/docs/WendeReport.pdf.

91. Council of Ministers of Education. *Quality education for all young people: Challenges* (para. 22). Retrieved from http://www.cmec.ca/international/ice/47_ICE_report.en.pdf.

92. For example, in 2003, the Ministry of Education in British Columbia found that Aboriginal students in grade 4 were "not meeting expectations" at a rate 16% higher than non-Aboriginal students. In grade 7, this rose to 21%. Between 40% and 50% of Aboriginal students failed to meet the requirements of grades 4,7, and 10 literacy tests. See Bell, D., with Anderson, K., Fortin, T., Ottoman, J., Rose, S., Simard, L., & Spencer, K. (2004). *Sharing our success: Ten case studies in Aboriginal schooling*. Kelowna, BC: Society for the Advancement of Excellence in Education. Retrieved from http://www.artssmarts.ca/media/fr/sharingoursuccess.pdf. Among Canadian children enrolled in school, the proportion of Indigenous people who have not attained a high school diploma is approximately 2.5 times greater than the proportion of non-Aboriginal Canadians, accounting for nearly half of Aboriginal youth leaving secondary school early (see Mendelson. (2006). *Aboriginal peoples and postsecondary education.*). The gap in high school attainment is highest for Inuit (3.6 times higher than the Canadian average). One of the primary reasons Inuit students now state for leaving high school is to care for a child. See Government of Nunavut and Nunavut Tunngavik, Inc. (2004). *Background paper*

310

submitted to the Canada-Aboriginal peoples roundtable. Iqaluit, ON: Government of Nunavut and Nunavut Tunngavik, Inc.

93. Sharpe & Arsenault. (2009). *Investing in Aboriginal education in Canada.*

94. Bennett. (2003). *Early childhood education and care policy.*

95. Leitch, K. K. (2008). *Reaching for the top: A report by the advisor on healthy children and youth.* Ottawa, ON: Health Canada.

96. Native Council of Canada. (1990). *Native child care: The circle of care.* Ottawa, ON: Native Council of Canada.

97. Royal Commission on Aboriginal Peoples. (1996). *Report of the royal commission on Aboriginal peoples* Vols. 1 and 3. Ottawa, ON: Minister of Supply and Services Canada.

98. Indian and Northern Affairs Canada. (2007). *Early childhood development: Programs and initiatives.* Retrieved from http://www. ainc-inac. gc. ca/hb/sp/ecd/index-eng. asp.

99. Statistics Canada. (2006). *Aboriginal peoples' survey 2001-initial findings: Well-being of the non-reserve Aboriginal population.* Retrieved from http://www. statcan. gc. ca/pub/89-589-x/index-eng. htm.

100. Zigler, E. , & Valentine, A. (Eds.). (1979). *Project Head Start: A legacy of the war on poverty.* New York: Free Press.

101. Minister of Public Works and Government Services. *Aboriginal Head Start in urban and northern communities: Program and participants 2001.* Retrieved from http://www. hc-sc. gc. ca/hppb/childhoodyouth/acy/ahs. html; Western Arctic Aboriginal Head Start Council. (2006). *Ten years of Aboriginal Head Start in the Northwest Territories* 1996 *to 2006.* Yellowknife, NWT: Western Arctic Aboriginal Head Start Council.

102. First Nations Centre. (2005). *First Nations regional longitudinal health survey 2002/ 03: Results for adults, youth and children living in First Nations communities.* Ottawa, ON: Assembly of First Nations/First Nations Information Governance Committee. Retrieved from http://www. naho. ca/firstnations/english/regional_health. php.

103. Leitch. (2008). *Reaching for the top.*

104. Ball, J. (2005). Early childhood care and development programs as hook and hub for inter-sectoral service delivery in Indigenous communities. *Journal of Aboriginal Health,* 2(1), 36 – 49.

105. Fuller. (2007). *Standardized childhood.*

106. May, H. , & Carr, M. (2000). Empowering children to learn and grow-Te Whariki: The New Zealand early childhood national curriculum. In J. Hayden (Ed.), *Landscapes in early childhood education: Cross-national perspectives on empowerment-a guide for the new millennium* (pp. 153 – 169). New York: Peter Lang; Reeders, E. (2008). The collaborative construction of knowledge in a traditional context. In J. Simpson, & G. Wigglesworth (Eds.), *Children's language and multilingualism: Indigenous language use at home and school* (pp. 103 – 128). London: Continuum; Tagataga, Inc. (2007). *Inuit early childhood education and care: Present successes-promising directions.* Prepared for Inuit Tapiriit Kanatami; Wilson, Kamanā, & Rawlins. (2006). Nawahi

311

Hawaiian laboratory school.

107. Ball, J. (2005). "Nothing about us without us": Restorative research partnerships involving Indigenous children and communities in Canada. In A. Farrell (Ed.), *Exploring ethical research with children* (pp. 81 - 96). London: Open University Press/McGraw-Hill Education.

108. Hanushek, E. A., & Wolfmann, L. (2007). *Education quality and economic growth*. Washington, DC: World Bank.

第5部分

跨越地理的经验应用

14

适应跨越边界的创新 消除教育中的公平差距

Fernando Reimers，North Cooc 和
Jodut Hashmi

在过去 60 年里,世界的教育机会发生了显著的变化。1948 年颁布的《世界人权宣言》将教育列为基本权利之一,接着,一个全球架构随之建立来支持实现这一权利,这些都改变了人类。而 60 年前,世界上绝大多数的儿童都没有机会上学,而今天大多数的儿童都有这个机会。由于早期工业化国家长期以来一直致力于普及教育,所以上学儿童的人数在发展中国家增长最显著。

尽管取得了这些进展,但尚未实现向全世界所有儿童普及小学教育的目标。官方统计数据显示,全世界约 7 200 万的小学适龄儿童目前没有上学,约有 7.59 亿的成人不识字,而这一数据可能大大低估了这一问题的严重性。在发展中国家,开始上小学的儿童中有四分之一的人还没能够阅读和写作就辍学了。2007 年,几乎有五分之一的青少年,将近 7 100 万人失学。[1]受教育程度最低的儿童和青少年通常来自次优势群体：贫穷人群、女性以及少数民族和语言少数群体的成员。

在教育所有儿童方面全球性失败的三个备选解释是：在国家和全球层面缺乏政治承诺,缺乏方法实现为所有儿童提供优质教育的目标,以及实施失败。鉴于国家和国际支持普及基础教育的声明和立法十分丰富,很难认为这些问题反映出缺乏声称的兴趣或全球承诺来教育所有儿童。当然有证据表明,试图实现这一目标的计划面临严重的实施挑战。然而,在很大程度上,这种全球性的失败反映了缺乏有效方法来实施世界上大多数国家表示感兴趣并承诺的计划——教育所有的儿童。因此,尽管在 20 世纪儿童上学情况有了明显的好转,现有的证据表明,许多儿童对于预期课程学习得太少,不同社会群体的儿童所学习的内容存在严重的不平等,而且在学校学到的东西常常难以改变受教育者的社会机会或使其获得更多的自由。

由于我们将所有儿童纳入学校的愿望有所加强,因此对什么做法起作用的知识的需求也增加了。上述知识对于第一种情境都是不可或缺的,而对这种知识的需求远远超过了在每一种特定情境中特定研究和评价的产出。结果,对于**知识转移**的需求不断增长,这种知识转移是在一种教育情境到另一种教育情境中"起作用"的那些实践。随着这种需求日益增长,人们越来越担心转移的局限性会导致其不足以支持有效的政策,对理解如何从一个情境适当地转移到另一个情境的需求也越来越大。许多对所有儿童的教育感兴趣的教育工作者和政策制定者意识到教育实践转移的局限性后,采取了另一条创新途径——尝试创新,不再关注其他地方的成功实践。用这种试错法来发

315

现如何最好地实现过去 60 年的全球愿望，其代价是非常昂贵的。

　　这一章讨论什么知识有助于创新以促进教育公平的问题。我们认为，教育所有儿童的有效创新需要的不是通过对事实的仔细理解从而释放的创新和创造力、基于天真转移的创新或基于完整的本土研究和开发基础设施的创新，而是会产生教育政策和实践的情境转移所支持的创新。

　　情境转移是一个过程，就是在一种情境下证明有效性的做法去适应另一种情境，同时审查与国家的政策结果相关的各种政策干预方式，分析这些关系对情境特征的依赖性，并确定这些情境的差异会如何限制政策效果的可转移性。这种情境转移概念的核心在于将优质教育理解为一个系统的产物，而不是单一政策干预的产物，其中情境是该系统的核心要素。

　　关于"什么起作用"的想法和实践的转移需要在"进口"那些想法的情境中刺激教育创新，才会有帮助；为了做到这一点，在一个情境中关于"什么起作用"的想法转移需要的不仅仅是关于哪些实践被证明在某些情境中有效实现特定的教育目标，而且是为什么它们在那种情境中有效，以及在不同的情境中，为了能够获得类似结果所必需的适应性。仅仅将一种情境中有效的实践转移到另一种情境中，而没有刚才所述的额外的分析，往往不会产生持续的创新，而只会产生令人失望的结果和失败的实践。

316

教育创新和知识转移

　　促进全球教育公平方面有诸多进展，这些进步是一系列创新以及转移和借鉴这些创新的结果。首先，约翰·阿摩司·夸美纽斯（Jon Amos Comenius）在 17 世纪中期提出一个十分新颖的理念，即所有人都应该接受教育，这一理念跨越地域，历久弥新。夸美纽斯生活在宗教上长期不容异己的偏狭时代，他认为这种暴力的根源在于缺乏技能和知识，因而人们无法相互理解，无法和平地解决他们之间的分歧。又过了两个世纪，另一种创新，即兰开斯特教学法，开创了一种以低成本教育大批儿童的方法。这种方法被转移到普鲁士，在那里，19 世纪的另一种创新，即公共和普及教育系统，成为一个典范，启发着其他情境中的改革者。例如，1804 年，作为美国驻柏林公使的约翰·昆西·亚当斯（John Quincy Adams）羡慕地向国内的同胞们描述了西里西亚的教育制度。[2]1871 年，一个日本代表团前往美国和欧洲借鉴教育实践，以促进日本的现代化。[3]

最近关于所有人都应接受教育的理念转移的例子包括联合国教科文组织在 20 世纪 50 年代初发挥领导作用，召开世界各地教育部长和财政部长会议，以设定普及基础教育的量化目标和里程碑。联合国教科文组织和其他发展组织通过区域会议、出版物、培训计划和合作计划召集起来的教育顾问给出的建议，继续促进经验和做法的交流来实现这一目标。此外，诸如经济合作与发展组织等成员组织为各国提供专家团队，分析教育政策的有效性并提出改革战略。按照设计，这些团队由来自一系列国家的专家组成，目的是提供他们的分析和建议以及通过经验比较得到的教训。

通过这种基础设施得到转移的想法和实践包括教授什么内容、如何教学、如何组织学校系统、如何支持教师的专业发展、如何制定教育计划以及如何监测教育制度的表现。一些想法已转移去支持扩展教育，它们包括在学校建立"两班制"，同一幢校舍用于服务两组儿童；在农村地区建立"多年级学校"，让一两位教师负责小学几个年级的教学；以及创建"学校集群"，通过这些集群，小型的农村学校围绕在一个资源更丰富的"核心"学校的周围，该"核心"学校充当附属学校教师的专业发展中心。最近得到借鉴和转移来支持教育公平的做法包括具体的课程和教学计划、教师专业发展方法、支持边缘化儿童上学的奖学金或创建评估学生知识和技能的国家评估系统。

因此，借鉴和将教育思想和实践从一个情境转移到另一个情境的做法与教育扩展的历史紧密相连。一些转移的思想产生了很大的教育进步。例如，考虑到在 20 世纪 50 年代和 60 年代投资基础设施的资金不足，在同一幢校舍中创设两班制，以迅速增加入学机会，这是发展中国家在这一阶段入学率大幅提高的关键。例如，卓越教师培训中心（CETT, The Centers of Excellence for Teacher Training）自 2001 年以来通过采纳和转移国际阅读协会的最佳实践和"阅读是基础"等成功的计划，提高了拉丁美洲的识字教学质量。[4]另一个情境转移的成功案例是 INJAZ Al-Arab（派遣志愿者去学校教孩子如何创业的机构），它模仿"世界青少年成就"（Junior Achievement Worldwide），培养高中生和刚从高中毕业的学生具备商业、创业和生活技能，以解决中东和北非地区的失业问题。[5]然而，其他许多教育理念和实践没有很好地在跨文化的情境中践行。例如，1997 年，南非采用了一种叫做"以结果为本的教育"（OBE, outcomes-based education）的方法，对教学课程进行改革。一些学者描述了"以结果为本的教育"为何未能改善南非的教育实践，这主要是因为缺乏对教师知识和技能差异的关注。[6]另一个例子是新的数学课程从澳大利亚转移到巴布亚新几内亚的失败，这是因为该转移没有考虑到两种情境中教师素质的差异。[7]同样，马拉维引进整体语言课程来支持识字教学,但是未能创造使大多数儿童学会阅读的条件,这可能是由于班级规模过大,以及教师的准备不足。[8]

虽然对限制教育转移和政策借鉴的担忧并不是什么新鲜事,但是对这一过程的系统学术研究是最近才有的。1970 年正处于发展中国家教育扩张的黄金时代,国际发展社会参与度非常高,Beeby 指出:"负责发展中国家教育的人知道,由于缺乏书籍、设备、受过充分培训的教师,他们将在未来几年内被迫引入真正与他们的需求无关的教育理念。"[9]大多数当代政策转移过程的学术研究聚焦于其结果,以及这些结果与转移时的政治条件如何关联,或与参与到过程中的行动者和机构及其动机如何关联。[10—13]

虽然教育转移成功或失败时进行事后分析通常是可能的,但是事前分析则是一个完全不同的问题。这是因为,虽然比较教育学者已经认识到转移与情境之间的关系比较棘手,但是相对而言还是较少去制定分析策略来提高转移的有效性。这使得政策改革者认识到没有管控转移风险的工具所造成的风险。本章介绍一种形式为五步概念框架的分析方法,其目的是促进教育实践的转移,从而刺激教育创新,消除教育中的公平差距。

我们需要了解哪些东西才能消除教育中的公平差距?

为了消除教育中的公平差距,我们需要了解有哪些差距,导致这些差距的原因以及用什么来消除这些差距。要在任何给定的情境下知道这一点,我们需要估量我们已知的东西,进行具体的研究,并从其他情境中转移知识和最佳实践。

有四个广泛的领域,在这些领域中进一步的知识对于增加教育机会是至关重要的。首先,我们需要知道教育机构如何与其他社会机构相关联。这包括了解社会和社会中的各种群体如何重视教育,以及学校如何开展工作与家庭和社区的价值观、期望和规范之间的连续性和不连续性。了解教育机构还包括除知道规定的教育儿童的目的外,还要知道他们服务的广泛目的。例如,在一些社会中,公共教育系统用于奖励政治忠诚和支持政党或团体。在一些社会中,一些机制按照社会经济、政治、民族、种族或宗教实行各种形式的隔离,教育机构就是其中之一。在一些社会中,有人向学生和家长索取各种贿赂和礼品,承诺安排最好的学校或请到最好的教师,或是获得教师的特别关注。如果我们要了解教育机构如何与其他机构和文化相关联,知道那些做法的

318

普遍性及其将不同学生分类到不同教育群体的后果是非常重要的。了解社会中的不同群体对学校的期望，以及他们对目前学校的运作方式的满意程度，这些是十分必要的。

第二，我们还需要了解教育机构如何运作以及在这些教育机构中学习哪些东西。谁来教、以何种方式、运用何种技术、采用何种教育法、如何管理，以及教授什么内容、教授哪些学生、成本如何和谁来支付。我们还需要了解学校在发展认知、社会和情感能力方面的效果如何；学习环境怎样；以及学生是如何被他们的同龄人、老师和学校其他人对待的。其他相关的考虑包括儿童如何适应学校和学校学习的过程，以及学校学习如何与学生生活的其他方面相适应。

第三，对教育质量的关注需要集中注意力于教学的预期目的，以及帮助教师实现这些目的的过程。因此，应该进一步加强对中等收入和低收入国家的教育机会的关注，而不是目前仅仅强调获得和完成基础教育。同时也应该重点关注教师如何帮助学生开发能力，从而增加学生的生活选择。为了实现这一点，我们需要知识来支持教学改进，包括教学核心——学生、教师、课程和教学资源之间的日常互动。教学改进的另外一些方面是时间、一致性和协调性。学习和教学需要时间，而且一般来说，学生和教师的参与式学习时间越多，学生学到的东西就越多。在学生的整个学习轨迹上保持教学质量的一致性，这一点同样很重要。一位优秀的教师在某个科目上只教授一年对一个人的人生是不会有太大帮助的。课程、教学、资源和评估应在年级内部和年级之间保持一致，以保证学生的教育经历是连贯、累积和协同的。

第四，基于对教育机构与其社会情境的关系以及对其运作和效果的良好理解，我们需要了解干预措施的影响，这些干预措施旨在提高学校的运作效果。这种评价形式的目标应该不仅仅是确定计划的影响，而且它应该促进计划理论的发展。为此，评估需要检查过程，即实际的机制，也就是说要评估某些干预是如何通过该机制产生特定结果的。

最后，我们需要了解变革本身的过程以及领导能力和专业发展在发起和维持变革中的作用。教育领导力的目的在于支持在学校一级做如下努力：为学校输入优质教师；让这些教师在职业生涯开始阶段和整个职业生涯中得到充足的准备；以相关、真实、高质量以及智力上具有挑战性和吸引力的目的和课程指导他们的工作；支持延长参与式学习时间，同时保证一致性和协调性。我们需要更多地了解如何选择、准备和维持这种领导力，特别是在低收入国家。

我们如何开发消除公平差距所必需的知识？

历史上和在全球范围内，关于教育目的和实践的创新观念的转移是消除教育公平差距的主要机制。在 20 世纪下半叶，全球架构专门得到开发用来支持实现教育权，促进上述形式的教育实践转移是全球架构的功能之一。偶尔，一些做法经过全球教育架构网络的传播，已经在特定情境中得到系统评估，但这并不是规范，也未被证明是在新情境中以创新形式传播或采用的必要条件。

以不成熟的教育实践转移为基础的创新，其问题在于教育机构是复杂的系统，其性能是系统的组成部分相互依赖的结果。其中的一个组成部分是**情境**，它是规范和实践的缩写，这些规范和实践是特定文化、社会和制度实践的特征。事实上，教育实践，如数学教育的特定方法，已经证明在 A 国有效并不意味着在 B 国也同样有效，因为在 B 国，教师能力、父母对教学的支持或支持教学的资源的可用性都可能不同。严格来说，关于教育实践的有效性的知识不应该推广到边界之外，即这些实践经过科学研究的边界之外。这些边界包括这些效果经过测试的结果、受到了研究的成绩水平和特定的学生人口、受到了研究的社会和经济情境的特定集合，以及受到了研究的教育机构的特征。例如，在班级规模为 18 至 45 名学生的国家中，对班级规模对学生成绩的影响进行研究，其结果几乎不能反映班级规模为 50 至 300 名学生时所产生的影响。反过来，班级规模是调节其他教育实践影响的情境层面。在美国，目前对识字教学的研究强调对"有阅读困难的读者"给予个性化关注的重要性。这样做需要采取可以甄别这些读者的方法，并且具备条件让教师或其他阅读专家来帮助这些有阅读困难的学生。在能够采用相对小型班级规模的教育系统中，这些实践的转化已经得到采纳。而在某些情境中，例如在马拉维，一年级的班级有数百名学生，这些实践的转化对实施而言是一个巨大的挑战，其结果是在班级规模小的国家允许关注有阅读困难的读者，但这样的实践不可能适用于班级规模大得多的情境。

要应对这种基于研究的知识的局限性，一种方法是赞成复制研究，这些研究评估这些实践在广泛的情境中的影响。随着时间的推移，这种复制将有助于领悟关于政策—结果关系的知识，这些关系在广泛特定情境中得到大力推广。在刚才提到的例子中，我们可以根据经验评估在班级规模超过 100 名学生的情境中，班级规模如何影响学生的成绩。而这一评估在几个国家的复制实验研究中已经进行，这些实验研究的内

320

321

容为有条件现金转移计划的影响。然而对构建这种知识架构所需的评估资源进行的投资，超过了投入教育研究和评估的资源的水平几个数量级。这当然强调了投资这些资源的重要性，以及制定一项战略来指导如何投资这些资源的重要性。在每一种可能的情境中复制关于特定教育实践影响的研究，这显然是不可能的。一项策略应该有助于确定哪些复制最有可能推进理论，并帮助决定何时停止复制。但是，无休止地进行研究是不可行的，这一不可行性所导致的局限性也强调了寻找其他方式来产生知识库的紧迫性。

因为产生一个本地知识库以支持创新既昂贵又耗时，所以那些需要立即做出决定，为边缘化群体增加教育获取机会、提高教育质量和相关性的人通常根据良好实践的想法来创新，而不管这些想法产生的地点。换句话说，他们不成熟地转移关于"什么起作用"的想法，而不太注意产生了这种影响的情境的特定方面。

不成熟地转移教育实践的局限性、发展本土知识库的挑战以及复制政策有效性研究的局限性部分解释了实现教育公平所面临的持续挑战。因此，许多教育政策不是基于证据，或至少是与相关背景相关的证据。创新显然是必要的，但是基于什么知识？

情境转移：框架

情境转移是一种支持和训练教育创新过程的务实方法，尽可能充分利用关于在教育中什么起作用、基于科学的知识，在现实时间框架中，政策制定者和程序设计者需要做出决策，决定向前推进的方式，并在资源限制范围之内进行决策，大多数的决策环境都是如此。为消除公平差距，政策和实践知识的情境转移有五个步骤，包括：(1)明确需求，将需求转化为一个易处理的问题，(2)彻底分析问题存在的情境，(3)评估现有关于手头问题的决定因素的研究和关于在其他情境中解决问题的最佳实践的研究，(4)分析现有研究与情境之间的差距，(5)设计实践创新或转移来消除差距。如果资源

322 和时间允许，这一基本的五步框架可以增加一个额外的步骤——根据进口情境中的转移对创新试点进行评价。

这个五步框架使得从一个情境到另一个情境的适应过程变得透明，因而该框架与政策不成熟的转移大相径庭，因为在不成熟的转移中，这种正式的分析充其量也只是隐含的。在这种情况下，情境转移使得适应过程受制于公众监督和验证过程，这些过

程达成了主体间的一致,科学的知识正是基于这种一致。因此,作为情境转移的重要部分的知识库是可证伪的,就同所有正面知识都是可证伪的一样,因此科学上是真实的。[14]

确定需求

要想确定何种证据与如何消除公平差距相关,第一步是确定在特定情境中的差距和需求,正如对教育事业有兴趣的各种群体所感知的那样。运用社会科学方法系统性地评估这些需求是有可能的。

界定特定社会或社区中哪些问题是重要的,应该包括对这一现实的直接分析,而不是根据在其他情境中努力解决这些问题的人的倡导或兴趣。通常,构成全球教育架构的网络不仅传播着关于解决现实和感知问题的想法,而且传播着关于哪些问题值得处理并应该优先考虑的想法。由于全球架构包括为处理教育问题提供服务的行业和利益集团,因此要这些身处需要改进教育公平领域之外的机构来确定哪些问题需要他们的专门知识或服务进行优先处理,这样必然存在着一种固有的利益冲突。国际发展界的许多教育优先事项是全球倡导联盟良好组织的结果,联盟对他们试图服务的社区和受益者承担有限责任。虽然这些全球联盟可以并且在扩大教育机会方面发挥了非常宝贵的作用,但是必须更直接地利用那些更接近问题的人的知识,以确定哪些教育需求应该得到优先注意,并尽可能确立前景良好的选项来满足这些需求。

教育机构的三个独特特征与需求和优先事项的确定有关。首先是许多利益相关者受到这些机构的成果的影响。学生本身显然是一个最重要的群体,但在他们的教育轨迹的早期部分,学生由成年人作代表,包括父母和护理者,他们为学生做出决定。其他利益相关者包括教师、社区成员和整个社会,他们都受到教育成果的影响。

教育机构的第二个独特的特征是,它们有多个短期和长期的成果,在不同的拥护者群体和不同的社会中价值不一。学校可以在一天中的部分时间内给予儿童相对水平的安全,为其提供场所、护理和营养品。他们可以提供参与社会所重视的活动的可能性,赋予儿童以社会角色,以及提供积极的社会、情感和认知参与的机会。他们可以为学生准备随后的教育,并提供有助于承担成人角色的知识和技能。一些社会团体最关心的成果持续漫长的一生,例如帮助人们过上充实的生活,以及成为富有成效和积极参与社会的成员。事前预测人们将来生活的社会情境是很难的,这将使得确定如何为一个不确定的未来做最佳准备变得困难重重。由于社会中的不同群体对这些成果的重视程度不一，因此难以就改革策略达成共识。

　　教育机构的第三个特征是，它们作为一个系统运行，而其规模和复杂性使得识别和协调干预以满足需求充满了挑战。良好的教育是这种制度的组成部分协调和协同的结果：优质的课程、合格的教师、支持教师工作的校长和学校督导员，以及一个良好的研究和发展系统用以继续支持学校创新。教育不能提供像口服液、避孕药等药物治疗或其他良方，单一输入就能具有独立于教育系统中其他条件的显著效果。在某种程度上，这是因为认知、情感和社会发展是一个长期的过程，因此需要持续的、高质量的支持。人生发展的多维性也需要丰富和广泛的机会来促进。

　　教育机构的这三个特点使得利用证据促进公平具有挑战性。对于一些相关问题，获得证据本身就非常具有挑战性，例如，对教育政策、计划或做法的长期影响，或其对广泛成果的影响。

　　有一个例子描述了确定教育机构的需求和优先事项可以多么具有挑战性，这个例子便是伊斯兰学校（Madrassa）是否是扩大受教育机会的有效选项问题。伊斯兰学校是具有多种多样的目标的教育机构，这些学校引起了很多人的注意，因为它们被视为传播伊斯兰极端主义。但是要真正判断伊斯兰学校是否是增加教育机会的有效选择，特别是在诸如巴基斯坦和阿富汗等地区，检查这些社区和这个机构的需求和优先事项，并权衡一些学生的潜在风险与这种形式的教育给予许多学生的好处，这一点是很重要的。

324

　　伊斯兰学校影响各种利益相关者。伊斯兰学校是使用阿拉伯语的"学校"，许多伊斯兰学校是在 20 世纪 70 年代末沿阿富汗和巴基斯坦边界发展起来的，为没有其他教育机构的农村社区提供教育。由于伊斯兰学校经常受到伊斯兰教徒必须提供的宗教救济金的资助，伊斯兰学校为上学的学生提供食宿，这就使得它们对低收入家庭和学生更具吸引力。他们还扩大了两国边界的女童教育。因此，伊斯兰学校为大量不曾上过学的学生增加了上学的机会。

　　它们同样也有各种各样的成果。伊斯兰教强调两种类型的知识："启示的"——这是真主直接给予的，和"尘世的"——这是人类必须发现的。[15]伊斯兰学校就是要提供这两种形式的知识，以便让学生为他们现在的和来世的生活做好准备。不同的实体，如领导者、资助者和国家，可以选择强调哪一种。原教旨主义领导人可能强调"启示的"知识，而较为世俗的政府或领导可能强调在伊斯兰学校中更加平衡的知识。最后，伊斯兰学校作为一个系统运作，与其他社会机构相互依存，包括政府。因此，不管伊斯兰学校的目的是什么，所选择的内容是系统组成部分之间协同作用的结果，而不是该教育模态本身所固有的。像在塔利班掌权的阿富汗,可能更加强调"启示的"知识,或者可能教授"启示的"知识的不同要素(但在同一社会制度下的世俗学校也可能发生同样的情况)。当政府不同,或者学校领导因为系统内部的互动而改变时,伊斯兰学校的重点可能完全不同。

鉴于这些复杂性,很难三言两语就能回答清楚伊斯兰学校是否是增加教育机会的一个不错的选择:这一切都取决于当时的情境。社会科学方法,例如学生、家长、教师和社区成员之间的调查或焦点小组,可以非常有效地帮助描述具体情境的特性,确定被排除在学校之外的儿童的需要,以及评估各种选项的相对优点来满足这些需求。

分析情境

教育政策情境转移过程中的第二步是分析学校所处情境的人口、地理、文化、历史、经济、政治和社会层面,学校本身的制度情境,以及可能的未来趋势。例如,对人口结构和该结构的可预测趋势进行分析,可以帮助确定目前在获得上学机会以及制度和人力资源方面的差距,而随着学龄人口扩大或其组成发生变化,这些上学机会以及机构和人力资源对于满足未来教育需求是必不可少的。对经济情境的分析将有助于解释教育如何并且能够促进经济发展以及劳动力的就业和生产力。对机构的分析将确定其支持各类活动和改革的能力程度。在这种情境分析的背景下,研究者将有可能辨别何种关于如何解决特殊教育需求的研究最为相关,并且可能对其他情境中现有研究的已知内容做适应性调整。

例如,当试图创建政策或建立评估来解决少数民族的教育机会问题,例如印度的伊斯兰教徒,检查学校所处情境的所有相关方面是必要的。伊斯兰教徒占印度人口的13%,是第二大宗教团体,也是该国最大的宗教少数群体。查谟·克什米尔、旁遮普和孟加拉等地区伊斯兰教徒人口集中,伊斯兰教徒人口在不同地区并不是均匀散布的。虽然印度有大量的伊斯兰教徒,但是伊斯兰教徒被认为是少数民族,他们在政治、社会、经济和教育上被边缘化。

政治上,由于1947年印度分裂成印度共和国和巴基斯坦伊斯兰共和国,伊斯兰教徒经常与印度占人口大多数的印度教教徒起争执。目前,伊斯兰教徒在政府中的代表性不足,许多人认为这导致了印度一些伊斯兰教徒青年的反抗行为。虽然伊斯兰教徒的经济状况因地区而异,但是伊斯兰教徒毕业生的失业率是所有社会经济群体中最高的,同时伊斯兰教徒是印度最贫穷的群体之一。6至14岁的伊斯兰教徒少年儿童中,

325

多达 25％的人从未上过学或已退学。尽管小学入学率增加,伊斯兰教徒入学率仍然落后于全国平均水平。最后,伊斯兰教徒的识字率远低于全国平均水平。[16]

理解印度伊斯兰教徒青少年生活的这种情境,对于制定有效的政策或计划举措,从而为他们提供教育机会至关重要。这种情况的可能后果是伊斯兰教徒青少年与传统学校疏远,这可能使创新的教育计划——或许由私人机构或公私伙伴关系管理——成为更有希望的选择来克服一些可能的障碍,那些障碍阻碍通过扩大已建立的公立学校来吸收这些青少年。

检讨包括评估和其他应用研究在内的现有研究

特定的政策试图解决需求和问题,而对于这些已知的需求和问题的研究是一个有价值的步骤,因为这一研究为如何增加教育公平性的逻辑分析提供了一些规则。关于这个话题,研究都得出了哪些结论? 不同研究之间的规律是什么? 哪些调查结果在不同情境中是一致的,哪些调查结果随特定的情境而变化? 由于结果的变化与情境的变化有关,那么从检验结果的变化中可以得出哪些结论?

在学习研究中已知的有关教育需求的内容时,视野开阔一点是有意义的。一种方式是察看与身边特定情境不同的一些情境。但是也可以察看针对不同人群进行的研究、有着不同教育结果的研究等等。浏览教育之外的领域的研究和实践甚至也有帮助的。这一步骤的主要目的是探索性的,做出假设,然后系统地进行审查,以支持政策干预的设计。

审查应用研究和分析,包括深入研究国家和国家以下各级的教育系统;历史研究;学校、课堂、学生和社区的民族构成研究;学校效力研究;计划评估,以及这些话题的跨国比较性知识。这些特别有用。这种分析还需要包括评估研究和其他形式的调查,这些调查可能不会成为学术出版物,但是它们构成了记载计划和政策存在期的文献。支持有效教育改革的知识库必须是多方面的,这有助于全面和系统地了解教育机构及其变化情况。

支持教育行动所必要的设计和创新还需要利用其他形式的知识和发展,而不仅仅利用过去所做的研究。例如,新的电信技术的发展,特别是手机、计算机和即时翻译技术,为一些教育挑战提供了很大的设计创新潜力,包括管理教育机构和丰富教学法,支持教师专业发展,或直接向学生提供更多学习上的个性化支持。

例如,在一个特定的国家中,低年级的保留率很高,那么考察其他情境中对保留率研究的跨国评论是有意义的。[17,18]这些评论中的大多数假定早期保留率与年轻学习者存在阅读困难有关。[19]基于这一发现，人们可以寻找证据来检验这些假设，即在相关情境中早期识字确实存在问题。如果有这样的证据存在，那么可以卓有成效地检视关于识字教学的国际文献，并利用这一知识体系，将其作为一个基础来推动存在问题的国家中识字教学实践的系统检查。然而，如前所述，比较研究中课程的系统翻译也需要我们比较各种情境的不同之处，例如班级规模、教师资格或家长对识字的支持等方面。　327

分析情境中的差距

系统分析教育公平需求已经得到确认的情境，并回顾关于这些需求和解决这些需求的干预措施的研究，在这之后，必须确定已经开展这一研究的情境和处于检查中的情境之间的差距。

例如，大部分基于美国、关于识字习得的文献强调平衡教学、整合语音意识的发展、阅读理解能力、解读技巧和阅读积极性的重要性。但是，在使用这一文献来解决各种情境中类似的阅读困难问题时，还应该考察发音与文字的对应在对比下的不同语言之间的差异，存在何种资源来支持识字教学，以及教学如何受到儿童分组方式和这些组的规模的约束。例如，在马拉维，小学教师平均教导 85 名学生，这一数字与课堂上所发现的人数完全不同。[20]许多低收入国家往往缺乏基本的基础设施和教学材料，包括黑板、椅子、铅笔、笔记本或书籍，同时教师的能力水平在不同情境中差异很大。教师的能力水平是转变职业发展方式的一个重要因素。

同样，约束可以植根于教学法的文化。例如在中国，几个世纪以来，学习主要以教师为中心。如果其他国家的研究认为以学生为中心的学习对教育有好处，那么在教学法上已经发现了差异。除了确定这一差异外，重要的是分析围绕差异的诸多问题，例如以学生为中心的学习的成本效益，家长和管理者等利益相关者对于教师和学生的角色的期望，以及其他复杂的问题，例如改变教育的目的，从知识型转变为技能型。

产生创新和最佳实践的转移

对已经开展研究的情境和考虑开展研究的情境之间的差异进行了明确的分析后，就有可能确定哪些做法可以转移，以及哪些创新修改对于适应当地情境是必要的。很少有某个做法原封不动地从一个情境转移到另一个情境，而对不同机构的情境和能力的适应是常见和必要的。这个过程的结果是在一般的干预类别中，以最适合当地特定情境的方式重建创新的特定实例。

328

一个例子是产生创新和转移来解决阿富汗女孩接受教育的机会问题。在阿富汗，只有 20％的女孩在学校上学。[21]试图通过从其他存在相似挑战的地区转移做法来消除公平差距，这会让我们考虑建立更多靠近女孩住所的学校，培训更多的女教师，培训教师使用适合女孩的教学法，运用有条件的现金转移来说服家庭送女孩上学，以及举办社区讲习班来向家庭灌输女孩受教育的重要性。

其中一些政策比其他政策更适合阿富汗或阿富汗特定地区的情境。严格分析这些情境的差异和相似之处，对于决定哪些做法可以被转移或应如何调整这些做法至关重要。例如，这个国家的公共行政腐败程度高，使得奖学金的使用存在潜在的浪费；有证据显示父母在难民营时会将女儿送到学校，这表明相比于基于需求的干预措施，应优先考虑增加女孩受教育的机会，并缩短住所和学校之间的距离。在女孩从家到校面临严重风险的地区，应评估选择安全上学还是通过各种技术在家学习。从根本上说，研究者可以给最好的国际范例提供一个清单，列出公平差距的具体原因的证据，以及使某一些选择胜过其他选择的情境的特殊特征。

应用框架：两个案例研究

我们以两种关于公平的挑战来说明这种情境化教育转移方式的应用：向受冲突和紧急情况影响的人群提供教育，以及向边缘化人群提供学习阅读的机会。

后冲突时期亚美尼亚男孩受教育的机会

教育可以服务于亚美尼亚家庭的需求，因阿塞拜疆与亚美尼亚之间的纳戈尔诺—卡拉巴赫(1988—1994 年)战争导致大批男性死亡，许多家庭变得支离破碎。获取优质教育可以为这些孩子，特别是男孩提供经济上取得成功的手段，同时还提供一种避免犯罪行为的途径。最后，从长远来看，改善教育机会可以使亚美尼亚摆脱低收入国家的现状，推动其进入自后苏维埃时代以来一直想进入的市场经济时代。

确定需求

在亚美尼亚,教育有可能使那些愿意工作的男孩和女孩受益,因为教育在这些孩子完成学业时,为他们提供在工作中取得成功的手段。在亚美尼亚,与女孩相比,男孩在学生学习的国际评估上水平较低。男孩在获得基础教育方面也面临重大挑战。因此,高中和高等教育入学率已经下降并继续下降。许多男孩上学时有着工作的社会压力,这导致他们辍学来养家糊口。因此,与女孩相比,他们更有可能旷课和辍学。然而很少有方案和政策应对亚美尼亚男孩面临的日益严峻的挑战。

供应方面的许多因素有助于改革教育制度,以实现其目标,并为男孩和女孩在劳动力市场上取得成功做有效地准备。这些因素可以包括:合格的教师、高质量的学校、低廉的学费、联邦和地方政府对教育的支持、学校材料和较低的上学机会成本。

分析情境

亚美尼亚曾是苏联加盟共和国之一,同时是一个低收入国家。亚美尼亚由于转变为市场经济,在过去的 15 年中经历了许多政治、工业和社会改革,而同时其教育制度以及其他的公共服务已经恶化。资源用于纳戈尔诺—卡拉巴赫战争,因而教育预算随之减少。较低的社会公共教育经费使得社区难以将优质的学校维持在一个良好的状况。教育已经主要成为一个私人系统。学校现在更加昂贵,加重了儿童上学和完成学业的财务负担。在农村和边远地区生活着许多少数民族,而位于这些地区的学校受此预算不足情况的影响最大。[22]

儿童贫困也影响到学生接受高一级教育的能力。需要工作来养家的学生不能继续接受高等教育。18 至 45 岁的男子志愿服兵役和被政府征兵,影响到许多家庭的构成,使家中失去了男性主心骨。这对男孩的社会期望产生了影响,给他们增加了额外的压力,迫使他们离开学校,打工来养家。因此,童工问题已成为学校教育的重大障碍,特别是对来自较贫困社区的孩童而言。[23]

亚美尼亚有些地区崇尚男子进行与农业劳作有关的体力劳动,这种文化期望会过多地对男孩产生影响。[24]因此,在难民和少数民族地区,儿童的旷课、留级和辍学率远高于全国平均水平。[25]在许多少数民族地区,即使是教师也参与耕种,因此他们往往缺课。

330

检讨包括评估和其他应用研究在内的现有研究

各种研究记录了世界不同地区男孩受教育程度的恶化。关于童工问题对男孩教育的影响的研究特别广泛和有益。在学校里，半工半读的学生、贫困或残疾学生，以及以前曾是童工的学生受到歧视。[26]在亚美尼亚，由于缺乏特殊的教育支持，许多儿童因为自己所做的工作成了残疾后便很难参与正规教育。研究还表明，老师对残疾学生区别对待，使这些残疾学生在课堂上感到不舒服。以前曾是童工的学生往往比同学年纪大一些，而课堂上的年龄差异会对教师教授所有学生的能力产生负面影响。童工也面临同学的歧视，制度的歧视和同学的歧视共同阻碍了以前曾是童工的学生来上学。[27]

男孩反学校教育的态度和男性少年犯罪归因于亚美尼亚社会中男性榜样非常少。男性榜样对年轻男性十分重要，但由于纳戈尔诺—卡拉巴赫战争，家庭中可能没有男性榜样。男孩也不太可能在学校找到男性榜样，因为研究表明，亚美尼亚学校的教职工主要由女性构成。[28]澳大利亚、莱索托和圭亚那的研究表明，男孩将男性教师视为榜样。[29]

分析研究和情境之间的差距

虽然关于如何处理男孩参与不足和学习成绩不良的问题的研究有限，但有不少研究是关于男孩反学校教育行为的指导，同时还有证据表明亚美尼亚的后冲突局势如何恶化了这些问题。在亚美尼亚的情境中，导致男孩学校教育恶化的所有问题都是有关联的。后苏维埃时代缺乏教育资源，导致教育质量下降和教育机会不断减少。纳戈尔诺—卡拉巴赫战争更恶化了这一问题，在该战争期间，许多男性死亡，留下他们的家属自力更生。除了男孩的高旷课率和高辍学率外，在学校中男性榜样的缺乏、对学科的性别定型观念、学校与劳动力市场之间关系的不可见以及与童工重新入学相关的问题都与男孩受教育机会的不断减少有关。这些特别的问题已在其他国家得到广泛审视，除非通过各种解决方案多管齐下解决这些问题，或是发展创新来应对亚美尼亚各地区的具体挑战，否则我们不太可能扭转亚美尼亚男孩受教育机会不断减少的趋势。

331

创新的产生和最佳实践的转移

考虑到关于童工的研究、对男孩反学校教育态度的记载以及亚美尼亚存在的差距，下面列出了世界其他地区的一些最佳做法，在这些地区上述话题已进行过深入研究。虽然一些做法已经应用于世界不同地区的不同群体——有些做法与亚美尼亚有很大的不同——但是它们提供了最佳做法的概观。这些做法可以是探索性的，为亚美尼亚创新做法的发展提供信息，以促进男孩教育的发展

● 吸引更多的男性教师、男性助教和男性导师，从而让男孩接触社会上的男性榜

样,世界其他地区已运用这一做法来提高男性的入学率[30]

- 改进目前的教师培训计划,以最大程度地减轻教育中的性别定型观念,并更好地吸引男孩参与到学习当中[31]
- 强化合作,建立信心,解决教学法中的矛盾,以提高男生的学业表现[32]
- 创建一个补偿性干预计划,例如类似于墨西哥"进步计划"的有条件现金转移计划,帮助最可能辍学的高中男生
- 为教科书、制服和学校建设拨款
- 监督旷课或辍学去打工的男孩,以及开展干预措施来帮助男孩回到学校[33]
- 使专业化成为学校的一部分:可以将教育、专业化和工作结合起来,从而使学生能够将教育与其行业相关联[34]

老挝的识字和教育机会

《全民教育:2006 年全球监测报告》指出,投资于教育和识字为个人和国家带来了许多好处。教育提高自尊心,并赋予边缘化人士,如妇女和少数民族,发表意见、参与公民社会的权利。更多的政治参与往往转化为优质的公共政策,进而可以满足弱势群体的需求。[35]此外,受过教育的个人可以促进和保护文化价值观,这一点在像老挝人民民主共和国这样多民族和语言多样化的国家尤为重要。

332

确定需求

老挝人民民主共和国是一个有 600 万人口的国家。识字率和入学率表明,老挝许多少数民族的学习和教育机会存在差距,而这一问题影响到半个国家。全国识字率男女分别为 80％和 60％,但是某些民族群体和地区的这一比例较低。[36]例如,像赫蒙族、嘎当族、马贡族和固族等少数民族,他们的女性识字率低于 20％。另一方面,赛宋本省的赫蒙族男性识字率为 60％,但乌多姆塞省的赫蒙族男性识字率只有 30％。[37]教育机会与识字和学习有关。老挝净入学率接近 80％,而少数民族占 90％及以上的省份,这一比率下降到接近 50％。[38]

在像老挝人民民主共和国这样的农业国家,读写能力可以在促进和维持经济增长方面发挥重要作用。研究表明,"读写能力和计算能力使农户更容易地接受新事物,更

好地应对风险，以及应对市场信号和其他信息"。[39]联合国开发计划署指出，4 至 6 年的学校教育是提高农业生产力所必需的最低门槛。如果不提升现有劳动力的技能和教育，该国从自然资源型经济向人力资源型经济的转型可能会推迟一代人。[40]

分析情境

老挝人民民主共和国目前的状况反映了过去 30 年中政治和经济的变化。这些变化包括共产主义巴特寮在 1975 年掌权，以及从中央集权政府过渡到市场经济早期。虽然巴特寮掌权下的许多转型创造了国内生产总值中较高的年增长率，但是 20 世纪 90 年代中期时亚洲经济衰退、自然资源有限和对农业的依赖继续限制着外国投资和经济增长。[41]此外，并不是所有的人口都从这些经济发展中受益。

政府官方确认了 47 个民族，但人口依据地势分为三大类：老龙族（下寮）、老听族（中寮）和老松族（上寮）。[42]老挝主体民族主要居住在下寮和首都万象市，大部分执政的政治精英聚集在首都，而大多数少数民族人口则居住在上寮。老挝人民民主共和国宪法虽然明确规定，"国家在不同民族间实行团结平等的政策"，但是据报道，少数民族较少享受卫生和学校教育等公共服务。[43]

333   的确，贫困不成比例地影响着少数民族比例高的省份。在 1999 年，万象居民中只有 12％在贫困线之下，但是在乌多姆塞、丰沙里和琅南塔，50％以上的居民生活在贫困之中。即使在少数民族人口较少的省份，如占巴塞省，贫困率也在三分之一以上。应该注意的是，尽管 1993 年至 1998 年的贫困率普遍下降，但少数民族省份的贫困率下降幅度较小。而在一些省份，如乌多姆塞省，在此期间贫困率反而大幅上升（51％至 73％）。总的来说，联合国开发计划署的报告显示，38.6％的人口生活在贫困线以下，但在这 38.6％的人口中，93％的人口是少数民族。[44]

对于许多少数民族而言，学校教育和识字的一个关键障碍是在他们的社区中缺少学校。在主要是少数民族定居的省份（超过 90％）中，近一半的村庄缺乏学校。[45]而对于那些上学的人来说，教师素质是一个大问题。许多教师不知道课程表述，对其内容也了解不多。更重要的是，47 个民族中只有一半以国语和教学语言老挝语为母语。亚洲开发银行称："家中不说老挝语的儿童进入学校后，面临着很大的障碍，而这一障碍部分导致了较高的辍学率。"[46]尽管许多少数民族儿童在学习中最初存在语言障碍，但很少有老师来自这些社区或说当地语言。[47]许多少数民族语言也缺乏书面形式。早期儿童教育机会的缺乏加剧了这些困难形势。

检视包括评估和其他应用研究在内的现有研究

在学生必须习得第二语言读写能力的情况下,研究强调了熟练使用第一语言的重要性。根据 Snow、Burns 和 Griffin 的说法,"能够用两种语言阅读和写作,可以获得许多知识、文化、经济和社会效益"[48]。更重要的是,他们的研究表明,以学生的第一语言进行教学可以帮助习得第二语言的读写能力。也就是说,提高读写能力的认知技能,如识字辨声和语音意识,可以跨语言转移。即使是那些讲没有文字的语言的学生,他们上学后仍然可以通过提高口语水平来增强语音和音素意识。最后,研究还表明,这些技能是读写能力的基础,在字母和非字母语言,如老挝语中都是如此。[49]

老挝的教育情境表明,任何提高识字水平的干预措施都应该解决入学机会的问题,方便不讲老挝语的人学习。然而,研究表明,因为父母识字有助于儿童识字,对成人识字的投资也可以产生很高的社会回报,并提高儿童的识字水平。全民教育全球监测报告中的证据表明,成人识字计划的私人回报即使不比初等教育识字计划高,也不相上下。虽然这些回报很难衡量,但是全民教育的结论是:"人们从这些识字计划中学到的东西有助于他们提高收入和摆脱贫困。"[50]此外,Aram 对雅法学龄前儿童的研究表明了成人识字对儿童的影响。[51]在对两个常见的早期儿童识字计划,即故事书阅读和字母掌握技能训练的研究中,Aram 发现,通过成人读故事书来提高语音意识和名字拼写技巧的儿童常见于成功的读者之中。此外,读故事书激励口头互动,同时提高词汇量和增强印刷材料与声音之间的关系。Aram 的研究表明,儿童早期以及甚至是正式上学之前未能培养这些关键的技能会导致阅读困难。

其他研究表明,有些具体阅读策略可以提高年轻学习者课堂上的读写能力。Willingham 确定了有效策略所应对的阅读理解的三个重要因素:监督自我理解的能力、将句子相互关联的能力以及将句子与读者已知的东西相关联的能力。[52]针对这些方面的策略可以迅速掌握,并且似乎可以提高小学读者的识字水平。

分析研究和情境之间的差距

老挝教育情境与现有研究之间的关键差距,除了假定财政的承受能力外,还在于人力资本。在教学语言不同于第一语言时,大多数识字专家将强调利用学生的语言资源的重要性。在主要由少数民族构成的省份,明智的课堂政策将需要把老挝国语和学生家庭语言二者融合。美国和世界各地都有有效双语模式的例子。然而,问题在于,这些模式需要教师具有高水平的能力。在老挝的许多省份,教师来自社区以外的地方,不能流利地说当地的语言。[53]建立更多的学校和增加教育机会可以增加学生的识字机会,但主要问题在于提高教师的能力来应对社区的语言多样性。因此,仅从国外转移双语模式不能解决教师素质问题。

许多少数民族语言没有书面形式,使得问题更加复杂化。研究表明,能够用两种语言进行读写为学生带来了许多发展和认知的好处。不太清楚的地方在于,当第一语言的知识仅限于口语形式时,这些益处的程度有多大。同样,虽然任何语言的读者都必须学习解读和理解技能,但字母和非字母语言之间可能存在差异。

创新的产生和最佳实践的转移

老挝的研究和教育现状显示,要提高识字率,就需要对不同层次的制度进行改革。其中一些改革,如建立更多的学校和增加上学的机会,属于明确的投入,需要更多的金融资本。然而,在课堂和学生层面解决识字问题意味着要提高教师素质。目前的问题是,许多少数民族学生不太懂教学语言,而很少有教师懂他们教学所在社区的语言。目前女性和少数民族教师的缺乏表明,地方政府应该为潜在的教师提高工资或补贴生活费用。

优惠条件的实施在美国取得了不同程度的成功,吸引了更多的求职者参与教学工作。研究人员发现,马萨诸塞州的财政奖金吸引了更多的教师,但是3年之后,很少有人留在教师行业,这归因于工作条件差和职业发展有限。[54]马萨诸塞州的经验明确了持续关注工作条件和职业发展的重要性。鉴于当地情况,老挝政府可能会建立一个米饭优惠券系统作为对未来教师的额外激励,而不是货币奖金,因为证据表明,许多人经常担心他们的大米供应。提供托儿服务和适当的住宿可能有助于解决女教师供不应求的问题。一旦社区的老师被招聘到教师行业,提供定期的在职教学法培训,以及培训如何在教授国语时使用学生的第一语言非常重要。马萨诸塞州研究的一个关键发现是,奖金的一部分应该用于支持新老师的入职和专业发展,应向现有教师提供类似的讲习班和培训,以改进教学实践和加深对少数民族学生的语言和学习困难的理解。

结论

本章的核心问题"我们如何知道什么计划能促进教育平等"看似简单。它激励我们思考知识与行动之间的关系。知识如何对行动有帮助? 什么知识对行动有帮助?

我们如何生成这种知识？我们如何运用这种知识？

基于研究的知识尽管有其局限性,但它在维持教育实践、促进教育机会的平等中发挥着作用。基于证据的知识有助于考虑实现教育目标的替代方法,一旦这些目标和这些目标之间可能的权衡通过政治过程得以建立的话。基于证据的知识还有助于教育的政治考量和议题设置的过程,以及政策和计划设计。

研究的这一角色表明,确立教育目标不是研究的功能,创造和实施增加教育机会的计划在创造、设计和发明方面的所需与研究和评估中对这些方面的所需一样多。对什么起作用的探求必须利用研究和理论来创建和设计实用和可扩展的方法,从而来帮助学生学习。我们必须将关于什么起作用的知识从一些情境中转移到另外一些情境中,正如我们自全球实验以来一直做的一样——从几个世纪前开始教育所有儿童,六十年前在世界大多数地方开始认真地教育所有儿童。为了增加知识转移有效性的概率,我们必须有条不紊地考察教育实践与情境的关系,并且不仅比较实践,而且比较情境。要仔细比较,从而明智地转移,因为这样做有很大的潜力可以加快教育机会扩大这一过程,以及加快消除仍然存在的公平差距的过程。

336

注释

1. Cohen, J. , & Bloom, D. (2005). Cultivating minds. *Finance and Development, 42*(2).

2. UNESCO. (2009). *Education for all global monitoring report* 2010: *Reaching the marginalized*. Retrieved December 24, 2010, http://unesdoc. unesco. org/images/0018/ 001866/186606E. pdf.

3. Ibid. , p. 1069.

4. Centers of Excellence for Teacher Training. Retrieved December 24, 2010, http://www. readingforallchildren. org.

5. INJAZ Al-Arab. Retrieved December 24, 2010, http://www. injazalarab. org/en.

6. Jansen, J. (2004). Importing outcomes-based education into South Africa: Policy borrowing in a post Communist world. In D. Phillips, & K. Ochs (Eds.), *Educational policy borrowing: Historical perspectives*. Didcot, UK: Symposium.

7. O'Donoghue, T. (1994). Transnational knowledge transfer and the need to take cognizance of contextual realities. *Educational Review, 46*(1), 73 - 89.

8. Wiener, K. A. (2011). *Effective literacy instruction in southern Malawi: Teachers' beliefs and consequences for reform*. Unpublished doctoral dissertation, Harvard Graduate School of Education.

9. Beeby, C. E. (1970). Curriculum planning. In G. Howson (Ed.), *Developing a new curriculum*. London: Heinemann.

10. Phillips, D. , & Ochs, D. (Eds.). (2004). *Educational Policy Borrowing: Historical Perspectives*. Oxford: Symposium Books, Oxford.

11. Phillips, D. (2004). Aspects of educational transfer. In R. Cowen, & A. M. Kazamias (Eds.), *International handbook of comparative education* (pp. 1061 - 1077). New York: Springer.

12. Steiner-Khamsi, G. (2002). Re-framing educational policy borrowing as a policy strategy. In M. Caruso, & H. Tenorth (Eds.), *Internationalisierung: Semantik und bildungssystem in vergleichender perspektive* (pp. 57 - 89). New York: Lang.

13. Steiner-Khamsi, G. (Ed.). (2004). *The global politics of educational borrowing and lending*. New York: Teachers College Press.

14. Popper, K. (1959). *The logic of scientific discovery*. New York: Basic Books.

15. McClure, K. (2009). Madrasas and Pakistan's education agenda: Western media misrepresentation and policy recommendations. *International Journal of Educational Development*, 29(4), 334 - 341.

16. Basant, R. , & Shariff, A. (Eds.). (2010). *Handbook of Muslims in India: Empirical and policy perspectives*. New Delhi: Oxford University Press.

17. Eisemon, T. (1998). *Reducing repetition. Issues and strategies*. Paris: International Institute for Educational Planning.

18. McGinn, N. , et al. (1992). *Why do children repeat grades? A study of rural primary schools in Honduras*. Cambridge, MA: Harvard Institute for International Development.

19. Snow, C. E. , Burns, M. S. , & Griffin, P. (1998). *Preventing reading difficulties in young children*. Washington, DC: National Academy Press.

20. UNESCO. (2010). *Education reports: UNESCO institute for statistics*. Paris: UNESCO. Retrieved March 15, 2010, http://stats. uis. unesco. org/ReportFolders/reportfolders. aspx.

21. Sigsgaard, M. (2009). *Education and fragility in Afghanistan: A situational Analysis*. Paris: International Institute for Educational Planning. Retrieved December 14, 2010, http://unesdoc. unesco. org/images/0018/001840/184038e. pdf.

22. UNICEF. *Education in Armenia. Country profile 2008*. New York: UNICEF. Retrieved December 14, 2010, http://www. unicef. org/ceecis/Armenia. pdf.

23. Ibid.

24. UNICEF. (2005). *Armenia: The status of school education of ethnic minorities in Armenia*. New York: UNICEF.

25. Ibid.

26. Committee on the Rights of the Child (CRC). *The impact of discrimination on working children and on the phenomenon of child labor 2002*. Retrieved December 14, 2010, http://www. antislavery. org/homepage/resources/Discriminationpaper. pdf.

27. Ibid.

28. Ibid.

29. Jha, J. , & Kelleher, F. (2007). *Boys' underachievement in education*. London: Commonwealth Secretariat.

30. Banerjee, A. , & Kremer, M. (2002). *Teacher-student ratios and school performance in*

337

Udaipur, India: *A prospective evaluation*. Cambridge, MA: Mimeo, Harvard University.

31. Jha & Kelleher. (2007). *Boys' underachievement in education*.

32. Ibid.

33. UNICEF. *Armenia*: *Child labour in the Republic of Armenia 2008*. New York: UNICEF. Retrieved December 14, 2010, http://www. unicef. org/armenia/resources. html.

34. Ibid.

35. UNESCO. (2006). *Education for all global monitoring report 2006*: *Literacy for life*. Paris: UNESCO Publishing.

36. Ibid.

37. Asian Development Bank. (2000). *Lao People's Democratic Republic*: *Education sector development report*. Manila, Philippines: Asian Development Bank.

38. Ibid.

39. United Nations Development Programme (UNDP). (2006). *National human development report*: *International trade and human development Lao PDR* (p. 7). Vientiane, Laos: National Statistics Centre. Retrieved December 24, 2010, http://hdr. undp. org/en/reports/nationalreports/asiathepacific/lao/LAO_2006_en. pdf.

40. Ibid.

41. Asian Development Bank. (2000). *Lao People's Democratic Republic*.

42. UNESCO. (2000). *Education for all country report*: *Lao PDR*. Paris: UNESCO Publishing. Retrieved February 8, 2010, http://www2. unesco. org/wef/countryreports/laos/contents. html.

43. World Bank. (2005). *Ethnic groups, gender, and poverty reduction*: *Case study from a Khmoue Lue community in Oudomxay Province*. Washington, DC: World Bank.

44. UNDP. (2001). *National human development report Lao PDR*.

45. UNESCO. (2000). *Education for all country report*.

46. Asian Development Bank. (2000). *Lao People's Democratic Republic*, p. 3.

47. UNESCO. (2000). *Education for all country report*.

48. Snow et al. (1998). *Preventing reading difficulties in young children*.

49. Shen, H., & Bear, D. (2000). Development of orthographic skills in Chinese children. *Reading and Writing*: *An Interdisciplinary Journal, 13*, 197 - 236.

50. UNESCO. (2006). *Education for all global monitoring report 2006*.

51. Aram, D. (2006). Early literacy interventions: The relative roles of storybook reading, alphabetic activities, and their combination. *Reading and Writing, 19*, 489 - 515.

52. Willingham, D. T. (2007). *The usefulness of brief instruction in reading comprehension strategies*. Washington, DC: American Educator. Retrieved February 8, 2010, http://archive. aft. org/pubs-reports/american_educator/issues/winter06-07/CogSci. pdf.

53. UNESCO. (2000). *Education for all country report*: *Lao PDR*.

54. Liu, E., Johnson, S. M., & Peske, H. G. (2004). New teachers and the Massachusetts signing bonus: The limits of inducements. *Educational Evaluation and Policy Analysis, 26*, 217 - 236.

338

339

索　引

页码后面的"f"、"t"或"n"分别表示图、表或注释